MEG CLOTHIER

Das
BUCH EVA

⚥

Aus dem Englischen von
Edith Beleites

HarperCollins

Die Originalausgabe erschien 2023 unter dem Titel
The Book of Eve bei Wildfire, an imprint of Headline Publishing Group, London.

1. Auflage 2023
© 2023 by Meg Clothier
Deutsche Erstausgabe
© 2023 für die deutschsprachige Ausgabe
by HarperCollins in der
Verlagsgruppe HarperCollins Deutschland GmbH, Hamburg
Gesetzt aus der Baskerville
von GGP Media GmbH, Pößneck
Druck und Bindung von GGP Media GmbH, Pößneck
Printed in Germany
ISBN 978-3-365-00426-5
www.harpercollins.de

FÜR MUFFIN UND ENNEA
Ich glaube, Eurer Mutter hätte es gefallen.

Weißt du denn nicht, dass du Eva bist?
TERTULLIAN

Wie schön es hier oben ist!

Der Himmel über uns, die Felsbrocken des Passes. Zu unserer Rechten geht die Sonne unter, und während die Bäume im Dunkeln verschwinden, stehen die Schneeflächen in Flammen. Die Lichter der Stadt hell und verlockend ...

Aber warum sind wir stehen geblieben?

Der nette Bursche – Namen bleiben mir in diesen Tagen nicht mehr lange im Gedächtnis – ist von seinem Karren gesprungen und ruft meine Tochter zu sich. Beide sind beunruhigt, seit er vor Sonnenuntergang an unsere Tür hämmerte und sagte, fremde Männer seien auf der Suche nach uns. Wir müssten weg, schnell weg. »Keine Sorge, Herrin«, sagte er, »hab keine Angst«. Als wäre noch nie jemand hinter uns her gewesen. Als hätten wir noch nie um unser Leben laufen müssen.

Meine Tochter legt kurz ihre Hand auf mein Knie, klettert von unserem klapprigen Karren und geht zu dem Burschen. Was sagt er zu ihr? Etwas über die bald vollständige Dunkelheit, die Stadttore. Ah, ich verstehe. Er will vorauseilen und seine Freunde verständigen. Sie werden in der Stadt für unsere Sicherheit sorgen.

Dann springt er auf seinen Karren, treibt das Pferd mit den Zügeln an und verschwindet. Ein netter Bursche. Ein guter Bursche. Das fand ich schon, bevor er mir das Segensmal auf seinem Gesicht zeigte.

Meine Tochter macht sich wieder an dem Bremsblock zu schaffen. Vielleicht habe ich genug Zeit, um abzusteigen, niederzuknien und das Mal nachzuzeichnen, während der Schnee unter meinem Finger schmilzt. Wäre das kein gutes Omen? Silbriges Glitzern, Tropfen von Mondenschein ...

»Was tust du da, Ma?« Meine Tochter steht neben mir. Gerötete Wangen. Verschwitzt. Versucht, den schäbigen Fetzen, der mir als Decke dient, wieder um mich zu legen.

»Wonach sieht es denn aus?«

Ich versuche, abzusteigen. Aber ich kann nicht. Kann nicht. Noch ein Versuch, dieses Mal mit mehr Kraft. Doch nein. Ich komme nicht hoch.

»Ruhig, Ma. Ganz ruhig«, sagt sie.

Bevor wir uns vor vielen Wochen aufmachten, versuchte sie mir klarzumachen, ich sei zu alt, zu schwach, zu dieses und jenes. Unterwegs werde es Probleme geben. Probleme! Als wüsste ich nicht, was zu tun ist, wenn es Probleme gibt. Hatte der König seine Männer nicht zu uns ins Marschland geschickt, und hatte ich sie nicht auf die alten Pfade gelockt, wo ich sie dann versinken sah? Schlamm tropfte von ihren Nasen, Gestrüpp verstopfte ihre Hälse, ihre Langschwerter versanken im …

»Ma?«

Ewigkeiten habe ich gewartet und gewartet, den Flug der Vögel beobachtet, das Heben und Senken des Meeresspiegels, das wogende Schilf, und immer wusste ich ganz genau und sagte, dass eines Tages

eines Tages …

»Ma?«

Sie klettert auf den Karren zurück. Nimmt meine Hand. Drückt sie. Ich beuge den Kopf, küsse ihre Knöchel, atme.

»Halt dich fest, Ma«, sagt sie und treibt den Esel an.

Wir fahren jetzt schneller. Bergab. Der Karren ruckelt. Die Räder überschlagen sich fast. Mir ist, als hörte ich ein Lied, und die Bäume am Wegrand beugen sich vor, um es hören zu können. Mir schwirrt der Kopf, und mir wird leichter ums Herz. Wir schauen

einander an, dann schauen wir beide auf ihre Brust, wo es auf ihrem Herzen ruht.
Das Buch. *Ihr* Buch. Das Buch, das wir fortbringen, nach …

Doch was ist das? Zwischen den Bäumen steht ein Mädchen. Eine Diebin? Glocken ertönen. Ziegen meckern. Das Mädchen winkt, tritt hinter uns auf den Weg und schaut uns nach. Kann den Blick nicht von uns abwenden. Steht da wie gebannt, lauscht dem Tanz, dem Lied, dem Herz- und Trommelschlag der …
Hufe!
Hufgetrappel wie Donner, wie Blitze auf der Straße über uns. Meine Tochter hat es auch gehört. Sie beugt sich vor, beschimpft den Esel, treibt ihn immer heftiger an. Schnell und immer schneller. Geschwindigkeit, Hufgetrappel, schlitternde Räder, der Karren schwankt. Und als ich das nächste Mal auf ihre Brust schaue, steckt das Buch nicht mehr in ihrem Schal. Zweige und Äste greifen danach …

Rufe jetzt. Immer näher. »Anhalten! Anhalten!«

»Schneller!«, treibt meine Tochter den Esel an. »Schneller!«

Ich möchte ihr sagen, dass sie keine Angst haben solle. Dass es ihnen nicht gelingen werde, uns aufzuhalten, unseren Willen zu brechen. Wir werden es nicht zulassen. Dieses Mal nicht.
Kann sie es nicht hören? Das Buch. Der Wald. Er singt. Alles singt.
Kannst du es nicht hören?

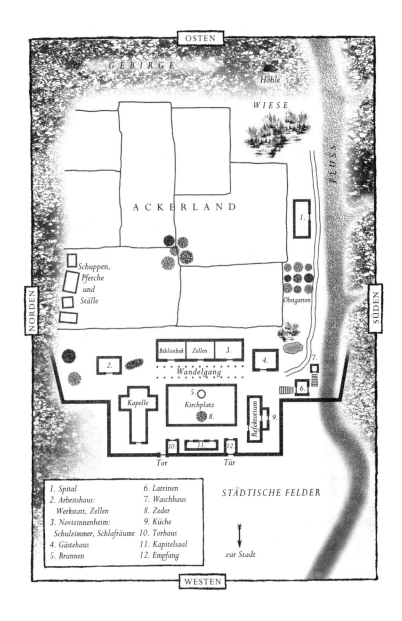

DAS TOR
Karnevalsdienstag

»Hilfe!«, ruft jemand vor der Mauer. »Hilfe! Ich habe sie gefunden ... In den Bergen ... Zwei Frauen, Fremde ... Hilfe! Heilige Schwestern, öffnet das Tor! Ich flehe euch an!«

Eine schrille Stimme, rau, verzweifelt gar, aber kein Bitten und Betteln kann mich dazu bringen, meinen Posten im Säulengang der Kapelle zu verlassen. Wie sollten wir auch helfen können? Es ist Karneval und die Sonne schon untergegangen. In der Stadt wird es heute Abend wüst zugehen; wir müssen auf der Hut sein. Bestimmt will uns jemand nur einen Streich spielen. Ein Karren voller Feierwütiger, die jetzt schon betrunken sind. Ein junger Mann imitiert die spitzen Schreie einer in Bedrängnis geratenen Frau, während seine Freunde prusten und ihn anstacheln ...

»Sie sterben, ich schwöre! Sie sterben!«

Ich verziehe das Gesicht vor so viel Hartnäckigkeit, die sich manchmal jedoch auszahlt. Alle drei, vier Jahre gelingt es einigen Burschen, hier einzudringen. Wankende Schatten überwinden unsere Mauern, stolpern über unseren Kirchplatz, verspritzen das Wasser unseres Brunnens, johlen und verlangen, dass unsere schönsten Frauen herauskommen und sich zeigen. Mutter Chiara begrüßt sie dann, während die Novizinnen auf Zehenspitzen von ihrem Schlafsaal aus zuschauen, und die Burschen verlässt schlagartig der Mut. Sie haben verängstigte Schreie und aufgeregtes

Kreischen erwartet, nicht Mutter Chiaras gelassenes Gesicht, ihre imposante Gestalt, ihre freundliche Nachfrage.

»Habt euch wohl verlaufen, ihr Schlingel?« Sie tätschelt ihnen die Wangen, und die Männer ziehen sich zurück. Aber immer wieder kommen welche. Ein neues Jahr – neue Burschen.

Das Rufen wird lauter, bis der alte Poggio, unser gebrechlicher Wächter, aufwacht. In der zunehmenden Dämmerung sehe ich ihn aus seinem Torhaus schlurfen. Er kratzt sich am Kropf und schimpft leise vor sich hin, als er in eine Pfütze wässrigen Schnees tritt, die sich am Fuße des Gemäuers gebildet hat. Er kann nicht mehr gut sehen und auch sonst nicht mehr viel, aber ich drücke mich noch tiefer in den Schatten. Denn ich dürfte gar nicht hier draußen in der Kälte sein, sondern müsste in der Kapelle sitzen, bei meinen Mitschwestern, und mit ihnen den vorletzten Psalm des sechsten Offiziums singen.

»Eine Schande …« Poggio versucht, den Störenfried vor dem Tor anzusprechen, aber seine Stimme versagt. Er räuspert sich, wie so oft, aber selbst das macht ihm Mühe. Dann versucht er es erneut: »Eine Schande, ja, eine Schande, unsere Schwestern im Gebet zu stören! Verzieht euch, Gesindel, oder ich rufe …«

Der formidable Knall des ersten Feuerwerkskörpers unterbricht ihn, gefolgt vom Geschrei eines erschrockenen Esels. Ich spitze die Ohren, während sich der Esel langsam beruhigt, kann aber nichts mehr hören, und einen Moment lang genieße ich die Überzeugung, die Situation richtig eingeschätzt zu haben. Ich glaube, die Burschen geben auf, und lockere meine verkrampften Finger. Sie werden abziehen und uns zufriedenlassen. Aber ich täusche mich. Ich höre ein bestialisches Geheul. Hat jemand den Esel getreten? Dann wird wieder gegen das Tor gehämmert, und eine kämpferische Stimme schreit laut auf.

»Ich setze sie hier ab. Ihr braucht nicht aufzumachen, ich lasse sie einfach hier. Wenn sie sterben, ist es eure Schuld. Eure Schuld, hört Ihr? Nicht meine!«

Ich horche auf. Das ist die Stimme eines Mädchens, ganz sicher.

Wer da schreit, ist wirklich in Not. Ich korrigiere meine Vorstellung von den übermütigen Burschen und sehe jemanden vor mir, der ebenso jung wie verzweifelt ist. Poggio scheint das Gleiche zu denken. Er geht weiter auf das Tor zu und fingert an der kleinen Klappe über den Gitterstäben, aber in diesem langen, kalten Winter sind seine Hände geschwollen und ganz steif geworden, sodass er die Klappe nicht aufbekommt.

»Warte, mein Kind, warte! Ich komme gleich wieder!«, redet er jetzt freundlicher auf das Tor ein. Dann humpelt er auf die Küche zu, um jemand mit geschmeidigeren Fingern zu holen, aber Schwester Felicitas wird es ihm nicht danken, wenn er sie bei den letzten Vorbereitungen für das große Karnevalsmahl stört.

Hinter mir höre ich die letzten Takte des Schlusspsalms. Bald werden meine Schwestern aus der Kapelle kommen. Leise lege ich die zwanzig Schritte zwischen mir und dem Tor zurück und löse den Haken der Klappe. Seit Sophia fort ist, gibt es niemanden mehr, der sich dafür interessiert, was ich da draußen vorfinde, aber ich möchte es trotzdem wissen. Ich öffne die Klappe und schrecke vor der plötzlichen Helligkeit zurück.

Ich sehe ein junges Mädchen – ich habe mich also nicht getäuscht. Sie hält eine wild lodernde Fackel. Neben ihr steht ein Eselskarren, und darauf kauern zwei Menschen. Das Mädchen ist schmutzig, aber hübsch, sie reibt sich das Gesicht und zupft sich die Haare zurecht. Im ersten Moment denke ich, die beiden anderen seien Familienmitglieder, denn in schweren Zeiten bringen die Leute von den Bergen manchmal ihre Großmütter zu uns, damit sie hier in Frieden und gut versorgt sterben können. Aber noch während ich das denke, weiß ich, dass das nicht richtig sein kann. Denn in dem Blick des Mädchens, der jetzt zwischen Tor und Karren hin und her wandert, liegt keine Liebe. Sogar ich weiß, wie Liebe aussieht. Nein, sie hat Angst.

Ich bin mir sicher, dass ich kein Geräusch gemacht habe, aber vielleicht spürt das Mädchen meinen Blick. Jedenfalls springt sie aufs Tor zu und umklammert die Gitterstäbe mit den Händen. Sie kommt mir so nah, dass ich sie riechen kann. Eine Feuerstelle mit Trockenmist, Ziege.

»Schnell!«, sagt sie. »Um der Grünen Maria willen!«

Ich wende den Blick von ihr ab und schaue auf die beiden Frauen im Karren. Die Linke hebt den Kopf, und ich sehe ein ernstes Gesicht im Halbschatten, das einer starken Frau, deren Augen den Fackelschein widerspiegeln. Sie drückt der Frau neben ihr die Hand. Die bewegt sich jetzt auch, und ich sehe die eingefallenen Lippen eines zahnlosen Munds, Wangenknochen wie hervorstehende Steine, pechschwarze Augen. Diese Augen, so scheint es, sind auf mich gerichtet …

… und ich muss an Sophia denken, die gestorben ist, die mich verlassen hat. Einmal, als wir in der Bibliothek allein waren, hat sie mir erzählt, dass sie weinend zusammenbrach, als sie damals unser Tor erreichte. »So viele Meilen, Beatrice, so viele Monde, so viele Meilen.«

Eine weinende Sophia – die Vorstellung war so faszinierend, dass ich es nie vergessen habe. Und so glaube ich, dass es eher an dieser Erinnerung als am Anblick der kauernden Frauen liegt, dass ich versuche, das Tor zu öffnen.

Schnell muss ich feststellen, dass es zu schwer für mich ist. Das sollte mich nicht überraschen, denn ich knete tagsüber keinen Teig und schleppe kein Wasser, aber dass ich auf so viel Widerstand treffen würde, verwundert mich doch. Ich stemme die Schulter gegen die Eisenstange, die es verriegelt. Sie lastet schwer auf meinen Knochen und – ja! Ich spüre, dass sie sich bewegt.

»Danke«, sagt das Mädchen, das mein angestrengtes Stöhnen wohl hören kann. »Vielen, vielen Dank. Ich kann nicht verstehen, was sie sagen, aber sie leiden große Not.«

Ich strenge mich noch mehr an und werde mit einem kratzenden Geräusch belohnt, als Metall über Metall schabt und die Stange sich hebt – einen Finger breit, zwei Finger breit –, aber das bisschen Kraft, das ich mobilisieren konnte, ist verbraucht. Ich kann nicht mehr. Die Stange knallt in ihre Halterung zurück.

Erschrocken schaue ich über die Schulter zurück und sehe, dass die Kapellentüren geöffnet werden und sich die dunklen Gestalten meiner Mitschwestern gegen den Kerzenschein von drinnen abheben. Schwester Arcangela, unsere höchstrangige Lehrmeisterin, direkt der Mutter Oberin unterstellt und zuständig für unsere Unterweisungen in Morallehre, steht in dem kalten Säulengang mit seinem reich verzierten Mauerwerk, den wir acht Mal am Tag durchschreiten. Ich drücke mich ans Tor, als könnte ich mich auf diese Weise unsichtbar machen, aber Arcangela hat mich bereits gesehen.

»Wer steht da am Tor? Poggio, das seid doch nicht Ihr? Wer kann das …« Mit angehobener Laterne gleitet sie auf mich zu. »Schwester Beatrice …? Schwester Beatrice! Was tut Ihr da? Eure Anwesenheit beim sechsten Offizium ist Pflicht, aber Ihr wart nicht dort! Was, um alles in der Welt, habt Ihr stattdessen getan?«

Ja, was? Ich darf nicht die Wahrheit sagen. Nicht sagen, dass ich allein in der Bibliothek gesessen, den Sonnenuntergang über der Stadt beobachtet und mich von der Dunkelheit umhüllen lassen habe. Sie würde fragen, warum, und ich müsste sagen, dass ich Sophia vermisse und wünschte, sie wäre nicht tot.

»Nun sprecht schon, Beatrice! Wie kann man nur so verstockt sein? Was …«

»Schwester, Schwester!«, ruft das Mädchen, laut und von ganz nah. »Gebt nicht auf! Versucht es noch einmal!«

»Beatrice! Ihr wollt doch wohl nicht etwa …«

»Was soll das Gerede?« Das Mädchen wird ungeduldig. »Öffnet lieber das verdammte Tor!«

Das kam einer Gotteslästerung gleich, und prompt schnaubt eine Mitschwester empört auf, um dann verstohlen zu lachen. Schwungvoll dreht sich Arcangela zu den schattenhaften Gestalten hinter ihr um.

»Genug getrödelt«, sagt sie und ignoriert das Geräusch am Tor, auf das jemand mit schwachen Fäusten einschlägt. »Ab ins Refektorium. Augenblicklich, hört ihr?«

Alle wissen, dass Arcangela gegen das große Karnevalsmahl ist, weil sie es für einen frevlerischen Luxus hält, aber lieber sieht sie meine Mitschwestern sittsam an den langen Esstischen sitzen, als sie zu Zeuginnen irgendeines Aufruhrs hier am Tor zu machen. Die Angesprochenen setzen sich – manche eher zögerlich – in Richtung des warmen Refektoriums in Bewegung, das jetzt geöffnet ist und warmes Licht verströmt. Die spindeldürre Schwester Felicitas wartet dort bereits und begrüßt alle an der Tür.

»Und was Euch betrifft ...«, beginnt Arcangela zu mir gewandt. Das Gehämmer ans Tor verstummt. Stattdessen sind schnelle Schritte auf dem gepflasterten Weg davor zu hören, die sich in Richtung der städtischen Felder entfernen. Dann Stille. Mir tut die Schulter weh – die Strafe für mein Fehlverhalten. Arcangela lächelt. »Ich muss schon sagen, Beatrice ...«

»Sie sind noch da draußen.«

»Wer ist noch ...«

»Zwei Frauen. Es sind zwei Frauen. Ich habe sie gesehen.«

»Ihr habt sie *gesehen*?«

»Alles in Ordnung, Schwester Arcangela?« Erleichtert sehe ich Mutter Chiara auf uns zukommen. Sie reibt sich die Hände, ob wegen der Kälte oder weil sie sich auf das Festmahl freut, weiß ich nicht. Dann sieht sie mich im Schein von Arcangelas Laterne. »Ach, Beatrice, Ihr seid ja auch hier. Musstet Ihr etwas so Dringendes in der Bibliothek erledigen, dass Ihr das Offizium verpasst habt?«

»In der Tat, Mutter Oberin«, fange ich an und meide Arcangelas Blick. »Ich gebe zu, dass ich auf dem Weg zur Kapelle spät dran war.« Es ist schrecklich, wie eingeschüchtert ich klinge. »Aber dann habe ich die Rufe von Frauen gehört, die offenbar in Not waren. Poggio war nicht da, und da wollte ich nachsehen, was ihnen fehlt. Sie sind da draußen.« Langsam werde ich wieder mutiger. »Es sind zwei, mit einem Karren.«

Chiara verzieht das Gesicht. »Worauf warten wir dann? Lasst sie rein.«

»Aber wir müssen uns doch erst vergewissern, ob sie …«, beginnt Arcangela.

Aber Chiara hört nicht zu, denn in diesem Moment erscheint Poggio, gefolgt von Hildegard und Cateline, die für unser Vieh und die Landwirtschaft zuständig sind. Hildegard hat eine Fackel dabei und stellt sie in den metallenen Fackelhalter neben dem Tor.

Chiara, das Gesicht jetzt von züngelnden Flammen erhellt, lächelt und zeigt aufs Tor. »Ah, Hildegard, gut, dass Ihr da seid!«

»Das geht zu weit«, sagt Arcangela und stellt sich Hildegard in den Weg, was ziemlich mutig ist, denn Hildegard ist von massiger Gestalt und schaut grimmig drein. »Ein offenes Tor«, fährt Arcangela fort. »Bei Nacht! Ein Skandal!«

»Dann sorgen wir dafür, dass es nicht lange offensteht«, sagt Chiara.

Hildegard drängt an Arcangela vorbei und stemmt die Schulter unter die Eisenstange. Immer noch ist mir schmerzhaft bewusst, dass sie für eine durchschnittliche Frau zu schwer ist, aber wer immer sie angebracht hat, wusste nicht, wie stark Hildegard ist. Die Stange hebt sich, das Tor geht auf. Der Karren ist zu sehen.

Cateline eilt herbei, ergreift das lederne Zaumzeug und treibt den Esel mit schnalzenden Geräuschen an. Erschrocken macht er einen Satz, sodass die ältere der beiden Frau das Gleichgewicht verliert und aus dem Karren zu fallen droht. Ich laufe auf sie zu und kann sie gerade noch aufrichten. Sie atmet schnell und flach und macht ein heiseres Geräusch.

Der Karren rumpelt an mir vorbei, und plötzlich merke ich, dass ich mich, wenn auch nur ein ganz kleines Stück, außerhalb der Klostermauern befinde. Und hinter den Feldern, die zur Stadt führen, sehe ich ein gutes Dutzend kleiner Lichter schaukeln. Ein faszinierender Anblick – bis Hildegard mich am Ärmel zupft und sagt: »Kommt, Schwester Bibliothekarin. Wir schließen das Tor.

Die ersten Burschen sind im Anmarsch und wollen ihren Unfug treiben.«

Schnell gehe ich wieder hinein, und als sich das Tor hinter mir schließt, weiß ich, dass ich in Sicherheit bin. Im Schein der Fackel schaue ich auf meine Hände und Schulter – Körperteile, die die alte Frau berührt haben – und sehe, dass mein Gewand beschmutzt ist. Ich hebe die Hände und rieche etwas süßlich Rostiges: Blut.

»Ich glaube«, sage ich, »sie sind …« Da gerate ich aus dem Gleichgewicht und stolpere.

Doch Chiara hat bereits erfasst, in welchem Zustand sich die Frauen befinden.

»Schnell, Cateline«, sagt sie. »Helft mir, die Unglücklichen ins Spital zu bringen. Und … Arcangela?« Aber unsere oberste Lehrerin ist nirgends zu sehen. »Dann, liebe Hildegard, müsst eben Ihr unsere Gäste begrüßen. Ihr auch, Beatrice. Ortolana wird sich freuen, von Euch in Empfang genommen zu werden.«

Unsere Gäste. Die ehrenwerten Damen der Zehn Familien – oder sind es Zwölf? – verlassen in diesem Moment wahrscheinlich gerade ihre Palazzi, um in weich gepolsterten Kutschen durch die Stadt zu uns zu fahren, begleitet von Dienern, die neben den Kutschen herlaufen. Ich werde die Stufen zum Empfang hinuntergehen, Schwester Paola wird die Gittertür öffnen, und ich werde mir anhören müssen, wie meine Stiefmutter großspurig verkündet, welch große Ehre es sei, am Festmahl im Kloster teilnehmen zu dürfen.

»Mutter Chiara!« Ich drehe mich um und will dem Karren folgen. »Die Frauen … Ihrer Kleidung nach zu urteilen, sind sie nicht aus dieser Gegend, findet Ihr nicht auch? Vielleicht … Vielleicht sprechen sie eine andere Sprache. Hat nicht auch Sophia …« – ich bekomme einen Kloß im Hals – »geholfen, wenn Fremde kamen, die anders sprachen? Vielleicht … kann ich sie verstehen. Vielleicht sprechen sie nicht die Landessprache, verstehen aber Latein oder Griechisch … oder eine andere Sprache. Also, ich meine … Sollte ich nicht lieber mitkommen?«

Chiara lächelt und nickt. »Es ist sehr nett von Euch, auf das Festmahl und das Wiedersehen mit Eurer Familie zu verzichten. Danke.«

Ihre Weigerung, mich so zu sehen, wie ich bin, und sich stattdessen ein Wunschbild von mir zu machen, macht mich plötzlich wütend.

DIE FRAUEN
Gleich darauf

Das Spital, ein bescheidenes Gebäude, liegt ein Stück von den anderen entfernt, und ich kann mich nicht erinnern, jemals im Dunkeln dorthin gegangen zu sein. Um hinzugelangen, muss man jenseits der gepflasterten Plätze und Wege, die einem Sicherheit geben, unserem kleinen Wasserlauf einige Hundert Schritte flussaufwärts folgen. Mutter Chiara geht voraus. Sie trägt jetzt Arcangelas Laterne, aber der wankende Lichtkegel vor ihrer Hand macht die umgebende Dunkelheit nur noch finsterer. Cateline folgt ihr. Sie führt den Esel und hebt manchmal die Hände, um ihm die Ohren zu kraulen. Ich muss hinter ihnen gehen. Der Pfad ist matschig und glatt, und jetzt in der Schneeschmelze fließt der schmale Fluss neben mir schneller als sonst. Ich stelle mir vor, wie ich ausrutsche, ins Wasser falle und fortgeschwemmt werde.

Dann merke ich, dass der Abstand zwischen mir und den anderen größer wird, und ich beschleunige meine Schritte, als sie den Obstgarten kurz vor dem Spital erreichen. Im Sommer ist es ein üppig begrünter Hain mit Feigen-, Pfirsich-, Apfel- und Quittenbäumen, aber heute Abend strecken sich mir nur kahle Zweige entgegen, wie schlanke Finger, die im Schein der Laterne aufblitzen.

Vor uns sehe ich Schwester Agatha am Eingang des Spitals stehen, um drei ihrer Gehilfinnen zu verabschieden, die aufgeregt über das bevorstehende Festmahl plappern.

Als sie uns sieht, kommt sie auf uns zu. »Aber Mutter Chiara, was ist passiert?« Sie tastet Stirn, Wangen und Hals der Frauen ab, während sie umgehend Anweisungen erteilt, wie sie am schonendsten ins Gebäude gebracht werden sollen. Dennoch ächzen und stöhnen die Frauen, als sie aus dem Karren gehoben werden. Sie halten die Köpfe gesenkt, und ihre Arme und Beine hängen kraftlos an ihnen herab. Unschlüssig bleibe ich draußen, während alle anderen die Eingangshalle betreten. Ich sehe, dass das Licht hinter den Fensterläden im Zimmer zu meiner Rechten heller wird, und höre, wie Agatha weitere Anweisungen erteilt. Sie spricht ruhig und unaufgeregt, aber das tut sie eigentlich immer sogar wenn sie wütend ist.

In Sophias letzten Monaten hatte ich oft das Gefühl, dass Agatha wütend auf mich ist. Sie sagte, Sophia dürfe nicht mehr arbeiten, ich müsse sie dazu bringen, ihren Dienst in der Bibliothek ruhen zu lassen und sich stattdessen im Spital zu erholen. Natürlich hatte sie recht. Sophia war unzuverlässig geworden, launisch und schwierig. Sie verwechselte Manuskripte und brachte unsere Kopistinnen mehrfach am Tag zum Weinen, indem sie sie als Holzköpfe und Einfaltspinsel beschimpfte. Allerdings täuschte Agatha sich, wenn sie glaubte, ich könne Sophia beeinflussen.

Sie starb in der ersten Adventswoche. Es war ein ruhiger Nachmittag. Wir wischten Staub von den Bücherschränken und entfernten die Relikte des Herbstes – Spinnweben, tote Kellerasseln, vertrocknete Fliegen. Ich leerte gerade meine Kehrschaufel in einen Eimer, als ich etwas krachen hörte. Ich drehte mich um und fürchtete, sie hätte einen Bücherstapel umgeworfen, denn in letzter Zeit war sie immer ungeschickter geworden und wir hatten uns wortlos darauf geeinigt, dass nur noch ich die Tinte und andere kostbare Dinge trage. Aber die Bücher waren alle an ihrem Platz – es war Sophia, die hingefallen war. Ihre Arme und Beine waren merkwürdig abgewinkelt, ihr Gesicht ganz verzerrt. Ich rief ihren Namen, holte Hilfe herbei. Zog sie auf meinen Schoß, nahm ihre

Hand und murmelte irgendetwas vor mich hin. Wahrscheinlich betete ich. Aber ich wusste, dass der Vater im Himmel sie nicht wieder freigeben würde. Ich wusste, dass er ihre Seele in die Hände genommen hatte und für sich beanspruchte.

Cateline kommt aus dem Spital, die Laterne in der Hand. Wir sollen nicht auf Schönheit achten, aber Cateline ist immer noch schön mit ihren dichten grauen Haaren, die sie weder schneidet noch bedeckt. Sie nickt mir zu, beachtet mich aber nicht weiter, als sie den Esel wegführt.

Kurz darauf kommt Chiara ebenfalls wieder heraus. »Da seid Ihr ja«, sagt sie, als sie mich in der Dunkelheit entdeckt. »Wir müssen abwarten. Agatha tut, was sie kann.«

Würde man nur ein Zehntel von dem glauben, was die Leute reden, würde man annehmen, Chiara bräuchte nur mit den Fingern zu schnipsen, um die Frauen wieder heil und ganz zu machen. Aber wir, die wir mit ihr zusammenleben, wissen, dass wir keine Wunder erwarten dürfen. Sie kommt zu mir, sagt aber nichts, sondern summt vor sich hin und schaut die Berge hinauf. Später wird sich der halbe Mond darüber erheben, aber jetzt scheinen nur die Sterne.

»Mutter Chiara! Mutter Chiara!« Hildegards Stimme dröhnt durch die Dunkelheit.

»Hier, Hildegard. Was gibt es denn?«

»Es sind Männer am Tor. Sie fragen, ob wir zwei Frauen hereingelassen haben.« Jetzt kann ich sehen, wie sie über den Pfad auf uns zu stampft. »Sie verlangen, dass wir sie herausgeben. Poggio und ich haben ihnen gesagt, was sie uns mal können, aber sie bestehen darauf. Wir brauchen Euch. Kommt Ihr?«

»Beatrice.« Plötzlich ist Chiara wieder ganz im Hier und Jetzt. »Bitte folgt Schwester Agathas Anweisungen. Wenn die Frauen aufwachen, versucht herauszufinden, wer sie sind, was sie hergeführt hat, und so weiter ... Ihr versteht schon. Ich wäre Euch sehr dankbar.« Und fort ist sie.

Im Spital höre ich Schwester Agatha mit ihren Gehilfinnen sprechen. »Nein, nein. Ihr könnt gehen. Ihr wollt doch nicht das Festmahl verpassen.« Im nächsten Moment geht die Tür auf, und als sie mich sehen, schreien die jungen Mädchen so erschrocken auf, dass Agatha herbeieilt.

»Ihr Dummchen!«, sagt sie. Hoch über ihrem länglichen Gesicht thront eine enorme Braue. Ihre blassgrauen Augen wirken distanziert und tadelnd, selbst wenn sie bester Laune ist. »Ihr seht doch, dass es Schwester Beatrice ist. Aber was tut Ihr hier, Schwester Beatrice?«

»Mutter Chiara hat mich hergeschickt«, sage ich ein wenig beleidigt. »Sie sagt, ich kann Euch vielleicht helfen. Mit den Frauen.«

»Sie glaubt, *Ihr* könnt den armen Seelen Trost spenden?«, sagt Agatha beinahe belustigt.

Ihre drei Gehilfinnen stehen immer noch da, offenbar besorgt, sie könnten noch mehr vom Festmahl verpassen. Ich sage nichts, bis Agatha sie verscheucht. Dann versuche ich, zu erklären, was meine Aufgabe sein soll, und sehe, wie Schwester Agatha langsam einsieht, dass ich vielleicht doch hilfreich sein könnte. Sie scheint sich zu erinnern, dass ich ihr bei der Entschlüsselung griechischer Texte über Heilkunde geholfen habe. Jedenfalls tritt sie zur Seite, um mich ins Haus zu lassen, doch gleich darauf bringt sie mich mit einem Griff an meine Schulter zum Stehen. Dann mustert sie mich. Ich will den Kopf wegdrehen, aber sie kommt näher und berührt die raue Narbe auf meiner Wange. Ich reiße mich los, und sie verzieht missbilligend das Gesicht.

»Euch ist die Salbe ausgegangen, die ich Euch gegeben habe. Lernt Ihr denn nie, um etwas zu bitten, wenn Ihr es braucht?« Ich fasse mit der Hand an die alte Wunde. Wenn es kalt ist, nässt und verkrustet sie. Agatha seufzt. »Hinein mit Euch! Ich habe die beiden so gut wie möglich versorgt.«

Das Zimmer ist klein und weiß getüncht, der Fußboden auf altmodische Art mit Binsen bestreut. Es riecht nach Kiefernharz und

Rosenöl. Kleine Holzkreuze hängen über jedem der vier Betten, von denen zwei belegt sind. Eine Laterne glimmt schwach im Fenster, das sorgfältig gegen gefährliche Zugluft abgedichtet ist. Unter dem Fenster steht eine große Truhe – wahrscheinlich von einer reichen Familie gespendet und gefüllt mit einem Durcheinander von Rucksäcken und Wanderstiefeln. Neben der Truhe liegen ein Stapel Unterhemden sowie -kleider, Röcke und Umhänge. Agatha macht ein missbilligendes Geräusch, hebt die Sachen auf und bringt sie hinaus. Ich bin mit den Frauen allein.

Bisher habe ich es vermieden, sie direkt anzusehen, aber jetzt muss ich es tun. Sie liegen auf dem Rücken, unter klostereigenen Decken, sodass nur ihre Köpfe und Schultern zu sehen sind. Das Gesicht der älteren Frau, auf das mein Blick draußen einen Moment lang gefallen war und das mich an einen Totenschädel erinnert hatte, scheint noch weiter geschrumpft zu sein. Ihre tiefliegenden Augenhöhlen sind rundherum beinahe schwarz, ihre Lippen blass. Ihre Haut ist fleckig, blau und lila, wie von einer geisterhaften Spitzenstickerei überzogen. Sie scheint dem Tod nah zu sein, aber irgendetwas an ihr hindert mich, Mitleid mit ihr zu haben.

Ich erinnere mich an Besuche, die ich unseren ältesten Mitschwestern als Novizin abstatten musste. Ich hasste ihre fleckigen Hände, ihre eingefallenen Wangen, ihre getrübten Augen. Ich hasste es, wenn ihnen Speichel in den Milchbrei tropfte, und dass sie mir jede Woche dasselbe erzählten und manchmal weinten. Ich weiß auch noch, wie ich mich davor fürchtete, dass eine die Hand ausstrecken und mich berühren würde. Deswegen vergrub ich meine Hände in den Ärmeln meines Gewands.

Aber diese Frau hier ist anders.

Die jüngere – ich sage »jüngere«, obwohl auch sie über vierzig sein muss – hat lockige braune Haare, die aussehen, als seien sie mit Kupfer- und Goldfäden durchzogen. Obwohl ihre Haut vor Schweiß glänzt, strahlt ihr Gesicht Stärke und Entschlossenheit aus. Der Typ Frau, den man als maskulin bezeichnet. Kinn, Nase, Mund – alles ein wenig größer als dem Schönheitsideal entsprechend. Mir kommt der Gedanke, dass sie wahrscheinlich verwandt sind, Mutter und Tochter.

Im Näherkommen sehe ich etwas, das ich im Zwielicht am Tor nicht bemerkt habe. An Brauen, Wangen und Hälsen ist ihre Haut mit roten Flecken übersät. An einigen Stellen sind sie dunkel, als hätten sie geblutet und später Schorf gebildet, an anderen sehen sie aus wie Nadelstiche. Ich trete einen Schritt zurück, dann noch einen, bis ich fast wieder an der Tür stehe.

»Es ist nicht die Pest«, sagt Agatha, die wieder hereinkommt. »Ihr braucht keine Angst zu haben.«

»Ich habe keine Angst«, sage ich, aber das stimmt nicht.

»Es sind nur oberflächliche Wunden. Weiter unten an ihren Körpern ist es schlimmer, viel schlimmer.« Sie geht zu den Betten, und ich fürchte, sie könnte mir die Verletzungen zeigen, aber sie richtet nur die Decken. Dann sieht sie mich an. »Sie haben viel Blut verloren. Zu viel. Ich habe die Wunden versorgt, genäht, was ich konnte, und ihnen Verbände angelegt. Ich habe wirklich getan, was ich konnte, aber ...« Sie fährt sich mit der Hand über den Hals. »Das übersteigt meine Fähigkeiten.«

Ich denke an Chiaras Auftrag. »Wisst Ihr, was ihnen zugestoßen ist?«

Kaum merklich zuckt sie mit den Schultern – zum Eingeständnis ihrer Unwissenheit, nicht aus Mangel an Mitgefühl. »Was ihre Gesichter betrifft ... Wisst Ihr noch, wie sich Tamara vor Schwester Arcangela in den Dornenbüschen hinter den Hühnerställen versteckt hat? Der Rest ihrer Körper ... Ich würde sagen, dass jemand mit einem Messer oder Schwert auf sie losgegangen ist. Doch wer sollte so etwas tun – und warum?«

Ich zeige auf die Frauen. »Habt Ihr etwas an ihnen gefunden?«

»Meine Gehilfinnen haben sie ausgezogen. In ihren Kleidern steckten alle möglichen Dinge, aber nichts von Wert, falls es das ist, was Ihr meint.« Sie zeigt auf die Rucksäcke. »Sie haben alles da hineingetan.«

»Vielleicht sollten wir ...«

Aber das scheint Agatha zu missfallen. Ich frage mich, ob sie sich scheut, anderer Leute Besitz zu durchsuchen, oder Angst davor hat, was wir finden könnten. Aber als ich einen Rucksack von der Truhe nehme, versucht sie nicht, mich daran zu hindern, sondern schaut gebannt zu, wie ich die abgenutzten Lederriemen einen nach dem anderen aus den rostigen Schnallen ziehe.

Ein muffiger Geruch schlägt mir entgegen, als ich den Rucksack öffne. Ich fasse hinein und hole Säckchen mit getrockneten Kräutern, kleine Glasflakons sowie einen schmalen Spatel heraus. Eine glatte Holzschale; sie könnte dazu dienen, etwas darin anzumischen, es könnte aber auch eine Bettlerschale sein. Ein zugeknoteter Beutel mit Kastanien, Kiefernzapfen und ein paar Fruchtkapseln von Eicheln. Die Schale eines Granatapfels. Gepresste Mohnblüten. Ein Fetzen bestickten Tuchs. Zwei braun-weiße Vogelfedern. Eine Handvoll Zähne eines mir unbekannten Tiers.

Ich breite alles vor mir aus, und Agatha kniet sich davor, um es zu betrachten. Sie riecht an den Kräutersäckchen, öffnet einen oder zwei Flakons und benennt die Substanzen. »Das habe ich in meinem Medizinschrank. Das und das auch. Es sind Kräuterweibchen, nehme ich an. Heilerinnen, die von Dorf zu Dorf ziehen.«

Ich hocke immer noch auf dem Fußboden und untersuche den zweiten Rucksack. Ganz unten ertaste ich ein Samttuch, das über etwas Festes, Hartes gespannt ist – eine Holzschachtel, nehme ich an. Ich stelle mir einen Haufen Münzen vor, Gold oder Juwelen – Gründe für einen brutalen Raubüberfall. Aber als ich an den Rand des vermeintlichen Deckels komme, befinden sich dort kein Schloss oder Haken, sondern Pergamentblätter.

Ein Buch.

Ich schaue auf die zerkratzten Wanderstiefel, die verschlissenen Rucksäcke. Wie passt das zusammen? Gut möglich, dass Frauen wie diese ein wenig lesen können, aber sie würden doch kein Buch besitzen! Noch dazu ein in Samt gebundenes. Ich würde gerne das Buch herausholen und es mir genauer ansehen, aber erst schaue ich zu Agatha auf, die zwischen den Betten steht und die Schläfen der älteren Frau betastet. Dann zieht sie ihr ein Augenlid hoch und schließt es wieder. Greift nach dem Handgelenk, wartet, schüttelt den Kopf.

»Von uns gegangen.«

»Während wir miteinander gesprochen haben?« Erschrocken schaue ich mich in dem Zimmer um, als würde ich gleich die Seele der Verstorbenen sehen, wie sie an den Fensterläden verzweifelt, weil sie ins Freie will. Es ist nicht die erste Tote, die ich sehe, auch Sophia war nicht die erste. Alte Frauen bringen wir in die Kapelle, damit unsere Gebete sie in den Himmel begleiten können, aber sie sehen im Tod einfach nur mitleiderregend aus – eingefallen und gewichtslos. Dagegen hat die Starre dieser Frau hier etwas Schweres, Erwartungsvolles.

Agatha antwortet nicht, sondern beginnt, ein Totengebet zu murmeln, damit die Frau dank der Gnade von Gottes Sohn ins Haus des Vaters einziehen und dort in Frieden ruhen kann. Ich falle in das Gebet mit ein und schaue zu der jüngeren Frau hinüber. Überraschenderweise sind ihre Augen jetzt geöffnet. Sie starrt mich an und die Worte bleiben mir im Hals stecken. Dann schließt sie die Augen, aber etwas ist mit ihr geschehen, denn frisches Blut rinnt aus einer ihrer Gesichtswunden.

»So es Gottvater und Sohn gefällt, soll es geschehen«, spricht Agatha die letzten Gebetsworte und zieht die Decke über das Gesicht der Toten.

Eine Gehilfin kommt plötzlich hereingestürmt – eine Novizin sei ohnmächtig geworden und brauche Hilfe. Agatha nickt und sagt, sie komme sofort, aber im Hinausgehen schaut sie noch einmal prüfend auf die Frau, die noch am Leben ist. Das frische Blut scheint ihr Sorgen zu machen, und sie geht zu einem Ecktisch, um einen Krug und einen Lappen zu holen. Sie gibt mir beides und sagt, ich solle mich nützlich machen, dann eilt sie hinaus.

Sobald ich allein bin, lege ich Krug und Lappen weg, um das Buch aus dem Rucksack zu holen. Vorher schaue ich aber zu der Frau hinüber, deren Wunden ich säubern soll. Ihre Augen sind wieder geöffnet, aber sie kippen nach oben weg, bis ihre Pupillen in den Augenhöhlen verschwinden. Unter der Decke bewegt sie heftig die Arme. Vielleicht sollte ich ihr helfen, die Decke anheben, ihre Hände in meine nehmen, um sie zu wärmen, und sie trösten. Aber als ich mich auf sie zubewege, werden ihre Augen wieder normal. Sie schaut mich an, und ich kann sehen, dass sie auf keinen Fall an den Händen gehalten werden will.

Ich bleibe respektvoll auf Distanz und sage auf Lateinisch, dass wir uns um ihre Gesundheit sorgen. Dann frage ich höflich, wie und warum sie hierher gelangt sei. Sie blinzelt und macht ein Geräusch, das sowohl ein Lachen als auch ein Schmerzlaut sein könnte. Dann schüttelt sie den Kopf, und sofort fließt wieder Blut auf ihren Hals.

Sie fährt sich mit einer Hand an den Kopf, tastet ihn ab und schmiert Blut auf ihre Haare, das Kopfkissen und die Bettdecke. Ich bitte sie, damit aufzuhören, Geduld zu haben, sage, dass ich Hilfe hole, aber ihre Finger bleiben in Bewegung, und sie scheint sich über etwas unter ihrer Haut Sorgen zu machen. Was immer das sein könnte – sie scheint es herausziehen zu können, denn plötzlich wird sie ruhig, öffnet die Hand, und ich sehe, dass es ein Dorn ist. Wortlos reiche ich ihr den Lappen, und sie drückt ihn an ihren Hals.

Ich wechsle von Latein ins Griechische und probiere es mit ein paar einfachen Sätzen in der Mundart von Konstantinopel. Dann zitiere ich einige Zeilen aus den fünf Büchern Mose, sage etwas auf Aramäisch, spreche ein koptisches Gebet. Ich versuche es mit Begrüßungsformeln, die mir unser Buchhändler nach seinen Reisen in alle Welt beigebracht hat. Vor lauter Verzweiflung singe ich schließlich den klagenden Refrain eines Lieds, das Hildegard oft bei der Arbeit singt.

Und endlich sehe ich, dass die Frau mir zu antworten versucht. Sie öffnet den Mund, ihre Zunge kommt hervor, und es sieht aus, als wolle die Frau schlucken. Es blubbert in ihrem Hals, dann ein kehliger Laut und ein stöhnender Singsang, undefinierbare, langgezogene Töne ohne Anfang und Ende. Sie zieht eine Grimasse und wird still. Atmet tief und zittrig ein. Flüstert etwas. Ich gehe näher und höre jetzt Wörter, die ich allerdings nicht verstehen kann und die keinerlei Ähnlichkeit mit denen haben, die ich kenne. Ich sehe sie an, schüttle den Kopf, mache eine hilflose Geste. Ihr Blick verdüstert sich, und ich sehe, wie sie angestrengt – Schweißtropfen auf der Stirn, verkrampftes Kinn wie unter Schmerzen – die Hände hebt und die Handflächen aneinanderlegt.

Und das glaube ich zu verstehen. Sie ruft Gottvater an. Sie weiß, dass sie dem Ende nahe ist, und vertraut ihm ihre Seele an. Um sie zu unterstützen und ihrem letzten Willen Nachdruck zu verleihen, stimme ich das Gebet an, dass Gottes Sohn uns gelehrt hat.

»*Pater noster*«, sage ich, »*qui est in cælo ...*«

Ich nehme an, dass Rhythmus und Tempo, das Heben und Senken der Stimme beim Sprechen dieses berühmten Gebets ihr vertraut sind, sie beruhigen und ihr Frieden schenken werden, doch stattdessen schürzt sie die Lippen, ihre Nasenflügel beben, und ich höre, wie sie tief im Hals zu knurren beginnt. Ich scheine sie zu verärgern. Obwohl sie krank und schwach im Bett liegt, möchte ich sie besänftigen und hebe die Hände. »Ich höre auf. Ich höre ja schon auf.«

Ihre Züge glätten sich. Sie schließt die Augen. Wieder legt sie die Hände aneinander, öffnet sie, legt sie wieder aneinander, öffnet sie wieder, und immer so fort. Wie Flügel. Wie ... Wie ein Buch.

Ich fliege geradezu auf die andere Seite des Zimmers und hebe den Rucksack auf. Die Frau reagiert umgehend. Entschlossen winkt sie mich herbei. Ich hole das Buch heraus und halte es in ihre Richtung. Sie nickt und nickt, in einem fort. Ich kehre an ihr Bett zurück und lege es ihr auf die Brust. Sie hebt es an die Lippen, dann schiebt sie es in meine Richtung. Ich bin verwirrt und sehe sie fragend an. Sie schiebt das Buch ein Stück weiter, fordernd und ungeduldig. Ich greife zögerlich danach. Sie nickt. Da nehme ich das Buch. Lächelnd hebt sie eine Hand, streicht mir mit einem

Finger über die Wange und sagt zwei Wörter. Mit brüchiger Stimme und starkem Akzent, aber es sind lateinische Wörter.

»*Mater noster ...*«

Unsere Mutter.

»Nein, nein«, sage ich. »Nein, nein, nein. Ich bin nicht Chiara. Sie war hier, aber jetzt ...«

Aber sie hat die Hand sinken lassen, ihr Kopf fällt kraftlos auf die Seite, und obwohl ich nicht verstehe, wie man in einem Moment am Leben und es schon im nächsten nicht mehr sein kann, weiß ich, dass sie tot ist. Ich lasse mich neben ihr aufs Bett sinken und starre auf das Buch in meinen Händen. Es ist sehr klein und passt bequem auf meine Handflächen. Eine gehörnte goldene Kuh schmückt den tiefroten Umschlag. Ein hübsches Buch.

»Habt Ihr denn gar kein Gewissen?« Agatha kommt mit einem Tontopf zurück, der nach etwas Grünem riecht, und ich verstehe nicht, warum sie so wütend ist. »Habt Ihr nicht das geringste Mitgefühl? Ich erwarte, weiß Gott, nicht viel von Euch, aber das hier ... Das hier ...« Sie schüttelt den Kopf, als wolle sie sagen, dass sie keine Worte hat. »Eine Schande, Beatrice! Ich dachte, Sophias Tod hätte Euch etwas gelehrt. Dass Ihr anfangt, Mitgefühl zu zeigen. Aber nein! Ich sehe, dass Ihr genau wie früher ...« Sie hält inne und schüttelt wieder den Kopf. »Geht«, sagt sie. »Geht!«

Ich bin verwirrt. Sie kann mir doch nicht die Schuld daran geben, dass die Frau gestorben ist! Doch dann senke ich den Blick und sehe, was Agatha gesehen hat. Meine mit Tinte verschmierten Hände, die ein Buch halten. Daneben eine unbekannte Tote. Ich werde rot, stehe auf und will etwas zu meiner Verteidigung sagen.

»Nein, Schwester Agathe, Sie verstehen nicht ... Dieses Buch ...«

»Richtig, Beatrice, ich verstehe es wirklich nicht. Die Frau lag im Sterben, *im Sterben!* Und Ihr sitzt da und lest. *Lest!*«

Einen Moment lang schaut sie mich fassungslos an, dann schüttelt sie ein letztes Mal den Kopf, als wolle sie jeglichen Gedanken an mich abschütteln. Ich bewege mich in Richtung Tür und drücke das Buch an meinen Bauch. Sie hat recht. Sie versteht es nicht. Keiner hat es je verstanden. Ich gehe aus dem Zimmer, verlasse das Spital und wandere in die Nacht hinaus. Das Buch stecke ich in eine Tasche unter meinen Röcken. Dann tue ich etwas, das ich seit Jahren nicht getan habe: Ich renne.

Als ich keuchend den Kirchplatz erreiche, will ich eigentlich schnell zu den Schlafräumen hinter dem Wandelgang hinauflaufen, mich in den zweiten Stock vortasten, wo ich dann die Türen zählen kann, bis ich an meiner bin, um mich einzuschließen und dortzubleiben, ohne vermisst zu werden, bis die Glocke zum siebten Offizium läutet. Aber als ich die beleuchtete Stelle vor einem Fackelhalter umrunde, höre ich irgendwo von links Hildegard nach mir rufen. Ich gehe weiter, als hätte ich nichts gehört, und hoffe, sie glaubt, sich getäuscht zu haben, aber sie ruft erneut nach mir, dieses Mal lauter. Ich schaue mich auf dem Kirchplatz um, kann sie aber nirgends sehen, sondern nur die Mauern und unsere riesige Zeder.

»Hier, Beatrice! Hier!«

Ich folge ihrer Stimme zum Empfang, einem kleinen, quadratischen Raum, direkt an die Mauer gebaut. Die meisten Besucher sehen von unserer Klosteranlage nicht mehr als ihn. Seine Außentür, die zu den städtischen Feldern hinausführt, wird nach Einbruch der Dunkelheit abgeschlossen und verriegelt aber heute müssen wir sie noch einmal öffnen, damit unsere Gäste heimgehen können.

»Ah, Beatrice, wie schön«, sagt Chiara, als ich eintrete. Im trüben Schein eines fast erloschenen Feuers, das sich der Wächter gemacht hatte, sehe ich, dass Chiara das Guckloch schließt, durch das wir die städtischen Felder sehen können. »Seid Ihr gekommen, um uns zu berichten, was Ihr von unseren bedauernswerten Gästen erfahren habt?«

Es gibt nur eins, was ich guten Gewissens sagen kann: »Sie sind tot.«

Chiara berührt mich am Arm. »Beide?«

»Beide«, bestätige ich.

Einen Moment lang ist sie still. Dann murmelt sie: »Das tut mir leid. Wirklich. Ich kann nur hoffen, dass sie das Gefühl hatten, an ihrem Lebensende unter Freunden zu sein.«

»Hmf«, grunzt Hildegard zustimmend.

Ich schaue von der einen zur anderen. Wieder fühle ich mich wie eine Novizin, die etwas wissen will und es nicht zu fragen wagt. Komm schon, sage ich mir, du bist jetzt die Bibliotheksschwester, mit Sitz im Kapitelsaal.

»Sind die Männer fort?«, frage ich. »Was hatten sie mit den Frauen zu tun?«

Chiara sieht Hildegard an. Hildegard sieht Chiara an. Chiara sagt: »Sie wollten sie ausfragen. Ich habe ihnen gesagt, sie hätten schon genug gelitten und dass ich sie keinen weiteren Unannehmlichkeiten aussetzen würde. Es war ein … erhitztes Gespräch.«

»Erhitzt?« Hildegard schnaubt indigniert. »Sie behaupteten, der Herr habe ihre Schritte geleitet, während wir ein ungebildetes Weibervolk seien. Dann haben sie gedroht, das Tor zu stürmen, wenn wir sie nicht hereinlassen. Und ich habe gesagt, das würde ich gerne sehen, und dass sie …«

»Glücklicherweise«, geht Chiara dazwischen, »warteten die Diener, die Eure Stiefmutter begleitet haben, ganz in der Nähe. Sie hörten den Streit und sagten den Männern, sie sollten …«

»Es war eine ziemliche Rangelei!«

»… verschwinden. Ich bin froh, sagen zu können, dass es scheint, als wollten sie uns fortan zufrieden lassen.« Chiara schüttelt den Kopf. »Wir wollen nicht mehr daran denken, wenigstens für die nächste Stunde. Bestimmt machen sich die anderen schon Sorgen um uns.«

Sie verlässt den Raum und geht auf das Refektorium zu, Hildegard an ihrer Seite. Ich bleibe zurück und denke, wenn ich Glück habe, merken sie es vielleicht nicht und ich kann doch noch in meine stille Zelle gehen. Aber schon nach wenigen Schritten höre ich Chiara fragen, wo ich denn bleibe.

»Verzeihung, Mutter Chiara«, sage ich, als sie zu mir zurückkommt. »Ich möchte nicht am Festmahl teilnehmen. Der Tod der Frauen ... lastet auf mir. Vielleicht gehe ich schon eher in die Kapelle und ...«

»Ganz ruhig, Beatrice.« Sie legt mir eine Hand auf den Arm. »Später beten wir gemeinsam für sie. Aber zuerst müsst Ihr etwas essen. Ihr braucht Nahrung und Gesellschaft.« Sie drückt meinen Arm. »Seit dem Tod Eures Vaters habt Ihr Ortolana nicht gesehen. Ich bin mir sicher, dass Ihr beide einander Trost spenden möchtet.« Ihre Hand wandert auf meinen Rücken, und mit sanftem Druck führt sie mich aufs Refektorium zu. »Kommt, meine Liebe. Wir wollen Schwester Felicitas doch nicht verärgern. Bestimmt ist sie bereits ungehalten, weil wir so spät kommen. Was würde sie erst sagen, wenn wir ihre Pasteten ganz und gar verschmähen?«

DAS FESTMAHL
Gleich darauf

Das Refektorium, beleuchtet von zweihundert Bienenwachskerzen, die wir uns zum Fest gönnen, strahlt eindrucksvoll, wenn man aus dem Dunkeln hereinkommt, obwohl unsere Gäste mit ihren Palazzi dem wohl widersprechen würden. Ich jedenfalls bin beeindruckt – auch von dem Lärm. Normalerweise essen wir schweigend, während jemand heilige Texte vorliest, aber heute, direkt vor der vierzigtägigen Fastenzeit, wollen alle ausgelassen sein.

Ich folge Chiara in den Saal, und sofort richten sich Dutzende Augenpaare auf uns, alle voller Fragen. Mir behagt so viel Aufmerksamkeit nicht, und ich wende mich in Richtung der Waschschüssel, die Schwester Felicitas zu Ehren unserer vornehmen Gäste neben der Tür platziert hat. Ich habe immer Tinte an den Fingern, aber erschaudernd stelle ich fest, dass jetzt Blutspuren dabei sind. Dann sehe ich, dass da noch etwas anderes ist, etwas Tiefrotes, beinahe purpurn. Stammt es von den Habseligkeiten der Frauen? Ich schrubbe mir ordentlich die Hände und drehe mich dann zum Saal um.

Viele unserer Gäste rutschen immer noch auf ihren Plätzen herum, weil sie versuchen, einen Blick auf unsere berühmte Mutter Oberin zu erhaschen. Ich beobachte, wie sie sie beobachten, und frage mich, ob diejenigen, die heute zum ersten Mal bei uns sind, wohl enttäuscht sind. Chiara ist mittleren Alters und durchschnittlich groß. Ihre Wangen sind eher rundlich, ihre Augen vielleicht von einem dunkleren Braun als üblich. Ihre Brüste sind gewaltig vorgewölbt, sodass ihr Brustbein darüber und ihr Bauch darunter umso kleiner wirken. Das wird viele überraschen, denn sie wissen ja, dass Chiara in ihrer Jugend eine strenge Asketin war und so von heiligem Licht durchflutet, dass man zwischen ihren Rippen angeblich ihre Seele umherschwirren sehen konnte. Bestimmt erzählen sie jedem, der ihnen zu Hause zuhört, dass die Frau, die zur kriegerischen Zeit der zwei Päpste für das Gleichgewicht der Kräfte sorgte, heute nichts Bemerkenswertes mehr ist.

Chiara scheint von der Aufmerksamkeit, die ihr zukommt, nichts zu merken, oder vielleicht ist sie daran gewöhnt. Jedenfalls geht sie direkt auf Schwester Felicitas zu, die mit gekreuzten Armen an der Küchentür steht und mit den Fingern ihre Oberarme knetet. Chiara fasst ihr an die Schulter und schüttelt ihr die Hand. Bestimmt entschuldigt sie sich für ihr spätes Erscheinen. Die Tische, zu einem langen, schmalen Rechteck aufgestellt, so wie es der Saal als solcher vorgibt, sind noch leer. Fisch und Suppe müssen also schon wieder abgetragen worden sein. Offenbar hat aber niemand gewagt, die Pastete in Chiaras Abwesenheit zu servieren. Felicitas ist wütend, will es sich aber nicht anmerken lassen, und lässt sich von Chiara besänftigen.

Um die Wogen weiter zu glätten, fragt Chiara bescheiden, wo sie denn heute sitzen soll, und Felicitas führt sie durch die Reihen der Novizinnen, die vor Aufregung nicht wissen, wohin mit sich. Chiara hat Süßgkeiten in ihrem Ärmel versteckt und wird sie den jungen Frauen später heimlich zustecken, nicht ohne ihnen zu signalisieren, dass sie sich nicht von den Aufseherinnen erwischen lassen sollen. Die sehen jedoch ohnehin alles und wissen Bescheid. Ich schaue zu Arcangela hinüber, die zwischen zartgliedrigen Frauen sitzt, vielleicht ihren Cousinen. Sie wirkt angespannt und schaut in die andere Richtung, denn sie missbilligt, was dort passiert, und niemand darf etwas missbilligen, das Chiara tut.

Am anderen Ende des Saals sitzen die beiden Stelleri-Damen, die angesehensten unserer heutigen Gäste. Eine davon ist meine

Stiefmutter, Ortolana, die Witwe meines Vaters. Die andere ist Bianca; im vergangenen Jahr hat sie meinen Bruder Ludovice geheiratet – oder, genauer gesagt, meinen Halbbruder, denn im Gegensatz zu mir entstammt er dieser Ehe. Ich hatte gehofft, sie würden heute nicht kommen, schließlich ist mein Vater erst vor sechs Wochen gestorben. Aber da sind sie. Der Platz zwischen ihnen ist frei, wohl für mich, die uneheliche Stelleri.

Zwischen Sitzbänken und Wand gehe ich quer durch den Saal. Ich sehe, dass sich Ortolana, wie es ihre Art ist, lebhaft mit Schwester Maria, unserer Schatzmeisterin, unterhält. Die scheint es zu genießen. Bianca hingegen starrt vor sich hin und nestelt an ihrem Löffel herum. Neben ihr sitzt Schwester Prudenzia, deren wenig beneidenswerte Aufgabe es ist, sich im Kloster um die jungen Frauen aus gutem Hause zu kümmern, die bei uns ihre schwierige Zeit zwischen Erwachsenwerden und dem sicheren Hafen der Ehe verbringen. Sie scheint sehr um Bianca bemüht zu sein.

Als ich hinter ihnen vorbeigehe, höre ich, wie Prudenzia Bianca versichert, wir alle hätten unermüdlich, wie sie sagt, unser Bestes gegeben, um sicherzustellen, dass die vielbeweinte und unvergessene Seele des Herzogs beizeiten ins Haus des Herrn einziehen kann. Bianca sagt nichts, nickt aber. Ich frage mich, wie viel Gold sich mein Vater diese posthumen Gebete hat kosten lassen. Eine stolze Summe, nehme ich an, damit nach Abwägung von Soll – meine Mutter, ich – und Haben – der Glockenturm, die Fresken – genug übrig bleibt, um die Sünden zu tilgen, die er angehäuft hatte, als er am Abend des Drei-König-Tags ganz plötzlich einem Schlaganfall erlag. Der Fluss war zwei Handbreit gefroren, und mein Bruder befand sich auf einer Schlittschuhfahrt weit flussabwärts. Es heißt, er habe gejubelt, als er davon erfuhr, aber die Leute reden ja viel.

Ich raffe meine Röcke, um über die Sitzbank zu steigen und meinen Platz einzunehmen, und dabei nehme ich wahr, wie köstlich die Damen, die zwei Mal am Tag Körperpflege betreiben, duften, und wie sehr ich, ungewaschen, wie ich bin, mich dagegen abhebe. Bianca erschrickt, als sie mich sieht, und wirft mir einen Blick zu, der mir ängstlich vorkommt, aber was sollte sie von mir zu fürchten haben?

»Da bist du ja«, sagt Ortolana und streckt eine Hand aus, um mir den Arm zu tätscheln, aber ich ziehe ihn weg, sodass sie stattdessen den Tisch berührt. Ich nicke erst ihr, dann Bianca zu, dann konzentriere ich mich auf das Stück Taubenpastete, das ein Küchenmädchen an meinen Platz gestellt hat.

Ortolana seufzt. »Ach, Beatrice. Deine Manieren sind mein treuester Begleiter. Ich freue mich zu sehen, dass ich immer noch darauf zählen kann.«

Maria zupft überraschend an ihrer Nase – eine für ihre Verhältnisse gut gelaunte Geste – und sagt: »Kommt schon, Ortolana, Ihr wisst sehr wohl, dass man Beatrices Verdienste nicht nach ihren Manieren beurteilen darf.«

Marias Launen machen mir nichts aus. Sie hinterfragt jeden Kupferpfennig, den ich für meine Arbeit brauche, aber sie tut es respektvoll und ohne besserwisserische Kommentare.

»Oh, ich weiß, welche Verdienste sie in Euren Augen hat«, sagt Ortolana. »Ihre wunderbaren Schriftrollen. Die blitzsauberen Traktate. Und die prachtvollen Gebetsbücher. Aber was das alles kostet, Schwester Maria, was das alles kostet! Himmel, diese Preise! Dennoch will Bianca unbedingt, dass ihr Kind eins bekommt. Hörst du, Beatrice? Was sagst du dazu?«

Ich könnte eine Menge sagen, aber nichts, was man mir nicht übel nehmen würde. Ich schlucke einen Bissen Pastete hinunter und merke, dass ich vor lauter negativer Gedanken kaum genießen kann, wie gut sie schmeckt. Warum muss meine Stiefmutter immer so herablassend über meine Arbeit sprechen? Hätte mein Bruder je das geringste Interesse an Büchern gehabt – und alle wissen, dass das trotz immer neuer Hauslehrer nicht der Fall war –, würde er seine Zeit nicht mit dem Kopieren von Messbüchern verbringen müssen. Ich hatte immer vorgehabt, meinem Vater eines Tages zu schreiben und mich als ein armer Student der städtischen Universität auszugeben. Er würde meine Gedankengänge brillant finden und eine Korrespondenz mit diesem Studenten anfangen, und eines Tages würde mein Buchhändler mir von einem klugen jungen Mann berichten, mit dem Herzog Stelleri in Briefkontakt steht …

Doch meine Stiefmutter unterbricht meine Gedanken.

»Wir müssen dich zu der neuen Position beglückwünschen – Bibliotheksschwester! Ich habe deinem Vater davon erzählt. Er war stolz auf dich, sehr stolz. Aber dass Schwester Sophia gestorben ist, tut mir leid. Es muss dir sehr nahegehen.«

Ich nicke und weiß, dass ich sagen sollte, auch mir tue etwas leid, der Tod meines Vaters nämlich, aber ich bringe es einfach nicht über die Lippen. Stattdessen wende ich mich meiner Schwägerin zu und sage: »Die Ehe steht Euch gut, Signora Bianca.« Was eine Lüge ist.

Vor einem Jahr war sie fünfzehn gewesen, frisch verheiratet und stolz darauf, sich den Mann mit dem größten Bankvermögen der Halbinsel geschnappt zu haben. Damals hatte sie einen quirligen Welpen zum Karnevalsmahl mitgebracht, und ich war bestimmt nicht die Einzige, die sich darauf gefreut hatte, Chiara sagen zu hören, der Hund müsse draußen bleiben. Aber nein! Chiara hatte das Tierchen hochgehoben, mit Küssen bedeckt und zu Bianca gesagt, wir alle hätten gehört, was für eine schöne Braut sie gewesen war. Im Gegensatz zu vielen anderen Frauen, die nicht besonders gut aussehen, hegt Chiara keinerlei Abneigung gegenüber schönen Frauen. Vielmehr scheint sie sich über ihre Schönheit zu freuen, ohne sie als Tugend zu betrachten, so, wie man sich über eine Blume freut, deren Bedeutung man ja auch nicht überhöht.

Heute saß kein Hund auf Biancas Schoß. Da wäre auch kein Platz. Sie ist ganz blass, ihr sonst so schöner Mund verkniffen, ihr schwangerer Leib kugelrund.

Ich zeige darauf und sage: »Es muss bald so weit sein.«

Anders als erwartet streicht sie sich nicht lächelnd über den Bauch, sondern saugt die Luft ein, weicht meinem Blick aus und stochert in ihrer Pastete herum.

»Sagt«, fahre ich fort. »Wie geht es meinem Bruder?« Ich habe ihn seit zwanzig Jahren nicht gesehen, kann ihn mir aber lebhaft vorstellen, den feiernden jungen Herzog mit Umhang und Maske, wie er in irgendeinem Wirtshaus lachend in jedem Arm eine Göttin hält – welche mit Korkenzieherlocken, Flügeln aus Gänsefedern und goldfarbenen Sandalen. »In glücklicheren Zeiten war der Karneval sein größtes Vergnügen, nicht wahr? Aber so kurz nach dem Tod unseres Vaters ist er heute bestimmt zu Hause geblieben.«

Sie murmelt etwas vor sich hin, das ich nicht verstehen kann. Sie stammt aus dem äußersten Süden und beherrscht den örtlichen Dialekt noch nicht gut. Ihre Familie hat den Unterhändlern meines Vaters versichert, sie sei klug und spreche ausgezeichnet Lateinisch, lege keinen Wert auf extravagante Kleidung und verwerte beim Essen klaglos die Reste vom Vortag.

»Verzeiht«, sage ich. »Würdet Ihr das bitte wiederholen?«

Ortolana, die mehreren Gesprächen gleichzeitig lauschen kann, wendet sich von Maria ab und schaut mich an. Ihre schwarzen Augen sitzen unter schwarzen Brauen, die sie im Gegensatz zu den meisten anderen Gästen nicht in Form zupft.

»Beatrice«, sagt sie.

»Ja, Signora?«

»Hör auf.«

»Womit?«

Wir schauen einander an. Man sagt, Ortolana habe schon bei der Hochzeit mit meinem Vater unscheinbar und schlicht ausgesehen, aber ich finde, sie wirkt nun eher streng und herb. Eine spitze Nase, schmale Lippen. Sie ist klein, ohne schwach zu wirken, im Gegenteil: Eine weit größere Person scheint in ihr zu stecken. Diese innere Stärke bündelt sie jetzt in ihrem Blick, aber anders als früher schüchtert mich dieser nicht mehr ein. Ortolana schüttelt den Kopf und schaut jetzt auf den Teller ihrer Schwiegertochter, auf dem die zerpflückte, aber ungegessene Pastete liegt.

»Bianca, Liebes, die Ärzte sagen, du musst essen, wenn du ein kräftiges Kind gebähren willst.«

An der anderen, weniger glanzvollen Seite des Refektoriums entwickelt sich ein lautes Gespräch rund um Diana, die erst seit einem halben Jahr bei uns ist. Sie hat ein provokantes, recht gewöhnliches Wesen, was offenbar sehr beliebt ist. Ihre Sitznachbarinnen beugen sich zu ihr vor, und alle, die weiter entfernt sitzen, schauen neidisch zu dem Grüppchen hinüber. Als Gelächter ausbricht, versteift sich Arcangela, die ohnehin schon fast unbeweglich dasitzt, noch mehr. Sie will uns glauben machen, dass es unter ihrer Würde ist, Diana – früher als Malerin bekannt, jetzt zum Schutz vor der Welt da draußen und womöglich vor sich selbst bei uns in Gewahrsam – zu beachten, aber natürlich kann sie nicht anders. Alle beachten Diana.

Arcangela würde Bianca niemals zum Essen auffordern, denke ich, denn sie macht sich selbst auch nichts daraus. Stets isst sie von allem, was auf ihrem Teller liegt, die Hälfte langsam und appetitlos und lässt die andere Hälfte zurückgehen. Manche versuchen, es ihr gleichzutun, aber keine erzielt den gleichen Effekt. Dafür schauen sie zu oft und zu sehnsüchtig auf den verschmähten Rest.

»Ich bin verwundert«, sagt Ortolana jetzt zu Maria, »dass Mutter Chiara bei unserer Ankunft abwesend war. Was, um alles in der Welt, hatte sie denn Wichtigeres zu tun?«

»Das müsst Ihr Beatrice fragen«, erwidert Maria.

Meine Stiefmutter dreht sich zu mir um. »Beatrice?«

»Ein junges Mädchen hat zwei Frauen zu uns gebracht.«

Ich nenne keine Einzelheiten, aber sie reißt die Augen auf.

»Schon wieder Fremde?« Sie senkt die Stimme und redet mit einer Ernsthaftigkeit, die mich überrascht, auf Maria ein. »Habe ich Euch nicht gewarnt? Ihr dürft nicht alle möglichen ...«

Sie verstummt, als zwei Küchenmädchen unsere Teller einsammeln, Krümel aufwischen und den Tisch für den letzten Teil des Festmahls vorbereiten. Ich weiß nicht, was sie noch sagen wollte, und sie bekommt keine Gelegenheit dazu, weiterzureden, denn Chiara erhebt sich und hält mühelos eine kurze Rede – die gleiche wie jedes Jahr, über Brotlaibe und Fische, den Wein bei der Hochzeit zu Kana und den letzten Abend seines Lebens, den Gottes Sohn mit seinen Freunden bei Tisch verbracht hat.

»Und nun«, sagt sie, »der Moment, auf den unsere jungen Freundinnen so lange gewartet haben!« Schwester Felicitas kommt von der Küche herein und trägt majestätisch einen großen Nachtisch vor sich her.

Alle schauen zu, als sie beginnt, ihn in Schalen zu verteilen, großzügige Portionen mit Nüssen und Rosinen, die vor Butter und Sahne nur so triefen und die sie zuerst den Novizinnen reicht.

Ich schaue zu Arcangela hinüber, aber sie sitzt nicht mehr an ihrem Platz. Wo ist sie hin? Ah, ich entdecke sie an der Eingangstür, wo sie mit jemandem spricht, der draußen steht. Zuerst denke ich, es muss Schwester Agatha sein, die gekommen ist, um zu berichten, was mit den Frauen im Spital ist, aber das kann nicht sein, denn sie würde hereinkommen. Chiara hört auf, den Nachtisch zu verteilen, geht schnell zur Tür und schiebt Arcangela zur Seite.

Wenn man sie so sieht, könnte ein Fremder glauben, die kühle, feingliedrige, gefasste Arcangela sei die Mutter Oberin und Chiara ein Küchenmädchen, das wegen irgendeines Missgeschicks zur Rede gestellt wird, denn sie sieht oft aus wie eine ganz gewöhnliche Frau, die gerade irgendeine niedere Arbeit verrichtet hat, Schweine füttern oder Bohnen pulen. Dagegen erinnert Arcangela mit ihrer ätherischen Grazie an die lieblichsten Bildnisse der Mutter Maria. Ich muss an die Ikone neben dem Beichtstuhl denken, das schöne, leicht zur Seite gewandte Gesicht, das einzig und allein auf das von goldenen Strahlen umgebene Kind in ihrem Schoß gerichtet ist. Manchmal kann man gar nicht glauben, dass Arcangela aus Schleim, Blut und den anderen Körpersäften besteht. Die Wäscherinnen, die unsere Kleidung reinhalten, tuscheln, Arcangela benötige ihre Dienste höchstens zwei Mal im Jahr.

Das Gespräch an der Tür endet. Arcangela kehrt an ihren Platz zurück und schiebt ihren Nachtisch zur Seite, ungehalten, wie mir scheint. Chiara kommt auf uns zu, legt meiner Schwiegermutter eine Hand auf die Schulter und entschuldigt sich dafür, sie erst jetzt begrüßen und ihr Beileid aussprechen zu können. Ortolana legt ihre Hand auf Chiaras und drückt sie. Ich habe noch nie verstanden, warum die beiden einander so zugetan sind – unsere Oberin, die frühere Eremitin und heilige Heilerin, und die schwer mit Juwelen behangene Signora Stelleri. Meine Stiefmutter kann Freundschaft vortäuschen, Chiara niemals.

»Alles in Ordnung?«, fragt Ortolana mit Blick auf die Tür.

Chiara antwortet nicht gleich, sondern streicht Bianca über die Wange und sagt etwas über unseren reichhaltigen Nachtisch und dass es nicht leicht sein kann, ein Kind im Leib zu tragen. Soll sie Felicitas bitten, Bianca lieber etwas Brot und Honig zu bringen? Dann landet ihre Hand auf meiner Schulter, und sie sagt: »Beatrice arbeitet sehr fleißig an dem Buch für das Kind. Sie ist sehr geschickt. Stets denkt sie an …«

»Mutter Chiara«, unterbricht Ortolana sie. »Was ist los?«

Chiara neigt den Kopf auf die eine, dann auf die andere Seite. »So allerlei, an einem Abend wie diesem.«

»Böse Buben im Gewand von Dionysus?«

»Nein, nein. Zwei bedauernswerte Frauen.«

»Beatrice sagte das schon.«

»Zuerst zwei Frauen. Dann Männer, die mit ihnen sprechen wollten. Und nun, wie Poggio berichtet, ein weiterer Mann, der das ebenfalls verlangt. *Verlangt* – ich bitte Euch!« Sie lächelt knapp. »Er hat Poggio gefragt, was ihm das Recht gibt, ein Nonnenkloster zu bewachen. Der Ärmste war ganz durcheinander.« Lachfältchen bilden sich an ihren Augen. »Der Mann kannte nicht einmal seinen Namen. Wer, bitte, kennt denn unseren alten Poggio nicht?«

»Wer war dieser Mann denn?«, fragt Ortolana, ohne Lachfältchen.

»Poggio sagt, er habe sich als Mönch ausgegeben. Ein Guter Hirte – nennen sie sich nicht so? Schmutzig-weißer Umhang, keine Schuhe, Stecken in der Hand …«

»Mutter Chiara!«

»Er dachte wohl, es genügt, mit seinem Stecken zu wedeln, um uns ...«

»Mutter Chiara!«

»Schwester Arcangela war beeindruckt, aber ich habe Poggio gesagt, er soll ihm Fersengeld geben und ihn ...«

»*Mutter Chiara!*« Meine Stiefmutter spricht jetzt so laut, dass viele Mitschwestern ihr Gespräch abbrechen und in unsere Richtung schauen. Sie sammelt sich. »Hat er ...« Sie bemüht sich um einen angemesseneren Ton. »... seinen Namen genannt?«

»Aber ja. Bruder ... Was war es doch gleich? Bruder Abramo.« Ortolana zieht die Stirn in Falten und trommelt mit den Fingern auf den Tisch. »Die Trauer macht mich unachtsam. Er hat schon einmal versucht, in der Stadt zu predigen, aber mein Gatte hat den Bischof gebeten, das zu verbieten. Ich wünschte, ich hätte gewusst, dass er weiter nach Norden zieht. Hätte ich doch nur ... Aber nun ist es zu spät.« Ihre Stirnfalten vertiefen sich. »Was wollte er von den Frauen?«

»Ach, bestimmt nur ein Missverständnis. Er schien zu glauben, wir hätten zwei gefährlichen Ketzerinnen Einlass gewährt.«

Dieses Wort – *Ketzerinnen* – lässt Pastete und Nachtisch in meinem Bauch zu Stein werden. Habe ich es je zuvor aus Chiaras Mund gehört? Es ist ein Wort, dass die Guten Hirten lieben, so viel ist gewiss. Sie geben vor, Papst Silvio treu ergeben zu sein, aber jeder – selbst die Lämmer, die ihnen folgen – weiß, dass sie ihm Stuhl und Schlüssel des Heiligen Petrus streitig machen wollen, weil er in ihren Augen nicht rechtgläubig ist.

Unwillkürlich lege ich die Hände in den Schoß und taste nach dem Buch der zwei Frauen in meiner Rocktasche. Dann lege ich sie schnell wieder auf den Tisch und rede mir ein, ich hätte nichts zu fürchten.

DIE BANK
Mitten in der Nacht

⚉

Die Glocke muss schon zum Nachgebet geläutet haben, denn jemand klopft an unsere Zellentüren. Das Geräusch kommt näher, rollt wie eine Meereswoge auf mich zu und reißt mich aus dem Traum. Ich komme auf die Füße, binde mein Kopftuch und bücke mich, um meine Sandalen anzuziehen. Dann wickle ich meinen Umhang eng um mich und will die Tür öffnen, aber ich zögere. Ich gehe zum Bett zurück und stecke die Hand unters Kopfkissen. Das Buch. Es ist da.

Im Flur will ich meinen Mitschwestern folgen und die Treppe hinuntergehen, als Schwester Galileas Tür zu meiner Rechten aufgeht. Man weiß nicht genau, wie alt sie ist, aber mit Sicherheit in den Siebzigern. Wegen ihres Alters braucht sie an den Nachtgebeten nicht teilzunehmen, deswegen überrascht es mich, dass sie sich an der Wand entlang auf mich zu tastet. Sie ist fast blind, hat sich aber einen wachen Verstand bewahrt.

»Mit wem habt Ihr da drinnen gesprochen, Beatrice?«, fragt sie. Da sie keine Zähne mehr hat, hört man vor allem Zischlaute, wenn sie spricht.

»Mit niemandem«, flüstere ich. »Ich habe mich nur aufs Nachtgebet vorbereitet, Schwester Galilea.«

»Das Nachtgebet, das Nachtgebet«, sagt sie. »Ich kenne das Nachtgebet. Ich habe Euch doch flüstern gehört. Flüster-flüster.« Sie bleibt neben mir stehen und zischt mir ins Ohr. »Ich weiß, dass

Ihr Eure Kerze nicht ausblast, wenn es Zeit ist. Ich sehe den Schein, wenn ich pissen gehe.« Sie schlurft weiter, kichert und ruft der versteinert dreinblickenden Nachtwache, die oben an der Treppe steht und uns leuchtet, ein beherztes »Guten Morgen!« zu.

Draußen ist es kalt, der Mond steht hoch am wolkenlosen Himmel, und alle beeilen sich, um in die warme Kapelle zu gelangen. Das Flackern einer glimmenden Fackel an der Mauer fällt auf eine Reihe von Mädchen, die aus dem Novizinnen-Trakt eilen, wo auch ich früher geschlafen habe. Arcangela lobt sie stets für ihren Eifer beim Nachtgebet, denn auch in lauen Sommernächten rennen sie dann quer über den Kirchplatz. Aber alle, die ihre Kindheit hier verbracht haben, wissen, dass es sie nicht zu Gottvater drängt, sondern sie einem ganz anderen Impuls folgen – dem der Angst.

Wer die Kapelle zuletzt betritt, muss an der hinteren Mauer stehen, vor einem niedrigen Bogengang, der von Ziegelsteinen verdeckt wird, sodass das Licht von den Kandelabern dort nicht eindringen kann. Hinter dem Bogengang führt eine Steintreppe zur Krypta, und in der Krypta – so das Geflüster unter den größeren Mädchen an meinem ersten Abend hier – liegen die Gebeine von Mönchen, die der Pest zum Opfer gefallen sind. Ich war nie leicht zu wecken, deswegen stand ich meist dort hinten, wand und schüttelte mich und betete voller Inbrunst, dass mich die Finger der Toten nicht berühren mögen.

Die Mönche, heißt es, hielten das Tor in der Pestzeit verschlossen und gelobten, für die Errettung der Stadt zu fasten und zu beten, doch als Kranke und Hungernde kamen und Hilfe suchten, hörten sie aus dem Kloster Gelächter und rochen gebratenes Fleisch. Außerdem sagten sie – aber wie sollte man das heute beweisen? –, sie hätten gewisse Frauen gesehen, die nach Einbruch der Dunkelheit das Kloster betraten. Fest steht jedenfalls, dass nur ein einziger Mönch die Pestzeit überlebte, und das war der alte Poggio. Das Kloster unterstand Papst Silvio ganz direkt, und es überraschte einige und verärgerte viele, als er Chiara beauftragte, hier einen neuen Orden zu eröffnen.

Ich für meinen Teil verdanke den längst verstorbenen Mönchen viel, denn es ist ihr Verdienst, dass unsere Bibliothek so umfangreich ist. Heute ist mein Platz im vorderen Teil der Kapelle, und seither kann ich auch die Nachtgebete genießen. Die Gesichter meiner Mitschwestern sehe ich nur im Schatten, sie halten Köpfe und Blicke gesenkt. Ich fühle mich friedlich oder zumindest so ähnlich, während meine Lippen die heiligen Worte formen.

Jenseits des Mittelgangs entsteht Unruhe. Diana schreckt auf, wahrscheinlich weil sie kurz eingenickt war, und verzieht das Gesicht, als sie ein Gähnen zu unterdrücken versucht. Eine Aufpasserin bewegt sich auf sie zu, um sie zur Ordnung zu rufen. Arcangela sieht alles; ich sehe, wie sie missbilligend über die Schulter schaut. Aber Chiara, die ich im Halbprofil sehen kann, hat nichts bemerkt und murmelt ungestört weiter in die Knöchel ihrer gefalteten Hände.

Es ist nicht leicht, die Verbindung zwischen dieser friedfertigen Frau und dem heiligen Kind zu sehen, das allem Weltlichen entsagt hatte. Ihr Vater, ein Karrenbauer, war wütend auf sie gewesen. Was konnte man denn auch mit einem Kind anfangen, das den ganzen Tag im Keller hockte und betete? Manche sagen, er habe sie geschlagen und wollte sie verhungern lassen. Andere sagen, sie selbst habe das Essen verweigert und ihren Körper geschunden. Jedenfalls hätte sie dort unten sterben können, hätte der Stadtpfarrer nicht eingegriffen. Chiara, so sagte er, sei von Gottvater berufen. Der Karrenbauer, ihr Vater, müsse ihr eine Zelle als Anbau des Wohnhauses errichten.

In der Nachbarschaft war ohnehin schon viel über Chiara geredet worden, aber von ihrer kleinen Zelle aus wurde sie in der ganzen Stadt und den umliegenden Hügeln bekannt. Frauen besuchten sie und sprachen mit ihr durch das Fenstergitter, das ihr Vater einbaute, als er begriff, dass seine Tochter vielleicht doch zu etwas nutze war. Und obwohl sie nur selten etwas sagte und nicht oft gewillt war, ihre Gebete zu vernachlässigen, um mit den Besucherinnen zu sprechen, die ihr kleine Geschenke durch die Gitterstäbe reichten – Fingerhüte, Bänder, Blumen –, gingen die Frauen getröstet wieder und berichteten, dass die Beschwernisse, wegen derer sie gekommen waren, nach dem Besuch wie durch ein Wunder weitgehend behoben waren.

Und dann kam die Pest. Die Städter verbarrikadierten ihre Türen oder flohen, und von Chiaras Familie erkrankte einer nach dem anderen und starb. Aber sie, inzwischen zur jungen Frau herangewachsen, verließ ihre Klause, um den Verzweifelten und Sterbenden unermüdlich zu helfen. Nicht länger galt sie als das merkwürdige, halb verhungerte Mädchen, sondern als Heldin, Retterin, ja als Stadtheilige.

Unser Singsang endet. Das Nachtgebet ist vorbei. In vielen Klostern bedeutet der letzte Psalm den Beginn eines neuen Tags, aber Chiara sagt, wir ehren Gottvater mit unserer Arbeit genauso wie mit unseren Gebeten, deswegen dürfen alle, deren Tagesbeschäftigung viel Kraft kostet, wieder zu Bett gehen und bis zur Morgendämmerung weiterschlafen. So verlassen die Novizinnen, Wächterinnen, Gehilfinnen und einige meiner Mitschwestern die Kapelle, während Arcangela und die Frauen, die sie besonders bewundern, unter den flackernden Kandelabern näher zusammenrücken.

Sie knien nieder und heben den Blick zum Sohn Gottes an seinem hölzernen Kreuz. Seine Stirn ist von Falten durchzogen, seine Unterlippe hängt herab. Seine Brust ist eingefallen, sein Bauch unnatürlich gewölbt. Die Füße sind bescheiden einer über den anderen gelegt. Bald, wenn die Kerzen zu tropfen beginnen, werden Arcangela und ihre Vertrauten weinen und den Schmerz der drei Marien nachempfinden, die das Sterben von Gottes Sohn auf jenem Hügel begleiteten – Mutter Maria, Maria Magdalena, so jung und schön, und die alte Maria, Gattin des Klopas. Augen und

Münder haben sie vor Schmerz angesichts seines Leidens weit aufgerissen und sind zugleich von seiner Liebe verzückt.

»Süßes Kind am Kreuz«, sagen sie.

»Süß und heilig ...«

»Von deinen Lippen, deinen Tränen ...«

»Blut, Blut ...«

»Brennend vor Liebe ...«

»Dein Tod am Kreuz ...«

»Unbeflecktes Lamm ...«

»Süßes Blut, kostbares Blut ...«

»Ewiger Bräutigam ... unschuldiges Lamm ... süßes Kind ...«

Vielleicht helfen meine Gebete den toten Frauen im Spital. Vielleicht wird mir leichter, wenn ich weiß, dass Gottes Sohn sie ins Haus des Vaters führt. Ich überlege, ob ich, wie sonst, in meine noch warmen Laken zurückkehre oder weiter bete, als sich eine Hand auf meine Schulter legt.

Ich drehe mich um und sehe Chiara. Sie macht eine Kopfbewegung in Richtung der Tür. Ich folge ihr so leise wie möglich. Keiner schaut uns offen nach, aber alle sehen es.

Draußen in der Säulenhalle beginne ich unwillkürlich zu zittern. Chiara bittet um Verzeihung und sagt, wir sollten ein Stück gehen, um uns aufzuwärmen.

»Ich glaube«, sagt sie, als sie mich von der Kapelle wegführt, »dass wir uns unterhalten sollten.«

Ich mache ein vages Geräusch, das Zustimmung ausdrücken soll.

»Schwester Agatha, die ja sonst stets ... Wie soll ich es sagen, Beatrice?«

»Gelassen ist?«, schlage ich vor.

»Ja, genau. Sie sagt, etwas an den Frauen kam ihr merkwürdig vor. Sie war ziemlich ... *ungelassen*. Kann man es so ausdrücken?«

Ich schüttle den Kopf.

»Nein? Dann eben besorgt. Furchtsam gar. Offenbar hat Schwester Arcangela sie zur Rede gestellt und streng befragt, und offenbar hat ihr nicht gefallen, was sie dann hörte. Daraufhin kam Arcangela zu mir, um mir ihren Verdacht mitzuteilen. Sie sagte ... Tatsächlich sagte sie sehr viel ... Um es kurz zu machen, glaubt sie, wir könnten uns nicht sicher sein, dass die Frauen rechten Glaubens sind. Sie warnte mich davor ... Wie drückte sie es aus? ›Ihnen vorschnell die Sterbesakramente zu gewähren und sie im Namen des Herrn zu begraben‹. Danach wollte ich Euch fragen, Beatrice. Ihr wart dabei, als sie ankamen. Und wie ich höre, wart Ihr mit einer von ihnen allein, als sie starb. Was meint Ihr? Glaubt Ihr, Schwester Arcangela hat recht? Habt Ihr irgendetwas beobachtet, das Euch zu denken gab?«

Wir sind stehen geblieben und befinden uns unter der großen Zeder, bei den beiden alten Steinbänken, auf denen Chiara gern vorm Abendessen sitzt, in der Stunde, die wir zu unserer freien Verfügung haben und in der wir ein wenig ausspannen können. Manchmal umgibt sie sich dann mit den Novizinnen und lauscht vergnügt ihren Gesprächen. Manchmal winkt sie sie fort und verweilt lieber mit einer älteren Mitschwester, hält ihre Hand und unterhält sich leise mit ihr oder kommentiert belustigt die Kunststückchen der Küchenkatzen.

Plötzlich hallt wildes Gejohle von den Dächern der Stadt unter uns. Der Karneval ist noch in vollem Gang. Übermütige Burschen, sage ich mir, es sind nur übermütige Burschen. Das hat meine Stiefmutter immer zu mir und meinem Bruder gesagt, wenn wir des Nachts aufwachten. »Dumme Jungen, die singen und tanzen, das ist alles. Sprecht ein Gebet und schlaft weiter.« Aber ich lag oft stundenlang wach und stellte mir vor, ich sei ein junges Mädchen in Jericho, das sich die Ohren vor dem schrecklichen Lärm der Trompeten zuhält, oder eine Tochter Trojas, die bis ins Mark erschüttert wird, wenn Achill seinen Speer gegen sein mächtiges Schild schlägt.

»Beatrice?« Chiara berührt meinen Arm und reißt mich aus meinen Gedanken. »Setzt Euch, meine Liebe.«

Ich setze mich, ziehe die Schultern an und verschränke die Hände.

Freundlich und ruhig fragt Chiara noch einmal: »Glaubt Ihr, dass sie recht hat?«

Ich zögere, denn ich weiß es wirklich nicht. Aber wie soll ich schildern, was ich erlebt habe, wenn alles so verwirrend und merkwürdig ist? Und wenn ich einmal anfange zu sprechen – muss ich dann nicht alles erzählen? Muss ich das Buch erwähnen, das jetzt unter meinem Kopfkissen liegt und in das ich noch keinen Blick geworfen habe? Chiara versteht nichts von Büchern. Sophia konnte kaum glauben, dass eine Mutter Oberin so unbelesen sein kann. Aber wenigstens stellt sie keine Fragen. Arcangela dagegen schon, und seit Sophia nicht mehr ist, tut sie es umso mehr.

Chiara merkt mir meine Unsicherheit an, schreibt sie aber den falschen Gründen zu. Sie legt eine warme, raue Hand auf meine.

»Es tut mir leid«, sagt sie. »Ich möchte Euch nicht bedrängen. Wie solltet Ihr wissen, ob sie rechten Glaubens sind? Es war nicht richtig, Euch zu fragen.«

Sie klingt enttäuscht, und plötzlich kommt mir der Gedanke, dass eine schlichte kleine Geschichte uns beiden weiterhelfen könnte. Ich versuche, mit fester Stimme zu sprechen und die Hände ruhig zu halten, und sage: »Natürlich steht mir kein Urteil zu, aber ich teile Schwester Arcangelas Sorge nicht. Ich habe das Vaterunser gesprochen, als eine der Frauen dem Tod nahe war, und ich glaube, es hat ihr Trost gespendet. Die Frauen tun mir leid, und ich bete gern für ihren Seelenfrieden.«

So viel ist wahr – oder doch einigermaßen.

»Danke«, sagt Chiara nach kurzem Schweigen, während dessen ich schon dachte, dass sie meine Worte bezweifelt. »Das beruhigt mich.« Sie steht auf. »Ich habe Euch schon viel zu lange aufgehalten. Ihr solltet längst wieder schlafen.« Auch ich stehe auf und will gerade Gute Nacht sagen, als sie wieder meine Hand nimmt. »Ihr braucht Euren Schlaf, Beatrice. Schwester Arcangela macht sich große Sorgen um Euch. Die Verantwortung für die Bibliothek, fürchtet sie, ist eine schwere Last auf so jungen Schultern.«

Abrupt entziehe ich ihr meine Hand. In letzter Zeit besucht Schwester Arcangela die Bibliothek oft unangekündigt, was sie nie gewagt hätte, als Sophia noch lebte. Sie hat auch zwei neue Kopistinnen eingesetzt, blutleere Mädchen, die sich nicht für ihre Arbeit interessieren und glauben, sie dienten Gottvater allein dadurch, dass ihre Handgelenke verkrampfen und ihre Rücken schmerzen.

»Die Bibliothek ist mir keine Last«, sage ich. »Sophia hat mich gut vorbereitet und ...«

»Nein, nein«, sagt Chiara. »Ihr missversteht. Ich weiß, dass Ihr der Aufgabe gewachsen seid. Aber Ihr müsst lernen, um Hilfe zu bitten, wenn Ihr welche braucht. Es ist nicht nötig, dass Ihr so allein seid.« Sie überlegt, dann fährt sie fort: »Sophia ... Ich weiß, wie sehr Ihr sie bewundert habt. Ich weiß auch, wie sehr sie Euch geholfen hat – und Ihr ihr, obwohl sie sich wahrscheinlich nie dafür bedankt hat. Aber meint Ihr nicht, dass sie Euch ein wenig von unserem Zusammenleben ferngehalten hat?«

Ich schüttle heftig den Kopf. Sophia und die Bibliothek waren mein Leben. Der Rest – Glockenläuten und Gebete und Geplapper! Davon halte ich mich gern, nur zu gern fern. Ich möchte gehen, aber Chiara kann man nicht einfach stehen lassen.

Ihre Hände finden meine noch einmal. »Gute Nacht, Beatrice. Träumt schön.«

Ich gehe, ducke mich unter einen der tief hängenden Zedernäste und spüre, wie die Nadeln über meine Wange streichen. Als ich das Schlafgebäude erreiche, bleibe ich stehen und schaue zurück, aber ich kann Chiara nicht mehr sehen. Sie muss sich in die tiefe Dunkelheit unter dem Baum zurückgezogen haben.

DIE BIBLIOTHEK
Aschermittwoch

Seit wir die Kapelle nach dem zweiten Offizium verlassen haben, sind schnell wandernde Wolken am Himmel aufgezogen. Als ich nach dem Frühstück – Brot, Brei, Schweigen – die Stufen zur Bibliothek hinaufsteige, bläst ein auffrischender Wind die ersten Regentropfen an die Fensterscheiben, die aus dem feinsten Glas im ganzen Kloster bestehen. Dafür ist es heute nicht so kalt wie gestern. Zum ersten Mal in diesem Jahr werde ich arbeiten können, ohne dass meine Finger vor Kälte steif werden.

Ich setze mich, schaue nach draußen, und wie immer wird mir leichter ums Herz. Der Ausblick ist ebenso schön wie das Glas. Vor mir liegen der Kirchplatz und die Hauptgebäude, und wenn ich den Blick hebe, kann ich über die Mauern schauen, über die städtischen Felder und die Stadt selbst, ihre Marktplätze, Kuppeln und Glockentürme. An klaren Tagen sehe ich sogar die Sonne auf dem Fluss glitzern, wie er hinter der Stadt dem Meer zufließt.

Sophia – immer noch empfinde ich diesen Platz nicht als meinen, sondern ihren – hat einmal gesagt, die Evangelisten hätten auf wahrhaft kluge Art beschrieben, wie der Teufel Gottes Sohn einmal auf einen Berg geführt hat, um ihn zu versuchen. »Nur zu gut haben sie verstanden, wie verführerisch die Höhe ist, Beatrice.« Ich imitierte ihren scherzhaften Ton, den ich so bewunderte, wie auch ihr vom Griechischen durchdrungenes Latein, als ich zu bedenken gab, der Teufel habe ihm bei jener Gelegenheit die Weltherrschaft angeboten, während wir nur unsere Bibliothek hätten.

»Sie ist *unser* Herrschaftsbereich«, sagte sie und klopfte mit den Fingerknöcheln auf das Schreibpult, an dem ich jetzt sitze. »Vergiss das nicht.«

Die Bibliothek befand sich in einem bedauernswerten Zustand, bevor Sophia kam – die Bücher ungeordnet in einer Ecke des Raums aufgestapelt, während Licht und Luft, die es hier reichlich gibt, dazu dienten, die Bohnen für die Küche und das Gras fürs Vieh zu trocknen. Alledem hat Sophia ein Ende bereitet.

Meine Kopistinnen dehnen sich und seufzen, bevor sie sich an die Arbeit machen – natürlich schreiben sie, aber sie müssen auch Pergament mit Bimsstein glätten, Linien mit Linealen ziehen und Papierbögen zusammennähen. Ich schaue weiter aus dem Fenster auf die Stadt. An diesem Aschermittwochmorgen werden die Straßen still sein und ganz klebrig von Ruß, verschüttetem Wein und fettem Fleisch. Die Frauen werden dem Unrat mit Schrubbern und Besen zu Leibe rücken. Ich stelle mir die umgekippten Karren vor. Die schmerzenden Köpfe. Das schlechte Gewissen.

Als die Glocke uns im Morgengrauen zum Offizium rief, habe ich das Buch unter meinem Kopfkissen hervorgeholt und wollte einen ersten Blick hineinwerfen. Aber die Wächterin ging schon durch den Flur und stieß die Zellentüren auf, also habe ich es mir schnell in die Tasche gesteckt, wo es immer noch ist. Ich nehme mir vor, hier zu bleiben, wenn die anderen am Vormittag zum dritten Offizium gehen. Es wird nicht weiter auffallen. In den Wintermonaten lasse ich manche Offizien aus, um das Tageslicht für meine Arbeit zu nutzen. Chiara sagt, sie vertraue darauf, dass ich zu anderen Zeiten Gelegenheit finde, die verpassten Gebete gewissenhaft und inniglich nachzuholen – nur dass sie nicht *gewissenhaft und inniglich* sagt, weil sie sich stets schlicht und einfach ausdrückt.

Ich fahre mit den Fingern über die Konturen des Buchs. Wahrscheinlich könnte ich es mir jetzt gleich anschauen – denn was soll schon verdächtig daran sein, wenn eine Bibliothekarin ein Buch liest? –, aber ich bin entschlossen, es geheim zu halten. Den ganzen Morgen über unterhalten sich meine Mitschwestern – es ist unglaublich, wie viel Zeit sie mit Reden verbringen, obwohl sie es während der Gebete und des Essens ja nicht tun können. Hauptsächlich sprechen sie über die fremden Frauen, und ihr Urteil fällt nicht günstig aus. Als Chiara verkündete, sie würden heute begraben, und alle, deren Arbeit es zulasse, sollten an einem kurzen Gedenkgottesdienst teilnehmen, regte sich deutlicher Unmut. Agatha verbreitet keine Gerüchte, und ich habe ganz gewiss mit niemandem darüber gesprochen, was ich beobachtet habe, und dennoch haben die Art und Weise ihrer Ankunft, ihre unerklärlichen Verletzungen, die Beschuldigungen des Mönchs Verdacht geweckt.

Ich finde keine Ruhe. Eine Kopistin flüstert laut vor sich hin, und ihre Lippen formen jedes Wort, das sie abschreibt. Das lenkt mich ab. Ich stehe auf und gehe durchs Skriptorium, um ihre Arbeit zu begutachten. Ich korrigiere die Art, wie ein Mädchen den Federkiel hält, bemängele einen schiefen Seitenrand, gebe einem wacklig abgestellten Tintenfass einen sicheren Stand und weise auf den richtigen Winkel einer abschließenden Serife hin. Dann betrete ich die eigentliche Bibliothek durch einen Bogengang und richte die Bücher, die am Vortag benutzt worden sind.

Wie so oft bleibe ich an dem Schrank stehen, in dem Sophia die beiden Bücher aufbewahrte, die sie bei sich hatte, als sie, wie so viele, vor der Plünderung Konstantinopels gen Westen floh. Die zauberhaften Liebesgedichte Kassandras, die Sophia als zehnte Muse bezeichnete, und Homers blutrünstige Schilderung der Heimfahrt Agamemnons. Sie hat mir gezeigt, wie man sie liest, und obwohl sie eine unerbittliche Lehrerin war und verächtlich reagierte, wenn man nicht gleich verstand, was sie einen lehrte, hat sie mir einen großen Dienst erwiesen – einen, für den ich eines

Tages die angemessenen Dankesworte finden wollte, aber irgendwie kam es nie dazu.

Mein Vater fand vor etwa fünf Jahren heraus, was sich in unserem Besitz befand, schrieb an Chiara und sagte, er wolle beide Bücher kaufen, für einen ungeheuren Betrag. Als Sophia das hörte, explodierte sie, stürmte in die Bibliothek – ich weiß noch, wie die Kopistinnen erschrocken vor ihr flohen – und schwor, lieber werde sie die Bücher in Fetzen reißen, als sie fortzugeben. Chiara kam gerade noch rechtzeitig hinzu, blieb an der Tür stehen und sagte sehr kurz angebunden, wie mir schien: »Schwester Maria hat dem Herzog Stelleri mitgeteilt, dass unsere Bücher unverkäuflich sind. Aber ich frage mich ...«, sie lächelte, »ja, ich frage mich, wie viel er für eine gute Kopie zahlen würde.«

Von da an sprach Sophia weniger von heiligen Narren und mehr von dem gesunden Geschäftssinn, der manche einfache Frau auszeichnet.

Ich setze mich wieder an meinen Platz und schreibe ein halbes Dutzend Wörter nieder. Ich arbeite an einem Gebetbuch für Biancas Kind – Chiara hat nicht gelogen –, aber die Wolken, die über den Himmel jagen und bizarre Licht- und Schattenmuster in den Kirchplatz zeichnen, lenken mich ab.

Unter mir am Tor nimmt Cateline zwei Kühe von einer korpulenten Bäuerin entgegen. Es sind schöne Tiere, groß und braun, mit sanft geschwungenen Hörnern. Ich sehe Schwester Felicitas an die Tür des Refektoriums kommen und zustimmend nicken, wohl in Gedanken an die zusätzliche Milch für die vor uns liegenden Wochen, denn Fleisch essen wir nicht, bis Gottes Sohn in vierzig Tagen aufersteht. Schwester Maria, ein dickes Wirtschaftsbuch unterm Arm, kommt aus dem Kapitelhaus und geht mit erhobenem Finger auf die Tiere zu; offenbar will sie fragen, was sie kosten sollen. Ihre Assistentin, Schwester Tamara – drahtig und dunkelhäutig, im selben Jahr ordiniert wie ich –, erscheint hinter ihr und sagt etwas, worüber die anderen lachen. Wahrscheinlich etwas

Unflätiges. Manchmal fällt sie immer noch in den Jargon der Hafenarbeiter, den sie als Kind gelernt hat, als sie mit ihrem Vater, einem karthagischen Gewürzhändler, durch die Lande zog. Eine wachhabende Schwester eilt an ihnen vorbei zum Glockenturm, und die Frauen zerstreuen sich, als der Ruf zum Gebet ertönt.

Hinter mir kratzen Stuhlbeine über den Fußboden. Schritte entfernen sich in Richtung der Treppe. Durchs Fenster sehe ich meine Kopistinnen auf die Kapelle zugehen, während sie ihre Schultern weiten, die Hälse drehen und die Finger ausschütteln, aber zur Sicherheit gehe ich an die Treppe, um mich davon zu überzeugen, dass ich wirklich allein bin. Zurück an meinem Platz, greife ich in meine Rocktasche, löse das Band, mit dem ich die Tasche verschließen kann, hole das Buch hervor und lege es vor mir aufs Schreibpult.

Das dritte Offizium ist kurz – mir bleibt also nicht viel Zeit.

Doch aus Richtung der Latrinen sehe ich jetzt zwei unserer wohlgeborensten Bewohnerinnen lachend herbeilaufen. Abrupt bleiben sie stehen, als sie Arcangela aus dem Kapitelhaus kommen sehen. Sie rügt die beiden, und sie gehen gesittet weiter. Prudenzia kommt aus dem Schulzimmer und hat die kleine Szene mit angesehen; entschuldigend hält sie sich eine Hand aufs Herz. Vielleicht spürt Arcangela meinen Blick, denn sie schaut auf und sieht mich am Fenster stehen. Sie verzieht keine Miene, aber mir ist unbehaglich, und für einen kurzen Moment denke ich, ich sollte vielleicht doch lieber zur Kapelle gehen.

Der Kirchplatz leert sich. Das Buch wartet auf mich.

Tomis, mein Buchhändler – und Freund, wie ich manchmal denke –, hat einmal darüber gesprochen, wie es sich anfühlt, wenn ein neues Buch vor ihm liegt: über seine Hoffnung, sein Verlangen, es möge etwas Seltenes, Kostbares enthalten. Jedes Mal, sagte er, hält er einen Moment lang inne und denkt, vielleicht sei er der Erste seit tausend Jahren, der liest, was Dido zu Aeneas sagte, als sie ihn von der Küste Karthagos verbannte. Ein solcher Fund, erwiderte ich damals, wäre unbezahlbar, aber er lachte, schüttelte den Kopf und sagte: »Nichts da, Beatrice! Wenn Ihr das verschollene Buch *Aeneis* verrottend in Eurer Krypta findet, finde ich euch den passenden Käufer.«

Das Gespräch fand im Empfangssaal statt, und ich konnte sehen, dass Schwester Paola, die Wächterin dort, uns anschaute, als hätten wir bereits zu viel miteinander geredet. Schnell wechselte ich das Thema und sprach über unterschiedliche Pergamentstärken. Das war letztes Jahr, bevor es Winter wurde und bevor Sophia starb. Er sagte, er werde von der Lagune aus ins Mittelmeer aufbrechen und die großen Städte des Deltas bereisen. Zu Epiphanias sei er zurück. Aber er hat sich verspätet. Vielleicht, denke ich, vielleicht kann ich ihm etwas ganz Besonderes zeigen, wenn er zurückkehrt.

Mit fliegenden Händen löse ich den Bindfaden, schlage das Buch auf – und sitze wie vor den Kopf gestoßen da. Die Titelseite ist leer. Ich schlage die nächste Doppelseite auf – auch leer. Allerdings kann ich sehen, dass jemand das Pergament zur Beschriftung vorbereitet hat. Der linke und rechte Seitenrand ist mit einer Ahle markiert, bis in der Mitte der Seite die saubere Punktlinie außer Rand und Band gerät, ein einziges Durcheinander kleiner Einstiche, eine beliebig zerstochene Seite – ob aus Enttäuschung, Langeweile oder aus einem anderen Impuls heraus, kann ich nicht ausmachen. Ich schaue mir das Ganze genauer an, halte das Buch schräg, in die eine und andere Richtung, und erkenne, dass das, was ich zuerst für kleine Verunreinigungen gehalten habe, in Wahrheit Tropfen sind. Wein, denke ich, Schmutzwasser – oder Blut.

Eine Wolke schiebt sich vor die Sonne, und ich fahre mit dem Zeigefinger über das Pergament, spüre die raue Maserung, die auf ungenügend gebürstete Tierhaut hinweist, auf Eile und Sparsamkeit des Erschaffers. Die untere Ecke ist beschädigt, gewellt, vielleicht von der Halsbeuge oder Hüfte einer längst verstorbenen Kreatur. Das Knochenweiß von Ziegenleder, nehme ich an, nicht das verblasste Gelb eines Schaffells – und ganz gewiss nicht der angenehme Cremeton von Kalbsleder, das ich wegen des hübschen Umschlags erwartet hatte. Wollte Tomis mir dieses Buch anbieten, würde ich ihn auslachen.

Ich schürze die Lippen und blättere um.

Nichts.

Die nächsten Seiten. Nichts.

Die nächsten. Nichts, nichts, nichts.

Ich komme zur letzten Seite. Es ist ein kurzes Buch. Drei Bögen Papier, ungleichmäßig zusammengenäht. Ich schlage es wütend zu und ärgere mich über mich selbst. Ich hatte mir so sehr gewünscht, etwas Bedeutendes zu entdecken, dass ich mir den Verstand von törichten Fantasien vernebeln ließ. Es ist nur ein ganz gewöhnliches, billiges Buch mit einem merkwürdig ansehnlichen Umschlag – nicht mehr. Vielleicht hat die Frau, der ich es abgenommen habe, es von der Gattin eines Notars anstelle von Geld als Bezahlung akzeptiert. Vielleicht wollte sie die leeren Seiten mit Gekritzel und ausgedachten Zeichen ausmalen, um Unwissende zu beeindrucken. Schon möglich. Andererseits weiß ich noch, wie sie mich ansah, als sie es mir gab. Leidenschaftlich, verzweifelt. Das ergibt keinen Sinn. Ich sacke auf meinem Stuhl zusammen und blättere noch einmal ganz perplex durch die leeren Seiten.

Geflüster sagt mir, dass meine Kopistinnen zurück sind – schnell lasse ich das Buch verschwinden und tue so, als sei ich beschäftigt. Aber als sie nicht hereinkommen, stehe ich irritiert auf, gehe zur Tür und schaue nach, wo sie bleiben. Das obere Treppengeländer liegt im hellen Sonnenschein und ist menschenleer. Auch auf der Treppe ist niemand. Ich schaue aus dem oberen Fenster. Auch der Kirchplatz ist noch leer. Das Geflüster muss der Wind gewesen sein, der sich im Dachgebälk fängt und dann von meinem Platz aus zu hören ist. Ich nehme mir vor, Hildegard zu bitten, ein Mädchen auf die Leiter zu schicken und nachzusehen, ob die Dachziegel alle in Ordnung sind.

Der Wind hat die Wolken vertrieben, und die Sonnenstrahlen fallen ungehindert ins Fenster an meinem Platz und erhellen mein Schreibpult. Ich hatte das Buch unter Abschriften des *Bellum Gallicum* gelegt, mit dessen Hilfe ich das Latein des Kaiserreichs unterrichte, aber jetzt kommt mir diese Vorsichtsmaßnahme töricht vor – geradezu absurd. Denn was versuche ich eigentlich zu verstecken? Verärgert hole ich das Buch hervor und greife zu meinem Federmesser, um die Heftung einzuschneiden, die einzelnen Pergamente voneinander zu trennen und sie meinen fleißigsten Kopistinnen zu geben, die sich vielleicht über die leeren Seiten freuen und die Gelegenheit nutzen, um die Schrift des Kaiserreichs zu üben, denn Tomis sagt, zurzeit sei sie sehr gefragt.

Ich öffne das Buch, drücke die Seiten mit der linken Hand auseinander und lege den dünnen Hanffaden frei, der sie zusammenhält. Ich setze zum Schnitt an – und muss blinzeln. Eine kaum erkennbare Linie tanzt über das Blatt. Ich denke zunächst, meine Augen täuschen mich, weil sie den hellen Sonnenschein nicht gewöhnt sind. Wieder und wieder muss ich blinzeln, aber die Linien bleiben.

Ich fürchte, es ist das vertraute, aber immer wieder niederschmetternde Vorspiel eines oder mehrerer Tage mit hämmernden Kopfschmerzen. Ich bedecke das Gesicht mit den Händen und erwarte, die gleichen Linien auf den Innenseiten meiner Lider zu sehen, aber da ist nichts – alles schwarz. Erleichtert schlage ich die Augen wieder auf und schaue wieder auf das Buch. Die Linien – jetzt sehe ich sie ganz deutlich – sind keine Hirngespinste, sondern reale Muster und wirken wie von dem feinsten Silberstift, mit dem ich es je zu tun hatte, gezeichnet.

Ich blättere zur ersten Seite zurück, zu den Tropfen, und frage mich, ob sie vielleicht einen Code darstellen, eine Chiffre oder Geheimschrift. Ich blättere weiter. Derselbe feine Silberstift. Ich drehe das Buch im Sonnenlicht, und die Linien werden deutlicher. Verwirrt halte ich mir das Buch näher vors Gesicht. Ich sehe kleine Kreise, die mit so etwas wie Stacheln oder Widerhaken bedeckt sind. Rätselhaft. Ich lehne mich zurück und klappe mein

Federmesser zu. Bei dem metallenen Geräusch muss ich an etwas Kriegerisches denken – eine Waffe, die mit einem Seil oder einer Kette geschwungen wird. Das rechte Wort dafür fällt mir nicht ein, aber Hildegard kennt es gewiss.

Ich blättere weiter, und je genauer ich hinschaue, desto mehr habe ich das Gefühl, dass dort etwas ist, etwas, das sich weitgehend dem Blick entzieht, wie die Sonne hinter einer Wolke oder Adern unter der Haut. Ich versuche, mich daran zu erinnern, was ich über Steganografie weiß, die Kunst, Schrift zu verbergen: wie ungleiche Elemente miteinander kombiniert werden, um etwas zunächst unsichtbar und dann sichtbar zu machen. Wie war das doch gleich? Der Saft eines bestimmten Baums, die Milch von …?

Doch jetzt sehe ich durchs Fenster, dass meine Mitschwestern aus der Kapelle kommen. Irgendetwas scheint passiert zu sein, denn sie bewegen sich nicht wie sonst. Dann fällt es mir ein. Die Beerdigung der Frauen. Ich hatte nicht vor, daran teilzunehmen, denn kaum etwas kann mich vormittags von der Bibliothek fernhalten. Ich sehe, wie angespannt Schwester Nanina die ihr Anvertrauten in die Werkstatt zurückführt, wie aufmerksam Prudenzia die jungen Mädchen in den Schulraum begleitet, wie furchtsam sie zu Schwester Arcangela hinüberschaut und wie herrisch Arcangela selbst dreinschaut.

Ich springe auf die Füße, stecke mir das Buch in die Tasche und eile die Treppe hinab. »Kommt mit, kommt mit!«, sage ich zu meinen Kopistinnen, die gerade heraufkommen. »Habt ihr es vergessen? Wir müssen den unglücklichen Frauen unsere Reverenz erweisen.«

DIE KASTANIEN
Gleich darauf

♄

Wir begraben unsere Toten am Fuße des Bergs, wo Wildwuchs die steile Anhöhe hinaufwächst, jenes weite, natürliche Amphitheater aus Fels, das unsere östliche Mauer bildet. Um die Stelle zu erreichen, müssen wir dem Fluss bis hinterm Obstgarten folgen, vorbei am Spital und Hildegards ausgedehnter Domäne, den Feldern, auf denen sie Linsen und Bohnen anbaut, Wurzeln und anderes Gemüse. Der Wind ist stark, rüttelt an den Ästen der schattenspendenden Bäume und biegt die Wipfel der Pinien, die unser Grundstück begrenzen.

Zu meiner Linken sehe ich Gehilfinnen, die unsere Felder für die Frühlingsaussaat vorbereiten, indem sie Mist schaufeln – glücklicherweise kann ich es nicht riechen. Ich weiß noch, wie Sophia einmal bester Laune von einer Kapitelsitzung zurückkehrte und berichtete, Arcangela habe vorgeschlagen, dem Vorbild anderer Klöster zu folgen und Männer mit den *schmutzigen* Arbeiten zu betrauen. Daraufhin habe Hildegard sich in voller Größe aufgebaut und gesagt, sie werde den ersten Bastard, der ihren Mistkarren anrührt, persönlich entmannen.

Auf dem Pfad vor mir befinden sich höchstens zwei Dutzend meiner Mitschwestern. Maria und Tamara gehen voran, gefolgt von Schwester Felicitas und einigen Küchenmädchen, die während der vierzigtägigen Fastenzeit natürlich nicht so viel zu tun haben wie sonst. Hinter ihnen geht Schwester Timofea, die ihren Schutzbefohlenen offenbar erlaubt hat, die Arbeit zu diesem Anlass niederzulegen.

Der Wind peitscht, sodass wir unsere Röcke und Hauben kaum halten können, nicht dass – außer den Krähen, die von der kahlen Krone der alten Eiche auf uns herabschauen – jemand uns sehen könnte. Chiara steht schon auf der Friedhofswiese, neben Hildegard, die sich auf eins ihrer Werkzeuge stützt – die massige Frucht der Vereinigung einer Axt mit einem Spaten, wie es scheint.

Der Erzbischof der Stadt hat dieses Fleckchen Erde geweiht, als Chiara das Kloster übernommen hatte und sich auf dem Höhepunkt ihres Ruhms befand, als niemand ihr etwas abschlagen konnte. Warum, ließ der Erzbischof höflich nachfragen, wolle sie ihre Töchter nicht in der Krypta unter der Kapelle begraben – ob sie etwa fürchte, ihre Knochen könnten sich mit denen der dort begrabenen Mönche vermischen? Oh nein, habe sie geantwortet, sie ziehe es lediglich vor, sie zu begraben, wo Blumen blühten und die Sonne hinscheine.

Ich stelle mich an den Rand des Kreises, den meine Mitschwestern bilden, und schaue auf zwei frisch ausgehobene Gräber sowie die feuchten Erdhaufen daneben. Für Blumen ist es noch zu früh im Jahr, und das Gras ist braun und struppig, nachdem es wochenlang geregnet und geschneit hat. Mutter Chiara spricht das Totengebet nicht selbst – das wird Pater Michele morgen tun, nachdem er uns die Beichte abgenommen hat. Chiara hebt nur die Hände und beginnt auf ihre unaffektierte Art zu sprechen, als könnten die Frauen sie noch hören. Sie sagt ihnen, wie traurig es sie mache, dass sie so misshandelt wurden, und entschuldigt sich, dass sie ihnen nicht besser helfen konnte.

Ich stehe mit dem Rücken zum Berg, die Hände gefaltet, den Blick gesenkt, und frage mich, ob es irgendwo jemanden gibt, der das Verschwinden der Frauen beklagt, oder ob die beiden einander genug waren, Fremde, wo immer sie hingingen.

Ich muss an Sophias Beerdigung denken, kann noch die aufgewühlte Stelle erkennen, wo wir sie zur Ruhe gelegt haben, und wieder bedrückt mich der Gedanke, dass ich die Einzige war, die sie wahrhaft betrauerte. Ich gebe zu, dass sie schwierig sein konnte, vor allem wenn sie eine düstere Phase hatte, alles, was sie tat, von Wut gekennzeichnet war, und sie regelrecht um sich schlug. Ich weiß, dass viele meiner Mitschwestern sie für übellaunig und grausam hielten – und das war sie auch, aber sie war so viel mehr, jedenfalls für mich. Dann verdüstern sich meine Gedanken, und ich frage mich, wer mich beweinen wird, wenn ich zu Grabe getragen werde.

Ich bin so mit mir selbst beschäftigt, dass ich erst gar nicht merke, wie unruhig und unaufmerksam die anderen sind. Dann wird mir bewusst, dass sie auf etwas hinter mir schauen, und ich drehe mich gerade noch rechtzeitig um, um etwas Weißes zu sehen, ein Flirren zwischen den verwitterten Felsen hoch in den Formationen über uns. Sofort verschwindet die Gestalt in einen steinigen Hohlweg, der zur Wiese hinabführt. Ich bin erstaunt. Wie kann jemand da oben herumkraxeln, wo höchstens eine geflügelte Ziege oder jemand mit einem sechshundert Fuß langen Seil zurechtkommt, weil der Steilhang etliche Meter lang beinahe senkrecht abfällt.

Chiara muss gemerkt haben, dass etwas nicht in Ordnung ist, aber sie weigert sich, ihre Abschiedsrede zu unterbrechen. Die anderen versuchen, ihr zu folgen, aber früher oder später schauen sie alle nach oben. Nur Hildegard, die mir auf der anderen Seite des Kreises gegenübersteht, sucht die Bergwand ganz ungeniert mit ihren Blicken ab. Ich drehe mich noch einmal um und sehe ein dünnes Mädchen an den Krüppelkiefern vorbeihuschen. Schnell bewegt sie sich über den unebenen Boden – nein, jetzt fällt sie, steht aber schnell wieder auf und legt den restlichen Weg über Schotter und niedriges Gebüsch in rasender Geschwindigkeit zurück.

Als sie noch etwa zwanzig Schritte entfernt ist, erkenne ich sie – nicht weil ich mich an ihr Aussehen erinnere, sondern an der Art ihrer Not und Verzweiflung. Es ist das Mädchen, das gestern am Tor war, und sie läuft geradewegs auf mich zu. Bevor ich beiseite gehen und den Weg für jemand anderen, jemand Würdigeren, für sie frei machen kann, hat sie sich schon an mich geworfen, zittert und schüttelt sich in meinen Armen. Sie keucht, und ihr Herz klopft gegen mein Brustbein. Hilflos blicke ich auf ihre zerfetzten Kleider, ihre zerkratzten Arme und Beine. Sie schluchzt und würgt, sagt aber nichts. Hilfesuchend schaue ich mich um, denn ich weiß, dass ich nicht in der Lage bin, jemanden zu trösten, der in seiner Not so sprachlos ist.

»Mutter Chiara«, rufe ich leise. Sie hebt eine Hand und beginnt ein Gebet, das hoffentlich den Abschluss ihrer Ansprache bildet. So lange muss ich noch durchhalten.

»Was ist denn?«, flüstere ich dem Mädchen zu und ziehe sie ein Stück hügelaufwärts, weg von den anderen. »Was, um alles in der Welt, ist geschehen?« Aber ich bekomme keine Antwort, stattdessen ergießt sich ein Schwall Tränen auf mich. In der Hoffnung, das Mädchen wissen zu lassen, dass ich ein klein wenig von ihrer Geschichte kenne, sage ich: »Ich war es gestern Abend, die euch am Tor empfangen hat. Hör zu ...« Ich spreche jetzt ganz leise. »Die Frauen, die du herbegleitet hast, haben sich verdächtig gemacht. Sprich nicht von ihnen, um deiner selbst willen, ich bitte dich!«

Sie stöhnt, verzieht die Lippen und verdreht die Augen, bis sie nichts mehr sehen kann. Weniger denn je kann sie jetzt etwas sagen. Ich beuge mich etwas zurück, um sie besser betrachten zu können und zu sehen, ob sie verletzt ist. Da packt sie mich fester als zuvor, wirft die Arme um mich, die erstaunlich stark sind, sodass ich nichts dagegen tun kann. Ich muss an Laokoon denken, fest umschlungen von Seeschlangen.

Über dem Kopf des Mädchens sehe ich Chiara eine Handvoll Erde ergreifen. Sie küsst sie und wirft etwas davon in beide Gräber. Dann tritt sie einen Schritt zurück, während die anderen es ihr gleichtun, und dann – endlich! – ist es vorbei. Tamara sagt, sie wolle Schwester Agatha Bescheid sagen, und läuft los. Hildegard marschiert bergan – warum, weiß ich nicht. Felicitas und Timofea sammeln meine Kopistinnen und ihre eigenen Schutzbefohlenen ein und sagen, das arme Kind brauche jetzt keine neugierige Menge um sich herum. »Zurück an die Arbeit! Zurück an die Arbeit!« Und während alle gehen, bin ich mir gewiss, dass dieses neue Vorkommnis die Runde gemacht haben wird, bevor die Glocke uns zum Mittagsgebet ruft.

»Danke, Schwester Beatrice«, sagt Chiara im Näherkommen.

Erst jetzt unternehme ich einen ernsthaften Versuch, das Mädchen von mir zu lösen. Ich übergebe es Chiara. Dabei stößt meine Hand an etwas Scharfkantiges in ihren langen Haaren. Ich verziehe das Gesicht vor Schmerz und sehe Blut von meinen Fingerspitzen tropfen. Ich glaube, das Mädchen registriert meine Überraschung. Ganz kurz glaube ich, dass sie mich mit ihren leuchtend blauen, rot umränderten Augen furchtsam anschaut, aber dann legt Chiara schon einen Arm um sie und führt sie fort, indem sie beruhigend auf sie einredet. »Kannst du gehen, meine Liebe? Nein, nein, du brauchst nichts zu sagen. Hier, nimm meine Hand. Bald wird alles wieder gut. Ein Schritt nach dem anderen. Ein Schritt nach dem anderen.«

Ich bleibe, wo ich bin, sauge an meinen Fingern, und der Schmerz lässt langsam nach.

An den Gräbern rollen zwei Gehilfinnen die Taue auf, an denen die Leichen hinuntergelassen worden sind, und legen sie beiseite, bevor sie zu den Schaufeln greifen und die Löcher mit Erde füllen. Der Wind fährt mir in den Nacken, als ich so dastehe und beobachte, wie die Erde in die Gräber rieselt und kleine Steinchen von den fest anliegenden Leichentüchern abprallen. Hildegard geht an uns vorbei und ruft, sie wolle jetzt Beppo bereit machen, sie sollten kommen, sobald sie hier fertig seien. Ich sehe, wie sie Chiara erreicht. Die beiden wechseln ein paar Worte, dann geht Hildegard auf eine kleine Baumgruppe zwischen vier Feldern zu. Ich überlege kurz, dann folge ich ihr.

Im Näherkommen sehe ich, wie sie leise fluchend ein Tier – ist das Beppo? –, das faul unter den Bäumen gestanden hatte, in eine Art Egge einspannt. Sie lässt sich nicht anmerken, ob sie mich sieht, bis ich nur noch sechs Schritte von ihr entfernt bin. Dann dreht sie sich zu mir um und fragt: »Habt Ihr Euch verlaufen?«

Vom starken Wind läuft ihr die Nase und sie wischt sie mit dem Handrücken ab. Ich schlucke und beschließe, ihr ihr Verhalten nicht übel zu nehmen, denn ich wäre genauso konsterniert, wenn sie eines Tages einfach so die Treppe zu meiner Bibliothek heraufgestampft käme. Ich sage, ich wolle einen Rat von ihr. Sie schnaubt, dreht mir den Rücken und versucht weiter, ein Kettenglied in einen Metallhaken zu hängen, immer wieder. Dabei murmelt sie etwas vor sich hin, das wohl Flüche in ihrer Muttersprache sein müssen. Schließlich sitzt die Kette fest, sie schnaubt zufrieden und fragt über die Schulter: »Immer noch da?«

»Es geht nur um eine Kleinigkeit«, sage ich und hole das Buch aus meiner Rocktasche.

Sie wirft einen uninteressierten Blick darauf. Dann fährt mir der Wind unter die Röcke – nicht unter ihre, da sie sie raffiniert verschnürt hat –, und ich habe zu kämpfen, um sie zu glätten, während ich mich besorgt frage, ob das Buch wohl fest genug geheftet ist oder einzelne Seiten herausfliegen könnten. Wie dumm von mir, es bei diesem Wetter mit nach draußen zu nehmen! Währenddessen hat Hildegard das Tier mit einer Reihe von Kehllauten in Bewegung gebracht, sodass es jetzt schaukelnd vorantrottet. Ich will mich schon zurückziehen, fasse aber Mut und bleibe an Hildegards Seite.

Dann greife ich sogar nach ihrem Arm, was sie nicht einmal zu spüren scheint, und sage: »Bitte, Hildegard, bitte sagt mir, was dieses Bild darstellt. Es könnte etwas Militärisches sein, und ich dachte, dass Ihr vielleicht ...«

Ganz plötzlich nimmt sie mir das Buch aus den Händen, und ich zucke zusammen, als sie mit matschigen Händen durch die Seiten blättert. Sie bemerkt mein Erschrecken und schaut mich lange und vielsagend an. Wir stehen so nah beisammen, dass ich zum ersten Mal sehe, wie die roten Adern in ihrer Nase überall hin fein auslaufen und in kleinen, sternförmigen Explosionen enden.

»Soll ich es mir nun anschauen oder nicht? Was ist es überhaupt? Was sind das hier für Dinger?« Sie hält das Buch am ausgestreckten Arm und sieht mich herablassend an. »Es sind ... wie nennt man es gleich? Die Früchte einer Kastanie. Wie kann es angehen, dass Ihr das nicht wisst?«

Sie dreht das Buch in meine Richtung. Und ich erkenne, dass die stacheligen Kugeln, die einst aus zartestem Silber bestanden, jetzt hellgrün sind. Was einst unerkennbar war, ist jetzt eindeutig zu identifizieren. Ich erröte und murmele: »Ja, natürlich, es sind Fruchtbecher – die Fruchtbecher einer Kastanie.« Sie schüttelt den Kopf und scheint sich zu fragen, warum ich sie, wenn ich denn so eine verfluchte Expertin bin, vom Pflügen abhalte.

Ich überlege, was ich noch sagen könnte, und stottere etwas von ihrer Verifizierung einiger neuer Randbemerkungen in einem Buch, aber in Wahrheit will ich nur fort beziehungsweise das Buch in Sicherheit bringen. Ich muss es mir näher anschauen. Ich muss eine Erklärung dafür finden, warum es sich materiell so verändert hat. Ich will es wieder an mich nehmen, aber Hildegard – ob absichtlich oder versehentlich – hält es so, dass ich nicht herankomme.

Hoffentlich ohne mir anmerken zu lassen, wie aufgeregt ich bin, schaue ich zu, wie sie durch die folgenden leeren Seiten blättert. Dann blättert sie zum Anfang zurück, zur ersten, inzwischen beschmutzten Seite, und sofort sehe ich, dass ein Gewirr feinster silberner Linien auf unerklärliche, aber nicht zu leugnende Weise zu Blumen geworden ist. Jede hat fünf so strahlend weiße Blütenblätter, dass das Pergament daneben ganz dunkel wirkt. Hier und da sind die Blütenblätter an den äußersten Rändern zartrosa, und in der Mitte befinden sich feine rostrote Fädchen.

Hildegard starrt so grimmig auf die Seite, dass sich mir der Magen umdreht. Doch dann zuckt ein Lächeln um ihren Mund, und mir wird klar, dass meine Sorge unbegründet ist. Sie hat nur so konzentriert auf das Bild geschaut, weil sie es ganz genau sehen wollte. Wie zur Bestätigung sagt sie: »Eine sehr schöne Zeichnung. Brombeerblüten, meine ich. Ganz natürlich. Ich kann sie beinahe riechen.«

Sie hat die Konturen der Zeichnung mit einem Zeigefinder abgefahren, und jetzt hält sie den Finger an den Mund. Da sehe ich – oder bilde ich es mir nur ein? – eine Spur, ein winziges bisschen Rot an ihren Lippen. Der Wind hat ihre Haut rissig gemacht, sage ich mir, das muss es wohl sein. Nichts Ungewöhnliches – ein Tröpfchen Blut. Sie gibt mir das Buch und nickt, als erteile sie mir oder dem Buch ihre Zustimmung, und brüllt zwei Gehilfinnen zu, sie sei nicht blind und sehe genau, dass sie schwatzen und faulenzen, wo es doch so viel Arbeit gebe.

Langsam kehre ich in die Bibliothek zurück, wo ich von einer Mauer arbeitsamen Schweigens empfangen werde. Ich weiß genau, dass auch meine Kopistinnen bis zu meinem Eintreten eifrig geschwatzt haben. Eine nach der anderen dreht sich zu mir um. Und eine nach der anderen versucht sich ihre Überraschung nicht anmerken zu lassen. Meine Röcke sind schmutzig, und meine Sandalen hinterlassen eine feuchte Spur. Wortlos steht eine auf, holt eine Handvoll Lappen und wischt den Boden.

Ich setze mich an mein Schreibpult, schließe die Augen, drücke mir die Finger an die Schläfen und denke darüber nach, welche Materialien, welche Techniken diesen Effekt haben könnten – dass so sorgfältig gezeichnete Bilder unsichtbar waren und dann ans Tageslicht kommen konnten! Verschwunden, um dann plötzlich aufzutauchen. Ich verstärke den Druck auf meine Schläfen. Denk nach, befehle ich mir, denk nach! Aber ich kann nicht. Ich kann nicht nachdenken, denn plötzlich sind meine Sinne vom Duft gerösteter Kastanien umhüllt. Ich drehe mich zu den anderen um, aber sie sitzen mit gesenkten Köpfen da, und ich kann sehen, dass sie nichts Ungewöhnliches bemerkt haben. Langsam und tief atme ich ein und aus. Dieser Geruch …

Wie so viele Kinder reicher Männer habe ich nicht immer in der Stadt gewohnt. Bis ich vier war, lebte ich bei einer Amme auf der anderen Seite des Bergs, in einem Tal, wo die Luft rein und die Hänge mit Hunderten und Aberhunderten Kastanienbäumen bewaldet waren. Die Frau muss einen Namen gehabt haben, aber ich kannte sie nur als Zia.

An meinen letzten Tag bei ihr kann ich mich gut erinnern. Ich lag rücklings unter einem Blätterdach auf der kühlen Erde, und in den Bäumen hingen Netze wie riesige Spinnengewebe. Dann begannen die Frauen aus dem Dorf die Kastanien von den Zweigen zu schlagen, während meine Freunde und ich herumliefen und alle einsammelten, die fortkullerten. Wir waren ganz ausgelassen, denn an diesem Abend würden wir lange aufbleiben dürfen, spielen und geröstete Kastanien essen, bis wir platzten.

Später wurde ich unter Protest abgeschrubbt und in ein Kleid gesteckt, dessen Ärmel kratzten, und es hieß, ich dürfe nicht in den Stall gehen, obwohl es dort fünf frisch geborene Ferkel gab, mit denen man so schön spielen konnte und deren Ohrenspitzen so gut rochen. Als Zia mich aus dem Stall hob, weinte ich, und ich weinte noch mehr, als sie mich kniff, damit ich aufhörte. Sie sagte, ich müsste jetzt nach Hause fahren, und dann fing auch sie an zu weinen. Der Geruch gerösteter Kastanien begleitete mich durchs ganze Tal.

Nach einer langen Fahrt, an die ich keine Erinnerung habe – waren es zwei oder drei Tage? –, machte die Landschaft einer Stadt mit unmöglichen Gebäuden Platz, von denen eins der Palazzo der Stelleri war. Der Vorhof war von gestutzten Hecken umgeben, und überall standen furchterregende Bronze- und Steinstatuen herum. Hinter einer davon kam eine Frau hervor, und ich erschrak vor ihrem scharfkantigen Gesicht. Als sie mich umarmte, spürte ich ihr hartes Korsett. Sie war ganz anders als Zia, die so weich war wie frisch angerührter Kuchenteig. Ich wand mich und fühlte mich von ihrem Parfüm erstickt.

Was danach passierte, weiß ich nicht mehr, aber die Zofen meiner Stiefmutter haben es mir oft erzählt, wenn sie wegen meiner

Undankbarkeit schimpften. Ortolana, sagen sie, habe mich freundlich begrüßt. Sie habe mir Puppen, Süßigkeiten und ein Zimmer ganz für mich allein versprochen – alles, was ein kleines Mädchen sich nur wünschen konnte. Aber zuerst habe sie verlangt, dass ich meinen kleinen Bruder küsse. Dann habe sie mich bei der Hand genommen – ich weiß sogar noch, wie ihre langen Fingernägel in meine Handfläche stachen – und zu einer anderen Frau geführt, die ein Wickelkind im Arm hielt. Diese Frau, die Amme meines Bruders, beugte sich hinab, um stolz das Kind zu präsentieren.

»Er sieht aus wie ein Schwein«, sagte ich.

Die Amme schnappte nach Luft, aber meine Stiefmutter beruhigte sie und sagte, ich hätte eine lange Reise hinter mir. Dann nannte sie mir ihren Namen und sagte, sie sei die Frau meines Vaters. Später könne ich Röstkastanien essen. Sie kniete sich hin, um mit mir auf Augenhöhe zu sein. »Wie ich höre, magst du Röstkastanien.«

»Tu ich nicht«, sagte ich. »Ich hasse sie.«

DAS MÄDCHEN
Später am selben Tag

Normalerweise verbringe ich die Stunde, die wir zu unserer freien Verfügung haben, genauso wie den Rest des Tages mit Lesen und Schreiben – der einzige Unterschied ist, dass ich selbst entscheide, was ich lese oder schreibe, und nicht unbedingt für das Kloster arbeite. Die anderen versammeln sich dann oft auf dem Kirchplatz und bilden kleine Grüppchen nach Alter und Interessen. Arcangela missfällt diese ungezwungene Geselligkeit – genau wie Sophia, die Geplapper nicht ausstehen konnte –, aber Chiara sagt zu diesem Thema immer nur: »Hat die Mutter Maria nicht gern ihre Schwester Elisabeth besucht?«

Sie schafft es immer wieder, das Leben Jesu und seiner Entourage anders zu erzählen, als man es gewohnt ist, und es so selbstverständlich klingen zu lassen, dass man unmöglich widersprechen kann.

Doch heute habe ich andere Pläne. Heute will ich noch einmal ins Spital gehen und hoffe, dass das Mädchen, anders als die beiden Frauen, nicht so schwer verletzt ist und sich schon gut genug erholt hat, um mit mir zu sprechen.

Allerdings bin ich mir nicht sicher, wie ich das schaffen soll. Schließlich bin ich es gewohnt, Informationen aus Büchern und nicht von Menschen zu bekommen. Ich bin nicht besonders gesellig, und es fällt mir nicht leicht, Menschen anzusprechen – aber das habe ich noch nie als Manko empfunden. Meine Mitschwestern könnten alle das Spital besuchen, reden und reden, und niemand würde sich fragen, was sie dort eigentlich wollen. Ich hingegen – oh, ich wünschte, die Menschen wären wie Bücher, die man einfach nur durchzublättern braucht, bis man gefunden hat, was man sucht.

Als ich über den Kirchplatz gehe, verlässt mich der Mut. Uneingeladen das Spital betreten – das kann ich nicht. Sei kein Feigling, sage ich zu mir. Es ist doch nur ein Mädchen, fast noch ein Kind. Sie kennt dich nicht. Gehe einfach auf sie zu. Sei freundlich. Sie wird dich für eine Schwester halten, wie alle anderen dort.

»Beatrice! Hallo, Beatrice! Was murmelt Ihr denn da vor Euch hin?« Schwester Paola schaut aus dem offenen Fenster des Empfangszimmers und hindert mich daran, mir weiter Mut zuzusprechen. Die Warzen in ihrem Gesicht, ihre langen Ohrläppchen, ganz zu schweigen von ihrem besitzergreifenden Wesen, haben Generationen von Novizinnen dazu gebracht, sie mit einem Goblin zu vergleichen. »Hört mal! Euer Buchhändler hat vorhin angeklopft, aber ich habe ihn fortgeschickt. Keine Ahnung, was er sich dabei gedacht hat, an einem Aschermittwoch zu kommen. Er hat versucht, sich mit schmeichlerischen Worten Eintritt zu verschaffen, sagte, er sei unterwegs aufgehalten worden, habe sich verspätet und vergessen, welcher Tag es ist … Aber ich konnte natürlich nicht aufmachen, nicht einmal für ihn. *Sie* hätte mir den Kopf abgerissen. Jedenfalls will er morgen wiederkommen.«

Sie verschwindet hinter dem Fenster, und ich gehe weiter in Richtung Spital. Auf wundersame Weise fühle ich mich gestärkt. Morgen! Dann kann ich ihn nach dem Buch fragen, es ihm vielleicht sogar zeigen. Aber dann sage ich mir ernüchtert, dass ich vorher alles darüber in Erfahrung beringen muss, was irgend möglich ist, wenn unser Gespräch Früchte tragen soll.

»Was verschafft uns die Ehre, Schwester Beatrice?«, fragt Schwester Agatha. Sie steht schon an der Tür, als erwarte sie mich schon.

»Ich bin gekommen, um mich nach dem Mädchen zu erkundigen. Wie geht es ihr?«, sage ich so freundlich, wie ich kann.

»Danke. Wir können uns bestens mit Marta verständigen. Eure Dienste sind nicht vonnöten.« Dann sagt sie Auf Wiedersehen und will die Tür schließen. Ich stelle mich dazwischen und merke, wie wenig willkommen ich bin, eingequetscht zwischen Tür und Angel. Langsam öffnet Agatha die Tür wieder. »Schwester Beatrice, ich muss Euch wirklich bitten ...«

»Mutter Chiara schickt mich«, improvisiere ich. Normalerweise öffnen Chiaras Wunsch und Wille alle Türen im Kloster, und so zeugt es von Agathas Misstrauen mir gegenüber – oder womöglich davon, dass Chiaras Macht doch nicht so groß ist –, dass Agatha nicht sofort zur Seite tritt, sondern mich ausfragt.

»Warum? Wozu soll das gut sein? Das Mädchen braucht keinen Besuch, der ihm lateinische Verben vorspricht.«

Ich weiß, dass es ist nicht der rechte Moment ist, um zu erwidern, ich hätte schon oft festgestellt, wie viel erleichternde Klarheit die lateinische Konjugation bringen kann. Also wiederhole ich mich einfach.

»Sie hat mich hergeschickt. Ich kann aber auch umkehren und sie bitten, selbst zu kommen, um zu erklären, was ...«

Ich mache ein paar Schritte und fürchte, dass meine Finte nichts nützt, doch dann – Sieg! Agatha geht seufzend ins Haus und lässt den Eingang unbewacht. Ich eile ihr nach. Das Mädchen liegt im selben Zimmer wie vorher die beiden Frauen, sogar im selben Bett, in dem die jüngere gestorben ist – in Frieden, wie ich glaube, da sie zu dem Zeitpunkt ja wusste, dass sich das Buch bei mir in Sicherheit befand.

Glücklicherweise scheint das Mädchen dem Tod so fern zu sein, wie man es irgend sein kann: rosige Wangen, die weizenblonden Haare – eine sehr begehrte Farbe bei den Mädchen in der Stadt, wie ich weiß – gebürstet und hochgesteckt. Sie lächelt, mehr in Agathas Richtung als meine, und genießt es ganz offensichtlich, in einem sonnigen Zimmer zwischen sauberen Laken zu liegen, umsorgt zu werden, ein Tablett mit Milch und Brot und einem der letzten Äpfel des Winters neben sich. Ich hatte mir eingebildet, sie würde sich freuen und in mir eine Verbündete, eine Vertraute sehen, doch stattdessen schaut sie mich misstrauisch an.

»Marta, Liebes, das ist Schwester Beatrice. Sie möchte mit dir sprechen.« Agatha lässt es wie etwas Bedrohliches klingen. »Aber nur, wenn du dich stark genug dafür fühlst«, setzt sie hinzu und betont das einschränkende *wenn*. Das Mädchen lächelt ihre Wohltäterin dankbar an, und ich denke plötzlich, dass sie wahrscheinlich alles Vergangene, alle Ängste hinter sich lassen will und in mir jemanden vor sich hat, der sie daran erinnert. Was ja stimmt ...

Ich gehe an Agatha vorbei und setzte mich auf das gegenüberliegende Bett.

»Hallo, Marta«, sage ich. Das Mädchen schaut flehentlich über meine Schulter. »Danke, Schwester Agatha«, sage ich. »Ich will Euch nicht von der Arbeit abhalten.« Dabei drehe ich mich nicht zu ihr um, und so halte ich die Schritte, die ich höre, für Agathas Rückzug, aber tatsächlich ist es ...

»Ah, Mutter Oberin«, murmelt Agatha. Ich wirbele herum und sehe Chiara.

Mir verrutscht das Lächeln. Ich stecke in einem Lügengespinst. Was soll ich sagen, wenn Chiara fragt, warum ich hier bin? Dazu noch in Agathas Gegenwart! Ich schaue in eine andere Richtung, um meine Verwirrung zu verbergen, während Chiara weiter ins Zimmer kommt und Agatha beglückwünscht, weil das Mädchen jetzt viel besser aussieht. Noch als sie sich dem Bett nähert, überlege ich, was ich auf ihre unausweichliche Frage antworten soll. Doch dann drückt sie mir die Schulter und sagt: »Und Ihr seid auch da, Beatrice, um nach Eurer kleinen Freundin zu schauen. Das ist nett von Euch. Gut gemacht, muss ich sagen.«

Sie klingt ganz entzückt. Sie *ist* entzückt. Ich versuche, mein Lächeln wiederherzustellen, und bin mir die ganze Zeit über meines Täuschungsmanövers bewusst. Aber ich brauche mir keine

Sorgen zu machen, denn Chiara wendet sich von mir ab und Marta zu. Sie streichelt ihr die Wangen, stellt einen kleinen Strauß Schneeglöckchen in eine Tasse und sagt: »Hier, bitte schön. Ich musste an dich denken, als ich die hier gesehen habe.« Dann schüttelt sie Martas Kissen auf und sagt zu mir, sie wisse zu schätzen, dass ich meine Arbeit vernachlässige, um einen Krankenbesuch zu machen, und macht sich dann wieder daran, ihr eigentliches Anliegen zu verfolgen, nämlich sich davon zu überzeugen, ob es dem Mädchen gut geht.

»Hast du eine Lieblingsgeschichte im Buch der Bücher?«, fragt sie. »Schwester Beatrice kennt die meisten auswendig.«

Das Mädchen schüttelt den Kopf.

»Nun, bald wirst du eine haben. Beatrice wird hierbleiben und dich unterhalten. Und jetzt, Schwester Agatha, bringt mich bitte zu den anderen bedauernswerten Patienten. Ist Alfonsa schon wieder auf die Füße gekommen? Ach, vergebt mir! Wie kann ich sie als bedauernswert bezeichnen, wenn sie so liebevoll von Euch umsorgt werden?«

Sie verlassen das Zimmer. Wir sind allein. Das Mädchen schaut sich unsicher um und scheint sich für alles außer mich zu interessieren. Meine Mitschwestern sind an meine verbrannte Wange gewöhnt, manche haben sogar ähnliche Verunstaltungen, die sie für den städtischen Heiratsmarkt untauglich gemacht haben, aber Fremde schauen die bewusste Stelle entweder zu neugierig oder gar nicht an.

»Erzähle mir doch einmal, was dich mit den Frauen verbindet«, sage ich, als mir klar wird, dass es an mir ist, das Schweigen zu brechen. Aber ich war zu direkt. Wie kann man denn auf ein noch nicht zugerittenes Pferd zugehen und erwarten, dass es sich eine Trense ins Maul stecken lässt, schelte ich mich. Marta rollt sich zusammen und dreht sich von mir weg. Aus meiner eigenen Kindheit weiß ich, dass man auch mit dem Gesicht zur Wand noch ausgezeichnet hören kann. Ich versuche es noch einmal, dieses Mal behutsamer.

»Es tut mir leid, was du alles mitmachen musstest.« Ich warte ab und hoffe, dass das Mädchen etwas sagt, aber das ist nicht der Fall. Ich beschließe, weiterzusprechen. »Die armen Frauen! Man hat ihnen schrecklich zugesetzt.«
Schweigen.
»Weißt du, dass sie ... gestorben sind?«
Schweigen, noch tieferes Schweigen.
»Es war sehr nett von dir, sie herzubringen.«
Höre ich ein Schniefen?
»Du musst ein gutes Mädchen sein. Eine richtige Samariterin.«
Ich hebe die Hand, um ihre Schulter zu berühren, so wie Chiara es tun würde, aber als meine Hand näher kommt, setzt sich das Mädchen abrupt auf, stöhnt laut und sagt aufgebracht: »Ich wünschte, sie wären mir nie unter die Augen gekommen, diese ... diese ...« Es folgt ein Konvolut von Wörtern im typischen Idiom der Bergbewohner – Wörter, die so derb sind, dass ich sie nicht wiederholen mag. Nachdem sie ihren Gefühlen freien Lauf gelassen hat, dreht sie sich auf den Bauch und schluchzt so hemmungslos ins Kissen, dass ihre schmalen Schultern zittern.

Obwohl das Kissen die Geräusche dämpft, fürchte ich, sie könnten in den Flur dringen und Agatha herbeirufen, die mich dann prompt wieder der Herzlosigkeit bezichtigen würde. Ich eile an die angelehnte Tür, aber sie knarrt so laut, als ich sie zudrücke, dass Marta einen Moment innehält. Sie dreht sich um und starrt mich an, die Wimpern ganz verklebt, der Mund merkwürdig verzogen, während ich die Tür endgültig schließe, um ihr Geheul aber fortzusetzen, sobald ich mich wieder zu ihr setze. Jetzt lege ich ihr tatsächlich eine Hand auf den Rücken, aber nicht zur Beruhigung, sondern um sie zum Schweigen zu bringen. Sie dreht sich wütend zu mir um.

»Ich bin froh, dass sie tot sind«, sagt sie. »Richtig, richtig froh!«

»Sch!«, mache ich. »Sag so etwas nicht. So hartherzig kannst du doch gar nicht sein.«

Sie fängt wieder an zu weinen, jetzt aber leise, und ich begreife, dass sie nicht mehr vor Wut über die Frauen weint, sondern aus Selbstmitleid. Die Tränen fallen auf ihre Hände, die schlaff in ihrem Schoß liegen. Ich spüre, dass ihr Kampfgeist erloschen ist.

»Vielleicht fühlst du dich besser, wenn du mir erzählst, was passiert ist«, sage ich und suche mein Heil wieder einmal in der Unwahrheit. »Deswegen wollte Mutter Chiara, dass ich hierbleibe. Sie möchte, dass du dir alles von der Seele reden kannst und kein Blatt vor den Mund zu nehmen brauchst.«

Ich sehe, dass das Zimmer nicht mehr von der Sonne durchflutet wird. Wahrscheinlich bewölkt es sich draußen wieder – das könnte für mich von Vorteil sein. Im Dunkeln lässt es sich leichter über schwierige Dinge sprechen.

Marta reibt sich die Augen. »Ist das wahr?«

Ich nicke.

»Ihr sagt es nicht weiter?«

»Nicht, wenn du es nicht willst.«

»Und Ihr sagt nicht, dass ich lüge?«

»Nein, ich ...«

»Schwört bei der Grünen Maria!«

Zuerst bin ich mir unsicher, was sie meint, aber dann fällt mir ein, dass sie dasselbe am Tor gesagt hat. Wahrscheinlich benutzen die Bergbewohner diese Bezeichnung für die kleine hölzerne Statue Unserer Lieben Frau in Grün, die in unserer Seitenkapelle steht. Jedes Jahr am Ende des Sommers stellen wir sie auf ein mit Lilien geschmücktes Floß und lassen sie flussabwärts in die Stadt fahren. Ihre Verehrerinnen – zumeist alte Frauen – tragen sie dann den Berg hinauf, zu einem Schrein in einer Höhle, um der Mutter Maria dort eine ganz Nacht lang zu huldigen.

In mondlosen Nächten erzählen unsere jungen, leichtgläubigen Bewohnerinnen gern Geschichten über diesen Ort. Sie sagen, einst sei er das Heiligtum einer antiken Göttin gewesen, ein Ort, an dem Totengesänge erklangen und Blutopfer erbracht wurden. Die

Höhle werde von einem Bären aus den Bergen bewacht, der jeden zu töten bereit ist, der die Höhle zu betreten versucht. Eine schwarz umhüllte Hekate und Wolfsfrauen mit orangefarbenen Augen wohnten noch heute im Schatten der Bäume dort, so heißt es. Typisches Schlafsaal-Geschwätz, nichts weiter. Das Mädchen aber schaut mich so ernst und lauernd an, dass ich begreife, wie viel ein Schwur ihr bedeutet. Also sage ich mit der angemessenen Ernsthaftigkeit: »Bei der Grünen Maria, ich schwöre.«

Einen Moment lang scheint Marta ihre Gedanken zu ordnen, dann sagt sie: »Es war schon spät«, beginnt sie dann. »Kurz vor Sonnenuntergang. Ich hatte die Ziegen zum ersten Mal seit den Schneefällen rausgelassen. Wir waren in der Nähe der Straße, die vom Pass herunterführt. Ich sah einen Pferdewagen vorbeifahren. Ich ging weiter, und als Nächstes kam ein Karren. Ein Eselskarren. Ziemlich schnell. Zwei Frauen saßen darin.« Marta sprach langsam, aber um sie nicht abzulenken, widerstehe ich der Versuchung, sie zur Eile anzutreiben oder sonst etwas zu sagen. »Ich habe ihnen zugewinkt. Kurz darauf hörte ich jemanden rufen und Pferdehufe klappern. Da bin ich natürlich schnell von der Straße runtergegangen.«

Ich nicke.

»Dann schrien Männer und sagten zu den Frauen, sie sollten anhalten, die Zügel loslassen und aussteigen. Da hätte ich nach Hause gehen sollen.«

Bei dem Gedanken zittern ihre Lippen. Ich wage es, ihre Hände in meine zu nehmen und ihr zu versichern, alles würde gut. Aber sie entzieht sich mir und sagt: »Nichts wird gut. Gar nichts.«

Ich schelte mich für die Unterbrechung. Marta wickelt sich eine Ecke der Bettdecke um die Hand, zupft und zerrt daran. Dann murmelt sie etwas vor sich hin, und ich beuge mich zu ihr vor.

»Durch die Bäume habe ich alles gesehen«, sagt sie. »Wie die Frauen ausgestiegen sind. Eine half der anderen. Überall standen Männer herum, ein halbes Dutzend oder mehr, mit schönen, großen Pferden. Zwei haben den Karren durchsucht. Sie fluchten und fragten, wo es ist. Die Frauen schienen unsere Sprache nicht zu verstehen, aber die jüngere hat mit der Hand den Berg abwärts gezeigt. Dann stiegen alle wieder auf ihre Pferde und ließen nur einen einzigen Mann zurück, einen großen.« Marta deutet einen gewaltigen Brustkorb an. »Der sollte die Frauen bewachen. Er hat versucht, mit ihnen zu sprechen, und sagte, er ließe sich nicht zum Narren halten. Er hätte schon öfter mit Weibern wie ihnen zu tun gehabt. Dann schaute er sich die jüngere genauer an. Ich dachte, er wollte … Ihr wisst schon.«

»Verstehe«, sage ich, aber sie sieht mich nur zweifelnd an.

»Aber so war es nicht«, fährt sie fort. »Sie trug einen langen Schal oder so etwas, kreuzweise über ihre Brust gebunden. Der Mann sagte, sie soll ihn aufbinden und ihm zeigen, was sie darunter versteckt. Sie tat so, als versteht sie ihn nicht, aber er hat ganz klargemacht, was er wollte, auch ohne Worte. Dann schnappte er sie, aber ließ sofort wieder von ihr ab und fluchte. Ich dachte, sie hätte ein Messer und ihm damit wehgetan – und im nächsten Moment entwischten die Frauen und liefen durch die Bäume davon. Der Dicke war ziemlich dumm und hat wertvolle Zeit verloren, indem er nach seinen Kameraden rief, aber die waren schon viel zu weit weg. Also lief er hinter den Frauen her – und ich hinter ihm. Die alte Frau war natürlich nicht so schnell, aber schneller, als ich dachte. Die jüngere blieb immer hinter ihr, als ob sie diejenige sein wollte, die gefangen wird, wenn denn eine gefangen würde. Der Mann verheddterte sich in den Zweigen, stolperte über Baumwurzeln, kam den Frauen aber immer näher. Irgendwann bekam er die Röcke der jüngeren zu fassen und warf sie um, und sie hielt sich an der Alten fest. Und dann rollten alle drei ein Stück den Hang runter, über die Bergkante, und ich konnte sie nicht mehr sehen.«

Sie hörte auf zu sprechen und schluckte.

»Und dann?«, fragte ich. »Was passierte dann?«

»Dann hörte ich Schreie.«

»Die Frauen? Waren es die Frauen, die schrien? Hat der Mann sie angegriffen?«

Marta schüttelt den Kopf. »Nein, nein. Nicht sie. Er. Der Mann. Er hat geschrien. Ich habe mich fallen lassen und bin zur Bergkante gekrochen, wo sie runtergefallen sind, und habe nach ihnen geschaut. Unter der Bergkante war eine Art Loch, eine Mulde voller Erde und Blätter. Die Frauen konnte ich nicht sehen. Sie waren ... verschwunden. Aber ihn konnte ich sehen. Er hat geschrien wie am Spieß.«

»Hatte er sich verletzt? War er unglücklich gefallen?«

Aber Marta hört mir gar nicht zu. Sie zieht die Stirn in Falten und schüttelt den Kopf. »Sie hatten seine Hände.«

»Seine Hände? Seine Hände, Marta? Wer ...? Die Frauen?«

Sie wird ungeduldig und sagt, sie würde nicht weiterreden, wenn ich nicht richtig zuhöre. Ich solle sie nicht als Lügnerin bezeichnen, denn sie lüge nicht. Schnell entschuldige ich mich und bitte sie, fortzufahren.

Unter den Bäumen sei es dunkel gewesen, sagt sie, und ich kann mir vorstellen, dass die Sicht nicht gut war. Außerdem habe sie Angst gehabt. Auch das kann ich verstehen. Im Übrigen habe sie ja auch ihre Ziegen hüten müssen, sagt sie, und ich weiß, dass ich mich in Geduld üben muss. Trotzdem frage ich sie, ob sie erzählen will, was sie glaubt, gesehen zu haben, auch wenn sie es nicht wirklich gesehen hat, weil es schon dunkel wurde und sie etwas anderes zu tun hatte.

»Es war, als hätte er da schon den ganzen Sommer über gelegen und wäre in das Gebüsch eingewachsen. Er hatte ein großes Messer in der Hand, aber Brombeerranken und andere Zweige hatten sich um seine Arme gewickelt. Er hat versucht, sich zu befreien, das konnte ich sehen, denn seine Hände waren voller blutiger Wunden, aber die Brombeerranken waren in der Erde verwurzelt, und er war nicht stark genug, sie auszureißen. Nicht nur seine Arme. Der ganze Mann war geschwächt. Überall war er zerstochen, überall hielten die Ranken ihn fest. Ich konnte sehen, dass er Schmerzen hatte – und Angst. Aber er konnte sich nicht bewegen. Er war wie festgenagelt. Und schon bald hörte er auf, sich zu wehren.«

Sie schaut zu mir auf. Dass sie zu diesem Zeitpunkt nicht der Vernunft gefolgt ist oder ihre eigene Angst nicht überhandnahm und sie nach Hause lief, zeigt, wie mutig sie ist, denke ich. Und ich muss gestehen, dass ich sie bewundere, als sie erzählt, wie sie ihre besten Ziegen festband, zur Straße zurücklief und den Esel beruhigte, bevor sie nachschaute, wo die Frauen abgeblieben waren.

»Ich hätte nach Hause gehen sollen. Es wäre besser gewesen. Ich war dumm. Einfach nur dumm.« Sie schlägt sich an die Stirn. »Aber die Frauen ... Ich dachte ... Ich wollte ihnen helfen. Also habe ich nach ihnen gerufen. ›Hallo‹, rief ich, aber nicht laut und ziemlich freundlich, weil ich ihnen keine Angst machen wollte. ›Hallooo‹, ungefähr so. Erst habe ich nichts gehört, aber dann doch. Ich rief noch einmal, und wieder hörte ich etwas. Ich folgte dem Geräusch und landete wieder an derselben Stelle, wo der Mann gestorben war. Und da waren sie. Alle beide waren am Leben und der Mann tot. Und die Ranken – verschwunden.«

Sie lehnt sich ein wenig zurück und schaut mir forschend ins Gesicht, um meine Reaktion zu sehen. Sie nickt, während ich, glaube ich, die Stirn krause. Ich muss Marta das Geständnis entlocken, dass ihr Bericht höchst absurd klingt, sie dazu bringen, das Geschehen genauer und glaubwürdiger zu schildern – aber sie sieht nicht so aus, als würde sie auch nur ein Wort revidieren.

»Warum hast du die Frauen dann hierher gebracht?«, frage ich nur.

»Wohin denn sonst?«, fragt sie so aufgebracht, als sei ich zu dumm, um sie zu verstehen. »Wenn Ihr Schwestern Ärger habt, geht Ihr doch auch sofort zu Mutter Chiara. Das weiß ich von meiner Mama. Alle Mamas sagen es ihren Töchtern. Das weiß jeder.«

Ich lasse ihre Worte auf mich wirken. Tatsächlich finden viele Frauen den Weg zu uns, und manche bleiben sogar. Ich selbst habe das Prozedere ihres Gelübdes in unseren Orden protokolliert – die

Protokolle, die Mutter Chiara berechtigen, wütende Ehemänner oder Väter vom Tor wegzuschicken.

»Marta.« Ich muss es einfach fragen. »Hast du jetzt Ärger? Bist du deswegen zurückgekommen?«

Sie schließt kurz die Augen. »Ich war sehr müde, als ich heimkam, und wollte alles vergessen. Meine Mutter hat sich Sorgen gemacht. Mein Vater war wütend, aber wahrscheinlich nur, weil auch er besorgt gewesen ist. Ich wollte bloß schlafen und etwas essen. Aber heute Morgen kamen die Männer wieder. Sie wollten mit Papa sprechen. Der Arme! Er ist nicht mehr so jung, und meistens übernimmt Mama das Reden.« Sie lächelt, und ich spüre den Stich, den es mir immer versetzt, wenn ich Frauen über ihre Mütter sprechen höre. »Die Männer wollten aber nicht mit Mama sprechen. Nur mit Papa. Er war ganz durcheinander. Sie fragten, ob seine Tochter diejenige war, die die Frauen zum Kloster gebracht hätte, und zeigten ihm Goldmünzen. Dann wollten sie mit mir sprechen. Wissen, was ich gesehen habe. Sie sagten, ein heiliger Bruder wolle das wissen.«

»Da hast du es ihnen gesagt.«

Es ist eine Feststellung, keine Frage, aber sie schüttelt den Kopf und kann gar nicht mehr damit aufhören, als hätte sie keine Kontrolle mehr über sich.

»Ich habe nichts gesagt. Ich wusste, wenn ich ihnen erzähle, was ich gesehen habe, würden sie denken, ich bin genau wie die Frauen. Genauso auf dem falschen Weg wie sie. Aber sie ließen mich nicht zufrieden. Sie sagten, ich muss ihnen alles sagen. Ich meinte, es gäbe nichts zu sagen. Dann sagten sie, dass ich lüge. Sie würden mich zu dem heiligen Bruder bringen. Er wüsste, wie man mit schlechten Mädchen wie mir spricht. Und dann bin ich weggelaufen.«

Sie sieht mir direkt in die Augen, grimmig und entschlossen.

»Ich bin ja nicht dumm. Zuerst bin ich in den dichten Wald gelaufen, wo man mit Pferden nicht durchkommt. Immer tiefer hinein, wo es immer dunkler wird, um es ihnen schwer zu machen.

Es gibt Männer, die sich vor dem Wald fürchten. Aber ich habe keine Angst. Der Wind brüllte in den Bäumen. Ich wusste, was er mir sagen wollte: dass ich weiterlaufen sollte, schnell und immer schneller.«

»Du wolltest die Männer abschütteln?«

»*Nein!*« Wieder hält sie mich für dumm. »Ich wollte zur Grünen Maria. In ihre Höhle. Sobald ich in ihren dunklen Gängen wäre, würden die Männer meine Spur verlieren. Die Berge würden sie verschlucken.«

»Moment mal«, sage ich. »Der Schrein … Gibt es einen direkten Gang zum Kloster?«

»Ja, natürlich«, sagt sie ungeduldig. »Wie sollte ich denn sonst hergekommen sein?«

Um meine Verwunderung zu verbergen, wechsle ich lieber das Thema. »Dann hast du sie also doch abgeschüttelt.«

»Nein. Ich war nicht schnell genug.« Wütend schüttelt sie den Kopf. »Sie kamen immer näher. Ich wusste, dass sie mich einfangen würden. Ich hatte solche Angst. Und dann … dann konnte ich mich plötzlich nicht mehr bewegen. Aber sie konnten mich nicht sehen. Ich hatte nämlich … ich glaube, ich hatte …« Sie wirft die Hände in die Luft. »Aber das glaubt Ihr mir ja doch nicht.«

Ich protestiere und versichere ihr, dass ich ihr glaube. Ich strecke eine Hand aus und lege sie besänftigend auf Martas. Dann zucke ich zusammen. Der gleiche Schmerz. Ich schaue meine Finger an … die gleichen blutigen kleinen Stiche. Marta legt eine Hand auf die Stelle, die ich berührt habe, zieht etwas aus ihren Haaren und schließt die Hand darum. Sie kneift die Augen zu, und Tränen tropfen aus ihren Wimpern, aber sie sagt nichts. Stattdessen rollt sie das Ding in ihrer Hand hin und her. Ihr Atem wird schneller. Ihre Wangen sind tränenüberströmt. Ich halte ihre Hand fest, öffne sie und sehe …

Eine Kastanie. Eine grüne, stachelige Kugel. Daran wäre nichts bemerkenswert, wäre heute Allerheiligen, aber es ist der erste von vierzig Fastentagen, die Berggipfel sind noch schneebedeckt und die Bäume unbelaubt.

Marta sieht mich an und ich sie. »Soll ich das für dich aufbewahren?«, frage ich. Sie nickt und legt mir die Kastanie behutsam in die Hand.

SCHRIFTEN
Am Abend desselben Tags

Als wir nach dem siebten Offizium in unsere Zellen zurückgekehrt sind, stopfe ich meine zusammengerollte Bettdecke in den Spalt unter der Tür, verhänge das Fenster mit meinem Umhang und lasse meine Kerze brennen. Ich warte, bis die Schritte der Aufseherin verhallt sind, bevor ich Buch und Kastanie aus der Rocktasche hole und nebeneinander auf meinen Nachttisch lege.

Den ganzen Abend lang, beim Essen und in der Kapelle, habe ich fieberhaft überlegt, was ich mit dem Buch tun soll. Ich muss es schützen; ich muss es vernichten. Es ist wundervoll – wunderschön. Es ist gefährlich – voller Sünde. Es ist das Beste, was mir je passiert ist. Und das Schlimmste. Ich werde gefeiert und geehrt, wenn ich sein Geheimnis enthüllen kann; doch wenn es in meinem Besitz gefunden wird, kann ich – des Ordens verwiesen werden?

Ich weiß es nicht. Ich kann mich nicht entscheiden.

Und keiner kann mir einen Rat geben.

Ich könnte es morgen mit zur Beichte nehmen und loswerden. Aber ich kann mir nicht vorstellen, es Pater Michele zu übergeben, unserem höchstrangigen geistigen Führer, ein Berg von einem Mann, der sich seitwärts drehen muss, um auf dem Beichtstuhl Platz nehmen zu können, aber freundlich und mitfühlend ist. Nach Sophias Tod hat er mich von sich aus daran erinnert, dass die Gefährten von Gottes Sohn nach seinem Tod von Trauer übermannt waren, deswegen brauchte ich mich meines Schmerzes nicht zu schämen. Allerdings hört er schlecht. Tamara behauptet, einmal habe sie ihm gebeichtet, dass sie ein Schwein unsittlich berührt hatte, und er habe nur gesagt: »Oje, oje.« Würde ich ihm das Buch geben, würde er wahrscheinlich fragen, warum ich mich von etwas so Hübschem trennen will.

Eugenio, dem blassen, vagen Dekan, der ihn manchmal vertritt, kann ich es auch nicht geben. Ich habe ihm einmal gebeichtet, wie stolz ich bin, und meinte den Stolz auf meine Arbeit, und er seufzte und dachte, ich spreche von Spiegeln, Pinzetten und Cremes. Er sagte, mein Körper sei ein Gefäß voller Schmutz und Sünde, der Sitz weiblicher Schwäche und männlichen Verderbens, und fügte noch allerlei hinzu, was er irgendwo gelesen hatte, denn er hält sich für einen bedeutenden Schriftgelehrten. Er riet mir, besser aufzupassen, wenn meine Oberen mir aus der Heiligen Schrift vorlesen – was die Flamme in mir nur noch mehr anfachte, statt sie zu ersticken. Ich kenne beinahe das ganze Neue Testament auswendig – und zwar seit ich zwölf war. Nein, ihm kann ich das Buch nicht geben, nur um später zu hören, dass er sich als derjenige rühmt, der sein Geheimnis gelüftet hat. Ich könnte es nicht ertragen.

Ich könnte es – vernichten. Verbrennen. Meine Kerzenflamme ans Pergament führen, hier und jetzt, und langsam und vorsichtig dafür sorgen, dass eine Seite nach der anderen zu Asche wird. Das wäre nicht schwer. Ich schaue meine Kerze an. Es ist noch genug Wachs übrig.

Aber Sophia hätte es nicht vernichtet. Wie oft hat sie zu mir gesagt, wie sie es verabscheut, wenn Menschen Bücher aus Furcht verbrennen. Ich habe sie gefragt, ob das auch für Bücher gelte, die die Kurie für gotteslästerlich und glaubensfremd erklärt. »Sie sind verboten«, sagte sie. »Aber nur für die, die schwach im Glauben sind. Wer im Glauben gefestigt ist, kann sie lesen, ohne Schaden zu nehmen.« Damit meinte sie sich selbst und Menschen wie meinen Vater. Ob sie auch mich meinte, wusste ich nicht, aber ich hoffte es inständig.

Was bin ich also? Bin ich gefestigt? Ich fürchte: nein. Seit ich hier sitze, habe ich nicht einmal gewagt, das Buch zu berühren. Sophia hätte es nicht gefürchtet. Sie hätte ...

Ich schlage es auf. Ein paar Flusen – Staub aus welchem Land? Haut von wessen Hand? – wirbeln im Kerzenschein umher. Meine Wangen werden heiß, und mein Herz schlägt schneller. Mit einer Mischung aus Freude und Furcht sehe ich, dass die Seiten jetzt mit Buchstaben bedeckt sind. Buchstaben, die sich zu Wörtern formen. Wörter, die ich nicht lesen kann. Wörter, die anders sind als alles, was ich kenne. Sie ringeln sich aus einem Dornendickicht heraus und wieder hinein, bilden lange, schlanke Säulen zwischen knorrigen Stämmen von Kastanienbäumen.

Sie sind ein Geschenk. Ich liebe fremdartige Buchstaben, habe sie immer schon geliebt.

Meine Stiefmutter gibt widerstrebend zu, wie der ganze Haushalt schon ein Jahr nach meinem Umzug in die Stadt darüber gestaunt hat, dass ich lesen konnte, obwohl niemand es mir beigebracht zu haben schien. *Dein kleines Kunststück* nannte sie es, als ich auf einem Küchenstuhl saß und Rezepte aus einem alten Haushaltsbuch vorlas. Kurz darauf habe ich den alten Kaplan bekniet, mir die Grundzüge des Lateinischen beizubringen, in das das Neue Testament übersetzt worden ist. Von ihm weiß ich, dass diese Geschichten ursprünglich in einer anderen Sprache geschrieben worden waren – Griechisch –, und anfänglich konnte ich es nicht glauben, als er sagte, er beherrsche diese Sprache nicht.

Ich muss sieben oder acht gewesen sein, als ich zum ersten Mal griechische Buchstaben sah. Ich durchsuchte den privatesten Schrank meines Vaters, den ich eigentlich nicht anrühren durfte, schon allein weil es dort eine Darstellung von Mars gab, der dem Vulcanus Hörner aufsetzt. Aber das interessierte mich nicht; vielmehr interessierten mich die Bücher, vor allem das reich verzierte Exemplar von *Inferno*, das ich besonders gründlich studierte, indem ich nach den grausamsten Stellen suchte, um damit meinen kleinen Bruder zu erschrecken, wenn wir im Dunkeln allein waren.

Ich weiß noch, wie ich mich an diesem Tage von einem Buch angezogen fühlte, das aufgeschlagen auf seinem Schreibpult lag. Es war faszinierend. Die Buchstaben hatten Ähnlichkeit mit unseren und waren doch anders. Einige sahen wie Freunde aus, andere wie Bekannte und wieder andere wie vollkommen Fremde. Als ich in dem Buch herumblätterte, vergaß ich, auf die Schritte meines womöglich zurückkommenden Vaters zu horchen. Er ließ sich nicht anmerken, ob er überrascht war, als er mich dort fand. Er hat auch nicht geschimpft oder mich weggeschickt, sondern lächelte und sagte etwas, das ich bis heute nicht vergessen habe, weil es das Einzige war, das er je zu mir – wirklich zu mir – sagte, nicht einfach nur in meiner Gegenwart: »Es liegt in der Natur des Menschen, alles wissen zu wollen«, sagte er. »Ich wusste nur nicht, dass das auch auf kleine Mädchen zutrifft.«

Er zeigte mir, welcher Buchstabe ein *a* war, welcher ein *b* und welcher ein *g*, und er nannte sie Alpha, Beta und Gamma. Ich weiß noch, wie ich seinem Zeigefinger folgte, dem mit dem großen roten Ring, Buchstabe für Buchstabe. Ich weiß auch noch, wie er mich dafür lobte, dass ich mir alle merken konnte. Er sagte, genau wie alle Menschen von einem einzigen Mann abstammen, Adam, stammen alle Buchstaben aus der Hand Gottvaters.

Dann begann er, einen Vers aus der Flucht aus Ägypten zu zitieren: »*Et reversus est Moyses de monte ...*«

Bevor ich ihm sagen konnte, dass ich es verstand und wusste, dass es um Moses Abstieg vom Berg Sinai ging, als er die Zehn Gebote mitbrachte, die Gottvater in Stein gemeißelt hatte, kam meine Stiefmutter ins Zimmer. Sie fragte mich, was um alles in der Welt ich hier tue. Ich schaute zu meinem Vater auf, in der vergeblichen Hoffnung, dass er mich verteidigen würde, aber er war bereits in irgendwelche Papiere auf seinem Schreibpult vertieft. Ortolana zog mich am Ohrläppchen aus dem Zimmer. Ich spüre sie immer noch, die Scham.

Später hat Sophia unserem Buchhändler, Tomis, gegenüber erwähnt, welch großen Gefallen ich an fremden Buchstaben habe, und seither bringt er mir von seinen Reisen fremdländische Schriftproben mit und schickt sie mir in seinen Briefen oder gibt sie mir bei seiner Rückkehr.

»Singt ihr ein Lied, Tomis«, pflegte sie zu sagen. »Singt ihr ein Lied über die Welt jenseits unserer Mauern.«

Alles, was Tomis mir gab, habe ich aufbewahrt, aber ich habe es mir seit Jahren nicht angeschaut, es ist mir jedoch auch zu lieb, um es wegzuwerfen. Meist konnte ich nicht erraten, was die Schriftzüge bedeuten sollten, und Sophia lachte dann und sagte, wahrscheinlich sei es nichts weiter als die Rechnung eines Apothekers oder das Frachtverzeichnis eines Kapitäns, aber das war mir egal. Für mich waren es Kostbarkeiten. Ich habe diese Schriftproben genauso gesammelt wie ein Arzt Kenntnisse über seltene Krankheiten oder ein Astronom ferne Sterne sammelt.

In einer Ecke meiner Zelle, hinter dem Bett, wo das Mauerwerk bei einem Sommergewitter durchnässt wurde und sich der Mörtel gelöst hat, habe ich ein kleines Loch ausgekratzt, in dem ich Dinge verstecken kann, die die Aufseherinnen nicht finden sollen. Ein kleines Kästchen, das früher einmal ein Federkästchen war und in dem jetzt die Schriftproben liegen, liegt dort ganz hinten versteckt.

Ich nehme es heraus und kippe den Inhalt auf den Fußboden. Dann hebe ich ein Papier nach dem anderen auf, schaue es mir genau an, indem ich es vor meine heimlich noch brennende Kerze halte, und vergleiche die Buchstaben mit denen im Buch. Nichts passt, aber je länger ich mich damit beschäftige, desto sicherer bin ich mir, dass ich die Buchstaben des Buchs schon einmal gesehen habe – irgendwann, irgendwo. Ein ganz bestimmter Buchstabe sticht hervor, es ist der häufigste und am merkwürdigsten geformte. Ich zeichne ihn auf dem Fußboden nach. Zwei Striche von oben nach unten. Einer links, der andere rechts. In der Mitte ein Querstrich. Oben bilden die vertikalen Striche Schlaufen.

Ich schließe die Augen und denke nach.

Eine Erinnerung kommt in mir hoch.

Eines Tages schickte mir Tomis ein Metallröhrchen, so lang wie meine Hand und vielleicht zwei Finger breit, an beiden Enden versiegelt. Mit meinem Federmesser schnitt ich das Wachs weg und blinzelte in das Röhrchen. Ich konnte etwas sehen, erkannte aber nicht, was es war. Ich hielt das Röhrchen senkrecht und schüttelte es vorsichtig, bis ein silbriges Stück sehr dünner zusammengerollter Baumrinde herausfiel, zusammen mit vertrockneten Blattkrümeln. Ich war sofort entzückt, denn ich wusste, dass Schriftstücke im Alten Reich auf diese Weise angefertigt wurden: Anstatt sie wie wir auf rechteckige Seiten zu schreiben, hat man Schriftrollen verwendet.

Ganz vorsichtig öffnete ich sie, denn ich wusste, dass sie brechen würde, wenn ich sie zu gerade bog. Aufgerollt war sie ein ungleichmäßiges, eingerissenes Viereck, etwa so groß wie meine Handfläche, mit einem aufgemalten rotbraunen Buchstaben. Ich weiß noch, wie aufgeregt ich darauf starrte, wie ich mein Staunen genoss und wie ungeduldig ich darauf wartete, dass Sophia mir sagen würde, worum es sich handelte. Für mich war die Welt außerhalb des Klosters ein riesiges Mosaik, das nur teilweise fertig war, und ich war darauf angewiesen, dass Sophia es Stein für Stein komplettierte.

Sie hatte an ihrem Schreibpult zu tun und murmelte und grummelte vor sich hin – für jemanden, der keine Geräusche von anderen duldete, war sie überraschend laut. Sie drehte sich um, sah die Baumrinde in meinen Händen, nahm sie mir weg, zerknüllte sie in ihrer Faust und marschierte wortlos aus der Bibliothek. Aus dem Fenster sah ich sie zum Fluss gehen, und am Abend hörte ich zwei Wäscherinnen darüber sprechen, dass sie beobachtet hatten, wie Sophia etwas im Fluss verstreut habe. Das machte sie aber nicht neugierig oder misstrauisch, denn sie waren es gewohnt, dass Sophia etwas Unverständliches tat.

Ich aber habe Sophia danach gefragt. Natürlich nicht gleich, denn das hätte Streit bedeutet, sondern einige Tage oder vielleicht eine Woche später, als sie gute Laune hatte.

»Sophia?«

Mehr brauchte ich nicht zu sagen. Sie war so gewitzt, dass sie genau wusste, was ich wollte.

»Tomis«, sagte sie. »Er ist ein kleiner Teufel.«

Ich wartete, denn ich wusste, dass nichts, was ich sagen oder fragen könnte, Einfluss darauf hätte, ob sie noch etwas sagen würde.

Sie sah mich an. »Es gibt Dinge, die in einer zivilisierten Bibliothek nichts zu suchen haben. Dieses Gekritzel war keine Schrift. Der Bast eines … Die Haut von …«

»Baumrinde?«, warf ich ein, wohl wissend, dass es auf Latein und in ihrem heimischen Dialekt kein Wort dafür gab.

»Ja, die Baumrinde. Man schält sie ab und markiert sie … mit Feuerstöcken oder Frauenblut oder dem Gift einer Pflanze – und das nennen sie dann Schrift. *Schrift!* Pah! Sie sind wie Kinder, die etwas in die Erde zeichnen und behaupten, man könne es lesen. Genauso gut könnte man versuchen, aus einem bewölkten Himmel etwas herauszulesen, oder aus einem Spinnennetz.«

Dann drehte sie sich weg. Ich hatte noch ein Dutzend Fragen, aber ich wusste, dass sie den Rest des Tages unausstehlich sein würde, wenn ich noch etwas sagte. Also ließ ich es sein und vergaß die Sache. Oder genauer gesagt: Ich verbannte sie in eine eher unzugängliche Region meiner Erinnerung – und genau da hole ich sie jetzt heraus, und mit ihr kommt eine Art Schuldbewusstsein.

Wäre Sophia noch am Leben, hätte ich ihr das Buch ganz gewiss gezeigt. Aber wäre es dann, genau wie die Baumrinde, im Fluss gelandet? Zum ersten Mal wird mir bewusst, dass ich nicht tun muss, was sie getan hätte. Ein schwindelerregender Gedanke – beunruhigend und aufregend zugleich.

Ich ordne meine Schriftproben, schlage das Buch zu und wickle beides in meinen Umhang. Ich hebe die Bettdecke vom Fußboden auf, blase die Kerze aus und gehe zu Bett. Als ich den Kopf aufs Kissen lege und das eingewickelte Buch an mich drücke, fällt mein Blick auf die Stelle, wo ich den fremdartigen Buchstaben nachgezeichnet habe, und es kommt mir so vor, als schimmerte er dort jetzt ganz silbern in der Dunkelheit.

Ich blinzle – und der Buchstabe ist verschwunden.

Und gerade, als ich schon in den Schlaf sinke, fällt mir noch etwas ein: »Ihr seid diskret, Beatrice. Seid es auch jetzt. Sprechen Sie nicht darüber. Die Menschen schätzen diese Schrift nicht. Sie nennen sie Evas Schrift.«

DAS EMPFANGSZIMMER
Donnerstagmorgen

Am nächsten Morgen schaue ich zum tausendsten Mal aus dem Fenster, um zu sehen, ob Schwester Paola kommt, um mich zu holen, als ich plötzlich schnelle Schritte auf der Bibliothekstreppe höre.

»Hallooo, Schwester Beatrice! Darf ich reinkommen?«

Ich weiß sofort, dass es Diana ist. Die unkontrollierte Lautstärke, den kehligen Klang ihrer Stimme kenne ich. Bevor ich antworten kann, ist sie schon bei mir und legt mir eine Hand auf die Schulter.

»Ihr seid am Tagträumen? Das sieht Euch gar nicht ähnlich.« Sie schaut sich um. »Was tut Ihr hier oben überhaupt den ganzen Tag? Und was ist das da?«

Sie berührt das Tablett hinten auf meinem Schreibpult, auf dem mein Federmesser liegt, ein Hasenfuß, und mein kleiner Tontopf mit Knochenmehl. Seufzend schiebe ich alles aus ihrer Reichweite und hoffe, sie merkt, dass sie mich stört, aber so fein ist ihre Wahrnehmung nicht. Weder bittet sie um Verzeihung noch fragt sie, ob sie lieber später wiederkommen soll, sondern geht zum Fenster, lehnt sich daran und schaut auf den Kirchplatz hinunter. Bevor sie in unser Kloster kam, war sie, wie gesagt, Malerin. Aber wenn man sich eine Magd vorstellt, die grobe Arbeiten auf den Feldern verrichtet, bekommt man ein besseres Bild von ihrer Statur.

»Schöner Ausblick«, sagt sie.

»Was wollt Ihr? Und warum seid Ihr nicht in der Kapelle?«

Sie grinst. »Und warum seid Ihr nicht dort?«

»Ich bin entschuldigt …«, fange ich an, als mir klar wird, dass ich ihre Frage beantworte, bevor sie auf meine eingeht.

»Ich weiß. Deswegen bin ich ja gekommen«, sagt sie. Ich bin verwirrt, und offenbar kann sie es mir ansehen. Sie beugt sich zu mir und sagt leise: »Ich will mit Euch reden.«

Ich verziehe das Gesicht. »Über die Frauen?«

»Nein. Warum sollte ich?«

Das war unvorsichtig von mir. Aber worüber sollte sie sonst mit mir reden wollen?

»Ich dachte nur … Alle reden doch über sie.«

»Ja, natürlich«, sagt sie. »Die Leute reden ja gern. Die meisten jedenfalls – ihr offenbar nicht. Aber wenn ihr darüber reden *wollt* …« Ich sehe, wie aufmerksam sie mich anschaut und wie gespannt sie auf meine Reaktion ist. »Nicht? Also gut. Lasst uns über Euer Buch sprechen.«

Mein Magen wird zu Stein. Ich lege die Hände in den Schoß und fürchte, die Konturen des Buchs in meiner Tasche könnten sich gegen den Stoff abzeichnen.

»Woher wisst Ihr davon? Kennt Ihr es?«, frage ich so ruhig es mir möglich ist.

Jetzt verzieht sie das Gesicht. »Alle kennen es. Euer … wie heißt es doch gleich? … *Libellus Mulierum*.«

Ich muss mich sammeln. Meine Abhandlung über das Leben bedeutender Frauen – manche Heilige, aber auch Herrscherinnen der Geschichte – ist ein beliebtes Abschiedsgeschenk für Mädchen, die in unseren Orden eintreten, sogar bei Familien, denen nur bescheidene Mittel zur Verfügung stehen. Es war Chiaras Idee. »Schreibt doch ein Buch für Mädchen, die kein Latein können«, hatte sie gesagt, woraufhin ich wohl die Nase gerümpft haben muss. »Blickt nicht auf die hinab, die nicht Eure Privilegien genießen konnten, Beatrice«, hatte sie mich gescholten. »Es gibt andere Dinge, die Eurer Verachtung würdig sind.«

»Was ist denn damit?«, frage ich Diana jetzt.

»Könnt Ihr mir ein Exemplar geben?«

»Warum?«

»Na, weil ich es lesen möchte.«

»Und warum?«

Sie wirft die Arme in die Luft. »Die anderen sagten schon, ich soll es gar nicht erst versuchen. Dass Ihr so reagieren würdet. Aber im Ernst, es ist doch lächerlich, wenn ...«

»Dass ich wie reagieren würde?«, frage ich nach und bereue es sofort.

»Ach, Ihr wisst schon ... ungehalten. Warum versteckt Ihr Euch hier überhaupt immer und blickt auf uns andere herab?«

Das trifft mich, aber ich will es mir nicht anmerken lassen. Sophia hat mich vor dergleichen gewarnt. »Ihr seid klüger als sie«, hat sie einmal zu mir gesagt. »Manchmal nimmt man Euch das übel. Aber lauft der Anerkennung der Anderen nicht hinterher. Vielleicht schafft Ihr das kurzzeitig, aber genauso schnell könnt ihr diese Aufmerksamkeit wieder verlieren.«

Ich drehe Diana den Rücken zu und tue so, als müsste ich weiterarbeiten. Ich höre sie seufzen.

»Entschuldigung, aber mir ist gleich, was Ihr von mir oder den anderen haltet. Ich rate Euch allerdings, Eure Verachtung nicht so deutlich zu zeigen. Der alte Drache ist damit durchgekommen. Ungeniert sprach sie mit allen Latein und ...«

»Sophia. Ihr Name war Sophia.« Ich will noch mehr sagen, aber mein Hals wird ganz eng.

Diana greift nach einem Hocker und schiebt ihn neben mich. »Also gut, Sophia. Ich verstehe nicht, wie Ihr mit ihr zurechtkommen konntet, aber offenbar ist es Euch gelungen. Zu ihr wart Ihr nett, nicht wahr? Gegen Ende jedenfalls. Als sonst keiner mehr etwas mit ihr zu tun haben wollte.«

Ich kann mich nicht beherrschen. Ungeweinte Tränen haben sich in mir angestaut, jetzt brechen sie aus mir heraus und fließen mir über die Wangen. Ich versuche sie abzuwischen – Sophia konnte Tränen nicht ausstehen –, aber es nützt nichts. Wie selbstverständlich legt Diana die Arme um mich und sagt irgendetwas, das ich nicht verstehe, aber ich weiß, dass sie mich trösten will.

»Alles in Ordnung?«, fragt sie, als ich mich einigermaßen beruhigt habe und sie mich loslässt.

Ich nicke. »Jaja.«

»Möchtet Ihr reden?«

»Nein.« Ich schüttle den Kopf und reibe mir die Augen. »Nein.« Ich muss schlucken. »Sagt mir lieber, warum Ihr das Buch lesen wollt.«

Einen Moment lang sieht sie mich still an. Ich halte ihrem Blick stand, so gut ich kann, und komme langsam wieder zu Kräften. Sie legt den Kopf schief, ihre Lippen zucken, dann steht sie auf.

»Also gut«, sagt sie. »Mutter Chiara« – sie spricht mit einem ironischen Unterton, mit dem sie wahrscheinlich auf die Bewunderung unserer Mitschwestern anspielt – »meint, ich soll die Wände der Seitenkapelle bemalen. Wo diese alte Statue steht. Sie denkt an Szenen mit heiligen Frauen. *Lehrreiche* und *erhellende* Illustrationen.« Es klingt wichtigtuerisch und aufgeblasen, was mich ärgert, denn das entspricht keineswegs Chiaras Ausdrucksweise.

»Sagt nicht, Ihr fühlt Euch nicht geschmeichelt«, sage ich.

Sie zieht die Augenbrauen hoch.

»Also gut«, sagt sie. »Ihr habt mich ertappt. Ich fühle mich geschmeichelt. Ziemlich erbärmlich, nicht wahr?«

Ihr sonst so lebhaftes Gesicht wird ausdruckslos, und sie dreht sich von mir weg. Sie tut mir leid. Sich dermaßen zu schämen, ist unnötig. Ich weiß noch, mit wie viel Wut im Bauch sie hier in den Hundstagen des letzten Sommers ankam. Wie sie umherstolzierte und finster dreinblickte. Die anderen nannten sie »Salamander«. Alle fürchteten sie und suchten doch ihre Gesellschaft. Sie konnte keine Sekunde stillhalten. Jetzt will ich mich bei ihr entschuldigen und sagen, dass ich sie nicht beleidigen wollte, aber sie findet schneller ihre gute Laune wieder als ich die rechten Worte.

»Bilder von heiligen Frauen sind nicht gerade meine Stärke, das habe ich ihr auch gesagt. Nymphen sind kein Problem, auch Cherubim nicht. Venus …« Für meinen Geschmack hängt sie dem Namen der Göttin zu lange nach.»Jedenfalls hat Mutter Chiara vorgeschlagen, Euren Rat zu suchen. Da bin ich also.« Sie breitet die Hände aus.

Ich muss das erst einmal verdauen und sage nichts.

»Wie sieht es aus? Darf ich das Buch nun lesen?«

Ich stehe auf, hole ein papiernes Exemplar und zeige auf ein Schreibpult.

»Kann ich es nicht …« Sie zeigt auf die Tür.

»Nein«, sage ich. »Wenn Ihr es lesen wollt, müsst Ihr es hier tun.«

»Ah.« Wieder verzieht sie das Gesicht. »Die Sache ist nur die, dass ich nicht lesen kann. Wörter sind nicht mein …« Ungeniert zuckt sie mit den Schultern, ohne den Satz zu vollenden.

»Wie wolltet Ihr dann …«

»Ganz einfach. Ich will Schülerinnen aus gutem Haus bitten, es mir vorzulesen. Im Gegenzug erzähle ich ihnen alles, was ich über …« Sie spricht nicht weiter. »Ach, egal.«

»Worüber?«, hake ich nach.

»Es ist wirklich nicht wichtig.«

Ich falte die Arme über dem Buch. »Worüber?«

Sie saugt an ihren Lippen. »Über das …« Sie legt die Hände wie einen Trichter an den Mund und weitet die Augen – alles in allem eine recht gelungene Imitation unserer Mitschwester Laura. »Über das Verhalten im Ehebett. Seht Ihr!« Ich bin errötet. »Ich habe doch gesagt, dass Ihr es nicht wissen wollt.« Dann sagt sie nichts mehr und versucht, nicht zu lachen.

Ich weiß nicht, wie ich reagieren soll. Natürlich vermuten alle, dass sie hier ist, weil sie mit einem Mann zu weit gegangen ist, aber offen darüber zu sprechen, ist …

»Ich schlage Folgendes vor«, sagt sie und lässt sich an dem Schreibpult neben meinem nieder. »Ich schaue mir die Bilder an.«

»Vorsicht!«, sage ich aus Sorge um das Werk meiner Kopistinnen. Und dann: »In dem Buch sind keine Bilder.«

»Keine Bilder? Aber ich dachte, es ist besonders prächtig. Jemand hat mir erzählt, dass Chiara es nach St. Peter geschickt hat, als Geschenk für die Tochter des Pontifex höchstselbst.«

Als wir noch jünger waren, hat Prudenzia einmal den Fehler begangen, sich laut darüber zu wundern, wie es angehen konnte, dass Papst Silvio eine Tochter hatte. Tamara lachte laut und sagte: »Er hat es genauso gemacht wie jeder andere Mann. Man steckt seinen ...« Prudenzia lief fort und erzählte es Arcangela, die Tamara zwölf Nachtwachen am Stück aufbrummte.

Ich nehme Diana das papierne Exemplar ab und ersetze es durch ein aufwändig illustriertes – ein Auftragswerk für die Stelleri-Bank in der Lagunenregion, das demnächst ausgeliefert werden soll.

»Ja!« Diana strahlt mich an und blättert in dem Buch. »Das kommt der Sache schon näher.« Sie hebt das Buch an und dreht es zu mir um, indem sie es am oberen Rand festhält und mit der anderen Hand auf eine Figur zeigt. »Wer ist das?«

»Judith«, sage ich, nehme das Buch und lege es wieder ordentlich auf meinen Schreibpult.

»Wer?«

»Ihr kennt doch wohl Judith! Judith und Holofernes.«

»Holofernes. Ist er das? Warum hat sie ihm den Kopf abgeschlagen?«

»Er war ihr Feind. Der Feind des ganzen Volks. Sie ...«

Doch dann sehe ich mit einem Blick aus dem Fenster endlich, dass die Tür des Empfangszimmers aufgeht und Schwester Paola den Kopf heraussteckt. Sie sieht mich durchs klare Fensterglas und fängt an zu winken. Ich kann meine Freude nicht verbergen und Diana sieht mich neugierig an.

»Was gibt es denn?«, fragt sie.

»Tomis, mein Buchhändler. Ich habe ihn schon erwartet.«

»*Der* Tomis?«, fragt sie und benutzt ihre Hände, um lange Wimpern und eine komplizierte Kopfbedeckung anzudeuten. Sie scheint es nicht glauben zu können.

Ich zucke mit den Schultern und tue so, als fände ich nichts Besonderes dabei. »Er war uns stets wohlgesonnen.«

Sie pustet die Wangen auf. »Ha! Ich dachte immer, Tomis sei lediglich Tomis wohlgesonnen.«

»Beatrice!«, ruft Paola jetzt. »*Beatrice!*«

»Komme schon«, rufe ich zurück und gehe schnell zu meinem Schreibpult, wo meine Liste mit Bestellungen schon für ihn bereitliegt. »Hier.« Ich nehme das *Libellus* und gebe es der überraschten Diana zurück – eigentlich bin ich selbst überrascht. »Behaltet es doch einfach ein, zwei Tage. Und kommt zu mir, wenn Ihr weitere Fragen habt.«

Ich laufe die Treppe hinunter, am Brunnen vorbei, wo ein junger marmorner Schäfer nach Lämmern pfeift, die niemals zu ihm kommen, und öffne die Tür des Empfangszimmers.

»χαῖρε«, sagt Tomis.

Seid gegrüßt.

Bevor ich ihn kennenlernte, habe ich ihn beneidet – ihn und sein Griechisch. »Es tut gut, sich mit jemand Zivilisiertem zu unterhalten«, sagte Sophia, als er sie zum ersten Mal um ein Gespräch gebeten hatte, und ich weiß noch, wie gekränkt ich war. »Er ist ein Schmeichler«, fuhr sie fort. »Wusste alles über mich. Nannte mich σεβαστή Sophia.« Das war ihr Titel bei Hofe, und immer noch war sie stolz darauf. »Ich kenne den Typ. Im Palast von Konstantinopel wimmelte es von ihnen. Junge Männer, die wissen, wie man alten Frauen schmeichelt.«

Lasst ihn doch, dachte ich, denn seine Besuche heiterten sie immer auf.

»Lieber spät als nie«, sage ich jetzt zu ihm in der hiesigen Mundart.

Sophia durfte mit ihm in jeder Sprache sprechen, die ihr beliebte, aber Schwester Arcangela besteht darauf, dass Paola mich verstehen kann. Unsere ranghöchste Ausbilderin, denke ich unwillkürlich, hat Sophia eine Menge Freiheiten erlaubt. Sophia war so ernst, so schroff, dass Arcangela nicht umhinkonnte, sie zu bewundern.

»Ah«, sagt Tomis, »eine so harsche Maxime kann nur vom großen Horaz selbst gemünzt worden sein, aber welchen Wert sie letztendlich hat, muss sich der Nachwelt erst noch offenbaren. Womöglich knabbert eine respektlose Maus im vergessenen Keller eines rheinischen Klosters gerade jetzt auf Nimmerwiedersehen an seinen Worten herum.«

Normalerweise hätte ich gelacht und meine Freude an seinen Wortgebilden gehabt, seine Anspielungen auf Dinge, die ich verstehe, und solche, die ich nicht verstehe, aber heute bin ich zu aufgeregt. Tomis ist der Einzige, den ich kenne, der mir vielleicht helfen kann, das Buch zu entschlüsseln, aber wir dürfen nicht offen miteinander reden. Wieder einmal wünsche ich, wir könnten uns in der Via dei Librai treffen, wo sich Buchladen an Buchladen reiht und sogar Tische stehen, sodass man sich setzen und unterhalten kann. Dort schätzt man die Wissensvermehrung, dort ... Ach, es nützt ja nichts.

»Ihr verpasst nichts«, hat er gesagt, als ich ihn einmal nach den Männern fragte, die dort anzufinden sind. »Gockel, Schwester Beatrice. Gockel, die angeberisch herumstolzieren. Mehr ist an ihnen nicht dran.«

Schwester Paola tut so, als sei sie ins Stricken vertieft, schaut verstohlen zu uns herüber, obwohl wir ganz sittsam dastehen, gute drei Schritte voneinander entfernt, jeder hinter seinem Strich auf den Terracottakacheln, der das Empfangszimmer unterteilt. Tomis lächelt sogar, zumindest mit den Augen, denn viel mehr kann ich von seinem Gesicht nicht sehen. Wir alle haben ihm versichert, dass er kein Kopftuch tragen muss – nicht unseretwegen –, aber er sagt dann immer, die Sitten seines Volkes verlangten es.

Welches Volk das wohl sein mag? Das habe ich ihn über die Jahre oft gefragt, und er hat viele Antworten darauf gehabt – jedes Mal eine andere. Er wurde von Wölfen in den Kiefernwäldern Thrakiens aufgezogen. Er wuchs auf den höchsten Klippen der

Schwarzmeerküste im Perserreich auf. Er wurde von barbarischen Korsaren an eine Hexenprinzessin verkauft, die in den Porphyrpalästen Konstantinopels lebte und starb. Immer noch lechze ich nach der Wahrheit.

Hinter mir höre ich, dass Schwester Paola ganz unruhig wird, denn sie weiß, was kommt – die Süßigkeiten, mit denen Tomis ihre Dienste vergütet. Und tatsächlich greift er in seinen Rucksack und holt ein recht großes Bündel heraus, in Palmblätter gewickelt, die von fernen Ländern künden, wo sogar die Wintersonne wärmt und niemals Schnee fällt.

»Täuscht mich meine Erinnerung, ehrwürdige Schwester?«, fragt er. »Oder stimmt es, dass Ihr die Datteln vom Delta besonders gern mögt? Darf ich so frei sein?«

Schwester Paola neigt den Kopf, um zu signalisieren, er möge so frei sein, wie es ihm beliebt. Er reicht mir das Bündel, ich reiche es ihr, sie führt es sich an die Nase und atmet tief ein. Mit einem Finger fährt sie zwischen die äußeren Palmblätter und zieht eine Dattel hervor, steckt sie in den Mund und beginnt zu kauen – ein anstrengendes Unterfangen, denn ihre Zähne sind nur noch schwarze Stümpfe. Sie schluckt und leckt sich die Lippen. Dann verschwindet das Bündel unter ihrem Umhang, und ihre Nadeln klackern wieder, wenn auch langsamer als zuvor, wie um mich daran zu erinnern – nicht dass es nötig wäre –, dass wir hier nur miteinander sprechen können, weil sie es duldet.

Ich erwarte, dass Tomis mir etwas zu berichten hat, aber als Erstes sagt er, wie es ihn geschmerzt hat, von Sophias Tod zu hören. Er versichert mir, wie sehr er ihr Wissen, ihre Geradlinigkeit und ihren außerordentlichen Humor geschätzt habe. Noch kurz zuvor wäre es mir vermutlich schwergefallen, darauf zu reagieren, aber mein Weinen hat etwas in mir verändert, und ich kann recht ruhig und gefasst zu ihm sagen, dass auch ich sie schmerzlich vermisse. Es tut mir gut, jemanden über sie sprechen zu hören, der ihre guten Seiten kannte. »Ich schätze mich glücklich, sie gekannt zu haben«, sage ich.

»Und sie konnte sich glücklich schätzen, eine so fähige Schülerin gefunden zu haben«, erwidert er. »Aber verzeiht ... Ich muss auch wegen des Todes Eures Vaters kondolieren. Ein großer Verlust für alle, die die Wissenschaften schätzen.«

Diese Wendung ist mir nicht willkommen, obwohl sie zu erwarten war. Tomis hat oft von meinem Vater gesprochen, wie sehr er dessen weitgefächerte Interessen, dessen tiefgründiges Wissen und die Aufmerksamkeit, mit der er anderen zuhörte, bewundere – egal, ob es jemand war, der schwor, er könne einen Flugapparat bauen, jemand, der behauptete, er sehe die Zukunft in einer Kristallkugel, jemand, der ein neues Land in fernen Meeren entdeckt hat, jemand, der beweisen wollte, dass sich die Erde um die Sonne dreht. Ich nehme an, dass er all das sagte, um mir eine Freude zu machen, in Wahrheit aber wurde ich immer wütender. Meinem Vater die Krone des Wissens. Mir die Krümel, die von seinem Tisch fielen.

»Danke«, sage ich und merke, wie reserviert meine Stimme klingt. »Aber vielleicht sollte ich lieber Euch kondolieren. Ihr habt einen Eurer besten Kunden verloren, nicht wahr?«

Natürlich spotte ich, aber er lässt sich nichts anmerken, sondern nickt nur. »Das stimmt. Es war ein großes Glück, dass meine Bewunderung für Euren Vater von einer geschäftlichen Übereinkunft komplementiert wurde. Ich fürchte, bei seinem Nachfolger kann ich nicht darauf hoffen.«

»Mein Bruder«, sage ich, »hat andere Vorlieben. Wärt Ihr Winzer« – ich schaue zu Schwester Paola hinüber – »oder hättet gute Jagdhunde zu verkaufen ...«

»Dann käme ich mit ihm ins Geschäft, nicht wahr? Aber dann bekäme ich es mit Bruder Abramo und seinen Schäfchen zu tun, und ob ich dem gewachsen wäre, weiß ich nicht.« Er beugt sich ein wenig zu mir vor. »Apropos, Schwester Beatrice: Ich freue mich, Euch so guten Mutes anzutreffen. Ich habe gehört, dass es hier in der Karnevalsnacht einen Vorfall gab.«

Der Themenwechsel macht mich stutzig. Normalerweise interessiert sich Tomis nicht dafür, was außerhalb der Bibliothek im Kloster vorgeht.

Leichthin sage ich: »Einen Vorfall?«

»War Bruder Abramo nicht auf der Suche nach zwei Frauen hier?«

Mir läuft es kalt den Rücken herunter. »Ich ... Das heißt ... Ja, ja, so war es. Doch woher wisst Ihr das?«

»Ich hörte in der Stadt davon. Ihr wisst ja, wie die Leute dort reden. Auch Bruder Abramo spricht davon. Er hat es – mehrfach sogar – in seiner gestrigen Predigt erwähnt.«

»Dann fand diese Predigt wohl großen Anklang«, sagt Paola und tut so, als hätte sie Mühe, eine fallen gelassene Masche wieder aufzunehmen.

»Zweifellos, Schwester Paola.«

»Ein guter Redner, dieser Bruder Abramo?«

»Dessen könnt Ihr gewiss sein, verehrte Schwester.«

Ich sehe Tomis an. Genau wie ich weiß er, dass Schwester Paola nicht nur mit Süßigkeiten, sondern auch mit Neuigkeiten gefüttert werden will, und es ist töricht, ihr eins von beidem zu verweigern. Folglich fällt er in einen geschmeidigen Erzählton.

»Jedoch *Redner* – ich fürchte, dieses Wort wird ihm nicht gerecht. Ich, Tomis, rede. Ihr, Schwester Paola, redet. Schwester Beatrice redet. Aber er, Bruder Abramo, er mahnt. Er lobpreist. Aber vor allem richtet er – und es scheint, als sei das lüsterne Volk Eurer schönen Stadt ganz entzückt davon.«

Paola legt ihr Strickzeug nieder und greift unter ihren Umhang, um sich eine zweite Dattel zu gönnen.

»In der Basilika«, fährt Tomis fort und wird geradezu theatralisch, »wäre kein Platz für auch nur einen einzigen Gläubigen mehr gewesen, als die Stunde für Bruder Abramos Predigt nahte. Die Glocke läutete. Ein Raunen ging durch den heiligen Ort. Alle hoben den Blick zum Predigtstuhl, der unerklärlicherweise aber leer blieb. Gerüchte mäanderten durch die Kirchenbänke, und schon bald versicherte jeder seinem Sitznachbarn, die Bankiers und Gildenmeister, Anwälte und Gutsbesitzer – kurz: die Reichen und Verdammten – hätten den heiligen Bruder festgenommen. Wütende Stimmen wurden laut und verlangten seine Freilassung, und es dauerte nicht lange, bis die Menge in Bewegung geriet, die einen drängten auf den Altar zu, andere auf die Kirchentür.«

»Wo wart Ihr?«, frage ich.

»Gute Frage«, sagt er. »Ich wurde so bedrängt, dass ich auf ein Grab steigen musste, und von diesem Aussichtspunkt war ich womöglich der Erste, der sehen konnte, dass ein Mann in Mönchskutte, kniend und vollkommen ins Gebet vertieft, im südlichen Querschiff beinahe zu Tode getrampelt wurde. Menschen in seiner Nähe forderten ihn auf, aufzustehen, erst freundlich, dann immer ungehaltener, aber bevor sie ihn aufrichten konnten, stand er auf und machte das Zeichen des Kreuzes, für sich selbst und in Richtung der anderen.

Manche ahnten dann, wer er war, und wichen zurück. Die hinter ihnen traten ebenfalls zurück, und so entstand nach und nach so viel freier Raum, wie es in der überfüllten Kirche unmöglich schien. Er erklomm die Stufen zum Predigtstuhl und hob die Hände, um den Menschen Segen zu spenden. Einige Frauen fielen in Ohnmacht. Und die untergehende Sonne, unsere unstete Gefährtin, brachte die hohen Fenster zum Glühen und durchdrang alle Herzen mit heiligem Licht.«

»Ihr übertreibt«, sage ich.

Er hebt die fein geschwungenen Brauen. »Nein. Ich dokumentiere. Er sprach über eine Stadt, die in Sünde lebt. Er sprach über den Zorn Gottes und das Leid von Gottes Sohn. Er sprach über unser Versagen, unsere Schwächen und Fehler – um am Ende die Hand auszustrecken und zu sagen, es sei noch nicht zu spät. Er sei hier. Er könne uns retten. Er könne uns aus dem Sündenpfuhl ziehen – jedoch nur, wenn wir wachsam sind und widerstehen. Und dann sprach er – verzeiht! – über etwas, das er als sündige Natur Eures Geschlechts bezeichnete – und nannte den Namen Eures Klosters.«

Ich schaue ihn ganz entsetzt an, und als er weiterspricht, klingt seine Stimme tief und ernst, mitfühlend und besorgt.

»Er sagte, in Eurer Unwissenheit hättet Ihr zwei gefährliche Frauen aus Albion aufgenommen. Er sagte, er habe versucht, Euch vor der Gefahr zu warnen, sei aber abgewiesen worden. Er sagte, der Diener Eurer Stiefmutter habe ihn des Tors verwiesen. Das gefiel den Menschen nicht, nichts von alledem gefiel ihnen, und deswegen bin ich gestern gekommen, um Euch davon zu unterrichten. Ich wollte meine guten alten Freunde wissen lassen, welche Stimmung in der Stadt herrscht. Auch dachte ich, dass die Frauen, wenn sie wirklich aus Albion kommen, wahrscheinlich kein Latein können, und ich spreche ihre Sprache ein wenig. Ich dachte, ich könnte Euch helfen, herauszufinden, was es mit ...«

»Das ist sehr freundlich von Euch«, unterbreche ich ihn. »Wirklich. Aber ...«

»Warum nicht? Ihr wisst doch, dass Ihr mir vertrauen könnt, Schwester Beatrice.«

Er tritt einen Schritt vor, als wollte er mich seiner Aufrichtigkeit versichern, die ich gar nicht anzweifle, und ich will gerade sagen, dass die Frauen tot sind und seiner Hilfe nicht mehr bedürfen, als ich höre, dass Schwester Paola plötzlich aufsteht. Ich nehme an, sie will Tomis rügen, weil er mir näher gekommen ist, aber in dem Moment merke ich, dass jemand die Tür geöffnet hat, die zu den städtischen Feldern führt, und ein Mann auf der Türschwelle steht: groß und schlank, in einen schmutzigen weißen Umhang gehüllt, von dem ein geknotetes Hanfseil herabhängt. Er hat seine Kapuze auf, sodass ich sein Gesicht nicht sehen kann, aber ich fühle mich sofort schuldig – was er bestimmt beabsichtigt hat.

Tomis, der ihn nicht so schnell bemerkt hat wie ich, kommt mir noch ein Stück näher, bis er mir meine Bedrängnis ansieht und sich über die Schulter nach hinten umschaut. Dann erst zieht er sich zurück und murmelt »ὁ ἀδελφός«.

Der Bruder. Jetzt bin ich mir endgültig sicher, wer da in der Tür steht.

Ich senke den Blick und falte die Hände, während Tomis mir leichthin dankt, dass ich mir Zeit für ihn genommen habe, und beteuert, wie froh er ist, uns weiter bei unserem heiligen Werk unterstützen zu können. Er versichert mir, dass er so schnell wie möglich mit meinen Bestellungen zurückkehre; ich möge ihm doch bitte die Liste dessen, was in der Bibliothek benötigt wird, zukommen lassen.

Die Liste. Natürlich. Der angebliche Grund seines Besuchs. Schnell greife ich in meine Rocktasche, um festzustellen, dass sie wohl unter das Buch gerutscht sein muss. Ich taste danach und schreie beinahe auf, als mir winzige Stacheln die Hand zerkratzen. Dann finde ich sie und versuche, mir nichts anmerken zu lassen, als meine Hand beim Herausziehen noch mehr zerkratzt wird. Ich reiche sie Tomis und lasse meinen Ärmel über die schmerzende Hand fallen.

Als ich aufschaue, sehe ich, dass Bruder Abramo die rechte Hand gehoben und Tomis auf die Schulter gelegt hat. Der Mönch ist größer als Tomis, aber nicht nur das verschafft ihm einen Vorteil. Er wirkt ungeheuer selbstsicher und scheint nicht die leisesten Zweifel an seiner Rechtschaffenheit zu haben. Er streckt die Hand aus, um Tomis meine Liste aus der Hand zu nehmen. Langsam faltet er sie auf und beginnt zu lesen.

Ich weiß, dass er nichts Sündiges entdecken wird, nichts Fragwürdiges. Selbst der misstrauischste Mensch kann nichts Verdächtiges an meiner Auflistung dieses und jenes Pergaments oder dieser und jener Tinte finden. Dennoch merke ich, dass ich erröte.

»Wie ich höre«, beginnt Bruder Abramo, »ist die Schwester Bibliothekarin in Mutter Chiaras Kloster eine ausgezeichnete Kraft, die Gottvater mit einer untadeligen Handschrift gesegnet hat.« Er spricht langsam und überlegt. Seine Stimme ist weich, sonor und kraftvoll, und ich kann nicht umhin, mich von seinem Lob geschmeichelt zu fühlen. »Aber das hier« – er dreht die Liste zu mir um und hält sie nur mit Daumen und Zeigefinger, als sei er davon angeeckelt – »was ist das?«

Ich starre auf das Blatt. Was ist aus meiner fein säuberlich geschriebenen Liste geworden? Die Wörter sind verzerrt. Sie rutschen auf dem Blatt umher, und die schwarze Tinte ist mit roten Flecken verschmiert.

»Ah, ich habe sie einer Novizin diktiert«, sage ich. »Sie hatte ein wenig Rötel verschüttet. Etwas davon muss auf das Blatt gefallen sein.«

Ich bin drauf und dran, mir noch mehr einfallen zu lassen, aber Tomis unterbricht mich und lächelt milde. »Kann ich die Liste wiederhaben, Bruder?«

Abramo richtet den Blick auf ihn. »Ihr seid sehr jung für jemanden, der eine Lizenz zum Betreten eines Klosters besitzt.« Er mustert Tomis von oben bis unten. »Ich muss mich über die Mutter Oberin wundern, dass Sie Euch gestattet, Bestellungen von einer Schwester entgegenzunehmen, die noch nicht einmal ihre mittleren Jahre erreicht hat. Es scheint mir eine grobe ...«

»Oh, er ist in Ordnung.« Chiara – Chiara! – ist hinter mir hereingekommen. Ich war zu sehr mit mir beschäftigt, um zu bemerken, dass sich Schwester Paola – nie wieder werde ich schlecht über sie sprechen oder denken! – auf die Suche nach ihr gemacht hat. »Ist es nicht so?« Sie wendet sich an Maria, die plötzlich neben ihr steht.

»Sein Charakter und Anstand lassen nichts zu wünschen übrig«, sagt Maria. »Er ist ohne Fehl und Tadel.«

»Grundsolide«, sagt Chiara.

»Das überlasst Ihr besser meinem Urteil«, sagt Bruder Abramo.

Es folgt ein kurzes, aber unangenehmes Schweigen.

»Meine Liebe«, sagt Chiara dann zu mir. »Wenn Eure Geschäfte hier erledigt sind, geht doch schon einmal und bereitet Euch auf die Beichte vor. Ihr seid in Kürze an der Reihe. Und was Euch betrifft ...«, sagt sie zu Abramo und zeigt auf meine Liste. »Das, meine ich, ist unsere Angelegenheit, nicht Eure.«

Wieder schweigen alle einen Moment lang, dann öffnet Abramo die Finger und lässt die Liste zu Boden flattern. Tomis hebt sie auf, verbeugt sich vor Chiara, nickt mir zu und quetscht sich an Abramo vorbei, der dicht vor der Tür steht. Als er sie öffnet, sehe ich, dass vier Männer davor warten. Zwei mit massigen Köpfen auf kräftigen Hälsen, Kutten über die breiten Schultern geworfen. Die beiden anderen sind eher schmächtig, schon fast ergraut, mit weiten Nasenlöchern und lauernden Augen – sie haben etwas Rattenhaftes. Bevor die Tür wieder zugeht, sehe ich, dass einer der großen Männer sich ein wenig dreht, um Tomis im Empfangszimmer besser sehen zu können. Auf seinem Rücken wird ein grobes rotes, sehr langes Kreuz erkennbar.

»Beatrice«, sagt Chiara, jetzt in einem schärferen Ton, und bringt mich zur Besinnung.

Ich murmele irgendetwas vor mich hin und gehe schnell aus dem Empfangszimmer. Hinter mir höre ich sie vollkommen entspannt sagen, wie schön es immer ist, einen heiligen Bruder zu treffen. Sie bietet ihm eine Erfrischung an, aber Abramo unterbricht sie und sagt, in der Fastenzeit esse er nur einmal am Tag.

»Vergebt einer alten Frau ihre bäuerlichen Manieren«, sagt Chiara. »Ich habe Euch noch gar nicht nach Eurem Begehr gefragt.«

Maria schließt die Tür hinter mir.

Ich zögere. Ich könnte auf den Sims über dem Empfang klettern – die Stelle, an der das alte Gemäuer auf das neuere Dach trifft, aber dann käme ich vielleicht zu spät zur Beichte oder würde sie, was noch schlimmer wäre, ganz verpassen. Aber ich muss – ich muss hören, was drinnen vor sich geht. Ich überblicke den Kirchplatz – er ist menschenleer. Ich schaue nach oben. Manchmal bin ich hinaufgeklettert, um zu belauschen, wie Sophia und Tomis feilschten und verhandelten, aber damals war ich noch ein Mädchen, leicht und gelenkig. Umständlich erklimme ich die Mauer, Backsteinreihe für Backsteinreihe, und die raueren Ecken vergrößern den Schmerz in meiner Hand.

Als ich über den Sims aufs Dach rolle, treffe ich dort auf fünf Mädchen, die flüsternd in ein Gespräch vertieft sind und sich, soviel ich erkennen kann, nicht darum scheren, was unter ihnen vorgeht. Als sie mich sehen, verstummen sie. Einen Moment lang stehe ich unschlüssig da. Manches ändert sich wohl nie.

»Solltet ihr nicht im Schulzimmer sitzen?«, sage ich schließlich so überlegen, wie ich nur kann. Alle schauen Laura und Giulia an, Cousinen, von denen die eine besonders schön, die andere besonders klug ist und die zusammen die unangefochtenen Anführer der Novizinnen und jungen Bewohnerinnen sind.

Giulia mustert mich aufmerksam. Ich bin nicht dafür bekannt, unsere jungen Leute zu maßregeln, deswegen fragt sie sich wahrscheinlich, was ich hier tue. Ihr Blick wandert von mir zu dem Spalt zwischen Mauer und Dach, durch den man ins Empfangszimmer schauen kann. Ohne ihrem Blick zu folgen, sage ich: »Also bitte, Mädchen, beeilt euch.« Selbst in meinen Ohren klingt meine Stimme gekünstelt. Giulia macht eine Kopfbewegung, und mit einer Grazie, die geradezu impertinent ist, steht Laura auf. Auch die anderen erheben sich und folgen den beiden vom Dach.

Ich knie mich hin und beuge mich zu dem Spalt. Ich sehe Bruder Abramo leise auf Chiara einreden. Maria steht immer noch neben Chiara. Als ein Gemälde könnte es den Titel *Zwei heilige Frauen konsultieren ihren Beichtvater* oder *Ich segne Euch, meine Schwestern* tragen. Paolas Stuhl kann ich nicht sehen, aber ich nehme an, dass sie ihr Strickzeug und die Datteln gut versteckt hat. Statt weiter hinzuschauen, lege ich ein Ohr an den Spalt.

»... Euer Kloster für eine geistliche Oase in dieser glaubensschwachen Stadt gehalten. Ich hatte mich sogar darauf gefreut, zusammen mit Euch zu predigen – mit der großen Mutter Chiara. Doch was finde ich hier vor? Tore, die nach Einbruch der Dunkelheit offen stehen. Gefährliche Frauen werden eingelassen. Männer beleidigt. Und nun muss ich auch noch von einem Vorfall am Berg hören, wo ein Mädchen verschwunden ist. Ein Mädchen, das sich jetzt offenbar hinter diesen Mauern befindet.«

Schnell werfe ich einen Blick nach unten. Er schüttelt den Kopf und ringt die Hände, aber sein Gesicht kann ich unter der Kapuze immer noch nicht sehen. Ich lege wieder das Ohr an den Spalt.

»Gestern habe ich mit vielen guten Leuten gesprochen, die unglücklich, misstrauisch, ja verärgert sind. Ihr lebt hinter Klostermauern und könnt nicht wissen, was geredet wird. So könnt Ihr Euch auch nicht verteidigen. Deswegen bin ich selbst hergekommen, um mit den Frauen und dem Mädchen zu sprechen – sowie mit allen, die mit ihnen in Berührung gekommen sind. Ich will mich davon überzeugen, dass alles zum Besten steht, um es sodann in der Stadt zu verkünden. Ihr seht also: Ich komme aus brüderlicher Liebe.«

Wieder schaue ich nach unten. Er streckt Chiara die Hände hin. Sie bleibt ganz ruhig, und Maria hat beschwichtigend eine Hand auf ihren Arm gelegt. Ich habe diese Geste zwischen den beiden schon früher gesehen – meist wenn Chiara mit Arcangela sprach.

»In diesem Zimmer jedoch«, fährt Bruder Abramo jetzt lauter fort, »treffe ich auf die uneheliche Tochter eines anrüchigen Bankiers, wie sie ganz unverblümt mit einem Verbreiter ketzerischer Schriften verkehrt.«

Ich entferne mich ein Stück von dem Spalt, und mein Herz klopft wie wild. Noch nie habe ich so von Tomis sprechen gehört, muss aber zugeben, dass diese Beschreibung nicht ungerechtfertigt ist. Unwillkürlich berühre ich das Buch in meiner Tasche. Dann lausche ich weiter.

»Ah«, sagt Chiara. »Was Ihr sagt, klingt vernünftig. Lasst mich nachdenken. Also, man braucht natürlich ein Papier, das einem erlaubt, das Kloster zu betreten.«

Maria flüstert ihr etwas zu.

»Ja, richtig – eine Lizenz«, fährt Chiara fort. »Ihr braucht eine Lizenz. Schwester Arcangela hat ein System eingerichtet, nach dem diese Lizenzen ... autorisiert werden.« Dann fragt sie Maria: »Was können wir nur tun, um eine für unseren Bruder zu bekommen?«

»Es tut mir leid«, sagt Maria. »Das ist nicht so einfach. Ich glaube, ich kenne Schwester Arcangelas Regularien auswendig.« Sie räuspert sich und zitiert: »*Sollte eine Schwester die Hilfe eines Man-*

nes benötigen, um eine klösterliche Angelegenheit von höchster Wichtigkeit zu regeln, kann sie einen Antrag schreiben oder schreiben lassen, welchem der Antragsteller eine wahrheitsgemäße und vollständige Biografie sowie Nachweise seines beruflichen Standes und Aufgabenbereichs beifügen muss, zudem muss er drei Referenzen beibringen, darunter eine seines Taufpfarrers, und schließlich muss all das von dem erzbischöflichen Ordinariat gegengezeichnet werden.«

»Ach du liebe Zeit!«, sagt Chiara. »Ich das nicht das System für Händler und Handwerker? Das gilt doch wohl nicht für heilige Brüder, die …«

»O nein«, sagt Maria. »Verzeiht, wenn ich Euch ins Wort falle, aber wir haben in unserem Archiv Lizenzen für Pater Michele und selbst für Erzbischof Serenus selbst, die auf diesem Wege erteilt wurden.«

»O Himmel!«, sagt Chiara. »Es ist ja noch komplizierter, als ich dachte. Dieses Prozedere kann Tage dauern. Schwester Paola, tut mir doch bitte den Gefallen und geht in den Kapitelsaal, um Schwester Tamara nach den nötigen Formularen zu fragen.« Ich höre unter mir eine Tür aufgehen und dann ins Schloss fallen. Dann sagt Chiara: »Es tut mir sehr leid, Bruder Abramo, aber sicher versteht Ihr, dass unsere Regeln in dieser Frage besonders …«

Die Glocke ruft zum vierten Offizium, und wie Donner einen drückenden Tag beendet, höre ich Gelächter – Abramos Gelächter. Ich schaue durch den Spalt. Seine Kapuze ist ihm vom Kopf gerutscht, und zu meinem Erstaunen sehe ich einen Mann, der zwar nicht mehr jung, aber wunderschön ist. Mir schießt ein Gedanke in den Kopf: So muss Gottes Sohn ausgesehen haben, bevor er sein Leben für unsere Erlösung gegeben hat. Fasziniert schaue ich auf seine langen dunklen Locken, seine schweren, sorgenvollen Augen, seine ausgemergelten Wangen und seinen vollen, fast femininen Mund.

Ich sehe, dass Maria sich eine Hand vor den Mund schlägt, aber Chiara steht vollkommen ungerührt da. Er lächelt sie an, und es ist ein bemerkenswertes Lächeln. Offen, ehrlich, liebevoll. Meine

Anspannung weicht einer großen Erleichterung, und ich fühle mich beinahe beschwingt. Was immer wir falsch machen, wann immer wir irren – wie Gottes Sohn –, er steht uns zur Seite.

Als Abramo wieder das Wort ergreift, festigt sich der vertrauenswürdige Eindruck, den ich jetzt von ihm habe. Er spricht auch nicht mehr den harschen städtischen Dialekt, sondern den heimeligen der Dörfer entlang des steilen Hangs auf der anderen Seite des Bergs. Die Wörter unterscheiden sich kaum, aber sie werden anders betont, sodass Vokale in den Vorder- und Konsonanten in den Hintergrund treten. Es ist der Klang meiner Kindheit in Zias Obhut, und es versetzt mir einen kleinen Stich. Ich beherrsche diesen Dialekt nicht, aber Chiara tut es, und sie benutzt ihn, wenn sie mit den ältesten unserer Mitschwestern redet, denn das größte dieser Dörfer war einst ihr Zuhause.

Abramo spricht ihren Namen mit großer Wärme aus und erzählt – beinahe wehmütig – etwas von ihrem alten Kloster. Dann sagt er, Maria würde er unter Tausenden erkennen, und erkundigt sich nach Hildegard, Cateline und Galilea. Er sagt, er habe sie sehr vermisst, aber es kränke ihn nicht, dass sie ihn nicht erkannt hat, denn schließlich sei es viele Jahre her.

»Als ich im Namen des Herrn im Süden des Landes unterwegs war, habe ich immer gehofft, eines Tages wieder in unsere Stadt berufen zu werden. Und so war es dann ja auch. Ich konnte es kaum abwarten, Euch zu begrüßen und Eure Hand zu küssen, aber« – er verzieht den Mund – »Euer Torwächter hat mich abgewiesen. Doch nun bin ich wieder da.«

Von da, wo ich hocke, kann ich Chiaras Gesicht nicht sehen, aber sie geht ein paar Schritte auf ihn zu, erst einen, dann einen zweiten und dritten, überschreitet die Trennlinie und bleibt erst stehen, als sie nur noch eine Hand breit voneinander entfernt sind. Sie reicht ihm kaum bis ans Brustbein, schaut zu ihm auf, und beide tauschen einen langen Blick. Dann berührt sie seine Wange mit dem Finger. Ich denke, als Nächstes wird sie ihn umarmen und ihm die Hand reichen, damit er sie küssen kann.

»Der verlorene Sohn, was?« Noch nie habe ich Chiara so kalt und abweisend erlebt. »Ist das die Geschichte, die Ihr Euch all die Jahre zurechtgelegt habt?«

Waren seine Züge eben noch voller Erwartung und Freude, so verhärten sie jetzt. Sein Lächeln wird schmal und verschwindet dann ganz, während meine Furcht wieder aufflammt. Ich wünschte, Chiara würde anders mit ihm umgehen. Bitte, weist seine Liebe nicht zurück und hindert ihn nicht an seiner Pflichterfüllung, denke ich inbrünstig. Gebt ihm keinen Grund, uns zu hassen!

»Ich bin gekommen, um zu verzeihen«, sagt er. »Obwohl Ihr mich ...« Er unterbricht sich. Setzt sich die Kapuze wieder auf und geht zur Tür. Dort angekommen, dreht er sich noch einmal um. »Die Glocke hat längst geläutet. Es erstaunt mich, dass Ihr zu spät zum Gebet kommt. Obwohl ... Nachdem ich gehört habe, wie man in der Stadt über Euer Kloster spricht, ist es nicht sonderlich erstaunlich.«

DER KAPITELSAAL
Freitagmorgen

⚥

Ich sehe, wie die leitenden Schwestern auf ihre Plätze im Kapitelsaal zugehen, ganz ruhig und gelassen. Aber dieser Eindruck muss täuschen, denn nach dem zweiten Offizium gab es einen Vorfall, der alle noch beschäftigt, nur sie tun so, als sei alles in bester Ordnung.

Alfonsa, dreizehn Jahre alt, eine behäbige, bäuerlich wirkende Novizin ohne Mitgift, ist wieder einmal in Ohnmacht gefallen, aber dieses Mal hatte etwas Spirituelles. Wie ein Stein fiel sie am Eingang der Kapelle hin, um sich dann zu winden und zu zucken und sich an Händen und Füßen zu kratzen. Wir konnten mitansehen, wie Arcangela dem wild um sich schlagenden Kind ein geradezu glückseliges Lächeln schenkte, und ihre Bewunderer drückten sich die Hände ans Herz und dankten Gott, dass er seiner Tochter erlaubte, die Leiden seines eingeborenen Sohnes nachempfinden zu dürfen.

»Ich habe zu ihr gesagt«, sagte Arcangela und sah die anderen beseelt an, »dass sie nur ihr Herz zu öffnen braucht, um Gottes Sohn hineinzulassen.«

Chiara war nicht beeindruckt gewesen. Sie kniete sich hin, half Alfonsa auf die Füße und befahl den ergriffenen Novizinnen, zum Frühstück zu gehen. Alfonsa, umringt von der aufgeregten Schar, wandte sich zu Arcangela und schaute sie hingebungsvoll an.

»Schwester Arcangela«, sagte Chiara, ohne abzuwarten, bis wir anderen uns entfernt hatten, »Ihr habt Eurer jungen Freundin geraten, zu fasten und des Nachts wach zu bleiben, bis Gottes Sohn zu ihr spricht? Sogar noch nach dem Karnevalsmahl?«

»Und Gottes Sohn hat zu ihr gesprochen«, erwiderte Arcangela, und ihre Stimme knisterte wie Feuerholz.

Chiaras Wut war offensichtlich, und wenn ich sie jetzt ansehe, meine ich, dass sie immer noch nicht darüber hinweg ist. Mir geht es ebenso, muss ich gestehen.

Meine Hände sind zerkratzt und jucken, und ich habe Angst, dass jemand es bemerkt. Außerdem habe ich mich sündhaft verspätet, als ich zur Beichte ging. Schlimmer noch: Ich habe keine größere Verfehlung gebeichtet als meine Abneigung gegen die Unannehmlichkeiten des Fastens. Ich hörte ein kehliges Lachen, und Pater Michele sagte: »Ich wünschte, eine eingestandene Sünde wäre eine verminderte.« In dem Moment gefielen mir seine Worte, aber inzwischen dreht sich mir der Magen um, wenn ich daran denke, wie schwer es wiegt, was ich alles nicht gebeichtet habe. Ich muss mit Tomis sprechen, aber normalerweise dauert es um die drei Tage, bis er mit meinen Bestellungen zurück ist, und ich weiß nicht, wie ich das Warten ertragen soll. Ich sage mir, ich muss ruhig bleiben und mich auf die Zusammenkunft konzentrieren. Ich will meinen Mitschwestern nicht den Eindruck vermitteln, etwas sei nicht in Ordnung.

Die anderen nehmen auf den schmalen Bänken an drei der vier Wände Platz, jede an der Stelle, die der Länge ihrer Ordenszugehörigkeit entspricht. Chiara ist natürlich die Erste, gefolgt von Maria, Hildegard, Cateline, Felicitas und Timofea. Ihre früheren Verdienste oder gesellschaftliche Stellung werden von den langen Jahren egalisiert, in denen sie zusammen hier waren.

Felicitas und Timofea scheinen über Alfonsas Kampf mit dem Sohn Gottes zu kommunizieren, indem sie einander vielsagende Blicke zuwerfen. Sie sind alte Freundinnen und stammen aus demselben Haushalt in Chiaras früherem Wohnort – Timofea die unglückliche Schwiegertochter, Felicitas das Mädchen für alles.

Hinter Timofea ist eine Lücke, unsichtbar für Fremde, aber wie eine Mauer für uns, denn Rangnächste ist Arcangela, gefolgt von ihren Bewunderinnen, Nanina und drei weiteren ihrer Gesinnung. Alles Frauen aus der Stadt mit geschliffenem Benehmen und gepflegtem Äußeren – abgesehen von Prudenzia, die an ein Wiesel erinnert, steif und nervös.

Ich bin die Letzte und sitze so weit von Prudenzia entfernt, wie es der begrenzte Platz erlaubt. Sie schaut mich nicht an und ich sie nicht, und ich frage mich, ob sie Schwester Arcangela von meiner Verspätung bei der Beichte erzählt hat. Als wir Novizinnen waren, hat sie meine Freundschaft gesucht und stets zu mir herübergeschaut, wenn die anderen sich mit Latein schwertaten. Eine Weile lang standen wir uns recht nahe, bis ich herausfand, dass sie mich nur umgarnte, weil mein Vater einen so großen Namen hatte, und dass sie hinter meinem Rücken über mich lachte.

Als Sophia eine Assistentin für die Bibliothek suchte, hat unsere damalige Lehrerin ihr Prudenzia empfohlen, denn ich sei übellaunig und widerspenstig, während Prudenzia »ein Arbeitspferd und überdies wie aus dem Ei gepellt« sei. Aber Sophia hat sich für mich entschieden. Prudenzia hat mir das nie verziehen, und jahrelang musste ich ihr abfälliges Grinsen und ihre hämischen Blicke ertragen.

Ich bin nicht so bei der Sache, wie ich es sein sollte. Chiara hat schon das einleitende Gebet gesprochen, und wir sind dabei, einander Komplimente zu machen und Mitgefühl auszusprechen, wie vor jeder Besprechung. Die erfreuliche Qualität der Eier unserer neuen Hennen wird erwähnt. Der beklagenswerte Verlust unserer Bienen während des langen Winters. Die willkommene reiche Mitgift der gehörlosen Tochter eines Alaunhändlers. Chiaras Anhängerinnen erkundigen sich ganz aufgeregt nach Dianas Malauftrag. Welches Motiv wird sie wählen? Wann wird das Bild enthüllt? Die anderen schweigen missbilligend. Arcangelas vorläufige

Liste derjenigen, die mit einer Teilnahme an der nächtlichen Prozession in schon sieben Tagen geehrt werden. Erregte Nachfragen von ihren Anhängerinnen, Desinteresse bei Chiaras.

Schließlich steht Maria auf und erstattet ihren wöchentlichen Bericht über die geschäftlichen Belange des Klosters, denn uns gehören etliche Siedlungen und Handwerksbetriebe. In der Karnevalsnacht seien dort Schäden angerichtet worden. Ein Mädchen aus der Stadt sei beleidigt, Wiedergutmachung veranlasst worden. Unmut seitens der Hausherrinnen über eine angekündigte oder wenigstens befürchtete Tuchsteuer; man sei dabei, zu beschwichtigen. Eine verarmte Witwe sei vor die Tür gesetzt worden.

Während Maria das alles knapp und systematisch vorträgt, scheint Arcangela immer erzürnter zu werden. Ihre blauen Augen werden größer und größer. Sie hebt das Kinn höher und höher. Und als Chiara Maria dankt und sagt, der Tag schreite voran, wir alle hätten viel zu tun, hüstelt Arcangela – was für ihre Verhältnisse ein ungeheurer Bruch mit ihrer Selbstdisziplin ist. Sie hüstelt, drückt die Handflächen aneinander und sagt: »Verzeiht die Unterbrechung, Mutter Oberin, aber sollten wir nicht auf die merkwürdigen Ereignisse der letzten zwei Tage eingehen?«

Während des folgenden Schweigens nicken die vier Schwestern zu ihrer Linken, alle mit besorgt hochgezogenen Brauen.

»Ereignisse, Schwester?«, sagt Chiara, als wisse sie nicht, was Arcangela meinen könnte.

»Die Frauen, Mutter Oberin. Das Mädchen. Der Besuch von …«

»Aaah. Natürlich. Ihr habt recht, wie üblich.« Chiara lächelt in die Runde. »Lasst uns Gott danken, dass er uns die Kraft gibt, Frauen in Not zu helfen.« Dann steht sie auf und geht auf die Tür zu, aber Arcangela eilt durch den Saal und versperrt ihr den Weg.

Lauter als vorher sagt sie: »Ich meine den Besuch von Bruder Abramo.«

»Was? Wer ist das denn?«, fragt Hildegard.

Cateline kneift ihr in die Seite und sagt: »Das habe ich Euch doch erzählt! Der Mönch, von dem die Frau des Metzgers erzählt, er sei aus den Bergen gekommen. Der so aufwühlend in der Basilika gesprochen hat. Seine Kutte müsste mal geflickt werden, sagt sie. Sieht aber aus wie ein Engel, mit wunderschönen ...« Mit wippenden Fingern fährt sie sich beidseits des Gesichts hinab, um seine Locken anzudeuten.

»Ihr verkehrt mit Metzgern?« Arcangela ist entsetzt und lässt sich vorübergehend vom Thema abbringen. »Während der vierzigtägigen Fastenzeit?«

Cateline zuckt mit den Schultern. »Es ist üblich, ihnen in der ersten Woche ein wenig Geld zuzustecken, denn es sind schlechte Zeiten für sie. Und«, sie tippt sich an die Nase, »wenn wir uns großzügig zeigen, beliefert er uns zum Fest nach der Fastenzeit bevorzugt.«

»Hört, hört«, sagt Hildegard.

»Ihr selbst habt doch immer ein Stück Lamm geschätzt, Schwester Arcangela«, sagt Felicitas provokant.

Die älteren Frauen fangen an, laut darüber nachzudenken, welches Ostermahl mit Lammfleisch, das Felicitas je kredenzt hat, das beste war. Der Eintopf mit Pflaumen und Zimt? Oder der Braten, der im Ganzen an dem von Hildegard konstruierten Spieß über offenem Feuer geröstet wurde? Chiara schwärmt von einer einst genossenen Bratensoße mit kandierten Apfelsinen und Pflaumenwein, als Arcangela sich Gehör verschafft.

»Darf ich fragen, Mutter Oberin, warum Bruder Abramo uns mit seinem Besuch beehrt hat?«

Chiara sieht sie, die immer noch die Tür versperrt, an. »Aber sicher doch. Er wollte uns seiner brüderlichen Liebe versichern.«

»Ich fürchte allerdings, er hat mehr als brüderliche Unterstützung angekündigt«, sagt Arcangela.

»Ist das so?« Chiara kreuzt die Arme vor der Brust.

Ich schaue auf meine Hände. Noch nie ist der Gegensatz, die Animosität zwischen den beiden so deutlich geworden. Als ich Arcangela einmal eine störrische Antwort gab, warnte Sophia mich: »Vorsicht, kleine γάδαρος.« So nannte sie mich gern, nicht um auf die unerschütterliche Folgsamkeit des Esels anzuspielen, der Gottes Sohn getragen hat, sondern auf die übellaunige Verstocktheit seiner weniger erhabenen Nachkommen. »Die Frau wird nach Chiaras Tod Oberin sein – schon früher, wenn es nach ihr geht.« Damals dachte ich, sie übertreibt, denn sie neigte dazu, überall eine Verschwörung zu wittern, aber vielleicht hatte sie recht – wie so oft.

»Allerdings«, sagt Arcangela. »Ich fürchte nämlich, dass Bruder Abramo gekommen ist, um seiner Sorge über unser Fehlverhalten Ausdruck zu verleihen.«

»Unser ... Fehlverhalten?« Chiara klingt verdutzt.

Arcangela verzieht schmerzhaft das Gesicht. »Mutter Chiara, ich fürchte, Eure Selbstlosigkeit macht Euch blind für die Realität. Ihr müsst doch wissen, wie die Leute über uns reden! Unser Empfangszimmer wird so gut wie jedem geöffnet. Wir dulden gefallene Frauen. Wir verkehren mit Familien, die der Sünde frönen und im größten Luxus leben.« Ich merke, dass ich rot werde. Sie spricht den Namen *Stelleri* nicht aus, aber das ist auch nicht nötig. »Ich könnte noch länger so fortfahren, aber ...«

»Verehrteste Schwester«, sagt Chiara. »Bruder Abramo ist nicht gekommen, um uns zu tadeln.«

»Aber er hat doch ...«

»Nein, Arcangela. Hat er nicht.«

»Aber ...«

»Nein! Ich fürchte, Ihr unterliegt einem Irrtum.« Chiara klingt beinahe amüsiert. »Schwester Paola, nicht wahr? Auch mir erzählt sie immer, was ich Ihrer Meinung nach hören möchte. Nein, nein. Es war ein Freundschaftsbesuch. Wir sind sehr alte Freunde, der Bruder und ich.«

»Ihr seid ... Freunde?« Das hatte Arcangela ganz und gar nicht erwartet, und ihre Stimme klingt keineswegs mehr so selbstsicher und fordernd. Was mich betrifft, habe ich das Gefühl, der Boden unter meinen Füßen gebe nach. Habe ich Chiara je lügen gehört?

»Sehr alte Freunde«, sagt sie. »Seit er ein Junge war. Er stammt aus meinem Heimatort, war ein armes Waisenkind, damals ... als einige Frauen begannen, sich um mich zu scharen.«

Ich schaue auf und sehe sie lächeln, während ihre Anhängerinnen einander überlegen anschauen. Unsere Mutter Oberin ist stets bescheiden, aber »einige Frauen« ist grotesk untertrieben. Alle – im Kloster, in der Stadt, im gesamten Norden des Landes, hinunter bis zum Petersdom – alle wissen, dass Dutzende Frauen vor einem Vierteljahrhundert ihre Familien verlassen haben, barfuß und ohne jeglichen Besitz, um Chiara zu folgen. Reiche und arme, junge und alte, Jungfrauen, Ehefrauen und Witwen, deren Männer von der Pest hinweggerafft worden waren – alle folgten ihr. Meine älteren Mitschwestern schwelgen noch heute in Erinnerung an die fetten Essteller, denen diese Frauen den Rücken kehrten, an die Spinnweben in ihren verlassenen Häusern, an die zurückgelassenen Korsette und filigranen Halsketten, die nur noch Staub ansetzten.

Arcangela ist vollkommen perplex – für den Moment jedenfalls. Chiaras Jugend und deren außergewöhnliche Umstände sind geheiligtes Territorium, das Arcangela nicht – noch nicht? – zu betreten wagt.

»Ihr seht also«, sagt Chiara, »Bruder Abramo ist gekommen, um uns Respekt zu zollen und über alte Zeiten zu sprechen. Glaubt mir, Schwester, Ihr habt nichts zu befürchten.« Damit geht sie an Arcangela vorbei, drückt die Tür auf und entfernt sich, während die anderen mit gemischten Gefühlen schweigen.

»Ah-ha!« Hildegard schlägt sich auf die Schenkel. »Doch wohl nicht der nette kleine Junge, Tonio, der uns gelegentlich aushalf? Ist er es? Der kleine Tonio?«

»Ich habe ihn gar nicht als so klein in Erinnerung«, murmelt Maria. »Er muss mindestens achtzehn gewesen sein.«

Hildegard macht ein merkwürdiges Geräusch, das ich als widerwillige Zustimmung interpretiere. »Er mochte uns sehr und war so fleißig. Darf ich dieses oder jenes für Euch tun, Mutter Chiara?

Dann ist er also wieder da – um uns Respekt zu zollen? Und er ist jetzt Mönch, nennt sich Abramo? Nach unserem ersten Pfarrer? Das ist ja ein Ding!«

Alle stehen auf und das Treffen ist beendet. Ich beobachte Arcangela jetzt ganz ungeniert, und zugegebenermaßen genieße ich regelrecht, wie schwer sie sich tut, diese neuen Informationen zu verarbeiten. Ein Fehler. Sie sieht es und schießt auf mich zu.

»Ihr habt den Bruder doch auch gesehen, nicht wahr, Schwester Beatrice?«

Ich nicke, so knapp ich kann, und die anderen, die eigentlich auf dem Weg nach draußen sind, bleiben stehen, um zuzuhören. Neben mir zittert Prudenzia geradezu vor Aufregung.

»Was …«, fährt Arcangela fort. »Was hat Euch ins Empfangszimmer geführt?«

Am liebsten würde ich sagen, dass sie das ganz genau weiß, aber das wage ich natürlich nicht. Stattdessen murmele ich: »Ich hatte etwas mit unserem Buchhändler zu besprechen.«

»Also wirklich! Was für ein Hin und Her!«, sagt Prudenzia vorwurfsvoll.

Arcangela lächelt ihr dankbar zu. »In der Tat. Es ist ein Mysterium, warum Ihr diesen Kerl persönlich sprechen müsst. Aber das gilt ja für alles Mögliche, was Euer und Sophias Vorgehen betrifft.« Das »Vorgehen« klingt bei ihr wie etwas Sündhaftes. »Das empfinden alle so. Vielleicht fehlt es uns an Euren intellektuellen Fähigkeiten. Ignorant, wie ich bin, habe ich mich oft gefragt, warum so viele Bücher von heidnischen Autoren in unserer Bibliothek stehen. Ihre teuflischen Geschichten, ihre obszönen Themen, ihre Verehrung falscher Götter – das alles ist höchst unpassend. Könnt Ihr mich aufklären? Uns alle? Wir werden uns Mühe geben, Euch zu verstehen.«

Ich überlege, was ich sagen soll. Meine älteren Mitschwestern sind verstimmt, ja verärgert – aber nicht meinetwegen, nein, sondern weil Kritik an der Bibliothek Kritik am Kloster ist, und Kritik am Kloster ist Kritik an Chiara. Das ertragen sie nicht.

»Die Texte der Antike«, sage ich, »füllen die Bibliotheken der Stadt. Sie werden sehr bewundert. Sie …« Ich breche ab. Was rede ich da? Schwester Arcangela hat mich auf dem falschen Fuß erwischt.

»Aber wir, Schwester Beatrice, wir sind Ordensfrauen. Wollen wir uns den Sitten der Städter anpassen? Was sollen wir Eurer Meinung nach als Nächstes tun? Uns die Haare pudern? Unser Spiegelbild in vergoldeten Tellern bewundern? Uns mehr um unsere Schoßhündchen kümmern als um die Reinheit unserer Seelen? Oder sollen wir vielleicht dem Beispiel Eures Bruders folgen?«

Sie wartet ab, bis Prudenzia und Nanina mit Kichern fertig sind. »Nun, Beatrice?« Sie schüttelt den Kopf und seufzt. »Ich habe immer gesagt, dass die Erweiterung unserer Bibliothek eine gefährliche Laune dieser Frau …«

»Sophia«, sage ich. »Ihr Name war Sophia. Und sie hat unermüdlich gearbeitet, zum Wohle des Klosters.« Ich schaue mich um, aber niemand kommt mir zur Hilfe. Alle meiden meinen Blick. Ich merke, dass ich schon wieder rot werde, und meine Gedanken geraten durcheinander. Ich stehe ganz allein da. Arcangela ist ein Feigling, denke ich, weil sie sich erst auf mich stürzt, wenn Chiara nicht mehr da ist.

»Eine gefährliche Laune, Beatrice, und ich fürchte, dass Ihr ihrem Beispiel folgt. Die Bibliothek scheint Euch wichtiger zu sein als die heiligen Offizien.«

»Ich bin entschuldigt, solange wir Tageslicht …«

»Und wie steht es mit dem Licht Gottes, Beatrice? Was bedeutet es Euch?«

»Es ist in den Psaltern manifest«, sage ich. »In den Büchern und Episteln der Bibel.«

»Warum konzentriert Ihr Euch dann nicht auf diese Werke? Könnt Ihr mir das erklären? Wer ist dieser Vergil? Wer Cicero?«

»Meine Arbeit bringt dem Kloster viel Geld ein. Fragt Schwester Maria. Fragt jeden, den Ihr wollt.«

Von Geld zu sprechen, ist für Arcangela, als hätte ich auf den

Fußboden geschnäuzt. »Nun«, sagt sie und dehnt das Wort, als hätte es mehr als drei Silben, »offenbar habt Ihr den Geschäftssinn Eures Vaters geerbt. Aber eins sage ich Euch, Beatrice ...«

Sie wird von jemandem an der Tür abgelenkt. Chiara, denke ich hoffnungsvoll, Chiara ist zurückgekommen. Aber schnell sehe ich, dass ich mich irre. Es ist Schwester Paola, die mir sagen will, dass Tomis mit meinen Bestellungen vor dem Tor wartet und ich kommen soll. Eilig folge ich ihr und spüre die Missbilligung meiner Mitschwestern im Rücken.

NEUE TINTE
Gleich darauf

⚭

Noch als ich die Minuten zähle, die Poggio braucht, um das Tor für Tomis' Wagen zu öffnen, um dann grummelnd seine Einfahrtserlaubnis und die Ladung zu inspizieren, bin ich so mitgenommen, dass ich mich nicht mit dem gleichen Eifer auf seine Lieferung und die einzelnen Posten seiner Rechnung stürze wie sonst. Tomis registriert es und fragt, ob ich ihm nicht mehr traue.

»Doch, doch.« Ich ringe mir ein Lächeln ab und sage, ich bin nur deshalb so reserviert, weil ich sehen möchte, ob er mich übervorteilt, wenn ich bei einem Besuch von ihm einmal nicht ganz aus dem Häuschen bin. Er lacht, aber ich merke, dass er mich immer noch kritisch mustert.

Wir überqueren den Kirchplatz, er auf der linken, ich auf der rechten Seite seines Pferds, das den Wagen den kurzen Weg zur Bibliothekstreppe zieht. Ich gestehe, dass es mich normalerweise mit Stolz erfüllt, so weitreichende Freiheiten zu haben, aber heute fühle ich mich exponiert, denn mir ist klar, dass bald allen im Kloster eine entstellte Version dessen, was im Kapitelsaal passiert ist, zu Ohren kommen wird. Ich vergleiche mich mit Sophia, die Tomis auf dem Kirchplatz stets mit wortreichen Tiraden überzogen hat, und bedaure meine Mutlosigkeit. Tomis bringt das Pferd zum Stehen, und ich ordne meine wirren Gedanken.

Ich hatte vor, das Buch gleich runterzuholen, aber drei Hausangestellte sind in der Nähe und lauschen Timofeas Instruktionen darüber, wie sie die Lagerräume unter der Bibliothek belüften sollen. Es ist also zu riskant. Ich muss warten, bis sie abgezogen sind, und versuche, etwas Zeit zu gewinnen, indem ich Tomis ausführlich für das Zuvorkommen danke, mit dem er alles Bestellte so schnell besorgt hat.

»Ich kümmere mich um meine Freunde«, sagt er, geht an die Ladefläche seines Wagens und hievt die erste Kiste herunter.

»Wartet bitte«, sage ich und halte ihn auf dem Weg zur Treppe an. »Ich hole sie später hoch.«

»Aber sie ist schwer und ...«

»Bitte!«, sage ich.

»Sie ist schwer«, wiederholt er, doch dann versteht er, worum es mir geht. Er stellt die Kiste neben dem Wandelgang ab. »Ihr möchtet, dass ich noch eine Weile ...«

»Dass Ihr in Sichtweite bleibt, ja. Danke!«

»Ich nehme an, es ist wegen Bruder Abramos gestrigem Besuch?«, sagt er leise, bevor er zum Wagen zurückgeht, um die nächste Kiste abzuladen. »Hat er erreicht, was er wollte?«, fragt er ebenso leise, als er die zweite Kiste auf die erste stellt. »Hat er etwas über die beiden Frauen in Erfahrung gebracht?«

»Nein«, sage ich mit Blick auf die Hausangestellten. »Chiara hat ihm keinen Zutritt gewährt.«

Er stößt einen Pfiff aus. »Mutige Frau.« Er richtet die Kisten. »Aber sagt ... Habt Ihr herausgefunden, welche Sprache sie sprechen?«

»Nein.«

»Dann ist es ja gut, dass ich hier bin. Wenn ich alles abgeladen habe, können wir zu ihnen ...«

»Nein, nein. Ihr versteht nicht. Sie sind tot.«

»*Tot?*«, sagt er laut genug, um Schwester Timofeas Aufmerksamkeit zu erregen, und sie schaut missbilligend zu uns herüber.

»Leise!«, mahne ich. »Ja, tot.«

»Wie kann das sein?«

»Sie sind Verletzungen erlegen, die sie unterwegs erlitten haben. Wir haben sie gestern beerdigt.«

»Und Ihr ...«, er spricht jetzt wieder leise, »Ihr wisst immer noch nichts über sie?«

Ich schüttle den Kopf. »Gar nichts.«

Er dreht sich um. Ich nehme an, dass er die nächste Kiste holen will, aber er rührt sich nicht vom Fleck.

»Tomis«, sage ich und vergesse mich so sehr, dass ich ihn an der Schulter berühre. »Geht es Euch gut? Ihr scheint sehr ...« Dann wird mir etwas klar. »Aber natürlich, Abramos Männer! Sie sind Euch vom Kloster aus gefolgt, nicht wahr? Haben sie ... Seid Ihr zu Schaden gekommen?«

Er sieht mich an und sagt ohne jegliche Allüren: »Ja, Beatrice, es war ein unschöner Tag. Seine Männer kamen in mein Warenlager. Sie verlangten, all meine Papiere und Bestände zu prüfen. Jedes einzelne Buch haben sie mit ihren dreckigen Fingern durchgeblättert.«

Ich bin erschrocken, aber er ist ganz ruhig und streicht mir sogar kurz über den Arm.

»Ist schon gut. Meine seltensten Bücher haben sie nicht gefunden. Da kann man doch wohl ...« Er lädt die nächste Kiste ab.

»... von Glück sprechen, was?«

Unsere Blicke begegnen sich. Die Kiste in seinen Händen unterscheidet sich äußerlich in nichts von den ersten beiden, aber er setzt sie vorsichtiger ab und streicht mit den Fingern darüber. Ich verstehe.

»Verzeiht, Beatrice«, sagt er, und ich fürchte, dass er sich verabschieden will, aber dann sagt er, er muss Schwester Maria sprechen und sie um prompte Begleichung seiner Rechnung bitten. Ich schaue ihm nach, wie er über den Kirchplatz eilt und an die Tür des kleinen Anbaus am Kapitelsaal klopft, wo sie und Tamara unsere Finanzen regeln, Rechnungen und Quittungen verwalten. Die Tür geht auf, und Tamara begrüßt ihn überschwänglich. Dann verschwindet er im Haus.

Ich warte und denke an den Tag, als ich zum ersten Mal eins seiner *seltenen* Bücher sah.

Sophia hatte mit Schüttelfrost im Bett gelegen, wie so viele in den letzten Winterwochen, war immer noch ein wenig fiebrig und hatte Halsschmerzen, wurde aber langsam gesund. Ich weiß noch, wie ich sie bei einem Besuch in ihrer Zelle geneckt habe, als ich sagte, gewiss simuliere sie nur, um sich vor dem Frühjahrsputz zu drücken. Sie schaute unter der Bettdecke hervor und sagte: »Ihr habt mich durchschaut, mein Kind.« Dann lächelte sie verschmitzt. »Ich bin morgen mit Tomis verabredet. Ich habe mit Chiara gesprochen, und wir sind übereingekommen, dass Ihr das Geschäft mit ihm abwickeln sollt, falls ich dann immer noch das Bett hüten muss.«

Ich weiß auch noch, wie stolz ich darauf war, eine Aufgabe anvertraut zu bekommen, die man keiner meiner gleichaltrigen Mitbewohnerinnen übertragen hätte. Damals wie heute ist es nicht meine Art, mich großartig für etwas zu bedanken, also erwiderte ich schlicht, ich hätte die Liste mit unseren Bestellungen bereits fertiggestellt und würde versuchen, sie nicht zu enttäuschen. Sie nickte und sagte, das rate sie mir auch nicht.

Ich machte mich bereit zu gehen und sagte, wie viel ich zu tun hatte und dass ich alles gründlich nach Hinweisen auf Feuchtigkeit oder Bücherfraß abgesucht hatte. Mit besonderem Stolz erwähnte ich, ich hätte eine Spur von Silberfischen in der alten Truhe entdeckt, in der wir Pergamentfragmente verwahren.

»Auf dem Weg hierher habe ich diese Truhe draußen zum Feuerholz gestellt.«

Ihre Reaktion war dramatisch.

»Beatrice!«, krächzte sie und richtete sich mühsam auf. »*Was* habt Ihr …?« Sie schleuderte ihre Decken vom Bett, verlangte nach ihrem Unterkleid und titulierte mich als Tochter einer räudigen Kuh, eines eitrigen Schweins, einer verdreckten Ziege, während ich sie zu beruhigen versuchte.

»Hört auf!«, flehte ich. »Was habt Ihr denn vor?«

Sie packte mich am Gewand und sagte: »Die Truhe! Holt mir die Truhe! Sofort!« Sie ließ mich die ganze Kraft und Entschlossenheit der Frau spüren, die das Heer des Khans abschüttelte und um ihr Leben kämpfte, bis sie vollkommen verarmt und abgerissen unser Klostertor erreichte. Es galt, keine Zeit zu verlieren. Sie war noch nicht ganz auf ihr Kissen zurückgesunken, hustend und um Atem ringend, als ich losrannte.

Das Feuerholz befindet sich hinter der Küche. Ich hatte einen schlechten Zeitpunkt erwischt, denn Hildegard stand mit erhobener Axt dort.

»Nein!«, schrie ich. Aber es war zu spät. Sie hatte die Truhe bereits in der Mitte gespalten.

»Tut mir leid«, sagte sie, während ich vor mich hin stammelte, es sei Sophias Truhe und ich hätte sie nicht zum Feuerholz stellen dürfen. Hildegard zuckte mit der Schulter und wischte sich mit ihrem roten Lappen über die Stirn. »Jetzt kann sie sie wohl nicht mehr gebrauchen, was?« Wieder hob sie die Axt.

»Sie ist wertvoll«, schrie ich.

»Dieses Ding hier?«

»Sie hat sie aus ihrer Heimat mitgebracht«, improvisierte ich, bevor mir einfiel, dass sie ja mit nichts als zwei Büchern in ihrem Rucksack angekommen war. Ich wurde rot und stammelte irgendetwas Sinnloses vor mich hin.

Doch Hildegard sagte: »Also gut. Was Sophia will, soll Sophia haben.« Sie schob die Truhe mit ihrem Stifel in meine Richtung, drehte sich um und nahm sich einen langen Kiefernstamm vor.

Ich trug die Truhe in die Bibliothek und zwang mich, ruhig und langsam zu gehen. Ich hatte gesehen, dass Hildegards Axt eine Stelle am Boden der Truhe getroffen hatte, wo sich ein schmales Fach befand, und in diesem Fach lag ein Manuskript. Ich stellte die Truhe in die dunkelste Ecke der Bibliothek. Dann fuhr ich mit meiner Arbeit fort. Später nahm ich am vierten Offizium teil, denn damals war ich noch nicht davon freigestellt. Danach arbeitete ich weiter, nahm am fünften Offizium teil, arbeitete weiter und wartete und wartete, bis es endlich so weit war, Sophia ihr bescheidenes Abendessen zu bringen. Als ich in ihre Zelle trat, schlug sie sofort die Augen auf.

»Nun?«

»Ich habe sie gerettet. Sie steht jetzt in der Bibliothek.«

»Gut«, sagte sie. »Gut.«

Sie war sichtlich erleichtert. Ich reichte ihr die Essschüssel und sie roch daran.

»Sophia?«

»Mmmm?«

»Was ist das für ein Buch in der Truhe?«

Wenn ich mich recht erinnere, verschluckte sie sich, prustete, sodass Suppe von dem Löffel tropfte, den sie sich gerade zum Mund führte. Ein Schwall griechischer Flüche ergoss sich über mich, und sie verlangte, dass ich ihr eine saubere Decke hole. Als ich sagte, neue Decken bekommen wir nur einmal im Jahr, wurde sie noch wütender und schimpfte über unsere idiotischen Klosterregeln. Dann verfluchte sie Felicitas' sogenannte Kochkünste und das abscheuliche Wetter unserer Gegend. Ich wartete, bis sie sich beruhigte.

Als sie drei Löffel Suppe gegessen hatte, ohne weiterzuschimpfen, fragte ich noch einmal: »Was ist das für ein Buch in der Truhe?«

Sie schluckte und stellte den Löffel in die Schüssel. »Habt Ihr es Euch denn nicht angesehen? Feigling! Eine Lernende muss neugierig sein.«

»Ihr sagt aber auch, dass eine Lernende auf ihre Meisterin hören soll.«

»Hmpf.«

»Sophia, was ist ...«

»Lukrez. *De rerum natura*. Seine Schilderung der inneren Zusammenhänge der gesamten Schöpfung. Die reinste Gotteslästerung! Seiner Meinung nach besteht das ganze Universum aus winzigen unsichtbaren Teilchen, die umher...«

»Aber es ist doch ...«

»Verboten. Von der Kurie. Danke, das ist mir bekannt.«

»Aber es ...«

»... könnte den Glauben jeder schwachen Frau korrumpieren, die darin liest. Auch das ist mir bekannt.«

»Aber ...«

»Ob Ihr es lesen dürft? Ja, aber Ihr müsst Euch beeilen. Tomis will es wieder mitnehmen, wenn er morgen kommt. Und, Beatrice, untersucht es im Namen des Herrn gründlich auf Spuren von Silberfischen. Und zwar gnadenlos.«

So fand ich heraus, dass Tomis, wenn er im Besitz eines Buches war, das womöglich der Zensur der Kirche anheimfallen oder – was nicht weniger bedrohlich für ihn war – den Neid seiner Konkurrenten erregen könnte, dieses Buch Sophia übergab, damit sie es sicher verwahrte. Für sie war es ein Spiel, aber auch ein gutes Geschäft. Denn Tomis, dessen könnt Ihr gewiss sein, dankte es uns, indem er sein einzigartiges Verhandlungsgeschick zu unserem Vorteil nutzte – gutes Pergament, gute Tinte zu guten Preisen. Natürlich konnten wir diese Bücher dann auch lesen – die Krönung unseres Abkommens. Heute frage ich mich, warum es mich damals nicht sonderlich schockiert hatte, aber Sophia hatte etwas an sich, dass alles, was sie tat, richtig zu sein schien.

Doch jetzt kommt Tomis endlich aus dem Kapitelsaal zurück und entschuldigt sich, dass es so lange gedauert hat. »Tamara bestand darauf, mir alles zu erzählen, was sie über die Frauen weiß, was jedoch nicht viel ist.« Er lächelt schief. »Und nun ...«, will er fortfahren, aber ich falle ihm ins Wort. Die Haushälterinnen sind fort. Jetzt kann ich es wagen.

»Tomis«, sage ich. »Ich muss mit Euch unbedingt über ...«

Aber er hört mir nicht zu, sondern zeigt auf die letzte Kiste. »Hört zu, Beatrice, diese Kiste da ... Sie enthält eine ... neuartige Tinte, die ich für ... Euren Vater angemischt habe. Ich hatte mich darauf gefreut, sie ihm zu präsentieren, aber bis ich einen anderen ... Tintenkenner finde, würde ich sie gern hierlassen. Das Klima in meinem Lagerhaus ist nicht günstig dafür.«

Ich verstehe. Ein Buch, das mein Vater bestellt hat und aus irgendeinem Grund verdächtig ist. »Dann sollte ich sie ...« Ich streiche mit der Hand über die Kiste. »Vielleicht sollte ich sie selbst ausprobieren.«

»Nein, Beatrice!«, sagt er warnend. »Das ist nicht ratsam in diesen ... schwierigen Zeiten. Von überstürzten Experimenten rate ich ab. Nicht jetzt. Jetzt muss ich aber wirklich ...«

»Wartet, Tomis. Habt ihr das ... den Samt vergessen, den Ihr bei Eurem letzten Besuch zur Ansicht mitgebracht habt? Er ist zu teuer für uns. Ich muss ihn Euch zurückgeben.«

Ohne seine Antwort abzuwarten, gehe ich die Treppe hinauf und in die Bibliothek, um einen Ballen Samt zu holen, der in grobes, ungebleichtes Leinen gewickelt ist. In den himmelblauen Samt sind zwei Bücher eingewickelt. Eins ist abgenutzt und enthält Zaubersprüche mit hineingekritzelten Pentagrammen, angeblich das *Clavicula Salomonis*. Das andere ist die Abhandlung einer anonymen Frau aus einem der strengeren Klöster der Gegend, die gleich nach Erscheinen verboten wurde. Ich habe drei Nächte damit verbracht, es zu lesen, und meinen knappen Kerzenbestand verflucht. Eine Zeile ist mir besonders in Erinnerung: »Ein Mann verlangt, dass man sich Gott ergeben soll, aber eigentlich meint er, dass man sich ihm selbst ergeben soll. Wenn man sich ihm widersetzt, behauptet er, man widersetze sich Gott, und er bezeichnet einen als Gotteslästerer oder Sünder.«

Dann hole ich ein dickes Buch aus einem Regal, *Tertullians Gesamtwerk, Band IX*, ist auf den Einband geprägt. Im Sichtschutz eines Schranks schlage ich den Einband auf, hole das Frauenbuch aus meiner Tasche und stecke es in ein tiefes, rechteckiges Loch, das aus dem Pergament geschnitten worden ist.

»Und wenn jemand Tertullian lesen will?, habe ich Sophia gefragt, als sie mir dieses Versteck zeigte.«

»Habt Ihr ihn je gelesen?«

Ich schüttelte den Kopf. »Nein.«
»Eben.«
Als ich die Treppe wieder heruntergehe, muss ich sehen, dass Tomis nicht mehr allein ist. Diana sitzt auf der letzten Kiste und fragt ihn plump vertraulich, ob er vielleicht auch Farbpigmente besorgen kann und nicht nur Dinge, die die Schwester Bibliothekarin benötigt. Er hat einen Fuß auf die Kiste gestellt und sagt mit der größten Selbstverständlichkeit, er glaube nicht, dass er den Ansprüchen Signora Dianas gerecht werden könne. Schließlich sei sie bekannt für ihre extravaganten Wünsche. Sie lacht und fragt, ob es oft vorkommt, dass er den Ansprüchen seiner Kunden nicht gerecht werden kann. Mir wird klar, dass sie sich kennen – von früher, von draußen –, und werde neidisch. Ich bleibe auf der dritten Stufe stehen und belausche ihr Gespräch.

»Wie kommt es überhaupt«, fragt Tomis, »dass Signora Diana jetzt diesen …«

»Ha! Das wollt Ihr gern wissen, was?«

»Ich habe gehört, dass …«

»Glaubt nicht alles, was Ihr hört.«

»Ich habe mir natürlich Sorgen gemacht.«

»Natürlich.«

»Diana.« Er beugt sich vor, um näher an ihrem Ohr zu sein. »Ich hörte, Ihr hattet Ärger mit einem dieser Guten Hirten.«

Sie beugt sich zurück und sieht ihn verblüfft an. »Wo habt Ihr das gehört?«

»Silvia …«

Aus irgendeinem Grund lächelt Diana. »Ihr habt also tatsächlich Verbindungen zu den höchsten Kreisen. Die Tochter des Pontifex … Soso. Was für Geschäfte tätigt Ihr denn mit *ihr*?« Als er nicht gleich antwortet, sticht sie ihm einen Finger ins Bein. »Nun? Ihr wollt doch wohl nicht behaupten, Ihr hättet nur mit ihr gesprochen, um Euch nach meinem Wohlergehen zu erkundigen.«

»Ich sollte ihr etwas besorgen.« Er nimmt den Fuß von der Kiste. »Ich war ohnehin unterwegs ins Delta und …«

»Alles Lüge!«, unterbricht Diana ihn. »Ihr wart nicht einmal in der Nähe des Deltas. Dafür sind Eure Hände viel zu blass. Und die Datteln, die Ihr Paola gegeben habt – sie hat mir eine davon abgegeben –, die sind vom letzten Jahr. Wo wart Ihr also?«

Widerwillig bewundere ich ihren Scharfsinn.

Doch bevor Tomis antworten oder etwas Ausweichendes sagen kann, kommt Hildegard in Sicht, eine Leiter über der Schulter. »Ah, Diana«, ruft sie. »Die hier wolltet Ihr doch haben.« Beinahe zärtlich tätschelt sie die Leiter. »Für Eure Malerei, oder?«

Ich nutze diese Unterbrechung, um weiter die Treppe hinunterzugehen und mein Bündel in Tomis' Wagen zu legen, und fühle mich ausgestoßen. Niemals könnte ich Hildegard dazu bringen, so etwas für mich zu tun. Genauso wenig hat Paola mir eine Dattel angeboten.

»Hallo, Beatrice. Adieu, Tomis«, sagt Diana über die Schulter und zeigt auf mich. »Und Tomis, sie ist nicht so unschuldig, wie sie tut.«

Er lacht laut auf und sagt: »Schwester Beatrice ist alles andere als unschuldig, wenn es darum geht, um Tintenpreise zu feilschen.«

Ich merke, dass wir beide immer noch dastehen und Diana nachschauen. »Bitte sprecht nicht über sie. Das tun doch schon alle anderen.«

»Sollten sie lieber über Euch sprechen?«, fragt er, und bevor ich weiß, ob und wie ich darauf antworten soll, zeigt er auf das dicke Buch unter meinem Arm. »Was ist das? Die verschollenen Bücher der *Aeneis*?«

»Nein«, sage ich, ohne über seinen Witz zu lachen. »Nein, etwas ganz ... Etwas viel ...« Ich gebe ihm das Buch.

»Tertullian?«, sagt er und liest den Titel. »Wenn Ihr über seine – zugegeben verführerischen – Ansichten über die Körperlichkeit Gottes diskutieren wollt, stehe ich Euch natürlich zur Verfügung, aber ... Was ist das denn?«

Er sieht mich erstaunt an, denn inzwischen hat er den Einband aufgeschlagen und sieht, was darin steckt. Und er scheint daran deutlich interessierter zu sein als gedacht. Ich könnte schwören, dass seine sonst so schnellen und zielsicheren Finger zittern, als er zu blättern beginnt.

»Die Frauen«, sage ich schnell und leise. »Sie hatten das hier dabei. Die Schrift ... Ich glaube, Ihr habt mir einmal etwas in derselben Schrift gebracht, auf einem Stück Baumrinde. Könnt Ihr sie lesen? Wisst Ihr, welche Sprache es ist? Und die Bilder ... Ich glaube, sie haben etwas mit ... Also, dass es Darstellungen von ...«

Ich beherrsche mich, denn ich merke, dass ich vor lauter Aufregung unvorsichtig werde. Ich schaue über den Kirchplatz – da ist niemand, jedenfalls keiner, der mir Sorgen machen müsste. Als ich Tomis wieder ansehe, ist er ein paar Schritte weitergegangen und dreht mir den Rücken zu. Ein Rücken ist schwer zu lesen, aber sonst ist sein ganzer Körper immer in Bewegung, schwankt von einem Fuß auf den anderen, setzt abwechselnd Ferse oder Zehen auf, in einem fort. Ganz zu schweigen von seinen Armen und Händen. Jetzt aber ist er beinahe steif.

»Nun?«, hake ich nach. »Kennt Ihr diese Schrift?«

Keine Antwort.

»Tomis«, sage ich. »*Tomis?*«

»Verzeiht, Schwester Beatrice«, sagt er und dreht sich zu mir um, während er sich weiter von mir entfernt, was mir ganz und gar nicht gefällt. »Verzeiht, aber mir ist gerade eingefallen, dass ich noch etwas erledigen muss. Ich bin spät dran, muss mich beeilen. Verzeiht. Verzeiht.«

Vor lauter Eile stößt er mit seinem Pferd zusammen. Dann versetzt er ihm einen gewaltigen Schlag mit den Zügeln – er, der normalerweise so tierlieb ist –, und der Wagen rumpelt los. Tomis lenkt das Pferd aufs Tor zu; mein Buch hat er unter den linken Arm geklemmt.

Ich laufe ihm hinterher. Als ich auf seiner Höhe bin, zische ich ihm zu: »Was, um Gottes willen, tut Ihr da?«

»Ich brauche etwas Zeit, um alles zu lesen«, sagt er, während er das Pferd weiter antreibt, ohne den Blick vom Tor abzuwenden. Nur kurz lässt er die Zügel los, um Poggio zuzuwinken, der schon dabei ist, das Tor zu öffnen. Ich greife nach dem Buch und will es ihm entreißen, was mir nicht gelingt, aber ich halte es mit beiden Händen fest und zwinge Tomis, stehen zu bleiben.

»Beatrice«, sagt er leise und so geschmeidig wie üblich. »Beruhigt Euch. Ihr braucht Euch keine Sorgen zu machen. Ich bringe es zurück. Oder traut Ihr mir nicht?«

Ich zerre an dem Buch, aber sein Arm ist stärker.

»Gebt es mir zurück«, sage ich. »Sonst …«

Sonst *was*? *Sonst ringe ich Euch nieder?* Unmöglich. Er ist zwar kein großer Mann, aber ich bin eine kleine Frau. Meine Chancenlosigkeit macht mich so wütend, dass mir der Atem stockt. Ich möchte ihm einen Tritt versetzen und trete stattdessen das Pferd. Es geht los, und das Eisenrad des Wagen rollt Tomis über einen Fuß. Er schreit so auf, dass es mir eine Freude ist, und als ich noch einmal an dem Buch zerre, halte ich es in den Händen. Jetzt hat er das Nachsehen. Ich kreuze die Arme über dem Buch, drücke es mir an die Brust und gehe auf die Bibliothekstreppe zu. Aber als ich die erste Stufe nehmen will, hält eine Hand meinen Umhang fest, die andere meinen Arm, und obwohl ich mich anstrenge, kann ich mich nicht befreien.

Ich drehe mich zu ihm um. Eine Falte zwischen seinen Brauen zittert, und er verstärkt seinen Griff. Was kann er tun? Mich zu Boden schlagen, mir einen Fuß auf die Brust setzen, mir das Buch entreißen und durch das sich jetzt öffnende Tor verschwinden? Ja, denke ich, genau das könnte er tun.

»Tomis«, sage ich und wiederhole seinen Namen wie ein Gebet, eine Beschwörung, und langsam verändert sich sein Gesichtsausdruck. Er lacht. Sagt, es täte ihm leid. Er wisse nicht, was über ihn gekommen sei.

»Ihr müsst wissen, es ist die Schrift meines Heimatlands. Ich empfinde Nostalgie, Heimweh. Wie Odysseus, als er die Pinien in den Höhen Ithakas erblickte. Der Duft von Thymian. Wie lange schon lebe ich im Exil? Ich wollte ... ein Stück Heimat. Darf ich ... Darf ich noch einmal hineinsehen? Nur einmal?«

Langsam schüttle ich den Kopf.

»Ihr seid herzlos«, sagt er.

»Und Ihr leicht zu durchschauen«, sage ich. »Lügt mich nicht an!«

»Beatrice«, sagt er und packt mich bei der Schulter, jegliche Galanterie außen vor lassend. »Ihr wisst ja nicht, was das hier ist. Hört zu! Ihr müsst ...« Plötzlich sind seine Hände überall, während er versucht, das Buch wieder an sich zu bringen.

Mir wird schwindelig. Seine Konturen verschwimmen. Er entfernt sich immer weiter, bis er nur noch ein schwarzer Punkt ist. Ich kann nichts als ihn sehen, ein Monster aus Fleisch und Blut. Gebrüll schmerzt meine Augen, nein, meine Ohren. Nein, nein, nein! Doch dann wird er plötzlich wieder ganz normal. Sein Griff lockert sich. Er ist fort. Wohin ist er gegangen? Der Boden unter meinen Füßen ... Was? Ich blinzle, schnappe nach Luft, dann sehe ich ... Diana. Sie kniet über ihm und hält seinen Arm auf eine Weise, die ihm große Schmerzen zu bereiten scheint.

»Nicht!«, japst er.

»Doch«, flüstert sie, aber so, dass ich es hören kann. »Ich kann und ich werde.« Seine Augen drohen aus den Höhlen zu treten. »Ich breche Euch den Arm, dann jeden einzelnen Finger. Und dann erzähle ich Schwester Arcangela, dass Ihr versucht habt, Schwester Beatrice anzugreifen. Dann könnt Ihr einpacken.«

»Bitte, Diana ... Das Buch ... Es ist nicht, was Ihr ...«

»Seid still! Ich zähle jetzt bis drei, dann lasse ich Euch los. Und Ihr geht ganz normal fort von hier. Ganz normal, hört Ihr?«

Ich schaue mich um. Poggio steht am Tor, schützt die Augen mit der Hand gegen die Sonne und scheint sich nach Tomis umzuschauen. Hildegards Gehilfinnen, die seit der Morgendämmerung auf den Feldern gearbeitet haben, versammeln sich vorm Refektorium, in Erwartung des Mittagessens, das den Ordensschwestern versagt ist, bis Gottes Sohn aufersteht. Das Pferd steht in der Sonne, genau da, wo es vorher stand. Es hebt den Schwanz und erleichtert sich.

»Drei, zwei, eins«, sagt Diana und lässt Tomis los. Dann stellt sie sich zwischen ihn und mich. »Geht«, sagt sie. »Geht!«

Er will nicht. Das ist ganz offensichtlich. Ob er …? Er wird es doch wohl nicht auf einen Kampf ankommen lassen! Ich jedenfalls würde es nicht tun. Sie ist ganz errötet. Schweiß rinnt ihr die Schläfen hinab. Ihre Schultern heben und senken sich schwer. Ich würde sie nicht herausfordern. Doch obwohl er auf die Füße gekommen ist und ein, zwei Schritte rückwärts gestolpert ist, steht er immer noch da.

Er fährt sich mit den Händen ans Gesicht und bemerkt, dass seine Maske bei dem Gerangel verrutscht ist. Er dreht sich von uns weg, als er sie festbindet, und dabei sieht er, dass ihn das Glück verlassen hat. Hildegard und Cateline gehen auf das Pferd zu, streicheln es und fragen Poggio, wo denn der Pferdebesitzer abgeblieben sei. Tomis dreht sich wieder zu uns um. Diana zuckt demonstrativ mit der Schulter, und er setzt sich in Bewegung. Als er bei dem Pferd ist, haut Hildegard ihm auf den Rücken. Er zuckt zusammen, obwohl es bloß eine freundliche Begrüßung ist. Dann passiert er das Tor. Langsam lockere ich den Griff, mit dem ich das Buch halte.

»Danke«, flüstere ich Diana zu und will die Treppe hochgehen, aber etwas ist nicht in Ordnung. Ich kann nicht richtig gehen, taumle, halte mich an der Mauer neben der Treppe fest und schaue durch eine Ritze zwischen zwei Backsteinen. Mein Blut rauscht mir zu laut durch die Ohren. Ich atme zu flach. Ich höre ein Geflüster, Rufe. Die Mauer ist voller Geräusche. Ich sehne mich nach Stille. Nach Dunkelheit.

»Kommt.« Ein starker Arm umfängt mich. Führt mich behutsam fort. »Ihr seid nicht Ihr selbst. So etwas seid Ihr nicht gewohnt. Kommt.«

»Würdet Ihr mich bitte …« Ich mache eine vage Bewegung in Richtung der Treppe, aber Diana führt mich nicht hinauf, sondern auf die Kapelle zu, und ich bringe nicht genug Kraft auf, um mich zu widersetzen. Als wir den Kirchplatz überqueren, fragt Arcangela – sie hat gerade zwei Haushälterinnen angewiesen, den Dreck zu beseitigen, den das Pferd hinterlassen hat –, was uns einfällt, hier umherzuspazieren.

»Ihr ist nicht gut«, sagt Diana leise. »Hat sie euch nicht gesagt, dass sie dieses Jahr besonders streng fastet, ihres Vaters wegen? Sie möchte für ihn beten. Ich helfe ihr dabei.«

Arcangela kneift argwöhnisch die Augen zusammen, doch was kann sie dagegen vorbringen? Diana führt mich weiter, und wir betreten die Kapelle.

Niemand sonst ist hier. Alles ist still. Ich schaue zum Heiland auf und habe das Gefühl, dass auch er argwöhnisch auf mich herabschaut. Wir gehen durchs Mittelschiff, bis seine Füße kurz über meinem Kopf sind. Wir wenden uns nach rechts und betreten durch einen Vorhang die Seitenkapelle der Grünen Maria, wo Diana ihre Malutensilien sauber und ordentlich abgestellt hat. Die linke Wand ist weiß und glatt. Offenbar hat Diana hier eine Grundierung aufgetragen. Ich schaue sie von der Seite an, und sie grinst.

»Willkommen in meinem Atelier«, sagt sie. »Nehmt doch bitte Platz.«

Dankbar sinke ich zu Boden. Sie schenkt mir Wasser ein. Das Geräusch ist laut und silberhell. Sie gibt mir den Becher, und es schmeckt wie ein Eiszapfen. Langsam komme ich wieder zu Kräften und reibe mir die Augen. Auch mein Herzschlag normalisiert sich. Aber mein Kopf wird schwer. Ich lehne mich an die Wand ...

Diana steht neben mir und summt eine Melodie, ihre Palette in der Hand. Wie viel Zeit ist vergangen? Sie schaut zu mir herab, sieht, dass ich die Augen aufgeschlagen habe, und lächelt.

»Wisst Ihr eigentlich, dass Ihr im Schlaf die merkwürdigsten Geräusche macht?« Sie legt die Palette beiseite und mustert mich. »Jedenfalls seht Ihr viel besser aus. Erzählt Ihr mir jetzt, worum es ging?«

»Ich … Ich weiß es selbst nicht so genau.« Ich richte mich ein wenig auf. »Aber danke. Ich danke Euch sehr.«

»Schon gut«, sagt sie sanft. »Ich musste oft genug mitansehen, wie Frauen attackiert wurden, und konnte nichts dagegen tun. Heute konnte ich helfen, also habe ich es getan.« Sie kniet sich zu mir. »Beatrice, was ist es? Das Buch, das Tomis aus der Fassung gebracht hat.« Ich schaue mich erschrocken um. Diana legt eine Hand auf meine. »Es befindet sich immer noch in Euren Händen.«

Ich verkrampfe die Finger. Mein erster und übermächtigster Impuls ist, zu lügen. Ich mache den Mund auf, um irgendeine Geschichte zu erfinden – die Hinterlassenschaft einer reichen Witwe, die Tomis um Rat gebeten hat, und das habe seine Gier entfacht. Doch dann treffen sich unsere Blicke, und die Lüge will nicht über meine Lippen.

»Ich … Ich weiß es wirklich nicht.«

Ihre Augenbrauen schießen in die Höhe. »Ihr wisst es nicht, habt aber mit ihm *gekämpft* – wegen dieses Buchs?« Sie berührt es und fährt die geprägten Buchstaben mit dem Finger ab. »Tu… Te… Ter… Tertul… Tertullian?«

»Ja, aber Tertullian ist … nur der Titel auf dem Einband. Drunter …« Ich schlage es einen Spaltbreit auf, damit sie einen Blick auf mein verstecktes Buch werfen kann. »Darunter liegt das hier. Ich weiß nicht, was es ist. Das heißt, ein ganz klein wenig weiß ich, aber ich möchte mehr darüber erfahren. Ich dachte, Tomis könnte mir weiterhelfen, aber ich habe mich geirrt. Es ist so ungerecht!« Ich merke, wie aufgebracht ich spreche, ganz entgegen meiner Art. »Er hat Zugang zu allen Büchern der Welt, aber ich habe nur dieses.«

»Also wolltet Ihr es Euch nicht nehmen lassen.« Diana nickt, und ich folge ihrem Blick auf die Kapellenwand, wo sich ein Bild abzuzeichnen beginnt. »Verstehe«, sagt sie – und ich glaube, das tut sie wirklich.

DIE TEXTSAMMLUNG
Samstagmorgen

Samstags gehört es seit einiger Zeit zu meinen Aufgaben, denjenigen zu helfen, die noch nicht lesen und schreiben können, aber einen Brief nach Hause schreiben wollen – und was für Briefe! Wie es Papa geht, wie es Mama geht, wie es verschiedenen Verwandten geht, wie es den Kühen und Pferden geht. Möge die kommende Jahreszeit eine gute sein, möge – bitte, bitte! – im Leben alles gut werden. Herzzerreißende Bitten um Antwortbriefe, die zweifellos genauso öde sein werden.

In meiner ersten Zeit hier hat meine Stiefmutter mir manchmal geschrieben – ich weiß allerdings nicht, warum sie sich die Mühe machte, denn ich schrieb nie zurück. Sie berichtete von allerlei Alltagsdingen. Was mein Bruder so trieb. Was die Katzen. Wo mein Vater sich gerade aufhielt. Es war gezielte Gehässigkeit. Unser Leben ist dies. Deins ist das. Es dauerte nicht lange, bis ich sie ungeöffnet unter meine Matratze legte.

Die frühere Aufseherin der Schülerinnen fand sie und erzählte es Chiara. Ich wurde zu ihr gerufen, um mich zu erklären. Es war unser erstes richtiges Gespräch. Ich schaute auf meine Füße, bis mir klar wurde, dass sie kein Problem mit endlosem Schweigen hatte, und daher versuchte ich mich in Plattitüden zu retten. Ich hörte oft Stimmen, die sagten, wir sollten unsere weltlichen Familien vergessen. Chiara sah mich ungerührt an und sagte: »Ihr solltet trotzdem schreiben.«

So begann ich, jeden Samstag die Bibelverse abzuschreiben, die in der jeweiligen Woche die Grundlage unserer Gebete bildeten, versiegelte sie und schickte sie ab. Und als meine Stiefmutter nach einer Weile aufhörte, mir zu schreiben, machte ich weiter und bemühte mich Wort für Wort um Schönschrift. Je besser meine Schrift wurde, desto mehr experimentierte ich mit den übertriebenen Schleifen der hibernischen Königreiche und der anmutigen gallischen Schrift – bis Sophia es eines Tages sah und mich fragte, was ich da tue, mir eine Ohrfeige gab und sagte, ich solle aufhören.

Nach Sophias Tod bat ich Arcangela, mich vom wöchentlichen Diktat zu entbinden, und sagte, eine meiner Kopistinnen könne davon profitieren, Woche für Woche die gleichen eintönigen Banalitäten aufzuschreiben. Doch Arcangela war unerbittlich und riet mir, meinen Mitschwestern lieber mit freundlicher Miene und nachsichtigem Herzen zu begegnen. »Wenn Ihr Euch jedoch überlastet fühlt«, sagte sie mit ihrem unvergleichlichen Instinkt für versteckte Kritik und Bestrafung, »werde ich Schwester Prudenzia um Hilfe bitten.«

Gleich ist es Zeit für Prudenzias Diktat, und ich will diese Stunde nutzen, um mich mit einem Brief zu beschäftigen, der garantiert nicht öde sein wird. Doch zuerst muss ich ihn entschlüsseln, und zu diesem Zweck steht meine Schriftensammlung bereit.

Gestern, als ich die Seitenkapelle verließ, um Diana weiterarbeiten zu lassen, habe ich eine Stunde damit verbracht, Tomis' Kisten in die Bibliothek hochzutragen und ihren Inhalt zu verstauen. Papier, Pergament. Schwarze, rote und weiße Tinte. Bimssteine, mit Metall verstärkte Stifte, Gänsekiele, Spangen, Bolzen und Bindfadenknäuel. Keine Luxusgüter wie Blattgold, Safran oder Lapislazuli, aber das Auspacken, Handhaben und Einsortieren half mir, ein wenig zur Ruhe zu kommen.

Als die Stunde kam, die uns zur freien Verfügung steht, schickte ich meine Kopistinnen fort, damit sie ihren eigenen Interessen nachgehen konnten, und suchte einen Meißel, um die letzte Kiste zu öffnen, die ich in die hinterste Ecke der Bibliothek geschafft hatte. Der Deckel war fest aufgenagelt, und es kostete mich einige Zeit und Kraft, ihn aufzuhebeln. Was unter drei harmlosen Schichten von Tintenfässern lag, war kein Buch, nicht im eigentlichen Sinne, sondern eine kleine Textsammlung – unzusammenhängende Seiten, die aus einer Lederbindung hervorlugten. Ich kniete mich hin, entknotete Fäden, schlug den Einband auf – ein unauffälliges Braun – und verschaffte mir einen Überblick über den Inhalt.

Es waren etwa fünfzehn Bögen, teils Papier, teils Pergament unterschiedlicher Qualität, dicht beschrieben in verschiedenen Schriften und Sprachen, die meisten mit lateinischer Übersetzung und in Tomis' Handschrift, aber zu unterschiedlichen Zeiten verfasst, mit unterschiedlichen Tinten, und oft – so schien es mir – hastig hingeworfen. Hier und da fand ich Seiten, die aus anderen Texten herausgerissen oder -geschnitten worden und mit Randbemerkungen von Tomis versehen waren. Und schließlich stieß ich ganz am Ende auf ein kleines Metallkästchen und einen Brief, ohne Adressaten und versiegelt mit einem Klecks schmutzigen Wachses.

Ich brach das Siegel und hoffte, es enthielte Hinweise auf den ganzen Rest, aber da war nichts außer einer Ansammlung von Symbolen verschiedenster Herkunft. Ich war mir jedoch sicher, dass sie von Tomis stammten, denn ich erkannte seinen ebenso energischen wie verschnörkelten Federstrich. Einige Zeichen – zumindest o und ɱ – kannte ich, obwohl sie seltsam geformt waren, alle anderen sagten mir nichts. Ich legte den Brief zur Seite, bis ich meine Schriftensammlung zurate ziehen konnte, widmete mich den anderen Seiten und begann zu lesen.

    es war der Tag ihrer Rückkehr und der Beginn des lebensspendens Frühlings
    folgten den Fackeln, die in der Dunkelheit auf und ab, hin und her schwangen

sie erklommen Bergpfade, die Köpfe in den Nacken gelegt
und mit verklärtem Blick
tanzten zum Rhythmus einer Trommel, der ihr Blut erhitzte

Ich erkannte die Schönheit griechischer Hexameter. Sie hatten etwas Homerisches, schienen aber von einer Anhängerin Demeters zu stammen, der Göttin des Getreides und der Ernte, der Erde und ihres Reichtums, Mutter der Persephone, die in der Unterwelt überwintern muss. Unwillkürlich musste ich an die Frau denken, die mir das Buch gegeben hat – die scharfen Kanten, die ihr der Fackelschein ins Gesicht zeichnete. Die nächsten Verse, im kunstvolleren Griechisch der Inseln verfasst, waren geschmeidiger.

im Zwielicht des Frühlings
scheint der volle Mond
und Mädchen stehen da
wie um einen Altar geschart

wir wissen, wir werden wandeln
wie eine Mutter von all
ihren Töchtern umgeben
wenn sie aus dem Exil heimkehrt

Ich dachte an unsere Novizinnen, wie sie Mutter Chiara umringen und stolz ihre neuen Ordensgewänder präsentieren, wenn wir uns vor dem Fest der Auferstehung Jesu unter der Zeder versammeln.

Ich überblätterte einige Seiten, bis ich auf eine Textsammlung aus dem Alten Testament stieß. Es begann mit den scharfzüngigen Erwiderungen gewisser Frauen, als der Prophet Jeremiah sie schalt.

Als wir zu Ehren der Himmelskönigin Weihrauch verbrannten und ihr Getränke darboten – wussten unsere Männer da nicht, dass wir Kuchen buken, die ihre ureigensten Züge trugen?

Danach las ich etwas darüber, wie Salomon auf Bitten der siebenhundert Ehefrauen dem Herrn den Rücken zukehrte, um ihrer Göttin Astarte zu huldigen. Das hatte ich natürlich schon einmal gelesen, aber mir war nicht klar geworden, was es zu bedeuten hatte. Jetzt versuchte ich – vergeblich – mir vorzustellen, wie der große König dem Herrn entsagte. Wie konnte das passieren? Wie konnte der Herr es zulassen? Und doch ist es offenbar geschehen, denn die Bibel lügt nicht.

Dann nahmen die Texte eine historische Wendung. Ich fand einen Bericht über ein Massaker an den Dienern des Herrn, das im Namen Kybeles und ihrer brüllenden Löwen verübt wurde; die berühmte Erörterung des Geographen Strabon über die kriegerischen Harmazanen; eine dramatische Schilderung der Demütigung Octavians durch Kleopatra bei Actium; Auszüge eines Lobgedichts darüber, wie die Königin der Icener das Heer des Alten Reichs an einem Mittsommertag in die Flucht schlug; und schließlich die grauenvolle Schilderung des Schicksals von Soldaten, die den Heiligen Petrus während der Kriege mit der Königin des Waldes gefangen nahmen.

Ich versuchte, mich nicht zu lange mit einer Seite aufzuhalten, denn nach allem, was passiert war, sollte ich das sechste Offizium nicht verpassen. Trotzdem beschäftigte ich mich länger mit dem Brief eines Händlers der Lagunenregion. Darin erwähnt er Berichte über die Frauen des Indus, die – an dieser Stelle hielt ich ungläubig inne – sich in Vögel oder Bäume verwandeln konnten. »Bei solchen Geschichten«, schrieb er, »scheint es sich um Reflexionen beliebter Fantastereien unserer degenerierten Vorväter zu handeln.«

Sofort musste ich daran denken, dass ich Sophia einmal gefragt habe, warum die Kurie Ovids *Metamorphosen* verboten hat, ein Werk, das nicht mehr Liebe oder Heidentum enthält als die *Aeneis*, was sie ja zugelassen hat. Sie sagte, die Guten Hirten – es war wohl das erste Mal, dass ich diese Bezeichnung hörte – glaubten, Geschichten, in denen es um große Veränderungen geht, missfielen dem Herrn. »Der Herr«, erklärte sie, »schätzt das Konstante.

Seine Macht, seine Herrlichkeit überdauert alles, ist ewig und unveränderlich. Euer Ovid dagegen sagt, wir wanken, taumeln hin und her, wie das ... Wie der ...« Sie rieb die Finger aneinander. »Wie die Sonne in einem Ei.«

»Das Eigelb?«

»Das Eigelb!«, bestätigte sie. »Wenn er über Frauen schreibt, die ihre Gestalt verändern, um dem Zorn der unsterblichen Götter zu entfliehen – wie die flatterhafte Daphne, die zu einem Lorbeerbaum wurde, oder die stolze Arachne, die die Gestalt einer Spinne annahm –, entwirft Ovid eine Welt, die dem Herrn feindlich gegenübersteht. In Gottes Schöpfung kriechen und krauchen nur verachtenswerte Wesen, nur sie können sich häuten. Wir nicht. Nicht die Menschen. Nicht wir, die der Herr nach seinem Bilde geschaffen hat.«

»Es sind aber doch nur Geschichten«, sagte ich.

»*Nur* Geschichten?« Sie sah mich tadelnd an. »Nichts ist *nur* irgendetwas.«

Ach, Sophia, dachte ich und drehte das Blatt in meiner Hand um. Was wusstet Ihr? Was habt Ihr geahnt?

Danach war nur noch ein Blatt übrig. Es trug den Titel *Alphabetum Siracidis*.

Adam und Lilith begannen zu streiten.
Sie sagte: »Ich will nicht unter Euch liegen.«
Er sagte: »Und ich nicht unter Euch, denn Ihr gehört nach unten und ich nach oben.«
Lilith erwiderte: »Wir sind gleich, denn wir beide sind aus Erde gemacht.«
Doch sie hörten nicht aufeinander.
Als Lilith das klar wurde, sprach sie den Namen aus, den man nicht nennen darf, und flog durch die Luft davon.

Der Wissensdurst, mit dem ich Tomis' Textsammlung las, war bereits einer gewissen Besorgnis gewichen, aber als ich diesen Dialog las, bekam ich es mit der Angst zu tun. Lilith ist eine mächtige, böse Dämonin. Ihr Zuhause ist ein übler Ort, an dem nur Disteln, Stechginster und Dornenbüsche gedeihen. Ziegenfüßige Dämonen stampfen umher, und Bussarde kreisen darüber. Dort fühlt Lilith sich wohl.

Ich dachte an Lilith, Hekate, Medusa, an Furien, Harpyien, Moiren und Gorgonen, an all die schrecklichen Wesen, die in Frauengestalt daherkommen. Dann fiel mir die alte Frau am Tor ein. Die tief liegenden Augen, der düstere, mitleidlose Blick.

Ich ermahnte mich, keinen Hirngespinsten nachzuhängen, legte die Blätter beiseite, nahm das Messer vom Tisch und hebelte das Metallkästchen auf. Darin befanden sich drei Blätter Lumpenpapier mit den in Kohle abgeriebenen Konturen eines gravierten Steins, der sich darunter befunden haben muss. Und dann sah ich drei Blätter – jedes so groß wie meine Hand – mit Buchstaben aus meinem Buch. Jedes trug einen Titel in Klarschrift: *Glæstyngabyrig, Voruta, Kleopolis*. Das Erste kannte ich nicht, aber die Anordnung der Buchstaben schien auf Albion hinzuweisen. Das Zweite kannte ich als den sagenhaften Ort, an dem die Waldkönigin schreckliche Dinge mit sündigen Mädchen und Jungen treibt. Das Dritte kannte ich von Landkarten, es war die verbotene Stadt am Oberen Nil, eine heidnische Siedlung, die weder das alte Kaiserreich noch die Kirche je zu erobern gewagt hat.

Solange das Buch der Frauen praktisch nur im Lichtkegel meiner Kerze existierte, habe ich mich sicher gefühlt und gedacht, seine Bedeutung könne mir nichts anhaben. Ich habe es für eine Rätselaufgabe gehalten, die ich mir zum Vergnügen stellte. Doch auch wenn ich nicht alle Hinweise in Tomis' Papieren deuten und näher untersuchen konnte, wusste ich jetzt, dass ich ein ketzerisches Werk in den Händen hielt.

Ich wurde ganz panisch, stopfte mir Tomis' unleserlichen Brief in die Tasche und legte alles andere in die Kiste zurück. Dann öffnete ich alle Tintenfässer und goss eine Gallone Tinte auf die

Papiere, bis nichts als vollkommen durchnässte schwarz-blaue Fetzen übrig waren.

Letzte Nacht habe ich das Buch im Traum unter der Zeder verbrannt, in einem tiefen Erdloch, um danach wie eine Irre über den Kirchplatz zu laufen und mit einer wild schwingenden Axt alle Papierschösslinge abzuhacken, die zwischen den Pflastersteinen aufsprossen. Doch für jeden einzelnen, den ich zerstörte, damit er mich nicht verraten konnte, schoss mindestens ein neuer aus der Erde, wie die Köpfe der Hydra. Und die ganze Zeit über scharten sich nach und nach alle Mitschwestern um mich, lachten, zeigten mit den Fingern auf mich und feixten. Währenddessen wurden die Papierschösslinge immer länger, stärker, grüner und begannen, mich zu umschlingen. In dem Moment wachte ich schweißgebadet auf. Normalerweise wischen die Finger der Morgenröte fort, was in der Dunkelheit geherrscht hat, aber Teile dieses Traums sind immer noch in mir wach – etwas mit Trommeln und Finsternis und kreisenden Raubvögeln.

Doch nun zu Tomis' Brief, sage ich mir.

Ich lege meine Schriftproben vor mir aus, schaue zwischen ihnen und dem Brief hin und her, und es dauert nicht lange, bis ich Übereinstimmungen entdecke. Der Adressat oben auf dem Blatt und die Unterschrift des Absenders fangen beide mit dem Symbol ර an. Ich finde es in dem Alphabet, das in *Kartvelien* gebräuchlich ist. Darunter habe ich *ein Königreich in den Bergen, östlich des Schwarzen Meeres* geschrieben. Neben dem ර steht ein T – für Tiberius oder Tomis? Ein vielversprechender Anfang. Ich fahre mit dem Finger auf und ab, und ი und ო entpuppen sich als I und O. Aber die anderen Buchstaben?

Ich ziehe Papier und Tinte zu mir heran, um mich ans Entschlüsseln zu machen, zu markieren, was ich kenne und nicht kenne, bereit, Lücken mit häufigen Buchstabenkombinationen zu füllen. Hatten Sophia und ich dieses Spiel nicht schon oft gespielt? Ich nehme meinen Gänsekiel und tunke ihn in die Tinte.

Dabei fällt mir die Spiegelung eines Buchstabens an der Seite des silbrigen Tintenfasses auf – und vor Glück schlage ich auf den Tisch.

Spiegelschrift.

Kartvelisch – aber rückwärts.

Ein uralter Trick. Das hätte ich auch eher erkennen können!

Meine Freude währt aber nicht lange. Ich weiß nichts über diese Schrift. Ob mein Vater sie wohl kannte? Ich wage, das zu bezweifeln, und mache mich daran, die ersten Wörter zu transkribieren.

T – i – b – e – r – i – o

Das hatte ich erwartet.

Und dann:

kh – a – r – e

Ich brauche es nur einmal auszusprechen.

χαῖρε

Grüße. Seid gegrüßt.

Mein Herz klopft triumphierend. Die Buchstaben sind kartvelisch, die Sprache ist Griechisch. Selten war ich so stolz auf mich. Nach einem kurzen Blick aus dem Fenster beginne ich zu lesen.

Tiberio, seid gegrüßt.

Wir haben das Wasser überquert und sind bereit, weiter nach Süden vorzudringen.

In Eurem Brief – ich habe ihn von Eurem Agenten bekommen, der uns bereits erwartete – habt Ihr gefragt, wie ich über diese Sache denke. Wenn meine Antwort darauf kurz ausfällt, liegt es nicht daran, dass ich an Eurer Diskretion zweifelte. Vielmehr ist es so, dass der Postreiter bereits sein Pferd belädt.

Der Herr, den Ihr verehrt, verlangt *imperium sine fine*. Dauerhaftigkeit, keine Veränderungen. Ewigkeit, kein Wandel. Ich bevorzuge die Zeilen des blinden Poeten:

Wie Generationen von Blättern das Leben der Sterblichen.
Der Wind fegt die alten über den Boden,
der Baum birst fast schon vor neuen Knospen,
und der Frühling kehrt wieder.

Eure Tochter liest Homer mit einer Leichtigkeit, als hätte sie die Sprache schon als Kleinkind gelernt. Ich denke oft, ihre Anwesenheit täte Euch gut, aber so hält Euer Volk es ja nicht. Ich hoffe, Euch alles bis Lichtmess liefern zu können, wenn nicht eher. Ich habe Silvia geschrieben, sie soll uns vor Sonnenaufgang erwarten. Es sind schwierige Zeiten. Das Rad dreht sich. Sie wird sich erheben.
In Eile,
Tomis

»Liebe Güte, Beatrice, Ihr seht ja fröhlich aus!« Mein Lächeln friert ein. Prudenzia ist in die Bibliothek gekommen. Meine Zeit ist um. Eine Stunde ödes Briefeschreiben liegt vor mir.

»Ihr müsst nicht aufstehen«, sagt sie. »Ich weiß selbst, wo ich alles finde.«

RADIX
Gleich darauf

Normalerweise schätze ich Prudenzias Selbstständigkeit nicht, aber jetzt bin ich ihr dankbar. Ich falte den Brief und stecke ihn in meine Rocktasche. Die Schriftproben sortiere ich in ihren Kasten. Währenddessen wuselt Prudenzia hinter mir hin und her, bis sie sich schließlich an das Schreibpult neben meinem setzt und Papier und Tinte zurechtlegt.

»Hallo?« Eine schüchterne Stimme an der Bibliothekstür. »Verzeiht, ich komme wohl zu früh.«

»Nein, nein. Tretet ein«, ruft Prudenzia.

Die Novizin Alfonsa kommt herein, sieht mich argwöhnisch an und ist umso erleichterter, als Prudenzia auf den Hocker zeigt, den sie neben ihren Schreibpult gestellt hat. Ich habe die Mädchen immer stehen lassen, so ging es schneller. Mir fällt auf, dass ihr Gesicht, normalerweise rundlich und gerötet, schmal und blass ist, und ich frage mich, ob ihr Heiliger Bräutigam wiederkehrt, während sie ihren Brief nach Hause diktiert. Aber nein, sie plappert sorglos drauflos.

»… und schreibt Mama, sie soll sich unbedingt Bruder Abramos nächste Predigt anhören, denn Schwester Arcangela sagt, dass sie bestimmt sehr weise und eine geistige Anregung sein wird. Und bittet Papa, mir alles darüber zu schreiben, seine Eindrücke und so weiter; er soll nichts auslassen. Dann kann ich es den anderen vielleicht vorlesen. Darf ich das, Schwester Prudenzia? Und wenn Sie es nicht falsch finden, schreibt Mama bitte, dass ich die Tage bis zur Nachtprozession zähle.«

Eine unerwartete Pause. Ich sehe hinüber.

Prudenzia lächelt Alfonsa freundlich an. »Meint Ihr ...«

»Ja«, flüstert das Mädchen. »Haltet mich nicht für anmaßend, aber Schwester Arcangela hat gesagt, dass ich möglicherweise gesegnet genug bin, um bei der Prozession dabei zu sein.«

Ich wende meinen Blick ab. Arcangelas Teilnehmerinnenliste wird die nächsten Tage Gegenstand endloser Spekulationen sein. Die wenigen Auserwählten werden sich über die ernst und neidisch vorgetragenen Glückwünsche ihrer Freundinnen freuen. Ich hingegen habe oft gedacht, dass es wahrscheinlich eine Tortur ist, an der Prozession teilzunehmen, wenn die geisterhaften Gestalten meiner Mitschwestern die stillen Straßen heimsuchen. Die Schwelle zur Kindheit im Rückwärtsgang zu überschreiten und am heimischen Herd zu sitzen – und sei es nur für eine Stunde –, stellte ich mir grausam vor. Drei Mal hat Arcangela mich auf die Liste gesetzt. Drei Mal habe ich mich herausgewunden, indem ich Sünden erfand, die mich von der Teilnahme ausschlossen. Außerdem machte es mir Freude, wie ich gestehen muss, Ortolana die Ehre zu verweigern, eine Tochter in dieser Nacht zu Hause willkommen zu heißen. Es war das Einzige, womit ich mich durchsetzen konnte.

Alfonsa bedankt sich jetzt bei Prudenzia und bewundert ihre Handschrift. Prudenzia sagt, jaja, sie werde dafür sorgen, dass Poggio einen zuverlässigen Burschen findet, der den Brief an seinen Bestimmungsort bringt, gewiss sei er bis zum Mittag dort, denn es sei ja auch nicht weit bis zum Gefängnis. Das Mädchen sagt, ihr sei gar nicht wohl dabei, dass Mama über den Zellen der Sünder wohnt. Ob Prudenzia glaube, dass die Sünde aufwärts ziehen kann, und Prudenzia sagt, das sei eine Überlegung wert, aber sie glaube nicht, dass es wahrscheinlich sei.

Beide, sehe ich jetzt, haben sich zur Seite gedreht und schauen verblüfft aus meinem Fenster – auf Diana, die über den Kirchplatz geht. Alfonsa verpackt ihre Neugier in gespielte Besorgnis, als sie fragt, ob es stimme, dass Schwester Arcangela sehr ... Nun, sie wagt nicht, *wütend* zu sagen, aber ein anderes Wort fällt ihr nicht ein ... wütend sei, weil Diana heutzutage im ganzen Kloster *umherflanieren* dürfe.

»Was haltet Ihr davon, Beatrice?«, fragt Prudenzia, und ich merke, dass ich mein Interesse an ihrem Gespräch nicht verborgen habe.

»Wovon?«, frage ich.

»Von *ihr* natürlich.«

»Von wem?«

»Diana, der Malerin.« Prudenzia beugt sich über mich, und mir fällt ein, dass sie schon als Novizin muffig gerochen hat. »Da!« Sie zeigt auf Diana, die auf die Kapelle zugeht. »Ihr findet es doch wohl nicht richtig, dass man ihr diese Aufgabe übertragen hat?«

»Sie malt heilige Frauen und geht nicht in die Kapelle, um sich zu prostituieren«, schnappe ich, um mich sofort zu fragen, was in mich gefahren ist.

»Schwester Bibliothekarin, Schwester Bibliothekarin!«

Eine beängstigend junge Novizin steht an der Tür, und mir sinkt das Herz. Je jünger die Novizin, desto länger ihr Brief. Das Zuhause, die Mutter, das neugeborene Geschwisterchen – alles haben sie noch frisch in Erinnerung, und wenn sie daran denken, müssen sie weinen.

»Kommt herein«, flötet Prudenzia. »Aber Ihr dürft Schwester Beatrice nicht stören. Setzt Euch hier hin. Alfonsa und ich waren gerade fertig. Nehmt ihren Hocker, und dann schreiben wir einen schönen ...«

Doch das Mädchen zupft an meinem Umhang. »Bitte, Schwester Bibliothekarin, ich soll Euch sagen, dass Ihr Besuch habt. Im Empfangszimmer. Würdet Ihr bitte kommen?«

»Schon wieder der Buchhändler?«, fragt Prudenzia, und mir gefällt weder ihr Ton noch der Blick, den sie ganz ungeniert mit Alfonsa tauscht.

»O nein.« Die Novizin windet sich vor Ungeduld. »Die Witwe Stelleri.«

Dass Ortolana mich sehen will, ist so seltsam wie ärgerlich. Sie besucht das Kloster öfter, aber nur an bestimmten Tagen und meist nicht allein, außerdem ist sie zu diesen Anlässen immer sorgfältig gekleidet. Was mir also als Erstes auffällt, als ich das Empfangszimmer betrete – außer dem Wunsch, sie möge verschwinden –, ist ihre schlichte Erscheinung. Ich beherrsche die Sprache, in der Frauen sich mit ihren Schneiderinnen verständigen, nicht, aber ich kann sagen, dass Ortolanas Kleider sonst in wilden Kaskaden an ihr herabfallen, mit allerlei Glitzerzeug verziert sind und einem epischen Spitzentuch gekrönt sind. Heute aber unterscheidet sich ihr Gewand kaum von meinem, nur dass ihres neu, aus Seide und maßgeschneidert ist.

Keine Frage, dass Schwester Paola von dem Gast ganz entzückt ist. Den besten Stuhl hat sie ihr hingestellt. An der Tür tritt eine andere Novizin auf den Saum ihres zu langen Gewands und kämpft mit einem Tablett, das von der Küche herübergeschickt worden ist. Als Ortolana mich sieht, steht sie auf, drückt Paola die Hand und dankt ihr für ihre Freundlichkeit, bittet sie, sich doch auch selbst von den Erfrischungen zu bedienen, und sagt, sie möchte von Schwester Beatrice zum Grab der beiden unglücklichen Frauen, von denen sie so viel gehört habe, geführt werden und dort für sie beten.

Für eine Frau von Ortolanas Herkunft ist das höchst ungewöhnlich. Schwester Paola öffnet den Mund – kein schöner Anblick –, um zu protestieren, schließt ihn aber schnell wieder. Und so machen wir uns schweigend und Seite an Seite auf den Weg.

Als wir den Kirchplatz hinter uns gelassen haben, nehme ich an, dass sie stehen bleiben wird, um zu erklären, was sie wirklich will. Allerdings kann ich mir nicht vorstellen, was das sein könnte, nur dass es ihr gewiss nicht um einen Kondolenzgang geht. Aber sie geht weiter und beschleunigt sogar ihre Schritte. An der Küche vorbei, dem Kräutergarten, den Fischteichen, wo Cateline Schwester Felicitas gerade einen Aal zur Inspektion hinhält, dann den Fluss entlang. Die Frauen, an denen wir vorbeikommen, schauen neugierig zu ihr herüber, obwohl sie sie in ihrem heutigen Aufzug nicht erkennen, denn sie machen keinen Knicks oder lassen ihr sonstige Ehrbezeugungen zukommen. Sie sieht wie eine ganz gewöhnliche Städterin aus, was sie ja auch wäre, hätte sie nicht meinen Vater geheiratet.

Als er im heiratsfähigen Alter war, hat sein Vater – mein Großvater, wie ich wohl sagen sollte – beschlossen, ihn mit einer ausländischen Prinzessin zu verheiraten – aus Karthago, Okzitanien oder vielleicht aus dem Rheinland, so sie denn den rechten Glauben hätte. Doch mein Vater, heißt es, habe sie alle abgelehnt und gesagt, er wolle eine Frau aus der Stadt, eine aus guter Familie, mehr verlange er nicht, denn dann würde er in der Gegend als ehrenwerter Freund gelten, nicht als Dynast, dem man sich widersetzen müsste. Erst als mein Großvater der Pest anheimfiel, konnte mein Vater sich durchsetzen und nahm meine Stiefmutter zur Frau. Ihr Triumph, heißt es, brachte die hochwohlgeborenen Mütter der Stadt auf, denn sie war bei der Hochzeit bereits achtzehn und alles andere als eine Schönheit. Doch die Väter, Männer bei Gericht und städtische Würdenträger, die über Wohl und Wehe der Stadt entschieden, erinnerten sich daran, dass Herzog Stelleri ihnen nie das Gefühl gegeben hatte, über ihnen zu stehen, und so waren sie bereit, ihm zu verzeihen.

Als es Zeit für ihn wurde, eine Frau für seinen Sohn auszusuchen, erlaubte er meinem Bruder, um die Hand seiner neapolitanischen Schönheit anzuhalten. Die Mütter der Stadt erkannten daraufhin, dass Ludovice zu nichts nutze war, seine Braut Bianca ein eingebildetes Etwas, und Ortolana ... nun, lasst es mich so sagen: Der größte Unmut traf immer noch sie.

Wir haben den Obstgarten erreicht. Ortolana verlässt den Pfad und geht auf den Apfelbaum zu, der im Herbst unsere süßesten

Früchte trägt. Er ist ein Abkomme des Baums, der, wie es heißt, ein Geschenk Papst Silvios war und immer noch in Chiaras Heimatort steht. Der Gegenpapst hat ihr eine Bibelausgabe geschenkt, die einfach zu schön und zu unhandlich war, um darin zu lesen; sie befindet sich jetzt in unserer Kapelle, wird täglich abgestaubt und ist mit einer glänzenden Kette gesichert. Äpfel, die letztes Jahr bei Sturm vom Baum gefallen sind, liegen auf der Erde, matschig und unansehnlich, und Ortolana stößt einen mit ihrer Stiefelspitze an. Festes Leder. Sie ist gut vorbereitet.

Ich habe sie immer als alt betrachtet, viel älter als ich – ihre wohlfrisierten Haare, ihre ausladenden Ärmel, ihre schleppenartigen Röcke. Außerdem bin ich es gewohnt, sie im Zwielicht der Kapelle oder des Refektoriums zu sehen. Im Freien und mit Sonne im Gesicht sieht sie anders aus. Wenn sie achtzehn war, als sie meinen Vater geheiratet hat, muss sie jetzt etwas über vierzig sein. Nur sechzehn, siebzehn Jahre älter als ich? Dann ist sie eigentlich noch gar nicht so alt.

Sie verschränkt die Arme und sagt ohne jede Vorrede: »Wie bist du an das Buch gekommen, das Tomis so beunruhigt?«

Ihr könnt Euch vorstellen, dass ich das nicht erwartet hatte. Ich spiele auf Zeit. »Welches Buch?«

»Beatrice! Das Buch in deiner Tasche.«

»Ich habe kein ...«

»Doch, hast du. Deine Hand ist an deine Tasche gefahren, als ich es erwähnte. Zeig es mir.«

»Nein.«

»Ich laufe nicht damit fort!«

»Hat Tomis Euch erzählt, was passiert ist?«

»Alles. Nach eurem ... Streit kam er direkt zu mir. Und nun gib mir ...«

»Nein.«

»Glaub mir, du willst es nicht haben!«

»Ihr wisst nicht, was ich will.«

Ich sehe, dass ich ihre Geduld auf die Probe stelle. Gut so.

»Weißt du überhaupt, was es ist?«

Eine neue Taktik. Forsches Fordern funktioniert nicht, also muss sie mich jetzt beschämen. Es wird ihr nichts nützen.

»Natürlich«, sage ich.

»Tomis ist anderer Meinung.«

»Tomis ist ein Feigling, wenn er Euch vorschickt. Er will etwas stehlen, das ihm nicht gehört.«

»Nein, Beatrice. Tomis ist ein netter, sehr besorgter junger Mann, der versucht – verzweifelt versucht – zu verhindern, dass Bruder Abramo und den Guten Hirten ein Radix in die Hände fällt.« Sie unterbricht sich und mustert mich. »Du weißt nicht, was ein Radix ist, nicht wahr?« Sie schüttelt den Kopf. »Wie solltest du auch? Das hier übersteigt deinen Horizont, Beatrice. Du musst es mir geben. Bitte. Jetzt.«

»Radix? Ihr würdet dieses Buch als Radix bezeichnen?«

Sie nickt.

Radix – das lateinische Wort für Wurzel. Ich denke daran, wie die Wurzeln der Zeder die Pflastersteine des Kirchplatzes wölben. *Radix*. Das Wort gefällt mir.

»Gut«, sage ich. »So kann man es nennen. Was wisst Ihr noch?«

»Ich erzähle dir alles, Beatrice, alles.« Sie tritt einen Schritt vor und streckt eine Hand aus. »Aber erst, wenn du es mir gegeben hast.«

Ich weiche einige Schritte zurück. »Nein. Erst sprecht Ihr, dann gebe ich es Euch. Vielleicht.«

Sie kommt weiter auf mich zu. »Vielleicht? Was soll das heißen?«

»Es hängt davon ab, was Ihr mir erzählt«, sage ich lächelnd. Ich sehe, wie wütend sie wird. Gut! Es ist Jahre her, seit ich ihr unter die Haut gegangen bin.

»Du bist unmöglich«, sagt sie.

Ich zucke mit den Schultern. »Warum sollte ich mich beugen?«

»Du begreifst es einfach nicht«, sagt sie beinahe bedauernd, aber schon geht sie wieder zum Angriff über. »Du weigerst dich zu begreifen, dass ich dir helfen will. Das ist alles. Ich will dir nur helfen.«

Ihre Worte und ihr Ton ärgern mich fürchterlich. Das Blut steigt mir in den Kopf, heftiger denn je. »*Ihr?*«, sage ich scharf. »*Ihr* wollt *mir* helfen? Ihr habt mir noch nie geholfen. Noch nie!«

»Wie kannst du das sagen? Ich habe doch immer, *immer* ...«

»Ihr habt mich von meinem Vater ferngehalten. Ihr habt dafür gesorgt, dass er mich wegsperrt.« Sie will etwas sagen, aber ich brülle sie nieder: »Das ist die Wahrheit! Und versucht ja nicht, es zu leugnen!«

Ich wedele mit einem Finger vor ihrem Gesicht herum, aber sie schlägt meine Hand weg und sagt: »Deine Arroganz und dein Selbstmitleid waren schon immer unerträglich. Du glaubst also, ich stecke hinter deinem Klostereintritt?« Sie wirft den Kopf in den Nacken und lacht. Nein, es ist kein Lachen, eher ein Krächzen oder ein Schrei.

»Es war so«, sage ich. »Ihr habt mir alles genommen, alles!«

»Willst du etwa behaupten, dein Leben hier sei beschwerlich? Solche Bitterkeit macht hässlich, Beatrice.«

Meine Hand fliegt an meine Wange und bedeckt die vernarbte Haut, die mein linkes Auge unförmig macht.

»Oh, Beatrice«, sagt sie und kommt wieder auf mich zu. »Verzeih. Du bist nicht hässlich, nur ...«

»Beschädigt?«, sage ich und drehe mich von ihr weg. Ich hasse das Wort. Hasse, dass ich es so verletzend finde.

Einen Moment lang schweigen wir und denken an denselben Morgen. Einen Morgen vor langer Zeit, als ich acht und mein Bruder vier war. Damals war ich anders. Stark, stämmig, dick. Er dagegen kränkelte und wurde verhätschelt. Ich durfte nicht mit ihm spielen, jedenfalls nicht die wilderen Spiele, die mir die liebsten waren, aber er suchte immer meine Nähe. Er mochte die Spiele, die ich erfand. Spiele, in denen wir Wölfe waren und Hühner jagten. Bären, die Honig aßen. An jenem Tag waren wir Adler, die die Küchentreppe hinunterflogen.

Er fiel hin – andauernd fiel er hin – und verstauchte sich den Fuß. Er weinte und weinte und weinte. Ortolana stellte uns zur Rede. Sie war wütender als sonst. Nach seinem Fieber hätte er ruhen sollen. Ich sei groß genug, um es besser zu wissen. Wann würde ich endlich zur Vernunft kommen? Ich wusste, dass sie mich gleich ohrfeigen und in mein Zimmer schicken würde, also rannte ich fort, mit ausgebreiteten Armen, denn ich war immer noch ein Adler. Ich flog durch die Küche, rutschte aus, verlor das Gleichgewicht – und stieß den Topf mit Brühe um, die gerade zu kochen begonnen hatte.

In dieser Nacht hörte ich die Kindermädchen vor meiner Tür miteinander flüstern. Sie dachten wohl, dass ich schlief, aber meine blasenschlagende Haut brüllte in der Dunkelheit.

»Die Ärzte sagen, sie hatte Glück, das Auge nicht zu verlieren.«

»Sie war ja nie schön, aber jetzt will sie bestimmt keiner mehr.«

»Was der arme Herzog wohl tun wird?«

Mehr konnte ich nicht hören, weil ich mir die Decke über den Kopf zog.

Jetzt überrascht Ortolana mich. Sie macht einen weiteren Schritt auf mich zu. Ich zucke zurück, aber sie geht weiter. Sie nimmt meine Hand und drückt sie.

»Verzeih«, sagt sie. »Das hätte ich nicht sagen sollen. Ich nehme dir deine Arroganz nicht übel. Ich sollte mich darüber freuen. Arroganz war immer das größte Laster deines Vaters.«

Ich schaue auf und sage: »Ich dachte immer, sein größtes Laster war meine Mutter.«

Sie lässt meine Hand los. »Immer noch diese scharfe Zunge, Beatrice.« Aber sie wirkt plötzlich anders. Sie kneift die Augen zusammen und scheint etwas hinter meiner Schulter zu entdecken. Ich will mich umdrehen, um zu sehen, was ihre Aufmerksamkeit erregt hat, aber sie schüttelt den Kopf, ohne den Blick abzuwenden.

»Nicht hinschauen. Es ist eine von Arcangelas Untergebenen. Wie nennt ihr sie doch gleich? Aufseherinnen.«

»Was tut sie?«

»Sie beobachtet uns. Und legt Wert darauf, es uns wissen zu lassen. Ob sie wohl autorisiert ist, mich fortzuschicken?« Sie sieht mich an. »Du bist besorgt. Gut. Dann begreifst du es wohl doch langsam. Geh ein Stück nach links. Ah, sie zieht sich zurück. Traut sich wohl nicht, mich zu konfrontieren. Es ist nicht die rechte Zeit, um zu streiten, Beatrice.« Sie holt Luft, hebt die Hand, als wolle sie meinen Arm nehmen, lässt sie aber wieder fallen, ohne mich berührt zu haben. »Dir mag es gefallen, aber …«

»Es gefällt mir ganz und gar nicht.«

»Bitte, Beatrice! Du willst wissen, was es mit dem Radix auf sich hat? Dann lass zur Abwechslung einmal alles andere ruhen und hör mir zu.« Sie geht auf den Pfad zurück und in Richtung auf den Berg weiter, das Kloster im Rücken. Ich bleibe stehen und ärgere mich über die Selbstverständlichkeit, mit der sie annimmt, ich würde ihr folgen. Doch als sie ein gutes Dutzend Schritte gemacht hat, laufe ich los, um neben ihr weiterzugehen.

»Was Finanz- und Staatsgeschäfte betrifft«, nimmt sie das Gespräch wieder auf, »war dein Vater ein kluger Mann. Besonnen und nicht zu übertölpeln. Was jedoch obskures Schrifttum betrifft – verlorene Schriftrollen, geheimnisvolle Manuskripte –, war er kopflos.« Sie sieht mich von der Seite an. »Alle Händler wussten, wie reich er war. Und wenn manches Buch, das er erwarb, nicht unserem Glauben entsprach – was machte das schon aus? Er fürchtete weder die Guten Hirten der Kirche noch die städtischen Schergen. Einmal sagte er in aller Öffentlichkeit, Apoll möge kein Engel gewesen sein, aber ihn zu verteufeln, missfalle ihm außerordentlich.« Wieder sieht sie mich an, vielleicht um zu prüfen, ob ich schockiert bin. Ich bin es nicht. »Ich sagte ihm, er solle Acht geben, wer ihm zuhört, aber er hatte recht. Bis zum Schluss war er unangreifbar.«

Ihre Stimme wird brüchig, und mir wird klar, dass sie um ihn trauert. Hat sie ihn geliebt? Das hatte ich nie für möglich gehalten. Eine Weile gehen wir schweigend weiter. Wir erreichen die Raine von Hildegards Feldern, und ich beneide sie um ihre Stiefel. Meine Sandalen sind voller Matsch.

»Seine letzte Leidenschaft ...« Sie unterbricht sich und kaut an ihren Lippen – sie, die immer genau weiß, was man sagen muss. Fasziniert warte ich ab. Schließlich sagt sie: »Welches Gebot hat der Herr zuerst erlassen?«

»Soll das eine Übung in Katechismuskenntnis sein?« Ich bin überrascht, ja enttäuscht. Aber ich erhasche ihren Blick und beruhige mich. »Das erste Gebot«, sage ich, »*du sollst keine Götter neben mir haben.*«

»Ja. Das erste Gebot, aus dem alle anderen folgen. Und doch haben die Menschen immer auch andere Götter verehrt – und tun es noch. Wir Gläubigen wissen, wie falsch das ist. Wir wissen, dass solche Menschen sich irren, Phantastereien nachhängen, Hirngespinsten. Wir wissen, dass ihre Götter nicht echt sind, dass es nur Vater und Sohn gibt. Das wissen wir doch, nicht wahr, Beatrice?«

Ich nicke.

»Nun, dein Vater war anderer Meinung. Er fand es im Laufe der Zeit immer plausibler, dass selbst ein Gott, dem nicht länger gehuldigt wird – seine Schreine zerstört, seine Anhänger ausgemerzt –, vielleicht immer noch existieren kann.« Wieder unterbricht sie sich. »Egal, ob es sich um eine männliche oder weibliche Gottheit handelt. Letztere interessierten ihn am meisten. Vor allem sie. Die Mutter aller Dinge.«

Ich bin, wie Ihr Euch vorstellen könnt, vollkommen perplex. Eins weiß ich ganz genau über meine Stiefmutter: Sie ist vorsichtig. Und das hier ist nicht vorsichtig. Das hier ist geradezu verrückt.

»Habe ich endlich einmal etwas gesagt, das deine Aufmerksamkeit erregt, Beatrice?«, fragt sie und lächelt breit. Nein, sie lacht. »Versuche nicht, es abzustreiten.«

In der Ferne läutet die Glocke und bringt mich in Gewissensnöte. Ab sofort wollte ich immer pünktlich bei den Offizien sein, aber wir sind ein ganzes Stück von der Kapelle entfernt. Auch wenn ich sofort losliefe, würde ich mich verspäten und ganz außer

Atem sein, sodass ich noch unangenehmer auffallen würde als sonst.

»Was ist mit dir?«, fragt meine Stiefmutter freundlich. »Habe ich dich beunruhigt?«

»Nein, nein«, sage ich. »Das heißt, doch, aber das ist es nicht. Euer Besuch, müsst Ihr wissen ... Ich verpasse das vierte Offizium.«

»Stehst du als Bibliothekarin nicht über jeglichem Tadel?«

Ich will etwas Scharfes erwidern, aber sie korrigiert sich.

»Ah, ich nehme an, du fürchtest Schwester Arcangela. Sie beobachtet dich und deine Bibliothek? Sophia konnte sie die Kontrolle darüber nicht entreißen, aber jetzt versucht sie, dich zu stürzen?«

Ich muss zugeben, dass ich beeindruckt bin. Genau das fürchte ich, und es ist geradezu tröstlich, dass jemand anders es so klar und deutlich ausspricht. Aber das sage ich nicht, sondern nur: »Ja.«

Sie legt mir eine Hand auf die Schulter. »Aber du willst hören, was ich zu sagen habe?«

Wieder sage ich: »Ja.«

»Also gut. Wenn du Ärger bekommst, schiebe es auf mich – von mir aus im schärfsten Ton. Sag, ich hätte dich gezwungen, mich zu begleiten, und nicht geduldet, dass du mich wegen des Offiziums verlässt. Sprich so schlecht über mich, wie du magst. In Ordnung?«

Ich nicke, und wir gehen weiter auf die Wiese zu, wo wir unsere Toten begraben.

»Bis kurz vor seinem Tod wusste ich nicht, wie weit dein Vater diesen gefährlichen Weg gegangen war. Da kam er in meine Kammer gestürzt und schwang ganz aufgeregt einen Brief von Tomis, der in einer von den beiden erfundenen Geheimschrift abgefasst war. Tomis hatte ihm aus ... – sie müht sich mit einem fremdländischen Städtenamen – aus Northwich. Weißt du, wo das ist?«

»Ist es nicht eine der größeren Städte in Albion?«

»Richtig. Dein Vater lief hin und her, schloss Türen, schaute in Wandschränke und stellte sicher, dass keine meiner Dienerinnen ihn hören konnte. Dann sagte er: ›Ein Radix, Lana. Ich glaube, er hat endlich einen gefunden.‹«

»Und wusstet Ihr ...« – ich merke, dass ich meine Stiefmutter um das Vertrauensverhältnis zu meinem Vater beneide – »wusstet Ihr, was das zu bedeuten hatte?«

»Ob ich es wusste?« Sie hebt den Blick gen Himmel. »Seit Monaten war er ihm auf der Spur. Geheime Botschaften eines früheren Teilnehmers an den Waldkriegen, Geheimtreffen mit einem Exilanten aus Kleopolis – aber all das hatte zu nichts geführt. Dann dieser Brief, dazu noch aus Albion, nun, du kannst dir seine Reaktion wohl vorstellen.«

Sie sieht mich an. Ich weiß weniger über Albion, als ich zugeben mag.

»Der letzte König dort«, sagt Ortolana, »war ein großer Verfechter des rechten Glaubens, aber er starb – plötzlich und unerwartet. Vielleicht erinnerst du dich daran.«

Ich nicke. »Ein Jagdunfall. Er wurde ... aufgespießt?«

»Richtig. Der Heilige Stuhl nahm an, dass seine Barone bis zur Volljährigkeit seines Sohns die Regentschaft übernehmen würden, doch dann riss Königin Ana, seine Witwe, die Macht an sich. Sie jagte die Gesandten Papst Silvios aus dem Land und drohte, alle Guten Hirten, die auf ihrer Insel gefunden würden, pfählen zu lassen. Und weißt du auch, worauf die Kirchenväter ihre Abtrünnigkeit zurückführten? Auf einen Kult von Anhängerinnen der Mutter, der Frauen. Angeblich sei die Königin verhext worden. Ich hielt es für plumpe Verleumdung, aber Tomis versicherte deinem Vater, es sei wahr – jedes Wort sei wahr! Das war zu viel für mich. Ich wurde wütend und verlangte, dass er den Brief verbrennt und seine Energien für andere Unternehmungen nutzt. Aber er wollte nicht auf mich hören. Als jemand, der die Philosophie liebt, sei es seine Pflicht, der Sache auf den Grund zu gehen, dieser – wie nannte er es? Dieser *Ontologie* der Mutter. ›Am besten konvertierst du gleich‹, sagte ich zu ihm. Er lachte und sagte, nie im Leben könne er eine Frau anbeten. ›Warum nicht?‹, fragte ich. ›Ich bete doch auch einen Mann an.‹ Wieder lachte er, als hätte ich einen besonders guten Witz gemacht.«

Wir nähern uns jetzt der Wiese, in der die Frauen begraben liegen. Schlanke Brombeerranken brechen über ihren Gräbern bereits aus der Erde. Über uns höre ich Marta pfeifen – ihre Ziegen sind ihr den Berg hinab gefolgt. Hildegard sind sie ein Gräuel; sie droht jeder Kreatur, deren Hufe ihre Felder betreten, mit einem grausamen Tod. Aber die Ziegen grasen ein gutes Stück abseits des gepflügten Felds. Der Klang ihrer Glocken bildet einen fröhlichen Kontrast zur ernsten Feierlichkeit der unseren. Ortolana setzt sich auf einen der größeren Steine, die verstreut auf der Wiese liegen, und gibt mir zu verstehen, dass ich mich zu ihr setzen soll.

»Aber warum«, beginne ich, »war Tomis überhaupt in Albion? Dort wird doch gar nicht mit Büchern oder Antiquitäten gehandelt, nur mit …«, ich muss raten, »Bäumen und Schafen.«

»Gute Frage, auf die es eine seltsame Antwort gibt: Silvia hat ihn hingeschickt.«

»*Silvia?*«, wiederhole ich überrascht, doch dann erinnere ich mich an Dianas Frage. Welche Geschäfte verband Tomis mit der Tochter des Pontifex?

»Höchstpersönlich. Sie hatte der Königin geschrieben, wahrscheinlich im Namen ihres Vaters, der ihr ja unbedingtes Vertrauen entgegenbringt. In dem Brief fragte sie die Königin, was sie dazu bewegt habe, der Autorität des Papstes abzuschwören. Anas Antwort muss Silvia fasziniert haben, denn – unter strenger Geheimhaltung – begannen die beiden Frauen eine Korrespondenz. Schließlich, so erzählte Tomis deinem Vater, habe die Königin Silvia angeboten, ihr ein Buch zu schicken, das ihr die Augen öffnen würde – ein Buch und zwei Frauen …«

»Zwei Frauen!«

»Ja, Beatrice, deine zwei Frauen. Tomis sagt, ihre Namen waren Janna und Madinia, Mutter und Tochter aus dem Westen Albions. Er hat sie mit den Aposteln Peter und Paul verglichen. Er meint, sie sollten Silvia das heilige Geschehen aus Sicht der Mutter schildern, mit allen Beweisen, derer sie habhaft werden konnten, und all ihrer Überzeugungskraft. Ich habe deinem Vater gesagt, er müsse geisteskrank sein, wenn er derlei Frevel Vorschub leiste, aber er erwiderte nur, Wissen sei wichtiger als alles andere. Er hat Tomis geantwortet und ihm eine groteske Summe angeboten, wenn er dafür sorgen könne, dass er einen Blick auf das Buch werfen und mit den Frauen sprechen könne. Geld, viel Geld, und eine bewaffnete Eskorte nach Süden und zur Peterskirche. Er war aufgeregter, als ich ihn seit Jahren erlebt habe.« Sie hält inne. Ihre Züge werden weicher, aber ich weiß schon, was kommt. »Und dann ... dann starb er.«

»Es tut mir leid«, höre ich mich sagen. »Es muss Euch sehr getroffen haben.«

»Danke, Beatrice. Das hat es. Als er tot war, habe ich vor lauter Trauer nicht mehr an Albion, Frauen und Bücher gedacht – bis ich Tomis nach dem Festmahl am Karnevalsdienstag zitternd in meiner Kammer sitzen sah. Er befand sich in einem schrecklichen Zustand, aber ich hatte, wie du weißt, gute Neuigkeiten für ihn. Ich sagte ihm, irgendwie hätten sich die Frauen hierher durchgeschlagen und ...«

»Verstehe«, sage ich, stehe auf und gehe ein Stück beiseite.

Sie denkt, jetzt hätte sie mich herumgekriegt und ich würde ihr das Buch aushändigen. Aber so einfach ist es nicht. Sie weiß viel. Aber ich weiß mehr, und ich glaube nicht, dass sie ermessen kann, welche Macht dieses Buch hat. Sie hält den Inhalt für etwas Ähnliches wie die Bücher der Bibel. Gebote, geflügelte Worte, Historisches und Genealogisches. Sie hat keine Vorstellung davon, was dieses Buch anrichten kann, was es bereits angerichtet hat.

Ich habe recht. Sie steht auf und kommt mit geöffneter Hand auf mich zu. »Ich denke, ich habe dir genug erzählt, Beatrice. Und gewiss verstehst du jetzt auch, warum Bruder Abramo nicht zufällig hier ist. Er weiß von dem Buch, dessen bin ich mir gewiss, und er vermutet, dass es hier ist, in diesem Kloster. Er verdächtigt Mutter Chiara, es zu verwahren und ...«

»Woher wollt Ihr das wissen?«

»Was glaubst du denn, womit ich mich den lieben langen Tag beschäftige?«

Ich habe keine Ahnung, abgesehen von komplizierten Tänzen und glotzäugigen Fischen auf Silberplatten.

»Ich spreche mit den Menschen, Beatrice!«

»Bloßes Geschwätz«, sage ich und bedaure es sofort, als ich ihren vernichtenden Blick sehe.

»Ich habe dich für klüger gehalten. Männer sprechen von *Geschwätz*, um das Wort einer Frau herabzuwürdigen. Männer haben ihre Verbindungen, ich habe meine. Frauen hören Dinge, und wenn sie reden, können sie allenfalls darauf hoffen, gehört zu werden.«

Getroffen senke ich den Blick. »Also gut. Bruder Abramo hat Verdacht geschöpft. Aber ... Was kann er tun? Hier verfügt er nicht über die Autorität, uns ...«

»Du klingst wie dein Bruder. Auch er nimmt ihn nicht ernst. Diese Woche hat er seiner Predigt in Verkleidung beigewohnt und hinterher mit seinen Freunden darüber gelacht. Ihn sogar nachgeäfft, was er womöglich noch bedauern wird.«

»Na und? Soll Abramo ihn getrost anprangern. Jedermann weiß doch ohnehin, was von ihm zu halten ist.« Ich sage das, um meine Stiefmutter zu kränken, aber sie ist unbeeindruckt. »Was kann er Chiara anhaben?«, fahre ich fort. »Sie ... sie ist *Chiara*. Sie hat Kinder aus dem Totenreich zurückgeholt. Der Pontifex hat ihr die Füße gewaschen. Sie ist ...«

Ungehalten wirft Ortolana die Hände in die Luft. »Sie ist seine Rivalin, Beatrice. Seine *Rivalin*, ist dir das nicht klar? Am Aschermittwoch, als sie ihm den Zutritt zum Kloster verweigert hat, hat er sich umgehend an die städtische und erzbischöfliche Obrigkeit gewandt und offiziell Zutritt verlangt. Du kannst mir glauben, dass ich all meinen Einfluss geltend machen musste, um das zu verhindern. Für den Moment bist du, seid ihr in Sicherheit. Aber ich weiß nicht, wie lange ich euch schützen ...«

Blitzschnell ändert sich ihr Gesichtsausdruck, und sie gibt mir ein Handzeichen. Ich drehe mich um. Arcangela ist keine zwölf

Schritte von uns entfernt und kommt schnell näher. Ortolana muss sie gesehen haben. Ich fühle mich ertappt und rechne mit Ärger, weil ich mich so weit vom Kloster entfernt habe, aber meine Stiefmutter begrüßt sie mit der größten Selbstverständlichkeit, nimmt ihren Arm, geht mit ihr ein Stück weiter und sagt mit mädchenhafter Vertrauensseligkeit: »Ah, genau die Person, die ich brauche. Könnt Ihr mir vielleicht helfen? Schwester Beatrice hat uns die Nachricht geschickt, dass sie das Gebetsbuch für mein ungeduldig erwartetes Enkelkind fertiggestellt hat. Doch nun sagt sie, sie sei damit nicht zufrieden. Sie hat es bei sich, in ihrer Rocktasche, aber sie weigert sich, es mir zu geben. Ich vertraue darauf, dass Ihr sie dazu bringen könnt.«

Ich bin in die Ecke gedrängt, übertölpelt. Jeglicher Protest wird weitere Aufmerksamkeit auf das Buch lenken. Ich hasse sie. *Hasse* sie. Und das Schlimmste ist, dass ich – beinahe – angefangen hatte, sie zu mögen.

Arcangela seufzt und sagt: »Ich habe Dinge mit der Witwe Stelleri zu besprechen, die keinen Aufschub dulden. Bitte gebt ihr das Buch.«

»Aber ...«

»Beatrice, tut, was Ihr müsst. Das Buch gehört nicht Euch. Im Gegenteil: Ihr habt es für jemand anders gemacht. Im Übrigen trägt Euer Perfektionismus die Züge eines indiskutablen Stolzes.«

Wieder berührt Ortolana Arcangelas Arm. »Diese Sturheit! Was täte ich bloß ohne Eure Unterstützung?«

Meine Stiefmutter hält mir eine fordernde Hand entgegen.

»Beatrice«, sagte Arcangela. »Zwingt mich nicht, es noch einmal zu sagen.«

Ich gebe Ortolana das Buch. Sie dreht es um, fährt mit dem Finger über den Samt und murmelt: »Ah, das Rot der Stelleri. Wie aufmerksam!« Dann verschwindet das Buch in ihrem Umhang. Erneut nimmt sie Arcangelas Arm und führt sie zum Kloster zurück. »Wir haben viel zu lange nicht miteinander ...«

Wütend folge ich ihnen und überlege, wie ich sie am Verlassen des Klostergeländes hindern kann. Deswegen höre ich zunächst nicht zu. Erst als wir uns dem Spital nähern, ändert sich Arcangelas Ton, und ich horche auf.

»Aber nun«, sagt sie, »muss ich Euch endlich sagen, dass Euer Diener im Empfangszimmer eingetroffen ist und verlangt hat, Euch zu holen.«

»Ach, wirklich? Da könnt Ihr mal sehen, dass meine häuslichen Pflichten mir überall hin folgen.«

»Es scheint sich um etwas Ernstes zu handeln.«

»Du liebe Zeit! Wie ärgerlich. Dann gehe ich lieber mal, um zu hören, was es so Dringliches gibt.«

Arcangela weiß, worum es geht, und würde es am liebsten laut herausposaunen, das ist offensichtlich. Doch Ortolana scheint es nicht von ihr erfahren zu wollen, denn schnell wechselt sie das Thema. Während wir weitergehen, spricht sie in den höchsten Tönen von den Segnungen des vierzigtägigen Fastens, der Klarheit und Kraft von Gebeten in dieser Zeit – ein Thema, dem Arcangela unmöglich ausweichen kann.

Erst als wir den Kirchplatz erreichen und schon kurz vor dem Empfangszimmer sind, nimmt Arcangela Ortolanas Arm und sagt: »Bevor wir Abschied nehmen, lasst mich Euch noch einmal versichern, dass wir immer für Euch da sind, wenn Ihr uns braucht. Ich fürchte«, fährt sie mit gedämpfter Stimme fort, »dass Euer Sohn beim Jagen ...«

»Ach, die jungen Leute machen es einem nicht leicht.« Ortolana schüttelt den Kopf, ganz die verständnisvolle Mama, aber ich glaube, eine gewisse Anspannung bei ihr zu entdecken. »Wie oft habe ich ihm gesagt, er soll die Falkenjagd einschränken und seine Rennleidenschaft zügeln, und was die Ballspiele betrifft ...«

Sie versucht, Arcangela abzuschütteln, aber die will erst noch sagen, was sie zu sagen hat. »Die Jagd ... Nun ja ... Keine gottgefällige Sache, aber keine Sünde. Nein, was die städtischen Würdenträger am meisten aufzubringen scheint und was Euer Diener

Euch schnellstmöglich mitteilen will, ist, dass er ... gerade jetzt, in der ersten Fastenwoche ...« Sie beugt sich weiter vor und fährt pointiert fort: »Er hat seine Beute umgehend verspeist.« Sie macht eine kurze Pause, die meine Stiefmutter nicht nutzt, um etwas zu sagen. »Und das in dieser kostbaren Zeit, in der alle rechtgläubigen Männer und Frauen Abstinenz üben, um im Gedenken an das größte Opfer von allen selbst ein kleines, ein sehr kleines Opfer zu bringen. Dass gerade Euer Sohn mit der Tradition bricht und den Herrn so beleidigt ... Was für eine Herzlosigkeit gegenüber den Leiden seines Sohnes! Es ist ja beinahe, als sei Ludovice Stelleri in dem Glauben erzogen worden, er stehe über Gesetz und Geboten.« Sie drückt meiner Stiefmutter den Arm. »Ich bedaure, Euch so schlechte Neuigkeiten überbringen zu müssen. Darf ich Euch einen Rat geben? Euer Sohn sollte sich so schnell wie möglich in die Basilika begeben und dort öffentlich Abbitte leisten. So lassen sich die Leute vielleicht besänftigen. Andernfalls würde ihm sein Ruf, nicht ganz ... Nun ja ... Nicht ganz glaubensfest zu sein, zum Verhängnis, gerade jetzt, da Bruder Abramo allen die Herzen für Gottvater geöffnet hat.«

»Danke, Schwester, dass Ihr die Zusammenhänge so klar macht«, sagt Ortolana unbewegt. »Euer Blick auf ... auf alles ist auch hinter den Klostermauern scharf geblieben.«

»Ich möchte nicht, dass eine Mutter unter den Sünden ihres Sohns zu leiden hat«, erwidert Arcangela und sieht meine Stiefmutter besorgt an, und ich frage mich, wie Ortolana diese herablassende Barmherzigkeit ertragen kann. Aber dann fällt mir ein, dass ich keinen Grund habe, sie zu bemitleiden, zumal sie mir schon wieder etwas gestohlen hat.

Doch jetzt eilt auch Chiara auf uns zu. Ohne jede Vorrede entzieht sie Ortolana Arcangelas eisernem Griff und sagt: »Ich habe es gehört. Es tut mir so leid. Euch erwartet nichts Gutes in der Stadt, nicht wahr?«

Meine Stiefmutter – ich kann nicht umhin zu bewundern, wie viel Haltung sie bewahrt – schüttelt den Kopf. »Das ist nicht zu erwarten. Danke, Mutter Chiara. Ich muss gehen. Vielen Dank auch Euch, Schwester Arcangela.« Dann küsst sie Chiara die Hand und Arcangelas Wange. Anschließend dreht sie sich zu mir um. »Bete für uns beide, Beatrice.« Erst da wird mir klar, dass sie mich umarmen will.

Ihre Hand fährt um meinen Arm, und es wäre unschicklich, mich ihr zu entziehen. Ihre Lippen berühren meine gesunde Wange, dann die verbrannte. Sie flüstert zwei Worte, lässt mich los und geht ins Empfangszimmer. Ich schaue ihr nach und falte die Hände über meinem Buch; während ihrer Umarmung hat sie es mir an den Bauch gedrückt. Ihre zwei Worte waren: »Hier – sicherer.«

DIE ZEDER

Sonntagabend

Es ist der Tag des Herrn, die knappe Stunde zwischen dem sechsten und siebten Offizium verbringen wir in der dunklen Jahreszeit in unseren Zellen im Gebet. Oft fällt es mir nicht leicht, allein zu beten. Es ist, als rutschte ich einen Schutthaufen niederer Gedanken hinab, während sich meine Schwestern erheben, immer höher, bis Gottes Sohn sie umfängt. Heute Abend fühle ich mich aber nicht allein. Heute Abend fällt uns allen das rechte Beten schwer – selbst Schwester Arcangela, dessen bin ich mir gewiss.

Es sollte ein stiller Abend sein. Der Friede des Herrn sollte spürbar sein. Doch den ganzen Nachmittag über sind die Geräusche von Aufständen in der Stadt zu uns herübergedrungen, und wir alle haben Angst.

Während des Abendessens wurde es so laut, dass die Geräusche – gedämpft, aber bedrohlich – sogar im Refektorium zu hören waren. Alfonsa, die sich schon in guten Zeiten mit den krauseren Passagen der Heiligen Schrift müht, wurde immer unruhiger, stockte nach jedem dritten Wort und schaute sich hilfesuchend um. Meine Mitschwestern hörten unkonzentriert zu, hielten die Löffel zwischen Suppenteller und Mund in der Luft und fragten sich, ob der Tumult weit weg war oder bis an unsere Mauern dringen würde. Wann immer die Geräusche anschwollen, erschien mir die Suppe, auf die ich so sehnlich gewartet hatte, weniger schmackhaft.

Chiara, Maria und Hildegard verließen leise den Essenssaal, vermutlich um die städtischen Felder und die Ausläufer der Stadt zu überblicken. Als sie fort waren, hörte Arcangela, nachdem sie – wie üblich – ihren Teller nach höchstens zehn Löffeln Suppe zurückgeschoben hatte, beinahe wie in Ekstase weiter aufmerksam zu, wie Alfonsa durch das Deuteronomium holperte. Dann wurde irgendwo eine Kanone abgefeuert, und viele Mitschwestern sprangen auf, aber Arcangela verzog das Gesicht und wies sie mit einer Geste an, sich wieder hinzusetzen.

Schwester Felicitas zögerte das Abräumen hinaus, weil so wenig gegessen worden war, aber es würde nicht mehr lange dauern, bis die Glocke zum sechsten Offizium riefe. Schließlich schickte sie die Küchenmädchen herein. Tischauf, tischab stapelten einige die Suppenteller, andere warfen Löffel in Körbe, während Arcangela aufstand, Alfonsa dankte und ihr Komplimente für ihre stark verbesserte Lesefertigkeiten machte. In diesem Moment kam Chiara zurück, und alle hielten inne, um zu hören, was sie zu sagen hatte.

»Meine lieben Schwestern«, begann sie. »Unten in der Stadt scheint es einen Aufruhr zu geben, aber Ihr braucht keine Angst zu haben. Hier sind wir sicher.«

Sie sprach so ruhig und überzeugend, dass sich alle, die nicht übermäßig furchtsam waren, beruhigten, und mit frischem Mut machten wir uns zur Kapelle auf, deren dicke Mauern den Lärm dämpften. Doch selbst jetzt, während wir in unseren Zellen ins Gebet vertieft sind, dringen Rufe, Schreie und Glockenklang aus der Stadt zu uns den Berg herauf.

Meine Tür steht offen. Eine Aufseherin ist die ganze Zeit den Korridor auf und ab gegangen. Jetzt kommt sie wieder an meiner Zelle vorbei und beschleunigt ihre Schritte. Dann höre ich sie aufgebracht mit jemandem auf der Treppe sprechen. Vielleicht gibt es ja etwas Neues. Ich stehe leise auf und gehe auf meine Tür zu, um besser zuhören zu können.

»Beatrice!«

Ein kurzer, scharfer Tadel. Sie hat mich an der Tür erwischt. Widerstrebend knie ich nieder. Ich höre die geflüsterten Gebete meiner Mitschwestern in den Zellen auf beiden Seiten des Korridors, sie klingen lauter und inbrünstiger als sonst. Und sie haben ja recht, wenn sie sich fürchten. Jeder weiß doch, was in Zeiten des Umbruchs mit Klöstern – und den Frauen darin – passiert. Immer lauter wird das Geflüster. Es klingt fast, als scharten sich meine Mitschwestern in der Dunkelheit eng um mich. Beinahe kann ich ihren Atem an meinem …

Ich drehe mich um.

Meine Zelle. Dunkel. Leer. Da sind keine Mitschwestern. Es ist die Stimme des Buchs. Es scheint erregt zu sein. Es ist von etwas bewegt. Etwas bewegt sich. Als Ortolana gestern gegangen war, habe ich es in dem Loch hinter den Backsteinen versteckt, aber jetzt verspüre ich den Drang, es an mich zu nehmen, um zu sehen, wie sehr es in Aufruhr ist. Aber ich kann nicht – die Aufseherinnen sind zu nah. Ich schließe die Augen. Fahre mit den Fingern über die Steine unter mir, die kalten Steine, und plötzlich muss ich an meinen Bruder denken.

Ich versuche, mir vorzustellen, welche Hybris ihn zu seinem kopflosen Verhalten getrieben hat – aber ist er nicht schon immer leicht zu beeinflussen gewesen? Ich habe den Mann nie kennengelernt, aber den Jungen kannte ich gut: wie bereitwillig er sich auf all meine Albernheiten einließ; wie schwer er sich mit Ausreden tat, wenn wir unsere Streiche vor den Erwachsenen rechtfertigen oder kaschieren mussten; wie schnell er bereit war, mich zu verraten, wenn wir aufflogen.

Gestern Nachmittag, als sich im Kloster herumsprach, was er getan hatte, fand ich mich im Zentrum eines höchst unwillkommenen Interesses. Die dreisteren meiner Mitschwestern kamen sogar die Treppe herauf, um in die Bibliothek zu spähen – nur wozu? Glaubten sie wirklich, mich beim Verspeisen einer schönen Rehkeule zu erwischen? Was jedoch meine Gedanken betrifft – ich fürchte, sie waren mindestens so sündhaft wie sein Handeln.

Die Mutter. In meinen Tagträumen habe ich diese Wörter oft vor mir gesehen. Würde die Strafe des Herrn schon bald folgen? Noch habe ich keine Blasen an den Fingern. Keine Frösche sind über mein Schreibpult gehüpft.
Die Mutter. Ich habe die Worte mit den Lippen geformt.
Da! Ein Donnerschlag! Nein, nicht der Zorn Gottes, sondern Diana, die die Bibliothekstreppe heraufstürmte.
»He, Beatrice.« Sie steckte den Kopf zur Tür herein und schwenkte das *Libellus*, das ich ihr geliehen hatte. »Wollt Ihr das zurückhaben? Oder wollt Ihr kommen und sehen, wie ich vorankomme?«
»Würde ich Euch nicht stören?«
»Dann würde ich Euch ja nicht fragen.«

Als sie den Vorhang öffnete, hinter dem die Seitenkapelle liegt, sah ich etwas ganz Außergewöhnliches an der Wand. Ein Mann lag zusammengekauert auf einem Bett, der Inhalt eines Weinkrugs auf dem Boden verschüttet. Eine Frau mit einem Messer in der Hand beugte sich über ihn. Er war nur eine Umrisslinie, eine grobe Vorzeichnung, die vor allem seinen Nacken und seine Schultern zeigte. Aber die Frau war sorgfältig und ausdrucksvoll ausgemalt. Und ihr Gesicht ... es war *meins*, sah aber anders aus, als ich mich selbst sah – stark und furchteinflößend.
»Gefällt es Euch?«, fragte Diana. »Es ist erst die Unterzeichnung, aber ich habe schon schlechtere fabriziert. Judith muss ziemlich stark gewesen sein, wenn sie einem Mann den Kopf absägen konnte.«
Ich wusste nicht, was ich sagen sollte. Und war erleichtert, als Tamara durch den Vorhang kam. »Ach, Beatrice, hallo«, sagte sie. »Hey!« Sie zeigte auf das Wandbild. »Unsere Schwester Bibliothekarin gefällt mir. Wann bin ich an der Reihe?«
Diana zeigte auf eine weiße Fläche. »Keine Sorge. Ihr kommt alle an die Reihe.«
»Ooooh!«, machte Tamara. »Welche Rolle bekommt Arcangela?«

»Mariä Himmelfahrt«, sagte ich, ohne nachzudenken. Diana grinste, und von Tamara kam eine Mischung aus Schnauben und Schlucken – ihre Art zu lachen.

»Stellt Euch nur vor, *sie* zur Mutter zu haben.« Sie nahm den Schleier ab und fuhr sich mit den Händen durch die kurzen, struppigen Haare, bis sie zu Berge standen. »Habt Ihr eine, Di?«

»Eine was?«

»Eine Mutter.«

»Mmm. Ja.« Sie betrachtete das Bild und veränderte den Winkel, in dem Judith das Messer hielt.

»Wo ist sie jetzt?«

»Sankt Peter. Kümmert sich um meine Brüder und Schwestern. Für mich hat sie nicht besonders viel übrig.«

Tamara zog eine Grimasse und suchte meinen Blick. »Ist sie neidisch?«

»Wie kommt Ihr denn darauf?«, fragte Diana.

»Nun, wenn ich Euch so ansehe … Und Euer Vater hat Euch die Malerei gelehrt, während sie bis über die …« – sie hielt eine Hand an ihre schön geschwungenen Augenbrauen – »… Augenbrauen in Kindererziehung steckte. Wer wäre da nicht neidisch? Was mich betrifft, ich war immer neidisch auf Beatrice.« Sie zeigte auf mich. »Ich ein ungehobeltes Etwas, das von hoher See kommt, und sie so wohlpositioniert und einflussreich.«

»Das ist unfair!«, sagte ich. Plötzlich war mir ihre und Dianas Gesellschaft verleidet.

»Denkt, was Ihr wollt, Schwester Beatrice. Das tut Ihr doch immer.«

»Hey!« Diana trat in ihre Richtung, nur halb im Scherz. »Lasst sie zufrieden. Und lauft nicht fort, Bea!« Ich wollte wirklich gerade gehen. »Tamara hat Neuigkeiten aus der Stadt.«

Damit begann Tamara ein Szenario zu entwerfen, das ihr Geldwechsler, ein offenbar geschwätziger Mann, ihr geschildert hat. Abramos Männer, hatte er gesagt, haben sündige Menschen – hauptsächlich Frauen – eingefangen, sie in ein Gewand aus Sackleinen gesteckt, ihnen die Haare abgeschnitten und Schilder um den Hals gehängt, auf denen »Schlange«, »Babylon« und »Hure« stand. Am Samstagmorgen haben die Lämmer der Guten Hirten sie zum Marsch rund um die Basilika gezwungen.

»Und das, Schwester Bibliothekarin, war, als Euer Bruder und seine idiotischen Gefährten, noch betrunken vom Vorabend, fanden, es sei ein guter Zeitpunkt, durch die Straßen zu galoppieren, ihre Bögen zu schwingen und Psalme zu grölen. Einige Lämmer sind ihnen gefolgt – um was vorzufinden? Euren Bruder, wie er gemütlich in einer Waldlichtung saß, eine triefende Rehkeule in der Hand und sich vollstopfend. Die Stadt starrt vor Waffen, und Enzo sagt, es wird noch schlimmer, an Himmelfahrt, wenn Bruder Abramo die Predigt hält, als stocherte er in einem Wespennetz mit einem ...«

Jetzt schreckt mich der Schuss einer Hakenbüchse auf – nicht in der Nähe, aber auch nicht fern genug. Tamaras Geldwechsler hatte recht. Was immer Bruder Abramo vom Predigtstuhl heute Nachmittag verkündet haben mag, hat die Stadt entflammt.

Wieder kommt die Aufseherin auf meine Zelle zu, und ich höre, dass sie einige Schritte hereinkommt. Sie hebt ihre Laterne an. Mein Schatten bläht sich vor mir auf. Ich bin, wo und wie ich sein soll – auf den Knien und im Gebet. Sie zieht sich zurück, mein Schatten verblasst. Das Geflüster wird immer lauter. Geflüster, ein Rutschen und Kratzen – wie eine Kreatur mit scharfen Krallen auf der Flucht. Die Glocke läutet zum siebten Offizium, und ich stehe auf und drücke den Rücken an die Wand. Ich sehe die dunklen Gestalten meiner Mitschwestern durch den Korridor gehen, die Treppe hinunter, in die Nacht hinaus.

»Beatrice, Beatrice!« Die Aufseherin steht an meiner Tür, die Laterne erhoben. »Beeilt Euch!«

Sie tritt zur Seite und schaut mir nach, dann folgt sie mir auf den Kirchplatz, der von flackernden Fackeln in ihren eisernen Mauerhalterungen beleuchtet ist. Mitschwestern, Novizinnen, weltliche

Bewohnerinnen – alle sollten zügig auf dem Weg zur Kapelle sein. Doch Brandgeruch und der Feuerschein, der vom bewölkten Himmel reflektiert wird, versetzt alle in Aufruhr. Die Aufseherin hängt ihre Laterne an einen Haken und eilt auf ein Knäuel verängstigter Mädchen zu, die wie angewurzelt am Brunnen stehen geblieben sind und wie steinerne Statuen ihrer selbst aussehen.

Ich ergreife die Gelegenheit.

Mit der Laterne in der Hand laufe ich wieder die Treppe hinauf, zurück in meine Zelle. Ich schließe die Tür und bleibe stehen, um zu horchen. Ist mir jemand gefolgt? Nein. Niemand. Keine Schritte. Nur das Geflüster, das jetzt aber anders klingt. Harscher, bedrohlicher. Die Laterne steht auf dem Fußboden, ich knie mich hin, hole die losen Backsteine aus der Wand und taste nach meinem Buch. Das Blut saust mir dröhnend durch die Ohren, und mein Atem geht keuchend. Ich habe das Buch in der Hand. Es ist …

aufgeschlagen. An den Ranken sind Beeren gereift, dick und tiefrot. Die stacheligen Kastanienschalen sind aufgesprungen, und durch die Spalte schimmern die braunen Früchte. Und über der Seite: ein neues Bild.

Es ist ein wildes, konturloses Durcheinander. Ich drehe das Buch hin und her und versuche, etwas Definitives, Sinnhaftes zu erkennen. Was habe ich da vor mir? Energische Pinselstriche, die sich von einem sehr dunklen Zentrum her ausbreiten. Es macht mich ganz schwindelig, und ich muss den Blick davon abwenden.

Ich lasse mir Zeit, bevor ich wieder hinschaue.

Jetzt sehe ich es.

Es sind Federn, ausgebreitete Schwingen, und der Bogen leerer Klauen. Das Zentrum: das unerbittliche Auge eines Raubvogels. Eines großen Vogels, von unten gesehen. Ein Vogel in einem Wirbelsturm dahineilender Wolken. Es passiert. Es passiert wieder. Jemand hat …

Draußen ein Schrei, gefolgt von lauten Rufen. Alarmiert stecke ich das Buch wieder in sein Versteck, lege die Backsteine davor und laufe zum Fenster. Vermisst man mich inzwischen? Nein, das ist lächerlich. Kein Mensch denkt an mich. Meine Mitschwestern drängen sich ans Gemäuer, sie scheinen das siebte Offizium fluchtartig abgebrochen zu haben. Ich laufe hinunter und höre Hildegards Stimme auf dem erhöhten Sims des Empfangs.

»Frauen ... Auf dem Weg hierher!«

Aus der Menge meiner verängstigten Mitschwestern erhebt sich Chiaras Stimme. »Wer sind sie?«

Arcangela, eine Laterne in der Hand, löst sich aus der Menge. Normalerweise machen meine Mitschwestern ihr Platz, aber heute Abend muss sie die Ellenbogen einsetzen, um sich einen Weg zu bahnen. Sie nimmt Chiaras Arm und will sie mitziehen, aber unsere Mutter Oberin rührt sich nicht vom Fleck. Im Laternenschein sehe ich Chiaras Widerwillen. Sie zeigt auf Arcangela, dann zieht sie die Hand zur Seite: Nein, es reicht!

»Hildegard!«, ruft sie noch einmal. »Kommt herunter und helft Poggio, das Tor zu öffnen!«

Meine Mitschwestern lassen sämtliche Disziplin fahren und laufen aufs Tor zu. Als es geöffnet ist, sind schattige Gestalten zu sehen, zwei Dutzend oder mehr, die über die städtischen Felder auf unser Kloster zukommen. Die ersten kommen bereits herein und beklagen mit tränenerstickten Stimmen das Chaos, das in der Stadt herrscht. Die Frau, die als letzte hereinkommt, hält sich an Hildegard fest, als würde sie sonst hinfallen.

»Ah, wie schön, Euch zu sehen. Dieser Kerl! Was soll nun aus uns werden? Sie haben es in Brand gesteckt, das Haus meiner Herrin. Wir haben es hinter uns brennen sehen, als wir wegliefen.« Die Gesichtszüge entgleiten ihr, und doch erkenne ich sie plötzlich. Sie ist die Köchin meines Elternhauses. Ich überlege, wie sie heißt.

»Benedetta!«

»Beatrice? Nein, Schwester Beatrice sollte ich sagen!« Sie kommt zu mir und umarmt mich. »Niemals hätte ich ... Niemals!« Aber bevor ich sie befragen kann, zupft sie an Hildegards Ärmel und bittet sie, das Tor nicht zu schließen. »Wartet! Wartet! Wir haben versucht, dem Mädchen Beine zu machen, aber die Schwangerschaft ist so weit fortgeschritten, dass sie nicht schneller gehen kann.«

Von den Feldern kommt ein beinahe unmenschliches Geheul.

»Ha!«, macht Hildegard ärgerlich. »Der perfekte Zeitpunkt.« Sie verschwindet in der Dunkelheit und ruft: »Nur Mut, nur Mut! Ich komme ja schon.«

Als sie zurückkommt, wird sie von zwei kräftigen Frauen flankiert, die eine kleinere stützen. Schnell geht sie an uns vorbei und ruft: »Agatha? Agatha? Es ist bald so weit.«

Das Geheul wird lauter. Benedetta und die anderen beiden bekreuzigen sich, küssen ihre Fingerknöchel und gehen auf die Neuankömmlinge zu. Erst dann erkenne ich, dass die kleine Frau Bianca ist und die Geburt ihres Kindes unmittelbar bevorsteht.

Ich stehe jetzt allein am Tor und beginne, mich zu schämen. Einst hätte ich mir gewünscht, dass Bianca in Not und Demut an unser Tor kommt. Aber nun, da es so weit ist? Ich habe einen bitteren Geschmack im Mund, wie Eisenkraut. Einst habe ich auch gewünscht, meine Stiefmutter ...

Was ist mit Ortolana? Wo ist sie?

Ich suche den Kirchplatz nach ihr ab. Meine Mitschwestern sind schwer beschäftigt, holen Decken, legen neues Feuerholz in die Feuerschalen, eine hält ein brüllendes Kleinkind im Arm, eine andere redet beruhigend auf eine zittrige Großmutter ein. Ich gehe von einem Grüppchen zum nächsten, kann Ortolana aber nicht finden. Dann eile ich zum Gästehaus, aus dem Biancas Schreie dringen, und treffe auf Benedetta. Sie ist viel ruhiger, lächelt und sagt: »Jetzt ist sie – gottlob – in guten Händen. Schwester Agatha und die gute Mutter Chiara sehen nach ...«

»Aber Benedetta, Eure Herrin, Ortolana – ist sie bei Bianca?«

»Nein, mein Kind, sie ...«

Aber ich laufe schon zum Kirchplatz zurück, durchs Tor und auf die städtischen Felder. Ich habe einhundert, zweihundert Schritte zurückgelegt, als ich stehen bleibe. Was, um Gottes willen, tue ich eigentlich?

»Beatrice! Beatrice!« Hildegard ist mir gefolgt und erreicht mich. »Was soll das hier werden?«

»Die Frauen ... Ortolana ist nicht unter ihnen.«

»Hier draußen seid Ihr nicht sicher«, sagt sie und zieht mich in Richtung Tor zurück.

»Aber sie muss dort irgendwo sein. Er hat unser Haus angesteckt und ...«

»Sch-sch!«, macht sie beruhigend. »Hört zu! Sie ist eine kluge Frau, Eure Stiefmutter. Sie bringt sich gewiss in Sicherheit.«

In diesem Moment taucht Benedetta neben mir auf, nimmt meine Hand und stimmt in Hildegards Beschwichtigungsversuche mit ein. »Macht Euch keine Sorgen um sie. Sie wollte erst Euren Bruder fortschaffen, und nun konnte sie ihn ja schlecht mitbringen, nicht wahr? Unsere Wachen sind bei ihr, zuverlässige Männer. Sie bringt sich in Sicherheit. Seid unbesorgt.«

Ich versuche zu nicken und die beiden abzuschütteln, aber sie halten mich fest.

»Mir geht es gut«, erwidere ich.

»Nein.« Benedetta weigert sich, mich loszulassen. »Das tut es nicht.« Dann sagt sie leise zu Hildegard: »Meine Güte, sie hat sich ja kein bisschen geändert.« Als Nächstes zu mir: »Als Ihr klein wart, habt Ihr es nie zugegeben, wenn Ihr Euch verletzt hattet. Nun kommt und setzt Euch zu mir. Nein, nein, keine Widerrede!«

Unfähig – oder unwillig –, mich zu widersetzen, lasse ich mich unter die Zeder führen, wo sich ihre Freundinnen niedergelassen haben. Sie nennt ihre Namen – Frauen, die im Hause Stelleri arbeiten oder in den umliegenden Straßen wohnen. Eine oder zwei haben kleine Kinder dabei, die sich an ihnen festhalten und sich an ihre Röcke drücken. Auf einer Bank macht jemand Platz für uns. Benedetta behält einen Arm um mich gelegt und streicht mir über den Rücken. Jetzt erst höre ich die Klagen der anderen Frauen.

»... als gehörte ihnen das Haus, dabei wohnen in unserer Straße nur anständige und gläubige ...«

»… Burschen, die mir nicht einmal bis ans Kinn reichten, klopften an und fragten …«

»… was wir essen …«

»… was wir lesen …«

»… welche Kleidung wir tragen …«

»… und wenn wir uns wehrten, wurden sie laut …«

»… ›Wir kommen im Namen des Vaters‹ …‹«

»… als hingen bei uns bratfertige Hähnchen in der Speisekammer …«

»… oder irgendein anderes Buch als die Bibel oder das *Libellum* …«

An dieser Stelle sagt Benedetta laut: »Sie hier hat es geschrieben. Ich habe Euch von ihr erzählt. Kaum ein Dreikäsehoch, saß sie an meinem Küchentisch und las laut aus meinem Haushaltsbuch vor. Hatte sich das Lesen selbst beigebracht. Dann fing sie an, meine Einkaufslisten zu schreiben und uns aus der Bibel vorzulesen, wenn wir Tausende von Bohnen pulen mussten.«

Voller Bewunderung machen die anderen »Ah!« und »Oh!« – und es ist ein wunderbares Gefühl. Ich sehe mich wieder in Benedettas Küche, höre das Geraschel der Bohnen und das Blubbern der Suppe. Benedetta steckt mir Löffel mit Honig und Sahne zu. Ich sitze neben ihr und atme ihren Mehl-und-Butter-Duft ein. Beinahe fühle ich mich wieder wie ein Kind.

Schwester Timofea kommt auf uns zu und sagt, sie habe die Novizinnen in die Schlafkammern der weltlichen Bewohnerinnen geschickt, sodass die Geflohenen es sich für die Nacht bequem machen könnten. Sie bedanken sich, betonen aber, dass sie uns keine Arbeit machen wollten und auch hier unter dem Baum schlafen könnten, sie hätten Decken mitgebracht, und es sei eine milde Nacht. Doch Timofea will nichts davon hören und sagt, die Frauen sollten in den Kammern schlafen gehen, wenn sie sie nicht erzürnen wollten.

Die Frauen stehen auf, murren ein wenig, sammeln aber ihre Beutel, Kinder und Schals ein. Benedetta berührt meinen Arm.

»Ich habe Euch vermisst, Bea. Ihr habt versprochen, mir zu schreiben, aber das habt Ihr nie getan. Ich sagte mir, Ihr seid dafür wohl zu beschäftigt, und dann hörte ich, Ihr seid der Bibliothek zugeteilt worden. Meine Herrin hätte nicht stolzer sein können. Sie hat uns allen das Buch von Euch geschenkt. Mein Matteo liest mir häufig daraus vor.« Die anderen rufen nach ihr. »Ich komme ja«, ruft sie zurück, drückt mir den Arm und eilt ihren Freundinnen nach.

Ich bleibe, wo ich bin. Ein leiser Schrei und eine Antwort darauf dringen von der Stadt her an meine Ohren, aber insgesamt scheint sich der Aufruhr gelegt zu haben. Dunkle Gestalten verlassen die Kapelle – Arcangela und ihre Bewunderer haben das siebte Offizium offenbar nicht abgebrochen.

Die Aufseherinnen schwärmen aus und fordern alle auf, ihre Zellen wieder aufzusuchen und bis zum Nachtgebet zu schlafen. Der Kirchplatz leert sich. Feuerschalen und Fackeln verlöschen langsam. Reglos stehe ich da.

Plötzlich höre ich etwas, auf der anderen Seite des Baums. Ein Geflüster in den Zweigen, das nicht vom Wind stammt. Ich nehme all meinen Mut zusammen und umrunde den Stamm, der so dick ist, dass es vier meiner Mitschwestern bräuchte, um ihn mit ausgestreckten Armen zu umfangen. Über mir, gerade eben außer meiner Reichweite, wächst ein langer Zweig der Mauer entgegen. Von dort kommt das Geflüster. Ich schleiche weiter und bleibe unter dem Zweig. Je weiter ich komme, desto deutlicher kann ich einzelne Wörter verstehen. Wörter, die von jemandem mit krächzender Stimme gesprochen werden. Es klingt vertraut. Obwohl die Wörter aus dem Zusammenhang gerissen sind, habe ich sie schon einmal gehört – vor fünf Nächten. Im Spital. Ich zwinge mich, den letzten Schritt zu machen.

Etwas, jemand hockt auf dem Zweig. Ich hebe eine Hand und spüre die Wärme eines Körpers. Ein Arm oder Bein, denke ich, weich und schlank. Eine Frau. Als ich es berühre, wird es weggezogen. Ich höre ein leises Stöhnen. Die Frau rutscht ab, fällt. Ich will sie auffangen oder wenigstens ihren Aufprall abmildern, und beinahe gelingt es mir auch. Als wir zu Boden gehen, liege ich unten. Es tut weh, aber ich bin nicht so außer Gefecht gesetzt wie erwartet. Die Frau windet sich und versucht, die Füße auf die Erde zu setzen. Ich streiche über ihre Haare und mache: »Sch! Sch!«

Stimmen, Schritte – ich mache mich steif. Zwei Frauen gehen langsam und in ein leises Gespräch vertieft auf uns zu. Manchmal bleiben sie stehen, aber sie kommen uns immer näher. Ich setze mich auf und versuche, die Frau zu stützen. Wortlos beschwöre ich sie, still zu sein. Das schwache Licht von Laternen wankt am Baum vorbei.

Ein erfreuter Ausruf: »Da ist es ja, Schwester!«

»Pssst!«

»Verzeiht«, kommt es leise. »Ich dachte, wie hätten sie verloren. Meine Jüngste kommt ohne sie nicht zur Ruhe. Bambolina! Danke, Schwester. Sie hat so bitterlich geweint, dass ich dachte ...«

Die Stimme wird leiser. Die Schritte entfernen sich. Ich atme laut aus.

Ich ziehe die Frau zum Stamm, so schonend ich kann, und setze sie so hin, dass sie sich anlehnen kann. Dann streiche ich über ihren merkwürdigen Umhang. Ich fühle Federn, viele Federn, als trüge sie ein teures Karnevalskostüm. Vor ihr kniend sage ich ein paar Worte, um sie zu trösten und zu ermutigen. Ich versuche, ihren Kopf aufzurichten, der ihr auf die Brust gesunken ist. Ich frage mich, wie ich ihr am besten helfen kann, als ihre Hand hochschnellt und mein Handgelenk packt. Fest. Scharfe Nägel drücken sich in meine Haut. Dann durchdringen Laute, die keine Wörter ergeben, die Dunkelheit, gesprochen mit der rauen, brüchigen Stimme meiner Stiefmutter.

DER SOHN
Mitten in der Nacht

⚐

Lange saßen wir so da.

Nach und nach hatte sie sich entkrampft und in meine Arme geschmiegt. Dabei war sie immer schwerer geworden, als wäre, was ich zuerst hielt, nicht ganz sie gewesen, sondern nur ein Teil von ihr, und als hätte sie sich nach und nach vervollständigt. Ich glaube zu wissen, was passiert ist. Sie wurde verfolgt, verletzt, in die Enge getrieben, bis die Kraft des Buchs sie erlöst und hierher geführt hatte. Ich muss an einen Vogel denken, der sich einmal in die Bibliothek verflogen hatte und nicht mehr hinausfand, wie Sophia und ich ihn in eine Ecke getrieben hatten, wo ich ihn aufheben konnte. Es fühlte sich an, als hätte ich eine wütende kleine Seele in der Hand, federleichte Kampfkraft, die mit ihren winzigen Knochen nichts ausrichten konnte.

»Ich habe sie fortgeschickt«, flüstert sie – ihre ersten Worte, die einen Sinn ergeben.

»Sie ist in Sicherheit«, sagt sie. »Sie ist hier.«

Sie dreht sich zu mir um und umklammert mich. »Ich habe sie fortgeschickt. Fortgeschickt.«

»Bianca«, sage ich. »Ja, sie ist in Sicherheit.«

»Bianca?«

»In Sicherheit«, wiederhole ich. »Sie liegt in den Wehen.«

Sie steht auf und wankt, immer noch sehr schwach. Vielleicht weiß sie aber auch nicht, dass sie steht. Ich ziehe sie wieder herunter.

»Nicht!«, sage ich eindringlich. »Man darf Euch hier nicht sehen. Ihr würdet ihr Angst machen. Ihr seid ...«

»Beängstigend?« Sie streckt einen Arm aus, und ich sehe Federn zu Boden taumeln. Sie streckt den anderen Arm aus, und ich schaue auf ein üppiges schwarzes Kleid. Bei näherem Hinsehen sind die Federn zu Seide geworden. Ich greife nach ihren Händen. Trockene, zuckende Finger kratzen an meiner Handfläche. Sie dreht die Hände hin und her und schaut mich düster an.

»Das also ist die Macht der Mutter«, sagt sie. »Ihr Mysterium, ihre Überlegenheit. Wusstest du das?«

»Ich ...«

»Du wusstest es und hast mir nichts davon gesagt.«

»Ihr hättet mir nicht geglaubt.«

»Nein, das hätte ich nicht. Aber nun – nun glaube ich es.« Sie steht wieder auf, und dieses Mal geben ihre Beine nicht nach. »Bring mich bitte zu ihr.«

Wir meiden die Lichtkegel der Feuerschalen und erreichen das Gästehaus, wo Hildegard Bianca hingebracht hat. Auf der Treppe begegnen wir einer Gehilfin Agathas, die einen Haufen blutiger Laken und Handtücher fortbringt. Ortolana spricht sie an und wird mit einem müden, aber seligen Lächeln belohnt.

»Beide leben. Ein Sohn.«

Ortolana drückt dem Mädchen die Hand, dankt ihr und tritt zur Seite, um sie weitergehen zu lassen. Ich denke, wir gehen jetzt weiter die Treppe hinauf, aber sie sinkt auf die Stufen und scheint sich nicht mehr bewegen zu können. »Einen Augenblick, Beatrice«, sagt sie. »Einen Augenblick, bitte.«

Ich hocke mich zu ihr und versuche, nicht an die Qualen einer Geburt zu denken, die Schmerzen, die Eva und ihren Nachkommen auferlegt wurden. Gottes Sohn, heißt es, sei mühelos aus Marias Bauch geglitten, wie ein Sonnenstrahl durch eine Glasscheibe. Kein Schmerzensschrei, nicht einmal ein unterdrücktes Stöhnen hat das umstehende Vieh beim Wiederkäuen gestört. Für meine Mutter muss es anders gewesen sein. Sie muss gelitten haben, geschrien – jedenfalls nehme ich das an, denn sie ist ja gestorben. Die Tatsache, dass sie tot ist, ist alles, was ich von ihr weiß.

Sie kann keine respektable Frau gewesen sein, denn sie ist unverheiratet ins Bett meines Vaters gestiegen. Auch kann sie keine Schönheit gewesen sein – dafür bin ich der beste Beweis. Und wenn sie weder von gesellschaftlichem Rang noch schön war, frage ich mich, was mein Vater von ihr wollte, denn es sind doch diese beiden Dinge, die Männern wichtig sind – abgesehen von Keuschheit, und die hat er ihr genommen, sodass ihr nichts, rein gar nichts blieb.

Über uns geht eine Tür auf. Ich schaue hinauf und sehe Schwester Agatha die Treppe herunterkommen. Sie sieht uns und sagt erschrocken: »Signora Stelleri!« Sie kniet sich zu meiner Stiefmutter und fragt besorgt: »Wie geht es Euch? Seid Ihr verletzt?«

Aber Ortolana will nicht über sich sprechen, sondern drängt sie, zu bestätigen, was ihre Gehilfin uns berichtet hat.

»Jaja«, sagt Agatha. »Beide leben, beiden geht es gut. Bianca ist erschöpft, aber das ist ja keine Überraschung.« Vorsichtig hilft sie meiner Stiefmutter auf die Füße. »Sie sagt, Ihr habt sie gerettet – und ihr Kind. Kommt, Ihr wollt sie gewiss sehen. Mutter Chiara ist bei ihr.«

Zusammen helfen wir ihr die Treppe hinauf, und Agatha zeigt uns die Tür, durch die wir treten sollen, bevor sie zurückgeht und sagt, dass sie etwas aus dem Spital holen muss. Ich will ihr folgen, weil ich mich hier fehl am Platze fühle, aber meine Stiefmutter lässt meinen Arm nicht los.

»Aaah!«, ruft Chiara, als wir eintreten, und eilt auf Ortolana zu, um sie zu umarmen. »Ihr könnt Euch gar nicht vorstellen, welche Sorgen ich mir gemacht habe – aber genug davon. Schaut, was Bianca erschaffen hat!«

Wir treten an ihr Bett. Das bleichgesichtige Püppchen ist verschwunden. Stattdessen liegt eine starke junge Frau auf den Kissen, einen winzigen Säugling an die Brust gedrückt, und mir wird auf der Stelle klar, dass die Bilder von Maria als Mutter alle falsch sind. Bianca schaut auf ihr Kind – nicht mild und duldsam, sondern zu allem entschlossen. Sturm, Erdbeben und Feuer könnten sie umtosen, und sie würde sich allem stellen. Ich frage mich, ob meine Mutter lange genug am Leben war, um mich so anzuschauen – ein schmerzhafter Gedanke.

Ortolana schiebt einen Stuhl ans Bett und setzt sich. »Gut gemacht, meine Liebe«, sagt sie beinahe demütig. »Ein großes Erlebnis, nicht wahr?« Sie schaut sich zu mir um, und ich frage mich, ob sie ahnt, woran ich denke.

Bianca lächelt, ohne aufzuschauen, und streicht dem Säugling mit der Fingerspitze übers Ohr. »Er ist perfekt. Ist er nicht perfekt?«

Ortolana beugt sich vor. »Ja, das ist er.«

»Ich möchte ihn gar nicht mehr loslassen, jetzt nicht und niemals mehr.« Sie schaut zu Ortolana auf. »Aber ich bin so müde und fürchte, ihn fallen zu lassen, wenn ich einschlafe.«

»Ich kann hier sitzen bleiben und ihn halten«, sagt Ortolana. »Wenn Ihr möchtet.«

»Hier? Und Ihr rührt Euch nicht vom Fleck?«

»Hier. Und ich rühre mich nicht vom Fleck.«

»Und wenn er weint? Wenn er mich braucht? Wenn er mich vermisst?«

»Dann wecke ich Euch.«

Bianca gibt ihr das Kind. Seine Decke rutscht kurz von ihm ab, und es strampelt wie ein Frosch, um sich dann gleich wieder einzurollen. Ortolana drückt ihn an sich und liebkost seinen von zartem Flaum bedeckten Kopf. Bianca legt den Kopf auf die Seite, um ihren Sohn im Blick zu behalten. Sie schließt die Augen, öffnet sie wieder, schließt sie, öffnet sie, schließt sie – und schläft ein.

Die Glocke läutet zum Nachtgebet, und ich nehme an, die Aufseherin hat sie sanfter geschlagen als sonst, aus Rücksicht auf die schlafenden Kinder. Bianca rührt sich nicht. Chiara steht auf.

»Ich muss gehen«, flüstert sie. »Sonst sorgt man sich um mich. Was für eine Nacht!« Sie berührt Ortolanas Arm. »War es schlimm?«

»Sehr.«

»Aber warum ... Warum seid Ihr nicht gleich mit Bianca und den anderen gekommen?«

»Mein Sohn.«

»Natürlich. Ihr wart ...«

»Auf der Suche nach ihm, ja. Ich habe zu lange gewartet. Ich dachte, in unserer Kapelle wäre ich in Sicherheit. Aber diese Kerle, diese Lämmer ... haben mich vom Altargitter losgerissen.«

»Und Eure Diener?«

Ortolana schüttelt den Kopf. »In der Unterzahl. Ich habe ihnen befohlen, ihre Livrees auszuziehen und das Weite zu suchen.«

»Wie habt Ihr es dann hierher geschafft?«

Ortolana antwortet nicht gleich und fährt fort, den Kopf des Säuglings zu streicheln. »Sie haben mich in unseren Innenhof gebracht. Unser scharfsinniger Jagdaufseher hatte wohl Ludos Vögel, seine geliebten Raubvögel, losgebunden, und sie machten meinen Peinigern so große Angst, dass sie unaufmerksam wurden und ich entkommen konnte.«

Ich erwarte, dass Chiara einen so unglaubwürdigen Bericht infrage stellt – obwohl die Wahrheit noch unwahrscheinlicher ist. Doch sie nickt nur und berührt die Wange des Säuglings mit der Hand. »Ich komme wieder, wenn Ihr mögt. Ich nehme an, die nächsten Tage werden schwierig.«

»Nicht zuletzt wegen Arcangela?«

»Nicht zuletzt ihretwegen.«

»Es tut mir leid, Euch Probleme ins Haus gebracht zu haben.«

»Sagt so etwas nicht!«, sagt Chiara. »Sagt so etwas nie wieder! Ich habe an Euren Problemen immer gern Anteil genommen.«

Auf dem Weg aus dem Zimmer drückt sie mir die Hand. Meine Schwiegermutter und ich schweigen lange. Sie schaut den Säugling an, ich sie. Dann schaut sie zu mir auf.

»Was hältst du von deinem kleinen Neffen?«, fragt sie.

Ich glaube nicht, dass sie eine Antwort erwartet, und ich habe keine, aber die Frage weckt unangenehme Erinnerungen an meine Kindheit. Ich muss daran denken, wie ich unbehaglich in einer Zimmerecke stand, während Ortolana mit meinem Bruder spielte, meinem hübschen kleinen Bruder. Er hatte winzige Ohren, flauschige weiße Haare und braune Augen, war sanftmütig wie ein Kälbchen. Ortolana sang ihm etwas vor, stupste ihn mit der Nase, knabberte an seinem Näschen – alles, um ihn zum Lachen zu bringen. Sie drehte sich um, sah mich, lächelte und streckte eine Hand nach mir aus. Ich war mir aber sicher, dass sie mich nicht wirklich an ihrer Seite haben wollte.

Immer wieder habe ich die beiden beobachtet. Lugte durch Türspalte, kroch unter Tische, versteckte mich hinter Vorhängen. Manchmal entdeckte mich ein Kindermädchen oder eine Magd mit langem Staubwedel, bevor ich weglaufen konnte, und dann schämte ich mich, wenn sie fragten, was ich da täte. Aber ich konnte nicht damit aufhören. Ich war geradezu süchtig danach, ihre Liebe zu beobachten. Eine Sucht, die ich niemals stillen konnte.

Ortolanas Blick wandert von dem schlafenden Kind zu mir zurück. »Was beschäftigt dich, Beatrice? Du schaust noch ernster drein als sonst.«

»Wo ist Ludo?«

Sie seufzt, tief und unglücklich. »Ich glaube, er hat die Stadt verlassen.«

»Ohne Euch?«

»Ja, ohne mich. Ohne seine Mutter, seine Gattin und sein ungeborenes Kind.«

»Seid Ihr ihm böse?«

»Würde es dich glücklich machen, wenn es so wäre?« Das Kind wird unruhig und verzieht das Gesicht. Ortolana steht auf, wiegt es in den Armen, und der Kleine beruhigt sich.

Die Antwort auf ihre Frage lautet natürlich Ja. Ich wünschte, mein Bruder täte etwas, das ihre Liebe minderte. Eine eitle und doch liebgewonnene Hoffnung.

»Dein Bruder«, sagt sie, während sie das Kind weiter wiegt, »ist ein sehr unglücklicher junger Mann. Was euer Vater liebte – Wissen, Macht –, bedeutet ihm nichts. Stets hielt er sich lieber in den Stallungen auf, striegelte Pferde und mied gelehrte Disputationen und die Politik. Einem älteren Bruder wäre er ein treuer Gefährte gewesen, einem geduldigen Herrn ein guter Lehrjunge, aber für ihn gab es nur einen Weg – der Sohn seines Vaters zu sein. Und dafür besaß er kein Talent. Noch schlimmer war, dass beide mich für ihre jeweilige Enttäuschung verantwortlich machten.« Sie sieht mich an. »Trotzdem liebe ich ihn. Bilde dir ja nicht ein, ich täte es nicht.«

Da ist er wieder – der hässliche Neid.

Ich stehe auf, um zu gehen.

»Das ist der eigentliche Fluch Evas«, sagt sie, als ich zur Tür gehe. »Dass man seine Kinder liebt. Auch wenn sie uns nicht lieben.«

DER RUCKSACK
Montagmorgen

⚎

Ich lege meine Feder beiseite. Ich sitze an meinem Schreibpult, aber an Arbeit ist nicht zu denken. Ich habe meine Kopistinnen zu Timofea und Felicitas geschickt, die Bündel mit Kleidung und Essen für die geflüchteten Frauen packen. Heute Morgen beim Frühstück, als sie unseren Brotbrei aßen, während wir Ordensschwestern eine wässrige Brühe schlürften, versicherte Mutter Chiara Benedetta und den anderen, Ortolana sei unbeschadet eingetroffen, und Bianca und ihrem Kind gehe es gut. Das erfreute die Frauen, aber als Chiara sie bat, hierzubleiben, bis wir in Erfahrung brächten, wie sich die Dinge vor unseren Mauern entwickelt hätten, schüttelte Benedetta den Kopf und sagte, das wolle keine von ihnen. Sie seien so viele und bekämen gewiss Probleme; sie hätten darüber gesprochen und beschlossen, noch am selben Morgen zurückzugehen.

»Aber nein!«, sagte Chiara. »Ihr bereitet uns doch keine Probleme!«

»Nicht Euch«, sagte Benedetta. »In der Stadt. Mit *ihm*.«

Ich höre Schritte auf der Treppe und brauche einen Moment, ehe mir klar wird, dass jeden Montag um diese Zeit Laura und Giulia in die Bibliothek kommen. Ihre Väter, zwei Brüder, haben den Wunsch geäußert, dass sie das kaiserliche wie auch das volkstümliche Latein lernten, und meine Aufgabe ist es, sie darin zu unterrichten. Ich begrüße sie irritiert, denn ich hatte nicht erwartet, dass sie trotz der Wirren kommen, und reiche jeder ein Exemplar des *Bellum Gallicum*, das wir zuerst als Lehrbuch benutzen.

Ich suche die Stelle, bis zu der wir gekommen sind, und stähle mich widerwillig für unser stockendes Studium von Caesars Eroberung aller drei Teile Galliens. An manchen Stellen haben die Seitenecken angefangen, sich aufzulösen und braun zu werden, sodass der komplette Zerfall der gefürchteten Kaiserprosa droht. Ich wische ein Haar von einer Seite. Es bewegt sich nicht. Ich wiederhole den Vorgang und merke schließlich, dass es sich bei dem vermeintlichen Haar um eine Spur glitzernden Silbers handelt. Ich versuche mir nichts anmerken zu lassen und blättere zur nächsten Seite weiter, dann zur nächsten, nur um festzustellen, dass Caesars Buchstaben hier und dort Schleifen und Schnörkel gewachsen sind. Mir fällt ein, dass ich den Radix einmal kurz unter meinem Exemplar dieses Buchs versteckt habe. Doch jetzt muss ich mich zusammenreißen. Die Mädchen beginnen, mich neugierig anzustarren.

Ich gebe zu, dass ich keine geduldige Lehrerin bin, und zumindest Laura ist keine gelehrige Schülerin. Von Giulia hingegen beginne ich zu glauben, dass sie trotz ihrer unvorteilhaften Persönlichkeit eine schnelle Auffassungsgabe besitzt. Sie tut so, als sei sie widerwillig und gelangweilt, aber letzte Woche – was jetzt eine Ewigkeit her zu sein scheint – hat sie mit dem Wissen um Verbformen des Konjunktivs brilliert, und ich hatte zu hoffen begonnen, dass sie mir Ehre machen würde. Aber heute ist sie so dumm wie ihre Cousine.

Sie sprechen zu leise. Sie verrutschen in den Zeilen. Und statt die syntaktischen Hinweise zu beachten, die das Lateinische durch seine spezifischen Beugungen gibt, raten sie wild drauflos. Ich will sie für ihre Unaufmerksamkeit schelten, als ich ihre rot geweinten Augen und Blässe bemerke. Wahrscheinlich sind sie von allem, was passiert ist, recht mitgenommen, und ich beschließe, Milde walten zu lassen.

»Jetzt werde ich vorlesen und übersetzen, während ihr zuhört«, sage ich. »Oder sollen wir uns lieber eine ländliche Idylle von

Virgil vornehmen?« Ich nehme an, das finden sie unterhaltsamer. »Für den Moment haben wir wohl alle genug von Bränden und Kämpfen.«

Giulia wird kalkweiß, und Laura, die Zartere der beiden, bricht in Tränen aus.

»Was ist denn los?«, frage ich sanft.

Doch Laura ist untröstlich, und Giulia will nichts sagen. Verwundert schaue ich zwischen ihnen hin und her, bis mir einfällt – auch ich bin heute nicht auf der Höhe –, dass sie nahe dem Palazzo der Stelleri wohnen, und vielleicht wissen sie nicht, ob ihre Verwandten in Sicherheit sind.

Als ich etwas in der Art äußere, wirft Laura die Arme um Giulias Hals, die der Cousine den Rücken tätschelt und mich düster ansieht. Zuerst halte ich ihren Blick für Wut, aber dann erinnere ich mich an die Zeit, als ich in ihrem Alter war, und erkenne, dass sie wild entschlossen gegen Tränen ankämpft. Diese Tapferkeit gefällt mir. Ich stehe auf, woraufhin Laura sich ängstlich umdreht, sich die Augen reibt und verspricht, von jetzt an ganz still zuzuhören, aber ich beruhige sie und sage, dass ich zum Empfang gehe, um mich nach Neuigkeiten zu erkundigen. Giulia blinzelt überrascht, und zwei Tränen rollen ihr über die Wangen. Schnell wischt sie sie mit dem Handrücken fort.

Ich will gerade losgehen, als ich etwas Unerwartetes, Alarmierendes sehe. Unten vorm Fenster steht ein Mann – an seinen rot-schwarzen Rangabzeichen identifiziere ich ihn als einen städtischen Gardisten – mitten auf dem Kirchplatz. Vier andere kommen durchs offene Tor herein, gefolgt von Poggio, der am Umhang des hintersten zerrt und vergeblich versucht, ihn aufzuhalten.

Der erste hat sich umgeschaut, eine Hand am Griff seines Schwerts. Jetzt zieht er eine Schriftrolle aus dem Rucksack, den er über eine Schulter geschlungen hat, und reicht sie Poggio. Der schüttelt den Kopf, rollt das Papier auseinander, hält es auf Armeslänge von sich entfernt und scheint es zu lesen. Dann schüttelt er wieder den Kopf. Der Mann fragt ihn etwas, und Poggio gestikuliert hilflos.

Plötzlich erhellt sich sein Gesicht, und er winkt jemandem aufgeregt zu. Arcangela nähert sich. Gnädig nimmt sie die höfliche Verbeugung des Fremden zur Kenntnis. Seelenruhig nimmt sie die Schriftrolle entgegen. Ich beobachte, wie sie sie liest. Einmal vergewissert sie sich über etwas bei dem Gardisten, der ihre Frage mit einem Kopfnicken bestätigt. Dann nickt auch sie, obwohl zögerlich, und gibt ihm die Schriftrolle zurück.

Sie wendet sich zum Gehen, und die Männer folgen ihr, bis sie hinter einem Gebäudeteil verschwinden und ich sie nicht mehr sehen kann. Ich fürchte, bei dem Schriftstück handelt es sich um eine Art Vorladung für meine Stiefmutter, und ich wundere mich über den Umweg, den Schwester Arcangela zum Gästehaus einschlägt, als ich Schritte auf der Bibliothekstreppe höre. Ich drehe mich zu Giulia und Laura um. Letztere klammert sich alarmiert an die Cousine.

»Geht«, sage ich. »Geht, bevor ...«

Aber der Gardist steht schon an der Tür. Vor Schreck über einen Mann in der Bibliothek, sein strahlend weißes Hemd unter dem üppig bestickten Wams, die lockigen schwarzen Haare, die unter seinem Helm hervorquellen, stolpere ich ein paar Schritte zurück, bis ich an mein Schreibpult stoße. Der Mann macht eine tiefe Verbeugung, als die Mädchen an ihm vorbei zur Tür hasten.

»Verzeiht«, sagt er zu mir. »Ich wollte Euch nicht erschrecken.« Eine kultivierte Stimme, angenehm moduliert. »Spreche ich mit ... Also, seid Ihr ...«

»Ihr sprecht mit Schwester Beatrice, der Bibliothekarin.« Ich hoffe, ich klinge indigniert. »Doch welches Recht habt Ihr ...«

Doch er hört mir nicht zu. Er geht ein Stück zur Seite, um Platz zu machen für ...

»Das Recht, das uns von Gottvater verliehen ist. Gibt es denn noch ein anderes?« Bruder Abramo betritt meine Bibliothek, dicht gefolgt von Schwester Arcangela.

Sein Gesicht ist grob rasiert worden, Kratzer mit getrocknetem Blut bedecken sein Kinn und seinen Hals. Ein stumpfes Rasiermesser, denke ich. Kaltes Wasser. Er wirkt noch dünner als sonst. Seine Knochen stehen unter der Haut hervor. Er wirkt müde. Sehr müde. Die sündhafte Stadt raubt ihm die Kraft, man sieht es in seinem Blick. Er starrt mich unverwandt an. Diese Augen! Das leuchtende Blau eines klaren Sees am Nachmittag.

»Ihr scheint überrascht, Schwester Beatrice«, sagt er und kommt auf mich zu. »Das wiederum überrascht mich. Euch muss doch bekannt sein, warum diese Ehrenmänner gekommen sind. Oder etwa nicht? Könnt Ihr es nicht wenigstens erraten?«

Reglos starre ich ihn an. Stumm und wie erstarrt.

»Womöglich«, sagt er etwas sanfter, »womöglich ist Euch wohler, wenn Ihr unsere Eintrittserlaubnis seht. Wenn Ihr so gut seid, Hauptmann?«

Der Gardist tritt vor und reicht mir die Schriftrolle. Ich schaue darauf. Nachlässige Handschrift, denke ich. Verwischte Tinte. Eile lässt sich nicht kaschieren. Doch obwohl auch die roten Siegel verschmiert sind, erkenne ich die Embleme der Stadtoberen und des Erzbischofs.

»Hat alles seine Richtigkeit, Schwester Bibliothekarin?« Lächelnd nimmt Bruder Abramo das Schriftstück wieder an sich. »Ich muss Euch loben«, sagt er, während er sich umschaut. »Ihr haltet Ordnung.« Er geht von Pult zu Pult, hebt etwas an, woran meine Kopistinnen zuletzt gearbeitet haben, nickt wohlwollend und liest die eine oder andere Formulierung vor, die er für besonders gelungen hält. »Und was ist das?« Er hebt ein Stück Papier an, aus dem in der Mitte ein Streifen ausgeschnitten wurde; eine Mitschwester hatte es auf ein Manuskript gelegt. Stockend erkläre ich, dass es sich um ein Hilfsmittel für ungeübte Kopistinnen handelt, das es ihnen leichter macht, nicht in der Zeile zu verrutschen. »Ein vorzüglicher Kniff«, sagt er.

Der Hauptmann räuspert sich, bittet um Verzeihung und fragt, ob sie sich nicht beeilen sollten. Doch Abramo hebt herrisch die

Hand, um ihn zum Schweigen zu bringen. Dann geht er unter dem Torbogen hindurch zu meinen Bücherregalen, fährt mit den Fingerspitzen über die Buchrücken und murmelt die Namen einiger Autoren. Ich schaue zur Tür hinüber, wo Arcangela kerzengerade steht und alles beobachtet.

»Ambrosius, Augustinus, Bernard, Boethius, Gregorius, Jerome ... Was für Schätze! Gelobt sei der Herr, Ihr befindet Euch in bester Gesellschaft, Schwester.« Er lächelt mich breit an. »Und überdies, höre ich, seid Ihr Euch nicht zu schade, um die lehrreichsten Passagen zur Erleuchtung Eurer weniger gebildeten Mitschwestern ins volkstümliche Latein zu übersetzen?«

Mein Mund ist so trocken, dass ich nichts sagen kann. Also nicke ich nur und schlucke.

»Aber sagt mir, Schwester Beatrice ...« Er winkt mich zu sich, als er vor einem Regal stehen bleibt, in dem Texte des frühen Römischen Reichs stehen. »Warum müssen sich die Gelehrten der Kirche mit Narren gemein machen, die falschen Göttern dienten?«

Seine Verachtung macht mir Mut.

»Die Weisheit Aesops«, sage ich, »die Rechtschaffenheit Ciceros, die Anmut Virgils sind seit Langem anerkannt. Der Dichter Dante ...«

»Alles Ungläubige!«, sagt er barsch. »Ungläubige können uns nichts lehren.«

»Pater Augustinus selbst«, halte ich dagegen, »hielt es für möglich, dass Plato und sein Meister Sokrates gute Christen gewesen wären, wären sie nicht vor Jesu Geburt gestorben.« Er sagt nichts. Vielleicht ist es unklug von mir, aber ich zitiere einige relevante Passagen. Dann breche ich ab und sage: »Doch was tue ich hier? Gewiss kennt Ihr ...«

»Schwester Beatrice!« Arcangela hat ihren Beobachtungsposten aufgegeben und stellt sich zwischen uns. »Es reicht!« Sie dreht mir den Rücken zu. »Verzeiht ihre Anmaßung, Bruder. Wie oft habe ich ihr gesagt, dass ihr Stolz nicht gottgefällig ist! Aber sie will nicht hören. Zu lange schon wird sie von jemandem geduldet – ich brauche ihren Namen wohl nicht zu nennen –, der wenig von Büchern versteht und sich allzu leichtfertig von ihnen beeindrucken lässt.«

Doch Abramo schaut nicht sie, sondern mich an.

»Ja«, sagt er sanft. Und dann noch einmal mit viel Gefühl: »Ja!« Er bedeutet Arcangela, beiseite zu gehen, tritt in die Lücke zwischen uns, die sie hinterlässt, und kommt mir so nahe, wie kein Ordensmann einer Ordensfrau kommen sollte. Er beugt den Kopf, bis sein Mund nicht mehr als einen Finger breit von meinem linken Ohr entfernt ist. Ich spüre seinen Atem. Rieche seinen Körper. Ein saurer, gieriger Geruch.

»Bücher haben ihre eigenen Stimmen, nicht wahr, Beatrice?« Ich zucke zusammen und will mich entfernen, aber er packt mich an der Schulter, und ich kann mich nicht bewegen. »Sie schmeicheln, sie verführen. Sie ...« Er senkt die Stimme noch weiter. »Sie flüstern.« Er tritt einen Schritt zurück und mustert mich, und dieses Mal wage ich nicht, seinen Blick zu erwidern. »Euer Freund, der kleine Buchhändler ...« Erschrocken schaue ich zu ihm auf, und er lächelt. »Ich hatte das Vergnügen, ihn kennenzulernen. Gestern Abend wollte er die Stadt verlassen. Er glaubte, die Torwache großzügig bestochen zu haben, aber meine rechtschaffenen Freunde sind überall. Sie haben ihn zu mir gebracht. Darüber bin ich froh. Wollt Ihr wissen, worüber wir gesprochen haben, Schwester Beatrice?« Er spricht leichthin, beinahe im Plauderton. Aber jetzt macht er eine lange Pause, bevor er »Tertullian« sagt.

Entsetzt reiße ich den Kopf hoch. Betrübt schüttelt Bruder Abramo den Kopf.

»Kommt her«, sagt er. »Kommt, Beatrice!«

Zögerlich mache ich einen Schritt auf ihn zu. Er hebt eine Hand, berührt meine vernarbte Wange und sieht mich warmherzig an.

»Wie man hört, seid Ihr eine neugierige junge Frau. Habt Ihr Euch nie gefragt, warum der junge Mann sein Gesicht bedeckt? Nein? Er tut es, um ein ungewöhnliches Mal zu verstecken, eines wie dieses hier.«

Langsam fährt er mit einem kalten Finger über meine gute Wange. Zwei Mal aufwärts und abwärts. Zwei Mal von links nach rechts. Oben zwei Schlaufen.

Ich habe keine Worte für mein Entsetzen.

Er nimmt meine Hand und zieht mich zu sich heran. »Wähnt Ihr Euch in Sicherheit, weil Ihr keine Schönheit seid, Beatrice? Das mag sein. Aber es gibt andere Sünden. Der Teufel stellt andere Fallen für Euch auf. Sprecht mit mir, Beatrice. Sprecht und Ihr werdet erleben, dass Gottvater alles verzeiht. Je eher die Beichte – desto milder die Strafe.«

Hinter mir ein fürchterlicher Lärm. Ich schaue mich um und sehe, dass mein Schreibpult umgeworfen wurde. Tinte spritzt, Pergament rutscht über den Fußboden. Die Gardisten haben sich über den ganzen Raum verteilt, aber einer ist neben meinem Pult stehen geblieben und sieht mich überheblich an.

»Ihr seid ein ungelenker Bursche, was?«, sagt der Hauptmann zu ihm, der jetzt am Türrahmen lehnt und den Mann nicht anweist, mein Pult wieder aufzustellen.

Arcangela ist nirgends zu sehen.

»Es ist lange her«, sagt Abramo, als sei nichts geschehen, »dass ich Tertullian gelesen habe. Schade eigentlich. In meiner Jugend habe ich ihn sehr bewundert.«

Er entfernt sich ein Stück, und mir ist klar, dass er direkt auf mein Versteck zugeht, an die Stelle, die Tomis ihm verraten haben muss. Dort wird er den Radix aber nicht finden, denn er befindet sich in meiner Zelle. Stattdessen wird er ein ausgehöhltes, geschändetes heiliges Buch finden. Er wird mich fragen, was es damit auf sich hat, und ich werde nicht wissen, was ich sagen soll.

»Ah, Band IX.« Er schaut zu mir herüber, und ich fürchte, er sieht mir meine Verzweiflung an. »Eins meiner Lieblingsbücher. Wenn ich mich recht entsinne, enthält es klarsichtige Betrachtungen über die beklagenswerten Schwächen Eures Geschlechts, nicht wahr?« Er hält das Buch in den Händen, schlägt es aber nicht auf. »Ich frage mich, ob ich den genauen Wortlaut noch beherrsche.«

Er hebt den Blick gen Himmel, als müsse er überlegen. »Ah ja ... Ihr seid das Einfallstor des Teufels. Ihr verdient den Tod, aber es war der Sohn Gottes, der sterben musste.« Er sieht mich durchdringend an. »Im Gebet stelle ich mir bisweilen vor, ich sei eine Frau, und frage mich, wie es wohl ist, eine solche Last zu tragen.«

Er legt das Buch auf das Pult vor sich und schaut mich an, während er den Buchdeckel anhebt.

Doch statt herausgeschnittener Seiten – ein Gewimmel von Asseln.

Ich senke den Kopf, ebenso demütig wie entzückt. Diese Kreaturen haben das Beweismaterial vernichtet. Mit einer Hand wischt Abramo sie auf den Fußboden. Dann zertritt er sie.

»Ihr leid lax in der Erhaltung Eurer Bücher«, schnappt er.

»Ich gestehe, es ist mein Fehler«, sage ich, während ich innerlich der Kraft danke, die dem Radix innewohnt. »Die ersten warmen Tage bringen Leben in ihre Nester. Wenn Ihr gegangen seid, werde ich gründlichst nachschauen, ob es mehr davon gibt.« Ich nehme mir einen Besen und kaschiere meine Freude mit energischem Fegen.

Er nähert sich mir von hinten. Packt meine Schultern. Beugt sich zu mir vor. »Als die Schlange im Garten Eden das Wort ergriff, hat Eva ihr nicht nur zugehört, sondern gehorcht. Dieselbe Stimme spricht aus dem Buch, das Ihr vor mir versteckt. Die Stimme der Schlange. Nach diesem Sündenfall vertraute Gottvater darauf, dass die Töchter Evas dieser Stimme nie wieder Gehör schenken würden. Doch sie hat weiter auf sie eingeflüstert und tut es noch. Auch Ihr habt sie im Ohr, nicht wahr, Beatrice?«

Ich halte ganz still und wage nicht, mich umzudrehen. Ich bin auch nicht mehr froh, sondern friere.

»Ich weiß, dass Ihr keine Sünderin seid. Ich weiß, wie sehr es Euch ängstigt. Es ängstigt Euch, nicht wahr? Die Hure von Northwich hat uns die Schlange geschickt und gehofft, sie möge Silvia ins Herz dringen, der Dämonin von Sankt Peter, und dann uns alle vernichten.«

Ich umklammere den Besen, als könne er mich vorm Fallen bewahren, denn nicht nur Abramos Gewicht lastet auf mir, sondern ein moralischer, unabweisbarer Druck, der mir die Brust einschnürt und jeden Atemzug zur Qual macht.

Abramo flüstert mir ins Ohr: »Ihr seid zu jung, um Euch an die Pest zu erinnern. Eine Zeit lang war es die Hölle auf Erden. Aber jene Schreckenstage werden nichts gegen den zweiten Sündenfall sein. Ich werde nicht dulden, dass Kinder nach ihren Müttern schreien. Ich werde nicht dulden, dass Ihr das Wort Gottes entstellt. Ich werde es nicht zulassen, Beatrice, ganz gewiss nicht.«

Vielleicht spürt er meine Zögerlichkeit, den Eindruck, den seine Worte auf mich machen, denn er dreht mich behutsam zu sich um, und als er weiterspricht, klingt es beinahe versöhnlich.

»Tomis weiß, was für ein Buch es ist. Er hat alles gestanden. Aber er hat auch gesagt, hat mich geradezu beschworen, dass Ihr unschuldig seid. Dass Ihr nicht wusstet, womit Ihr es zu tun hattet, dass Ihr lediglich auf eine Weise davon fasziniert wart wie ein Kind von einem Spielzeug. Er hat mich angefleht, Euch nicht zur Verantwortung zu ziehen. Ich bin nicht herzlos, Beatrice. Ich bin gewillt, es zu glauben. Doch nun, da ihr wisst, was für ein Buch es ist, müsst Ihr es mir freiwillig geben. Ich verspreche Euch, dass man Euch und Eure Mitschwestern nicht belangen wird. Gebt mir das Buch, Schwester Beatrice. Gebt es mir. Jetzt.«

Soll ich? Ich könnte sagen, dass es sich in meiner Zelle befindet. Dass ich es holen gehe. *Hier ist es. Es tut mir leid. Verzeiht, Bruder. Ich wusste nicht, was ich da tat.*

Doch statt etwas zu sagen, denke ich an die Frauen, die durch den Wald verfolgt wurden; an Martas zarten Körper, der zitternd in meinen Armen liegt; an die Männer, die meine Stiefmutter vom Altargitter reißen. Dann weiß ich, dass ich nichts sagen kann, will, darf. Vielleicht bin ich im Unrecht, und er hat recht, aber ich werde das Buch nicht freigeben.

Ich schaue zu ihm auf. Immer noch lächelt er erwartungsvoll, selbstsicher. Er streichelt mir sogar die Hand, fährt mit dem

Daumen über meine Handfläche, als könne er mich auf diese Weise anspornen. Diese Berührung fährt mir wie ein Dolch ins Mark. Ich reiße meine Hand los und nehme Abstand von ihm.

»Ich fürchte, Ihr täuscht Euch«, sage ich. »Ich weiß nicht, von welchem Buch Ihr sprecht. Es scheint tatsächlich verwerflich zu sein. Aber Tomis ist ein großer Geschichtenerzähler, nicht wahr? Seit Jahren weiß er uns mit seinen Geschichten zu unterhalten. Wenn Ihr Euch überzeugen wollt – meine Bibliothek steht Euch zur Verfügung.«

Von meinem ersten Wort an hat er den Kopf geschüttelt, zuerst kaum merklich, dann immer heftiger, bis er vollkommen die Fassung verliert.

»Eure Bibliothek? *Eure* Bibliothek? Es ist nicht *Eure* Bibliothek! Nichts ist Euer. Armut, Keuschheit und Gehorsam – das ist Euer ganzer Besitz. Alles andere gehört Gott. Alles! Wartet draußen, während wir erkunden, wie Ihr die Schätze seiner Weisheit misshandelt habt. Bitte sehr, Hauptmann!«

Der Gardist streckt den Arm aus, Handfläche nach oben – die Parodie eines edlen Herrn, der einer edlen Dame den Vortritt lässt. Ich rühre mich nicht. Mein Zögern ist nicht aus Angst geboren. Mein Bücherbestand ist beträchtlich, enthält aber nichts Anstößiges, nichts Verbotenes. Nein, ich rühre mich nicht, weil ich es nicht schätze, meiner eigenen Bibliothek verwiesen zu werden. Was hätte Sophia an meiner Stelle getan? Sie wäre standhaft geblieben.

Auch ich bleibe standhaft und sammle Mut, bis ich Worte finde. »Ich helfe Euch gern, Bruder, aber ich kann nicht zulassen, dass ungebildete Soldaten …«

Der Hauptmann seufzt laut, lässt den Arm fallen und sagt: »Sagt, Bruder, was Gottvater für Schwestern vorsieht, die nicht tun, was man sie heißt.«

Bruder Abramos Lippen werden schmal. »Er verbietet Nachsicht, wenn die Umstände es erfordern.«

»Also gut«, sagt der Hauptmann. »Kommt!« Er packt meinen Oberarm und zieht. Ich versuche, mich zu widersetzen, aber schnell befinde ich mich außerhalb der Bibliothek, und die Tür schlägt mir vor der Nase zu.

Ich gehe am Treppengeländer auf und ab, und während ich mir den schmerzenden Arm reibe, höre ich zu, wie Abramo die Durchsuchung leitet. Dann kommt mir der Gedanke, dass jemand, der durch einen Türspalt lugt, das Auf-und-ab-Gehen am Geländer als ein Zeichen schlechten Gewissens deuten könnte. Also bleibe ich stehen, höre aber weiter zu. Die Geräusche der Durchsuchung werden immer lauter, immer ungestümer. Splitterndes Holz, splitterndes Glas. Ich beginne, um meine Bücher zu fürchten. Die Miniaturausgabe von Horaz, unsere wunderschöne *Aeneis*, Sophias kostbare Manuskripte. Was tut er ihnen aus purer Bosheit an? Wie kann er es wagen?

Ich bin wütend, ja, aber ich habe auch Angst. Habe ich etwas vergessen? Ein Pamphlet, das ich Tomis nicht zurückgegeben habe? Nein. Nein. Da ist nichts Inkriminierendes, was die Männer finden könnten. Ich warte und warte, knabbere an meinen Daumennägeln, verfluche meine Machtlosigkeit, bis das Warten schlimmer wird als die Angst. Ich gehe zur Tür und drücke dagegen. Aber sie lässt sich nicht öffnen. Etwas muss dagegengestellt worden sein. Ich rufe und verlange, eingelassen zu werden, aber die Tür meiner Bibliothek bleibt mir verschlossen.

»Was tut Ihr da?«, rufe ich. »Was tut Ihr?«

Dann fällt mir etwas ein. Etwas, das ganz banal und bedeutungslos zu sein schien. Der Rucksack an der Schulter des Hauptmanns. Der Boden wankt unter meinen Füßen. Ich schlage an die Tür.

»Lasst mich ein!«, schreie ich. »Lasst mich ein!«

Die Tür geht auf. Ich laufe hinein. Meine Bibliothek ist völlig zerstört – *entweiht* ist das Wort, das mir in den Sinn kommt. Alles, was ich so sorgsam gepflegt habe, liegt in unordentlichen Haufen. Beschädigt und zertrampelt. Zerbrochene Einbände. Herausgerissene Seiten. Es ist ein großer Schmerz und eine große Schuld. Wie konnte ich das geschehen lassen? Der erste Schreck klingt ab, aber ich fürchte, dass es noch schlimmer kommt.

Bruder Abramo und die Gardisten stehen triumphierend, amüsiert oder bekümmert da. Der Hauptmann kommt auf mich zu, zwei Bücher in den schwarz behandschuhten Händen. Aus irgendeinem Grund erinnert er mich an Prinzessin Salome mit dem Kopf Johannes des Täufers auf dem Tablett.

»Können Sie das erklären, Schwester?«, fragt er.

»Wie kann ich erklären, was ich gar nicht sehe?«, frage ich zurück.

»Komisch«, sagt er. »Sie ist ziemlich komisch, findet Ihr nicht, Bruder?«

»Ich glaube«, sagt Abramo, »Ihr wisst sehr wohl, was das ist, Beatrice.«

Das stimmt. Es sind Bücher, die ich Tomis vor drei Tagen zurückgegeben habe. *Briefe aus der Lagunenregion* und die *Clavicula Salomonis*.

»Es sind nicht meine Bücher«, sage ich ebenso ehrlich wie sinnlos. »Sie gehören mir nicht, und das wisst Ihr ganz genau.«

Die Gardisten lachen, Abramo schüttelt den Kopf. »Vielleicht hat eine Kopistin sie besorgt und hier versteckt? Habt Ihr eine bestimmte in Verdacht? Wir sind keine Barbaren. Ihr dürft Euch gern verteidigen.«

Ich schüttle den Kopf und wiederhole: »Sie gehören mir nicht.«

»Das sagen sie alle«, sagt der Hauptmann schmunzelnd. »Ich war's nicht, ich habe das nicht getan. Aber hier, ein Beutel Gold, und ich biete Euch meine Tochter an, die noch Jungfrau ist, nur damit Ihr mir glaubt. Immer das Gleiche. Was, glaubt Ihr, kommt als Nächstes, Bruder? Was bietet sie uns an? Sie hat ja weder einen Beutel Gold noch eine jungfräuliche Tochter.«

Bruder Abramo steht am Fenster. Fahles Sonnenlicht erhellt eine Seite seines malträtierten Gesichts mit all seinen Höhlen und Kanten. »Ihr glaubt, sie hat nichts, womit sie uns bestechen könnte? Aber nein, Hauptmann, das hat sie sehr wohl!«

Ich höre Getrampel auf der Treppe. Noch mehr Männer, denke ich, die mich abführen sollen. Aber es sind keine Gardisten. Es ist

Chiara. Endlich kommt sie. An der Türschwelle bleibt sie stehen, ganz errötet und außer Atem, und stützt sich mit beiden Armen an den Türrahmen.

»Mutter Oberin«, sagt der Hauptmann und geht auf sie zu. »Uns wurde zugetragen ...«

»Raus – raus – *raus*!«

»... dass gefährliche und ketzerische Schriften innerhalb ...«

»Ihr, Cesare?«, schreit Chiara und packt ihn am Kragen. »Polierte Stiefel, gestärktes Hemd, aber in Wahrheit seid Ihr immer noch der kleine Junge, der weinend vor seiner Großmutter steht und sagt, der Teufel habe sich seines Ihr-wisst-schon-was bemächtigt, sodass er unentwegt steif ist. Sollte es mir nicht gelingen, dass Ihr bereut, was Ihr heute getan habt, so seid versichert, dass sie es tun wird.« Sie wackelt mit dem Zeigefinger vor seinem Gesicht, das inzwischen rot angelaufen ist. »Nur zu gern habt Ihr Eure schöne Gattin zu Agatha geschickt, damit sie ihr erklärt, dass alles, was im Ehebett geschieht, keine Sünde ist. Hättet Ihr heute sonst zwei ansehnliche Söhne? Und das hier ... *das hier* ist Euer Dank?«

Nach und nach hat sie ihn ins Treppenhaus getrieben, wo er jetzt am Geländer steht, recht benommen dreinschaut und sich die Bücher an die Brust drückt. Sie wirbelt herum, stürzt in die Bibliothek zurück und knöpft sich den jüngsten und stämmigsten Gardisten vor.

»Und Ihr, Pietro! Ihr solltet Euch schämen! Nach allem, was wir getan haben, als Euer Vater die Rippenfellentzündung hatte und seine Schmiede nicht betreiben konnte! Ganz zu schweigen von der Lehrstelle für Euren Bruder – oder Alfonsas Mitgift. Was würde Eure Mutter sagen, wenn sie Euch hier sehen könnte? Hä? Was, was?« Der Gardist steht schweigend, mit rotem Kopf und vollkommen überrumpelt da und tritt von einem Fuß auf den anderen. »Nein, Ihr habt nichts zu Eurer Rechtfertigung vorzubringen? Schämt Euch! Schämt Euch!«

Er hebt eine Hand, hat dieser entschlossenen Tirade aber nichts entgegenzusetzen und eilt seinem Hauptmann hinterher. Bevor

Chiara noch etwas sagen kann, ergreifen die anderen beiden Gardisten die Flucht.

Nur Abramo ist noch da.

Er hat die Augen gen Himmel gehoben. Seine Lippen formen leise etwas, das wohl ein Gebet sein soll – oder vielleicht sogar ist. Chiara geht auf ihn zu und hebt eine Hand, als wolle sie ihm eine Ohrfeige geben. Er weicht vor ihr zurück.

»Raus!«, grollt sie.

»Das wird Konsequenzen haben«, sagt er. »Das muss Euch klar sein. Ich werde die Angelegenheit den zuständigen Instanzen übergeben, und es wird ein Tribunal geben. Dort wird man …«

»*Raus!*«

Tatsächlich geht er. Wir lauschen den Schritten der Männer treppab. Wir sehen sie den Kirchplatz kreuzen und das Empfangszimmer betreten. Als sie nicht mehr zu sehen sind, sinke ich auf die Knie und schließe die Augen. Über mir höre ich Chiara sagen:

»Was habt Ihr getan, Beatrice? Was habt Ihr nur getan?«

DIE SCHWESTER
Dienstagmorgen

Zwei von Arcangelas Aufseherinnen sitzen vor meiner Zelle. Eine füllig, eine halb verhungert. Empört rutschen sie auf ihren Stühlen herum und flüstern miteinander. Eine öffnet meine Tür einen Spaltbreit. Ich höre den Fußboden ächzen und ihren schweren Atem, als sie durch den Spalt in meine Zelle späht. Was immer sie zu entdecken hoffte – vielleicht einen Dämon, der an meiner Brust saugt –, sie muss enttäuscht sein. Ich liege rücklings auf dem Bett und starre an die Decke, wie schon seit gestern, als sie mich hergebracht haben.

»Wer ist da im Korridor?« Die Stimme meiner Nachbarin Galilea. »Schleichen Novizinnen herum? Ich weiß, dass Ihr da seid. Ihr könnt mich nicht täuschen. Aus dem Weg! Aus dem Weg!«

»Seid vorsichtig mit Eurem Stock, Schwester!«, ruft eine Aufseherin.

»Ach, Ihr seid es. Was wollt Ihr ...«

»Ihr wisst doch, Schwester Galilea, dass Beatrice in ihrer Zelle bleiben muss, bis ...«

»Was? Die kleine Beatrice?«, fragt sie. »Was hat sie denn getan?«

»Das haben wir Euch doch gesagt, Schwester. Sie hat Bücher ...«

»Bücher? Bücher? Sie ist unsere Bibliothekarin. Macht Euch nicht lächerlich! Bücher – wenn ich das schon höre!« Sie schimpft immer weiter, während ich sie die Treppe hinabgehen höre.

Vor meiner Tür höre ich, dass sich die Aufseherinnen wieder hinsetzen.

»Mitten unter uns! Wer hätte das gedacht?«

»Höchst unerfreulich.«

»Andererseits habe ich schon immer gesagt ...«

Ich stecke mir die Daumen in die Ohren und schließe fest die Augen. Sie scheinen Spaß daran zu haben, sich als Gefängniswärter aufspielen zu dürfen. Wahrscheinlich täten sie diesen Dienst lieber in einem richtigen Kerker, wie dem in der Stadt, mit feuchten Zellen, Eisengittern und Ratten. Doch warum denke ich jetzt an so etwas? Man darf so etwas nicht denken! Wenn man ...

Ich kann nicht hören, wie meine Tür ganz geöffnet wird. Ich merke erst, dass sie in meiner Zelle sind, als eine mir einen Finger in die Rippen stößt. Sie beugen sich über mich. Würde es mein Gewissen erleichtern, wenn sie mit mir beten?, fragen sie. Mein Schweigen nehmen sie als Zustimmung. Sie knien sich neben mein Bett und senken die Köpfe. Ich starre sie an. Die Füllige – wahrscheinlich erregt sie die Gegenwart ganz realer Sünde – schwitzt fürchterlich. Die andere kratzt fieberhaft die ausgetrocknete Haut ihres Halses, der wie ein roter Kragen aus Schorf und Schuppen aussieht. Zusammen murmeln sie mit beeindruckender Hingabe mein Seelenheil herbei.

Zuerst bitten sie den Sohn Gottes, mich wieder mit Gottvater zu versöhnen – mich, das verirrte Lamm, in seine Herde zurückzuführen. Sie werfen einen verstohlenen Blick auf mich und merken, dass ich vollkommen ungerührt daliege, weder zittere noch weine und insofern meiner Rolle als Lamm nicht gerecht werde. Damit nehmen ihre Gebete eine düsterere Wendung. *Lass Schwester Beatrice ihre Sünden eingestehen, und lass es sie bald tun, bevor man sie zwingt, es zu tun.* Worin dieser Zwang bestehen könnte, sprechen sie nicht aus, aber ihre ominösen Andeutungen und gewundenen Umschreibungen reichen mir schon. Manchmal, flüstern sie, muss man die Trauben zertrampeln, damit der Wein fließt. Ich halte ganz still. Sie sollen nicht merken, wie sehr mich ihre Worte treffen.

Bruder Abramo würde doch ganz gewiss keine Qualen dulden, die …

Es klopft an der Tür. Die ausgemergelte Aufseherin steht auf und geht in den Korridor. Die andere folgt ihr mühsam. Ich höre sie sagen: »Nein, Mutter Oberin, keinen Bissen, obwohl wir sie gedrängt haben, etwas zu essen.«

Beides stimmt nicht. Gestern Abend und heute Morgen haben sie Brot und Milch ans Bett gestellt und alles wieder weggenommen, bevor ich zum Löffel greifen konnte, begleitet von den Worten: »Wir wissen ja, dass Ihr zu sehr leidet, um etwas essen zu können.«

Jetzt höre ich Chiara sagen, sie sollen in die Küche gehen und Schwester Felicitas bitten, mir etwas zu essen zu machen. »Aber keinen Milchbrei«, sagt sie. »Etwas Gehaltvolleres. Nun geht.«

Ihre Schritte verhallen. Die Tür geht auf und Chiara kommt herein, aber ich rühre mich nicht. Sie setzt sich auf mein Bett und nimmt meine Hand.

»Schon gut«, sagt sie. »Schon gut.« Das ist alles, aber es ist bereits mehr, als ich ertragen kann. Meine Brust schnürt sich zusammen, und mir wird beinahe schwindelig. Ich atme schneller, und aus irgendeinem finstern Ort tief unter meinen Rippen kommt ein Keuchen, ein Schluchzen. Es hört gar nicht wieder auf. Ich rolle mich zusammen, schluchze und schluchze.

Eine Weile später wird mir schemenhaft bewusst, dass die Aufseherinnen zurückgekehrt sind und Chiara ihnen sagt, sie werde bei mir wachen, während sie dem vierten Offizium beiwohnen. Nein, sie bräuchten Schwester Arcangela nicht zu holen, sie selbst, Chiara, übernehme diese Aufgabe gern. Und ja, sie wisse, wann die Deputierten des Tribunals hier sein wollen. Dann gehen die Aufseherinnen, und ich bin mit Chiara wieder allein.

»Beatrice? Hier ist etwas zu essen.«

Ich drehe den Kopf und sehe sie an. Sie hält eine kleine Schale Suppe in den Händen.

»Esst«, sagt sie. »Zuallererst müsst Ihr etwas essen.«

Ich bin vollkommen erschöpft und habe zugleich einen quälenden Hunger. Chiara hilft mir, mich aufzusetzen, und sieht schweigend zu, während ich zitternd esse.

»Gebt mir das.« Sie nimmt die leere Schale und stellt sie auf den Fußboden. »Und nun schaut mich an.«

Ihre Stimme ist nicht zurechtweisend, sondern als spräche sie mit jemandem, der so mitgenommen ist, dass er jederzeit endgültig zusammenbrechen kann. Ich schaue kurz zu ihr auf, dann wende ich den Blick von ihr ab.

»Nein«, sagt sie. »Schaut mich an!«

Es fällt mir schwer, aber ich gehorche. Sie nimmt mein Gesicht in die Hände und schaut mir forschend in die Augen – und ich kann ihrem Blick nicht standhalten. Sie lässt die Hände sinken. Schmerzlich vermisse ich ihre Wärme. Sorgenvoll verzieht sie das Gesicht.

»Beatrice, Ihr habt etwas Falsches getan, auch wenn Ihr es zu dem Zeitpunkt nicht für falsch hieltet. Erzählt es mir, dann werde ich versuchen, die Konsequenzen abzumildern. Jeden Moment muss ich mich den Männern des Tribunals stellen. Ihr werdet wohl vom Dienst in der Bibliothek abgezogen, aber ich hoffe, man wirft Euch nicht aus dem Kloster. Ich weiß, dass es Euch schmerzt. Ich kann Euch lediglich versprechen, dass ich Euch helfen werde, den Schmerz zu ertragen.« Sie schweigt einen Moment lang. »Es ist keine Kleinigkeit, Beatrice.«

»Sie gehören mir nicht. Die Bücher, die er gefunden hat. Es sind nicht meine.«

Sie schaut mich lange an. »Gut. Wem gehören sie dann?«

»Tomis.«

»Wenn wir uns in Spitzfindigkeiten messen wollen, seid Ihr mir überlegen. Sie gehören also Tomis – nicht Euch. Aber Ihr habt sie von ihm bekommen. Ihr habt sie bekommen und in der Bibliothek versteckt.«

»Nein.«

»Wer dann?«

»Die Männer. *Er*.«

Chiara steht auf und schüttelt den Kopf. »Es ist wirklich ernst, mein Kind ...«

»Ich weiß. Ich weiß.«

»Dann müsst Ihr mir die Wahrheit sagen und nicht ...«

»Aber ich sage ja die Wahrheit. Ich schwöre, es ist die Wahrheit. *Ich habe diese Bücher nicht versteckt!*«

Schwer lässt sie sich wieder aufs Bett sinken und scheint nachzudenken. Dann nimmt sie meine Hand. »Ihr habt diese Bücher nicht versteckt?«

Sie betont *diese* und drückt meine Hand.

»Nein, diese Bücher nicht«, sage ich und dann kaum hörbar: »Es tut mir so leid, so leid.« Ich schaue zu ihr auf, und Tränen laufen mir über die Wangen.

»Nein«, sagt sie. »Nein, Beatrice! Hört auf! Wenn jemanden eine Schuld trifft, so bin ich es. Ich hatte nicht damit gerechnet, ihn jemals wiederzusehen. Ich dachte, unsere Auseinandersetzungen gehörten der Vergangenheit an, aber ...« Sie bricht ab und drückt sich die Handflächen ans Gesicht.

»Aber es ist meine Schuld«, sage ich.

»Nein, nein. Ich lasse nicht zu, dass Ihr die Schuld auf Euch nehmt.«

»Aber ...«

»Nein. Hört mir zu! Es geht um meine Vergangenheit. Und seine.«

Eine vertrauliche Mitteilung Chiaras, und sei sie noch so unbedeutend, ist in unserem Kloster viel wert. Absurderweise muss ich in diesem Moment daran denken, wie Prudenzia, als wir noch Novizinnen waren, ihren besten Freundinnen im Flüsterton anvertraute, Mutter Chiara möge Schwester Felicitas' Quitten-Tarte nicht.

Und so warte ich – beinahe gierig – darauf, dass sie weiterspricht.

»Im Kapitelsaal habe ich gesagt, ich kenne ihn aus meinem Heimatort in den Bergen, kurz nach der Pest, als ich mit einigen

Frauen zusammenwohnte. Es war schwierig, Beatrice, schwieriger, als wir meist zugeben. Männer aus der Stadt wollten unserem Treiben ein Ende setzen. Sie wollten uns ausspionieren, uns bei sündigem Tun erwischen. Sie konnten sich nicht vorstellen, dass wir in Keuschheit und vollkommen ehrbar zusammenlebten. Sie sagten, das sei unmöglich.«

»Abramo«, sage ich und glaube, sie zu verstehen. »Er war einer von ihnen?«

Aber sie schüttelt den Kopf. »Nein, ganz und gar nicht. Er ... hat uns bewundert. Von seiner Familie lebte niemand mehr, aber unser Priester, ein guter Mann, hatte ihn aufgenommen. Schließlich war er ein kluger Junge. Pater Fredo hat ihn in Latein unterrichtet, in Logik, und ihm etwas über die Welt beigebracht. Ich weiß noch, dass ich Pater Fredo einmal fragte, ob er Tonio – unter dem Namen kannten wir ihn damals – zum Priester machen wolle. Da neigte er den Kopf, etwa so«, sie imitiert einen nachdenklichen Kleriker auf überzeugende Weise, »und sagte dann, dafür sei Tonio nicht geeignet.«

Sie sieht mich an und lächelt reumütig.

»Pater Fredo hat ihm nahegelegt, Juristerei zu studieren, und Tonio schien damit einverstanden zu sein. Doch wenn er den Kopf nicht über seine Lehrbücher beugte, begleitete er den Pater weiterhin. Uns besuchte er oft. Er wollte uns helfen, Besorgungen für uns machen, unsere Briefe schreiben, unser Feuerholz hacken. Er kümmerte sich um alles, und ich sah nichts Verwerfliches darin. Außerdem schien es ihn glücklich zu machen.

Er war damals siebzehn, achtzehn und ein attraktiver junger Mann. Kein Bart. Lockige Haare. Ein ... Adonis ... Ist das nicht das Wort, das Ihr jungen Leute benutzt?« Ein kurzes Lächeln. »Wusstet Ihr, dass er der Erste war, der mich *Mutter Chiara* nannte? Ich war noch keine fünfundzwanzig. Ich sagte ihm, er solle damit aufhören, denn diesen Titel hätte ich nicht verdient, aber er bestand darauf. Er sagte, ich sei, wie jede Mutter sein sollte. Immer wollte er neben mir sitzen, mit mir beten. Ich war unerfahren, Be-

atrice, und anfänglich fühlte ich mich geschmeichelt. Doch dann begann es mich zu langweilen. Ich empfand seine Gegenwart als erdrückend. Mehr und mehr hielt ich ihn von mir fern. Ich glaube, es hat ihn sehr gekränkt. Und dann ... hat er sich verliebt.«
»In Euch?«
Chiara lacht heiser auf. »Nein, Beatrice. Nein!« Sie überlegt einen Moment lang. »Nein, er wandte sich meiner Schwester zu. Sie war ein hübsches Mädchen, verspielt und schüchtern. Es war leicht, sie zu lieben. Lange, schwere, schwarz-braune Zöpfe, an denen man ein Boot hätte festmachen können, wie wir damals sagten. Ich war erleichtert, dass er mich zufrieden ließ, und glaubte, alles werde ein gutes Ende nehmen. Ich redete mir ein, Tonio sei jung, attraktiv, fleißig, ehrlich – ein Mann, den jede junge Frau ihrer Schwester wünschte. Meine Zweifel ignorierte ich, genau wie seinen kalten Blick.

Und so dauerte es nicht lange, bis sie vereint waren – aber nicht in Liebe, sondern im Gebet. Sie beteten ohne Unterlass. Stunden verbrachten sie in der städtischen Kirche. Stunden an unserem kleinen Schrein. Ich versuchte, meine Schwester auf andere Gedanken zu bringen. Doch meine Schwester fragte mich, warum sie nicht tun dürfe, was ich getan hatte. Ich erwiderte, erst durch Tonio sei sie so fromm geworden. Sie sah mich düster an und fragte, ob ich sie und Tonio etwa der Unzucht verdächtige. Nein, sagte ich. Nein, nein. ›Er sagt, ich bin rein und glaubensstark.‹ Ich bestätigte, dass sie das war. ›Er sagt, ich bin bescheiden und gut.‹ Ich bestätigte auch das. ›Er sagt, mich würde er genauso wenig anrühren wie die Jungfrau Maria. Er sagt, Gottes Sohn liebt Mädchen wie mich. Er sagt, Gottes Sohn ist ein heiliger Bräutigam, der uns des Nachts aufsucht und seine Liebe in unsere Herzen senkt.‹«

Mein Herz beginnt, schneller zu schlagen. Selbst ich merke, wie merkwürdig das klingt, aber ich brauche eine Weile, bis ich fragen kann: »Meinte er das metaphorisch?«

»Ich weiß nicht, was das heißen soll, Beatrice, aber wenn Ihr meint, was ich annehme, habt Ihr recht. So mancher Mann hat den Weg in die Schlafkammer eines unbescholtenen Mädchens gefunden, indem er sich als ein Gott ausgab. Ich weiß nicht, wann, wo oder wie, aber ich weiß, dass sie von ihm schwanger wurde. Ich habe ihn zur Rede gestellt, und natürlich hat er alles abgestritten. So etwas würde, so etwas *könnte* er nie tun. ›Fragt sie doch selbst‹, sagte er. ›Fragt sie!‹ Das hatte ich bereits getan. Auch sie hatte alles abgestritten. Sie starrte mich nur mit großen, verträumten Augen an und fragte, warum ich ihr Glück mit hässlichen Fragen vergiften müsse. Ich hatte sie nie darüber aufgeklärt, wie sich ein Mann einer Frau nähert. Sie war erst dreizehn und vollkommen unschuldig.

Er kam zu mir und sagte, er würde sie heiraten – wie ein zweiter Josef. Ich sagte, meine Kenntnisse der Heiligen Schrift seien begrenzt, aber Maria und Josef seien doch längst verheiratet gewesen, als der Engel Gabriel nach Nazareth kam. Ich sagte, er solle gehen. Aber das wollte er nicht. Dann habe ich es Pater Fredo erzählt, und er hat Tonio des Tals verwiesen und ihm verboten, jemals zurückzukehren. Ich weiß nicht, womit er gedroht oder was er versprochen hat, aber schließlich gab Tonio nach. Dummerweise habe ich ihm erlaubt, sich von ihr zu verabschieden. Ich erlaubte ihm, ihr zu sagen, er werde zum Geburtsort von Gottes Sohn pilgern. Ich war so feige, Beatrice! Ich hätte ihn verraten sollen. Man hätte mir geglaubt. Aber ich fürchtete um … unseren Ruf. Wir versuchten, ohne Männer zu leben, und das war nicht einfach. Ich hielt es für besser, alles stillschweigend zu regeln. Als er fort war, hat sie aufgehört zu essen. Das Kind in ihrem Bauch wurde zu Stein. Sie sagte, der heilige Bräutigam brächte ihr des Nachts Milch und Honig, sodass sie tagsüber nichts weiter brauche. Wir konnten sie nicht dazu bringen, auch nur das geringste bisschen zu essen.«

Sie schweigt, und ich möchte sie ungern drängen.

»Was ist geschehen?«, frage ich schließlich. »Ist das Kind …«

»Nein. Es hat aufgehört, sich zu bewegen. Agathas Mutter musste ihr erklären, dass es gestorben war, aber meine Schwester wollte es nicht glauben. Sie sagte, ihr Bräutigam hätte das Kind in

Gottes Haus gebracht, weil sie das Kind nicht verdiene und es einem anderen Mädchen, das mehr Glück hat, übergeben werde.« Chiara ist ganz blass geworden. »Obwohl das Kind tot war, versuchte es, geboren zu werden, aber meine Schwester war inzwischen zu schwach. Es war ... furchtbar. Ich kann gar nicht sagen, wie furchtbar.«

Ich versuche, die rechten Worte zu finden – oder überhaupt welche –, doch Chiara stemmt sich die Hände auf die Schenkel und steht auf. Im ersten Moment bin ich verwirrt, doch dann höre ich von unten Schwester Paolas Stimme. Sie fragt, ob ihr bitte jemand sagen könne, wo sie Mutter Chiara finde. Die Deputierten seien angekommen. Chiara eilt auf die Tür zu. Ohne nachzudenken, ergreife ich ihren Arm und bringe sie zum Stehen.

»Wartet, Mutter Chiara, ich möchte etwas ... Das heißt, würdet Ihr etwas für mich tun?«

»Bevor oder nachdem ich das Tribunal von Eurer Unschuld überzeugt habe?«

Kleinlaut sage ich: »Es tut mir leid. Ich wollte nicht ...«

Sie beruhigt mich. »Ich scherze doch nur, mein Kind. Sagt, was Ihr wollt. In all den Jahren, die ich Euch kenne, muss es das erste Mal sein, dass Ihr mich um etwas bittet. Nun ja ...« Sie sieht mich den Kopf schütteln. »Für Eure Bibliothek hattet Ihr jede Menge Wünsche, das gebe ich zu. Lange, lange Listen. Aber noch nie habt Ihr um etwas für Euch selbst gebeten. In ... wie viel? ... zwanzig Jahren?«

»Fast achtzehn.«

»Noch nicht länger? Nun gut.«

»Danke«, sage ich. »Vielen Dank. Wartet bitte.«

Ich springe aus dem Bett, hocke mich in die Ecke mit den lockeren Backsteinen. Schnell hole ich das Buch aus seinem Versteck und gebe es Chiara. Sie schaut es fragend an. Dann mich.

»Was ist das, Beatrice?«

»Ein Buch.«

Sie hebt die Augenbrauen.

»Verzeiht«, sage ich. »Ihr seht ja selbst, dass es ein Buch ist. Würdet Ihr es Euch einmal ansehen?«

Sie lacht. »Warum solltet Ihr wollen, dass ich mir ein Buch anschaue? Ich – ein Buch?«

»Bitte! Ich weiß nicht, ob es etwas Gutes ist oder – nicht. Ich dachte, vielleicht könnt Ihr es mir sagen.«

»*Ich! Euch* etwas über ein Buch sagen? Bruder Abramo scheint Euch den Verstand vernebelt zu haben. Also wirklich! Erteile ich Schwester Felicitas Ratschläge darüber, wie sie einen Hecht am besten in Aspik legt? Nein! Also wie kann ich Euch, Beatrice, ausgerechnet Euch Ratschläge über ein Buch geben?« Sie will weiter zur Tür gehen und lacht leise.

Wieder nehme ich ihren Arm. »Bitte! Es ist mir in die Hände gefallen. Es kam ... Die Frauen haben es mitgebracht. Sie ... Also ...« Ich wage einen Schuss ins Blaue. »Habt Ihr je von der Mutter gehört?«

Sie bleibt stehen. Dreht sich zu mir um. Mustert mich. Ich erwarte, dass sie fragt, was ich meine. Oder sagt, sie habe von dieser Ketzerei gehört, und fragt, warum ich jetzt davon anfange. Aber nichts davon ist der Fall. Stattdessen sagt sie leise und nachdenklich: »Aha. Sie hat ein Buch. Das wusste ich nicht. Aber warum auch nicht? Es ist das Zeitalter der Bücher, wie Sophia stets zu sagen pflegte.« Sie lächelt knapp. »Hätte ich es besser gewusst, hätte ich mir vielleicht mehr Mühe gegeben, als die arme Frau mir das Lesen beibringen wollte.« Sie streckt eine Hand aus. »Dann will ich es mir einmal ansehen.«

Sie schlägt das Buch auf und blättert behutsam darin. Gespannt schaue ich ihr zu. Unten auf dem Kirchplatz schimpft Paola eine bedauernswerte Novizin: »Was heißt denn, Ihr könnt sie nicht finden? Das ist doch keine Antwort!«

»Bruder Abramo ist auf der Suche danach«, sage ich.

Chiara sieht mich an. »Ach ja?«

»Tomis wollte es der Tochter des Pontifex bringen.«

»Der guten Silvia?«

»Ja. Aber Abramo sagt, es sei gefährlich, ja geradezu böse.«

»Ich bitte Euch, Beatrice!« Sie dreht das Buch um und hält es mir vor die Augen. »Wie kann denn etwas so Schönes böse sein?«

»Er sagt ... es richte sich gegen Gottvater.«

Sie bläst die Wangen auf. Rümpft die Nase. »Gottvater, wie? Er ist ja so weit ganz in Ordnung, auf seine Weise. Bisweilen kommen er und ich gut miteinander aus. Aber wenn ich im Leben eins gelernt habe, dann, dass er nicht immer und überall darauf bestehen sollte, alles nach seiner Fasson zu regeln. Es ist doch bekannt, dass es Menschen gibt, die ihrer Mutter besonders nahestehen, andere ihren Vätern, wieder andere beiden gleichermaßen. Wie drücken wir es im Gebet aus? *Et in cælo et in terra?* Wie im Himmel, so auf Erden. Genau das glaube ich. Es ist doch ganz einfach, oder?«

Ich weiß nicht, was ich sagen soll, bin wie vor den Kopf gestoßen. Chiara legt das Buch weg und umarmt mich – herzlich, wie ich mir einbilde. Doch, es ist ganz gewiss eine liebevolle Umarmung. Sie hat es schon früher getan, mehrfach im Laufe der Jahre, und früher bin ich dann immer erstarrt, habe die Arme steif an mir herunterhängen lassen und den Atem angehalten, bis sie mich wieder losließ. Aber jetzt umarme ich sie so fest wie sie mich. Und zum ersten Mal wünsche ich, sie ließe mich nicht wieder los.

»Beatrice«, sagt sie und löst sich langsam von mir. »Ich weiß, dass Ihr an unseren Klostermauern so manches Mal verzweifelt seid. Aber noch höher ist die Mauer, die Ihr um Euch selbst errichtet.« Sie streicht mir über die Wange. »Danke, dass ich heute dahinterschauen durfte. Doch nun ...« Sie schaut aus dem Fenster. »Ich muss gehen und diese ... Deputierten loswerden. Ich hoffe, mich einigermaßen beherrschen zu können. Ich bin es so leid, Männern zuhören zu müssen, die mir sagen wollen, wie ich mein Haus zu führen habe.«

Sie lächelt mich liebevoll an.

»Später könnt Ihr mir alles über Euer Buch erzählen.«

DER KIRCHPLATZ

Dienstagnachmittag

Als Chiara fort ist, gehe ich ans Fenster und schaue ihr nach, wie sie zum Empfang geht. Arcangela will ihr folgen, aber Maria blockiert die Tür und lässt sie nicht hinein. Ich sehe auch Diana, Tamara und einige andere, die sich um den Horchposten über dem Empfangszimmer drängen. Gut, denke ich, dann können sie hören, wie Chiara mich verteidigt. Der Gedanke macht mich richtig glücklich. Chiara hat all meine Zweifel zerstreut. Schon bald wird sie die Deputierten vertrieben und meinen Ruf wiederhergestellt haben. Ich lege mich hin und warte, das Buch in den Armen. Es flüstert mir etwas zu, aber es sind nicht nur Stimmen. Ich höre auch Wind, einen Wasserschwall, raschelndes Laub, den knisternden Gesang der Sterne ...

Plötzlich Schreie. Ich springe vom Bett auf und schaue aus dem Fenster. Ein erstaunlicher Anblick vor der Tür des Empfangs: Maria und Arcangela in einem regelrechten Ringkampf. Arcangela stemmt Arme und Beine an die Tür, und Maria ist jetzt diejenige, die an ihr vorbeizukommen versucht. Sie gibt auf – nein, doch nicht –, sie geht nur ein paar Schritte zurück und senkt den Kopf, um gegen Arcangela anzustürmen. Arcangela kann nicht standhalten. Maria hat es geschafft. Doch wo ist ...

Schnelle Schritte auf dem Korridor. Ich reiße die Tür auf, um den Aufseherinnen zu sagen, dass ich mich nicht mehr einsperren lasse. Aber nicht sie stehen vor meiner Tür, sondern ...

»Diana! Was geht da vor sich?«

»Sie ist nicht mehr da! Chiara ist verschwunden! Maria lief ihr nach und ...«

»Aber wohin ist Chiara gegangen?«

»Sie will mit ihm reden. Bruder Abramo. Sie sagt, wenn er in ihr Haus eindringt, lässt sie sich von nichts aufhalten ...«

»Aber warum denn? Was ist geschehen? Hat sie den Deputierten nicht gesagt, dass ...«

»O doch, das hat sie. Sich für Euch verbürgt und gesagt, sie könne alles bezeugen, selbst wenn man sie zur Folter brächte. Die Bücher hätten nichts mit Euch zu tun, mehr gäbe es dazu nicht zu sagen. Aber sie – pfui! lauter verschrumpelte Echsen! – sagten, ihr Wort sei nicht genug. *Ihr Wort – nicht genug!* Sie sagten, Ihr müsstet von hier fort, aber sie hat ihnen die Tür versperrt und gesagt, erst müssten sie an ihr vorbei. Natürlich wollte keiner derjenige sein, der Mutter Chiara niederschlägt, also gaben sie nach und sagten nur, das würde sie noch bereuen, denn Bruder Abramo würde das ganz und gar nicht gefallen. Dann ist Chiara explodiert. Hat sie rausgeschmissen und ist dann selbst fortgegangen. Maria hinter ihr her, und ...«

Im selben Moment lautes Schimpfen von draußen. Wir eilen nach unten und sehen Hildegard von unseren Feldern kommen. Sie schreit ihre Gehilfinnen an, sie sollen sich beeilen, es sei keine Zeit zu verlieren, Mutter Chiara brauche sie. Doch bevor sie sie auf die städtischen Felder führen kann, kommt Ortolana aus dem Gästehaus gelaufen und bittet sie, hierzubleiben und erst einmal nachzudenken.

»Bitte, Hildegard, bitte! Spielt ihm nicht in die Karten! Frauen, die wild durch die Straßen rennen? Nein, bitte nicht! Es würde all seine Behauptungen beweisen. Wer ist denn schon unterwegs? Maria? Gut. Sie ist besonnen. Ruhig. Wir müssen abwarten – und hoffen. Habt Geduld. Alles wird gut. Ganz bestimmt.«

Sie setzt sich durch. Widerwillig geht Hildegard an den Horchposten, um aufzupassen. Diana folgt ihr, aber ich bin zu schockiert, um mich bewegen zu können. Alles in mir ist grau und kalt geworden. Ich sinke zu Boden, den Kopf zwischen den Knien. Niemand kommt zu mir. Ich schwanke zwischen Schuldgefühlen und Abwehr. Alles ist meine Schuld! Alles ist seine Schuld! Was habe ich angerichtet? Ich habe doch gar nichts getan!

Das anschließende Warten ist eine Qual.

Ortolana geht besorgt auf dem Kirchplatz auf und ab. Einmal bleibt sie bei mir stehen.

»Ist es schlimm?«, frage ich sie.

»Vielleicht«, sagt sie. »Vielleicht sogar sehr.«

Ich weiß nicht, wie viel Zeit vergeht. Mindestens eine Stunde. Womöglich sogar mehr. Endlich lautes Rufen vom Horchposten. Jemand kommt. Maria, es ist Maria! Taumelnd geht sie durch den Empfang und kommt auf den Kirchplatz. Sofort ist Arcangela bei ihr und will sie fortführen.

»Schwester Maria, ich glaube, der Kapitelsaal wäre der angemessenere Ort …«

Mag sie glauben, was sie will – Maria rührt sich nicht vom Fleck. Sie ist außer Atem, puterrot vor Anstrengung und völlig aufgelöst. Ihr Umhang ist fort, genau wie ihre Haube. Noch nie zuvor habe ich ihre Haare gesehen: Schwarze Locken mit weißen Strähnen. Ihr Kopf wirkt winzig. Ihre Augen sind weit aufgerissen. Alle scharen sich um sie. Tamara ist bei ihr, ruft nach Wasser und verschafft ihr Platz. Hildegard verscheucht alle. Maria schaut auf, sieht Hildegard, und obwohl ich zu weit weg bin, um hören zu können, was sie sagt, lese ich von ihren Lippen: Sie haben sie …

Das reicht für einen Wutausbruch von Hildegard. Ihr Hals wird ganz rot. »Wer? Was heißt *sie haben sie*? Wohin hat man sie gebracht?« Sie schüttelt Maria, als könne sie auf diese Weise eine Antwort aus ihr herausbekommen, aber die arme Frau kann nicht mehr sprechen. Tamara klopft Hildegard auf den Rücken und sagt, was sie da tue, sei nicht hilfreich. Maria hebt eine Hand und nimmt ein Glas Wasser entgegen. Langsam und mit zitterndem Atem erholt sie sich, drückt sich die Hände an die Schläfen. Wir alle scharen uns wieder um sie. Schweigen.

»Sie ...«, beginnt Maria und hört gleich wieder auf. Tamara reibt ihr die Hände. »Chiara ... Sie war auf dem Weg zu seiner Unterkunft. Ich hinter ihr her. Sie war außer sich vor Wut, so habe ich sie noch nie gesehen. Wir kamen an, da waren viele Männer. Die Lämmer – und andere. Burschen mit Stangen, Gardisten mit Schwertern. Alle standen um ein Feuer. Auf die ging sie zu und sagte, sie sollen ihn holen. Ich habe ihr nicht beigestanden. Eine Schande! Ich, die immer an ihrer Seite war! Aber es waren so viele.« Sie schaut in die Runde, und ihr Blick ist eine Bitte um Verständnis. »Sie sagten, sie soll weggehen, haben hässliche Dinge zu ihr gesagt, aber Chiara stand da und schrie immer weiter auf das Haus ein. Fragte, wovor er sich fürchte. Ob er Angst habe, sich zu vergessen und sie von hinten anzu... anzu... anzuspringen wie ein Straßenköter.«

Meine Mitschwestern schnappen nach Luft und stoßen kleine Schreie aus, vergraben die Köpfe in den Händen. Prudenzia ist ganz rot angelaufen und versucht, ihre jungen Schülerinnen zu verscheuchen. Sie zerrt an Laura, aber die lässt sich nicht von der Stelle bewegen. Dann will Prudenzia Giulia fortschicken, aber auch sie wehrt sich und will weiter zuhören. Nur Alfonsa und zwei, drei andere tun so, als wollten sie sich entfernen, bleiben aber bald stehen und hören ebenfalls weiter zu. Wir alle hören zu.

»Einer wollte sie schlagen. Doch, doch, es ist wahr! Er wollte sie schlagen, aber sie hat den Hieb abgewehrt und sein Handgelenk gepackt. ›Wie könnt Ihr es wagen?‹, fragte sie. Aber er schüttelte sie ab, lachte ihr ins Gesicht und sagte, sie solle heimgehen. Da wurde mir klar, dass sie nicht wissen, wer sie ist. Sie hielten sie für eine verrückte Alte, die sich auf den Straßen herumtreibt. ›Zu wem gehört die alte Vettel?‹, schrie er. Sie packte ihn am Kragen und sagte, sie sei Mutter Chiara und gehörte nur sich selbst. Und ob es ihm nun gefiele oder nicht, sie würde warten, bis Tonio sich zeigte, der uneheliche Sohn einer stadtbekannten Hure.«

Alfonsa schreit auf. Laura hält sich an Giulia fest. Hildegard bläst die Wangen auf und lässt geräuschvoll die Luft heraus. Sogar Ortolana windet sich.

»Da kam er heraus – wutentbrannt. Er hatte nicht herauskommen wollen, das war zu sehen. Er wollte sie weiter vor seiner Tür herumwüten lassen. Aber ihre Worte hatten ihm so zugesetzt, dass er herausgestürmt kam, als wollte er sie mit bloßen Händen erwürgen. Dann hat er aber gerade noch rechtzeitig aufgehört, als er sah, wie viele Leute da waren und sehen konnten, was er – ein heiliger Bruder! – da tut.

Er packte die Balustrade und wankte einen Moment, während er sich besann und nach und nach wieder so kalt und streng wurde, wie man ihn kennt. Er sagte, er sei angewidert, entsetzt. Sie solle machen, dass sie wegkommt. Da sagte sie, *sein* Ekel und *sein* Entsetzen sei nichts im Vergleich zu ihrem. Sie würde nicht weggehen, nicht bevor er die haltlosen Anschuldigungen gegen … gegen …« Sie schaut sich um, bis sie mich findet. »… gegen Schwester Beatrice und das Kloster zurücknähme. Er sagte, das würde er nicht tun. Es sei eine ernste Angelegenheit. Das Tribunal sei bereits mit der Sache betraut. Im Übrigen sei die Bibliothek nur der erste Schritt. Der Erzbischof hätte eine Untersuchung eingeleitet, ob Chiara selbst als geistliche Anführerin geeignet ist.«

Meine Mitschwestern heben die Hände gen Himmel und fangen an zu beten. Mir wird wieder schwindelig, und ich muss mich am Rand des Brunnens neben mir festhalten.

»Chiara sagte, wenn das so sei, sollten sie doch am besten gleich zusammen zum Erzbischof gehen. Er sagte: ›Mit Freuden.‹ Und sie sagte: ›Dann los!‹ Und dann … Es war ein Albtraum, ein Albtraum! Aus den Seitenstraßen waren inzwischen immer mehr Männer herbeigeströmt, diese Lämmer. Einige riefen Chiara Beleidigungen zu und schubsten sie herum. Ich habe versucht – ich schwöre, ich habe es versucht! –, zu ihr zu gehen, mitzugehen, ihr beizustehen, aber die Menge drängte sich zwischen uns, und man hat sie zur Eile getrieben. Ich habe nur noch einen letzten

Blick auf sie erhascht, dann verschwand sie in der weiterziehenden Menge.«

Eine raue Hand ergreift meinen rechten Arm. Ein Kaleidoskop von Schreckensbildern kommt mir vor Augen – Eisen und Sackleinen. Bang schaue ich mich um und erwarte, das hämische Grinsen des Gardisten zu sehen, aber es ist Hildegard. Meine Erleichterung währt nicht lange. Sie wirft mich zu Boden, und vor Schreck und Schmerz schreie ich auf.

»Ihr!«, brüllt sie. »Ihr und Eure verfluchten Bücher! Was habt Ihr getan? Was habt Ihr nur getan?«

Ich kauere vor ihr, die Arme schützend über den Kopf gelegt. Stimmen werden laut. »Aufhören! Aufhören!« Ich fürchte, sie will mich schlagen oder treten, und rolle mich zusammen. Da tritt jemand zwischen uns. Ich sehe schwarze Rocksäume.

Ortolana. »Lasst von ihr ab!«, schreit sie und drängt Hildegard ab. »Lasst von ihr ab, sage ich! Wenn Ihr jemanden schlagen wollt – sucht und schlagt ihn! Nicht sie. Es ist nicht ihre Schuld.«

Tamara und Diana zerren an Hildegards Armen, ziehen sie von mir weg, während Maria auf sie einredet und sagt, sie solle an Chiaras Worte denken, dass Gewalt niemals eine Lösung sei.

Mitten in diesem Aufruhr erscheint Arcangela, die, wie mir jetzt bewusst wird, seit kurz nach Marias Rückkehr nirgends zu sehen gewesen ist. Sie bittet um Ruhe. Sagt, verständlicherweise seien wir erregt, aber wir müssten Geduld haben. Das sei, so sagt sie, was Chiara wollen würde. Ortolana konfrontiert sie mit der Frage, was – bitte sehr – denn ausgerechnet sie zur Expertin für Chiaras Wünsche mache.

»Ah, die Stelleri-Witwe«, sagt Arcangela, und ich nehme an, dass sie Ortolana das Recht absprechen wird, sich in Angelegenheiten des Klosters einzumischen. Stattdessen sagt sie: »Gut, dass Ihr hier seid. Euer Sohn wurde gefunden. Städtische Würdenträger haben sich im Empfangszimmer eingefunden und wünschen dringend, mit Euch zu sprechen.«

Meine Stiefmutter fährt sich mit den Händen ans Gesicht, sie rafft ihre Röcke zusammen und eilt zum Empfang. Erst als sie fast dort ist, besinnt sie sich ihres Status und verlangsamt ihre Schritte. Als sich die Tür hinter ihr schließt, ergreift Arcangela wieder das Wort.

»Nun, liebe Mitschwestern, die Männer, denen sich die Witwe Stelleri jetzt stellt, haben auch Fragen an uns, aber ich glaube, nachdem ich mit ihnen vernünftig gesprochen habe, habe ich uns ein wenig Zeit verschafft. Wir können uns also vorbereiten – aber zweifelt nicht daran, dass sie eine Menge Fragen an uns haben.« Mithilfe ihrer eleganten Finger beginnt sie, die fraglichen Punkte aufzuzählen. »Über die Bibliothek natürlich, aber auch über Marias Buchführung, die Herkunft unserer Schutzbefohlenen, ob alle hier wirklich berufen sind …«

»Was soll das?« Hildegard ist wieder erstarkt. »Wir wollen doch bloß von Euch wissen, was Ihr zu tun gedenkt, um Mutter Chiara wohlbehalten zurückzuholen. Bitte sagt es uns!«

Arcangela legt die Hände zusammen und führt sie an ihre Lippen. »Liebe Hildegard, ich habe versucht, Euch klarzumachen, wie schändlich wir getäuscht worden sind.«

»Getäuscht? Also belogen? Ist es das, was Ihr meint? Wer soll mich denn belogen haben?«

»Chiara …«

»… ist eine bessere Frau als …«

»… ist nicht die, für die wir sie hielten.«

Hildegard macht einen Satz nach vorn. Diana und Tamara versuchen, sie zurückzuhalten, aber genauso viel würden sie ausrichten, wenn sie ein Tau um einen Baumstamm schlängen und daran zögen. Sie wanken. Der Baum bleibt stehen.

»Ich kenne sie. Sie hat … Ihr … Ihr habt ja keine Ahnung, was …«

Hildegard ist von Gefühlen übermannt und kann nur Unzusammenhängendes von sich geben, aber ihre geballten Fäuste sprechen Bände. Arcangela bleibt ruhig.

»Tut nichts Unbedachtes, Hildegard. Ich weiß, das fällt Euch schwer. Wo wärt Ihr ohne Chiara? Wer sonst hätte einer Frau wie Euch – ungetauft, ungefirmt, eine Frau, die kein Gelübde abgelegt hat – erlaubt, so lange bei uns zu wohnen? Nicht nur unhinterfragt, sondern geehrt, mit einem Sitz im Kapitelsaal und verantwortlich für leichtgläubige Mädchen. Nein, Schwester – ja, ich nenne Euch immer noch Schwester, obwohl Ihr keinen Anspruch darauf habt –, es ist nicht verwunderlich, dass Ihr die Wahrheit über Eure Beschützerin nicht hören wollt. Aber als Eure Schwester beschwöre ich Euch, zuzuhören. Unsere geistlichen Oberen, der Erzbischof und der ehrenwerte Bruder, wissen noch nichts von Eurer ... Wie soll ich es ausdrücken? Der komplizierten Natur Eures Glaubens. Soll ich sie darüber aufklären? Soll ich? Nein?«

Als Arcangela sprach, schien Hildegard in sich zusammenzusinken. Jetzt setzt sie sich schwer auf den Brunnenrand. Cateline will ihre Hand nehmen, aber Hildegard schlägt sie fort und beugt sich schweigend über ihre geballten Fäuste. Was für ein Triumph für Arcangela, Chiaras ergebenste Freundin vor aller Augen so niederzumachen. Und so geschickt, mit ihrer vorgetäuschten Schwesterliebe.

»Nun gut«, sagt Arcangela. »Ihr seid vor den Waldkriegen geflohen. Mutter Chiara hat Euch in ihre Obhut genommen. Ihr habt schwer für uns gearbeitet. Mehr braucht keiner zu wissen.«

Dann spricht sie uns alle an.

»Wir brauchen einander nichts vorzumachen, Schwestern. Wir alle lieben und bewundern Mutter Chiara, ihre Liebe, ihre Kraft, die Strahlkraft ihrer asketischen Jugend. Wir wissen aber auch, wie stur, rechthaberisch und unbedacht sie den Gegebenheiten der Stadt gegenübersteht. Wir wissen, dass sie Schwester Maria erlaubt hat, viel Geld von der Stelleri-Bank zu leihen, um die Liegenschaften des Klosters auszuweiten und Pächter anzusiedeln, die sie für loyal hielt. Wir wissen, dass sie viele, viele Frauen und Mädchen gegen den Willen der Eltern aufgenommen hat, Töchter von Vätern getrennt, Mütter von Söhnen. Wir wissen, dass sie die heiligsten Reliquien verkauft hat, die die Brüder unseres Vorgängerordens uns hinterlassen hatten – eine ungeheure Beleidigung gegenüber denen, die für Gottes Sohn zu Märtyrern geworden sind. Wir wissen, dass sie Schwester Beatrice ermutigt hat, schon als Kind heidnische Texte zu kopieren, um Profit daraus zu schlagen. Wir wissen …«

Ich höre nicht mehr zu. Schaue auf und in die Ferne. Über mir kreist ein Schwarm Vögel, bildet eine dichte Kugel und zieht sich dann in weiten Schleifen auseinander – die einzelnen Vögel winzige Silhouetten gegen das schwindende Tageslicht. Jedes Wort ist falsch und doch wahr. Es ist eine wahre Schilderung und doch bösartiger Verrat. Sie ist nicht dumm. Sie muss wissen, dass sie lügt, und doch fährt sie damit fort, maßvoll und gelassen. Dabei ist sie wie eine Schnecke, die langsam über Chiara kriecht und ihren silbrigen Schleim hinterlässt. Sie setzt ihren Sermon fort, spricht über steinige Wege, steile Schluchten, gefährliche Abhänge – alles mit dem widerwärtigen Ausdruck großer Frömmigkeit auf dem schönen, verhassten Gesicht.

Ich habe mich nicht mehr unter Kontrolle. »Schämt Euch!«, bricht es aus mir heraus. »Wir könnt Ihr es wagen?« Mein Gesicht ist ganz heiß geworden. Meine Arme und Beine zittern. Alle starren mich mit aufgerissenen Mündern an. Nur Arcangela bleibt ruhig und sieht allenfalls ein wenig überrascht aus. »Schämt Euch!«, rufe ich noch einmal. »Es ist eine Schande! Eine Schande ist es!« Aber meine Kraft lässt nach. Keiner sagt etwas. Arcangela verändert die Haltung und wirkt jetzt besorgt und mitfühlend.

»Jemand muss sich um Schwester Beatrice kümmern. Das alles ist zu viel für sie. Für uns alle. Ich glaube, wir sollten uns jetzt in die Kapelle zurückziehen. Ein Offizium haben wir ohnehin schon verpasst. Das darf nicht noch einmal passieren. Nein, lasst uns dafür beten, dass Chiara zu uns zurückkehren möge.«

Nur *Chiara*. Und ein ungewisses *möge*. Doch meine Mitschwestern gehorchen ihr aufs Wort. Für mich sind sie Feiglinge, aber das sage ich natürlich nicht. Auch ich setze mich in Bewegung, weiß aber nicht, wohin – nur, dass ich den anderen nicht folgen werde. Vor mir ragt die Zeder in den Himmel. Ich setze mich auf eine Bank, drücke die Arme fester an meinen Kopf, als könnte ich auf diese Weise alles ausblenden und fernhalten. Eine kühle Fingerspitze berührt meinen Hals, und ich erschrecke fürchterlich.

»Beatrice«, sagt Arcangela.

»Lasst mich allein«, sage ich.

»Also wirklich, Beatrice!« Sie wischt ein paar Zedernnadeln von der Bank und setzt sich. Ich stehe auf. »Setzt Euch, Beatrice!«

»Nein.«

»Setzt Euch! Sonst hole ich die Männer, mit denen Eure Schwiegermutter gerade spricht, und lasse Euch holen und zu Chiara in den Kerker stecken.«

Ich gehorche. Ich hasse mich dafür, aber ich tue es.

»So ist es besser. Wir befinden uns an einem heiklen Punkt, Beatrice, und zwar sowohl was unser Seelen betrifft als auch – im übertragenen Sinne sozusagen – die Seele unseres Klosters. Die Oberen von Stadt und Kirche sind besorgt, äußerst besorgt, und ich denke, wir sind uns darüber einig, dass sie einen guten Grund dafür haben. Umso wichtiger ist es für uns, sie davon zu überzeugen, dass alles, was bei uns falsch ist, einzig und allein auf den Stolz einer Frau zurückzuführen ist. Einer einzigen Frau. Könnt Ihr mir folgen?«

»Ja«, sage ich und merke, wie meine Schuldgefühle schwinden. »Ja, natürlich. Ich übernehme die Verantwortung. Ich kann sagen, dass es meine Bücher waren. Alles nur meine Schuld. Dann lassen sie sie frei, oder? Sie lassen sie frei und bestrafen stattdessen mich.«

Sie sieht mich merkwürdig an. Es muss sie überrascht haben, wie bereitwillig ich gestanden habe, und ich erwarte ihre Anweisungen. Aber sie sagt nichts, sondern seufzt nur und erinnert mich dabei an mich selbst, wenn ich mich über die Ungeschicklichkeit einer Kopistin ärgere. Dann sagt sie:

»In diesem Fall meine ich nicht Euren, sondern Chiaras Stolz. Natürlich könnt Ihr Eure Schuld bekennen, aber dadurch würde die Schuld Eurer Oberin nur umso offensichtlicher. Eine solche Aussage, zusammen mit Aussagen anderer Mitschwestern, würde Chiara als eine Frau entlarven, die sich in jeglicher Hinsicht übernommen und in Dinge eingemischt hat, die über die Belange des Klosters hinausgehen. Ich bin mir sicher, Beatrice, dass der Erzbischof und seine Berater ...«

»Ihr meint Bruder Abramo.«

»... unsere jüngeren Mitschwestern, die fehlgeleitet wurden, mit Wohlwollen betrachten. Vorausgesetzt sie verlieren keine Zeit, ihre Fehler einzugestehen. Ihre Fehler und die ihrer Oberen. Andernfalls ...« Sie greift nach meiner Hand und nimmt sie zwischen ihre kühlen weißen Handflächen. »Ihr und ich hatten Meinungsverschiedenheiten, Beatrice. Aber glaubt mir, wenn ich sage, dass ich Euch nicht unnütz leiden sehen möchte.«

Ich entziehe ihr meine Hand und stehe auf. »Warum sagt Ihr nicht einfach, ich soll Chiara verraten oder muss die Konsequenzen tragen?«

»So würde ich es nicht ausdrücken.«

»Wie denn sonst?«

»Ich lege Euch lediglich nahe, die Wahrheit zu sagen. Es wäre zu Eurem Besten – und zum Besten Eurer Mitschwestern.«

Ich schüttele den Kopf. »Es wäre falsch, und das wisst Ihr ganz genau. Mit derlei will ich nichts zu tun haben. Nichts, versteht Ihr? Nichts!«

Ich entferne mich, aber sie greift nach meinem Handgelenk und zieht mich zu sich heran. »Lasst es mich ganz klarmachen, Beatrice. Wenn Ihr je wieder einen Fuß in die Bibliothek setzen wollt ...«

»Und wenn ich das gar nicht will?«

Sie lässt mich los. »Das lässt sich ganz einfach arrangieren.«

DIE TÖPFE
Mittwochmorgen

Als ich den Fußboden in den Latrinen wische, wird mir klar, dass ich mit Mopp und Eimer so langsam bin wie Laura im Zusammensuchen der Bestandteile eines Ablativus absolutus. Das Wasser verflüchtigt sich. Der Schmutz bleibt. Ich verwandle trockene schmutzige Bretter in nasse schmutzige Bretter. Auch meine Röcke, meine Hände und Füße sind jetzt nass und schmutzig und – wie habe ich das bloß gemacht? – die Wände. Ich höre Timofea kommen und mache mich auf einen Tadel gefasst. Sie legt den Kopf auf die Seite, macht »ts-ts-ts« und betrachtet, was ich angerichtet habe.

»Das lernt Ihr noch«, sagt sie und nimmt mir den Mopp ab. »Und jetzt«, sie zeigt auf zwei Eimer, »ausleeren.«

Ich brauche nicht zu fragen, was ausgespült werden soll. Der Gestank sagt alles. Wenn wir nachts einen Topf brauchen, gehen wir in eine Nische unseres Korridors. Ich hatte nie darüber nachgedacht, was mit diesem Topf am Morgen passiert, aber er muss wohl weggebracht werden.

»Ihr braucht nicht die Nase zu rümpfen, junge Dame«, sagt sie und wackelt mit dem Zeigefinger. »Ich komme aus einem der besten Häuser der Stadt, und wenn ich mir nicht zu schade bin, die Pisse meiner Mitschwestern zu …«

»Nein, nein.« Ich muss sie unterbrechen, bevor sie sich in Rage redet, wie sie es so oft tut. »Es macht mir nichts aus. Wirklich nicht.«

Das stimmt nicht ganz, aber ich nehme die Eimer und versuche, Enthusiasmus auszustrahlen. »Wo fange ich an?«

Sie nickt besänftigt. »Zuerst das Arbeitshaus, dann die Zellen, dann die Schlafräume der Novizinnen, zuletzt das Gästehaus. Und, Beatrice?«

»Ja?« Ich bleibe kurz stehen, um die Henkel besser in die Hände zu legen.

»Gut gemacht. Das gestern. Was Ihr gesagt habt. Ich hätte gern dasselbe gesagt, und mehr noch, aber …« – sie macht ein bekümmertes Gesicht – »Arcangela weiß, dass ich mehr als die Grüne Maria den Fluss hinabschwimmen lasse. Frauen, die an den Stadttoren nicht die ruinösen Zölle bezahlen wollen … Nun, sie verstecken ihre Waren in der Höhle, und wir schicken sie des Nachts den Fluss hinunter. Das hilft ihnen sehr.«

»Ihr seid …« – ich weiß nicht, ob ich schockiert oder beeindruckt bin – »eine Schmugglerin?«

Sie zuckt mit den Schultern. »Ich bin eine Waschfrau, die nicht damit einverstanden ist, wenn die Stadtoberen den armen Frauen mehr abknöpfen, als sie sollten. Aber wenn Arcangela ihnen das verrät, war ich die längste Zeit hier und …«

»Wohin würdet Ihr gehen?«

Sie nickt nachdenklich. »Ja, wohin?« Dann zeigt sie auf die Eimer. »Nehmt es nicht persönlich. Alle, die bei mir anfangen, müssen das tun.«

Ich gehe weiter und versuche, die Eimer so zu halten, dass sie nicht meine Röcke berühren. Ich schaue am Gästehaus hinauf. Bei einem leisen Gespräch bei den Latrinen habe ich zu meiner Schwiegermutter gesagt, dass wir reden müssen. Wie kamen überein, dass sie ihr Fenster öffnet, wenn sie allein in ihrem Zimmer ist. Sie war genauso empört über meine Degradierung wie viele Mitschwestern. Das haben sie mir den ganzen Vormittag gezeigt. Schwester Felicitas hat meine Frühstücksschale bis zum Rand gefüllt, Giulia hinter Arcangelas Rücken eine abfällige Grimasse geschnitten. Hier und da wurde mir die

Hand gedrückt, manchmal bekam ich ein stilles Lächeln. Es ist seltsam.

Doch all das half nicht, als ich nach dem Frühstück sah, wie Arcangela mit Prudenzia zur Bibliothek hinüberging. Mir war klar, dass der Posten an Prudenzia übergeben werden würde – wem sonst? Seit ich aufgewacht war, hatte ich mir eingeredet, dass es mir nichts ausmache, weil ich meine Arbeit dort seit Sophias Tod ohnehin nicht mehr sonderlich liebte und weil Abramos Wüten die Bibliothek auf ewig entehrt hatte. Lügen, alles Lügen. Als die beiden die Bibliothekstreppe hinaufstiegen, empfand ich jedoch jeden ihrer Schritte als einen Tritt gegen mich. Ich hörte das Klackern des Schlüssels im Schloss, sah die Sonnenstrahlen, die zwischen Regalen und Gängen den Raum durchzogen, roch den verheißungsvollen Duft der vielen Bücher. Und dann erschien Prudenzias Gesicht am Fenster, dort, wo mein Schreibpult steht. Eine Maus, die aus ihrem Loch späht. Aus meinem Loch. Meiner Bibliothek! Ich musste zugeben, dass es ein schwerer Verlust war. Dann stolperte ich, als Tamara, die zu ungestümen Gesten neigt, mein Gewand von hinten packte.

»Schade«, sagte sie. »Aber schaut nicht hin. Lass es Euch nicht anmerken, das macht alles nur schlimmer.« Sie machte eine Kopfbewegung in Richtung Empfang. »Einige unserer jungen Mitbewohnerinnen mussten auch gehen.«

»Was? Wann?«

»Ihre Mütter kamen bei Tagesanbruch. Ob Ihr es glaubt oder nicht: Sie waren zu Fuß gekommen, in Sacktuch und mit Asche im Gesicht. Oder zumindest beinahe. Baten Paola, ihre Töchter herauszugeben.«

»Haben sie gesagt, warum?«

»War nicht nötig. Ist doch offensichtlich. Wir gelten nicht mehr als gute Adresse. Unser Ruf leidet. Jetzt muss ich aber weiter, Maria und ich kümmern uns um die Bücher, bevor unser Oberheiliger sie dem städtischen Gericht übergibt.«

»Tamara.« Ich streckte eine Hand aus und halte sie an.

»Was?«

»Warum ertragt Ihr das alles?«

Sie verzog das Gesicht. »Weil es besser ist, als unser Kloster zu einer Herberge zu machen, wo die Seemänner aus der halben Lagunenregion unterkommen, bis sie sich eine Schiffspassage nach Karthago leisten können.«

Jetzt gehe ich, die Eimer in den Händen, unter den Bibliotheksfenstern auf das Arbeitshaus zu und befolge ihren Rat, nicht hinaufzuschauen. Ich blicke zu Boden und setze ein seliges Lächeln auf. Erst als ich in dem Gebäude und nicht mehr zu sehen bin, stöhne ich auf. Mir tun die Arme weh.

Hinter der Werkstatttür zu meiner Linken höre ich Schwester Nanina mit ihrer dünnen Stimme aus der Bibel vorlesen. Ich wende mich nach rechts und suche den Nachttopf im Korridor. Ich bezwinge meinen Ekel und leere ihn in einen Eimer, dann gehe ich die Treppe zum ersten Stockwerk hoch. Ein neuer Korridor, ein neuer Topf, dann ins oberste Stockwerk. Ich habe das Fassungsvermögen der Eimer falsch eingeschätzt und der in meiner rechten Hand fließt beinahe über. Als ich den letzten Topf entdecke, beschleunige ich dummerweise meine Schritte. Der Eimer schaukelt, und Urin spritzt an meine Beine. Verärgert schreie ich auf und überlege, wie ich mich abwischen kann. Eine nahe Tür geht auf, ich schaue auf und werde mir meiner Demütigung bewusst, doch dann bin ich erleichtert, als ich sehe, dass es Diana ist, die aus ihrer Zelle kommt. Ich lächle ihr reumütig zu und erwarte eine warmherzige Begrüßung, doch stattdessen lehnt sie sich an die Wand, kreuzt die Arme und mustert mich kühl.

»Was denn?«, sage ich.

»Chiara hat Euch verteidigt, gut so. Auch die anderen halten Euch für unschuldig. Manche halten Euch sogar für eine Art Märtyrerin, weil Ihr zu diesem Judas in Nonnentracht gesagt habt, sie solle sich schämen. *Es ist eine Schande, eine Schande!*« Sie imitiert meinen Auftritt auf dem Kirchplatz herzlos, aber treffend. »Sie geben Euch keine Schuld, aber ich tue es. Er ist hinter dem Buch her, oder? Dasselbe, das Tomis unbedingt haben wollte?«

Ich öffne den Mund, um alles abzustreiten, aber sie sticht mit einem Finger in meine Richtung.

»Lügt mich nicht an! Ich habe mit Giulia gesprochen. Sie hat nicht alles gehört, was in der Bibliothek vorging, und von dem, was sie hörte, hat sie nicht alles verstanden, aber es liegt auf der Hand, dass Ihr etwas besitzt, das er haben will. Ich wünschte, ich hätte zugelassen, dass Tomis es an sich nimmt. Dann wäre er jetzt an Chiaras Stelle eingesperrt.«

»Aber er ist eingesperrt. Er hat Abramo von dem Buch erzählt. Er hat mich verraten, und ...«

»*Er hat mich verraten.*« Wieder imitiert sie mich. Höre ich mich wirklich so an? »Selbst wenn er das getan hat – warum, glaubt Ihr, ist es dazu gekommen? Weil Abramo ihn zu einem netten Plausch bei einem Gläschen Wein eingeladen hat? Seid nicht so naiv! Was dieser Mann vom Predigtstuhl herabschleudert – Daumenschrauben und Feuermale –, sind keine Fantasien. Sie sind das täglich Brot der Guten Hirten.« Sie stößt sich von der Wand ab. »Beatrice, wie, in Gottes Namen, seid Ihr überhaupt an dieses Buch gekommen?«

»Es war ... Zufall. Die Frauen haben es mir gegeben, bevor sie starben.« Das sollte eine Entschuldigung sein, aber meine Worte sind Öl in Dianas Feuer.

»Ihr habt ein Buch von den Frauen angenommen, obwohl Ihr wusstet, dass die Lämmer hinter ihnen her waren? Als Abramo bereits auf unser Tor eingehämmert hatte? Wie konntet Ihr nur so dumm sein?« Ich blinzle. Das Schuldgefühl in meinen Eingeweiden breitet sich wieder aus.

Diana schüttelt den Kopf. »Ihr seid so blind, so selbstsüchtig, so ...«

»Hört auf!«, flehe ich sie an. »Hört bitte auf.«

»Wenn er Euer blödes Buch haben will, dann gebt es ihm gefälligst!«

»Ich kann nicht, Diana. Ich kann nicht. Ihr versteht nicht, dass ...«

»Ich verstehe genug. Ich verstehe, dass dieses Buch Euch wichtiger ist als ...«

»Aber Mutter Chiara hat gesagt, dass ich es ihm nicht geben soll.«

»Ha!« Sie starrt mich an. »Das trifft sich ja gut. Aber es wäscht Euch nicht von ...«

»Ihr müsst mir glauben. Ich habe ihr das Buch gezeigt, kurz bevor sie zu den Männern ins Empfangszimmer gehen musste, und sie sagte: ›Gebt es ihm nicht.‹ Sie sagte ...« Ich überlege einen Moment, weil ich mich nicht an ihre genauen Worte erinnere. »Sie sagte: ›Nicht alles sollte nach den Wünschen von Gottvater gehen.‹«

Diana greift nach meiner Hand und legt die andere auf meinen Mund. »Schluss jetzt, Beatrice! Was redet Ihr denn da?«

Wir stehen ganz still da und horchen. Ich habe viel zu laut gesprochen und für alle gut hörbar etwas Gotteslästerliches gesagt. Ich glaube, wir beide erwarten, dass Arcangela und Abramo die Treppe heraufgestürmt kommen. Schließlich lässt sie mich los, beugt sich zu mir vor und fragt leise: »Was für ein Buch ist das?«

»Ihr wisst doch, was Ihr gesagt habt, als Tomis es mir wegnehmen wollte«, flüstere ich. »Ihr habt gesagt, Ihr wollt mir helfen, wenn Ihr könnt. Nun, dieses Buch hilft, wenn es kann. Es hilft, wenn Frauen in Gefahr geraten.«

»Aber wie kann ein Buch denn helfen? Wie, Beatrice?«

Ich senke meine Stimme noch weiter. »In ihm steckt die Kraft ... der Mutter.«

Sie sondert eine erstaunliche Flut an Flüchen ab, und gleich darauf hören wir Naninas Stimme von der Treppe her.

»Was tut Ihr da, Diana? Ihr werdet in der Werkstatt gebraucht, und zwar jetzt gleich, hört Ihr? Schwester Arcangela sagt, sie duldet keine weiteren Ausreden. Diana? Diana! Ist jemand bei Euch?«

»Nein«, ruft sie. »Ich komme schon.« Sie nimmt meinen Arm. »Das ist gefährlich, Beatrice. Ich muss Euch etwas sagen. Sucht mich später auf.«

»Di-aaaa-na!«

»Kooomme!«

»Was denn? Was müsst Ihr mir sagen?«

»Diana!«

»Komme!« Bedauernd zuckt sie mit den Schultern und läuft auf die Treppe zu.

DAS GÄSTEHAUS
Gleich darauf

Ich folge ihr langsam und gebeugt, weil ich die Eimer schleppe. Unten vor dem Werkhaus schaue ich zur Fassade des Gästehauses auf und muss gegen die Sonne anblinzeln. Ortolanas Fenster ist geöffnet. Vorsichtig überquere ich den Kirchplatz und gehe die Treppe des Gästehauses hinauf. In den ersten beiden Zimmern wohnen zwei Signoras, sehr alt und sehr vornehm, die die vierzigtägige Fastenzeit bei uns verbringen, um angesichts ihrer wohl bald bevorstehenden Reise ins Jenseits ihr Konto im Himmel aufzustocken. Ich klopfe an, gehe leise in ihre Zimmer und leere ihre Nachttöpfe. Beide sitzen reglos auf einem Stuhl und summen vor sich hin. Ich schleiche wieder hinaus. Die dritte Tür ist nur angelehnt.

Durch den Türspalt sehe ich Ortolana an einem kleinen Tisch sitzen; sie schreibt, wahrscheinlich einen Brief. Das Fenster neben ihr steht offen, und eine leichte Brise spielt in ihren ungekämmten Haaren. Ihr Gesicht ist ungeschminkt. Sie wirkt verletzlich, ängstlich. Ich klopfe an die Tür und höre ein harsches: »Herein!«

Als ich eintrete, schaut sie nicht auf, sondern macht nur eine Handbewegung und sagt: »Danke. Er steht da in der Ecke.«

Ich räuspere mich, und sie zuckt irritiert. Ich habe sie gestört. Ihre Feder, die zügig übers Papier galoppiert war, bewegt sich nur noch in einem holprigen Trott. Meine Schwiegermutter verschreibt sich, streicht das Wort energisch durch – kratz-kratz –, bevor sie die Feder ins Tintenfass steckt und sich zu der taktlosen Reinigungskraft umdreht. Ihre Miene hellt sich kaum auf, als sie mich erkennt.

»Beatrice«, sagt sie und schiebt die Papiere auf dem Tisch zusammen, damit keiner sehen kann, was sie geschrieben hat.

»Ja«, sage ich unnötigerweise.

Sie sieht nicht gut aus. Vor Müdigkeit ist das Weiße in ihren Augen gelblich geworden. Ihre Pupillen sind geweitet. Vielleicht liegt es nur daran, dass das Zimmer recht dunkel ist, aber ich finde es hier drinnen unheimlich. Sie fingert an ihren Papieren herum, zieht eins heraus und versteckt es dann gleich wieder.

»Ich habe ... Ich fürchte, meine Tage hier sind gezählt. Gestern haben sie es mir gesagt. Hast du davon gehört? Gestern habe ich erfahren, dass sie deinen Bruder gefunden haben. Er war zu einer unserer Villen geritten. Als sie ihn fanden, war er betrunken und sah ganz heruntergekommen aus. Sie bringen ihn in die Stadt zurück. Mein armer Junge!« Sie lacht wie von Sinnen. »Nicht einmal seiner Flucht war er gewachsen.«

»Ortolana ...«

Mit einer Handbewegung bringt sie mich zum Schweigen. »Ich wünschte, ich könnte dich vor solchen Drecksarbeiten bewahren, aber leider bin ich dazu nicht in der Lage. Es ist zu spät. Bruder Abramo ist der Besen des Herrn, und vor ihm sind wir alle trockenes Laub und Spinnweben.« Sie senkt den Kopf in die Hände. »Es tut mir leid«, sagt sie noch einmal.

Ich gehe zu ihr und berühre ihre Schulter. »Macht Euch um mich keine Sorgen. Ich bin nicht gekommen, um über mich zu sprechen. Chiara hat mir etwas anvertraut. Etwas Wichtiges. Über ihn – Bruder Abramo.«

»Klatsch und Tratsch, Beatrice?« Ein müdes Lächeln. »Ich bin ganz Ohr.«

Ich erzähle ihr, was Chiara mir erzählt hat. Mein Bericht ist weder chronologisch noch sonst wie geordnet, sondern ein kopfloser Schwall, damit ich möglichst schnell zum Schluss kommen und sagen kann: »Versteht Ihr? Wenn das bekannt wird ... Wenn wir es bekannt machen können ... können wir ihm dann nicht das Handwerk legen?«

Als ich fertig bin – und ich muss ihr zugutehalten, dass sie aufmerksam zugehört hat –, sitzt sie reglos da, und ich frage mich, ob sie mir glaubt. Ich sage, dass es wahr sei, dass ich Chiaras Geschichte korrekt wiedergegeben habe. Ich spiele auch auf den Mangel an Vertrauen an, den sie mir stets entgegengebracht hat, bis sie ungeduldig auf den Tisch klopft.

»Zu wissen, dass Bruder Abramo schon lange einen tiefen und sehr persönlichen Groll gegen Mutter Chiara hegt und es deswegen auf ihr Kloster abgesehen hat – was folgt daraus? Was, meinst du, können wir tun?«

»Es aller Welt erzählen. Dass er ein Verführer, ein Scharlatan, ein Heuchler ist. Dass er sich auf einem Rachefeldzug befindet und es ihm nicht um Erlösung geht.«

»Das würde den Tod bedeuten«, sagt sie.

»Hat er ihn denn nicht verdient?«

Sie lacht so ausgelassen, wie es der Situation nicht angemessen ist. »Wie blutrünstig du bist, Beatrice! Aber leider meine ich nicht seinen Tod, sondern meinen. Meinen und Chiaras. Was soll ich also tun?« Sie greift zur Feder und legt ein neues Blatt Papier zurecht. »Soll ich den Würdenträgern der Stadt schreiben, den Richtern und Ratsherren, den Gildenmeistern, den Anführern der Zünfte, und sie mit den Jugendsünden Bruder Abramos vertraut machen? Wie würden sie reagieren? Entsetzt die Hände in die Luft werfen, die Gardisten rufen und ihn mit hinterm Rücken gefesselten Händen aus der Stadt jagen?«

»Warum denn nicht?«, sage ich, denn genauso stelle ich es mir vor. »Warum nicht?«

»Du bist wie Ludo, wenn ich ihm Zuckerzeug verboten hatte.«

»Ich wusste nicht, dass Ihr ihm je etwas verboten habt.«

»Du weißt eine ganze Menge nicht, Beatrice. Dieses Gespräch ist der beste Beweis dafür.«

Einen Moment lang herrscht Schweigen. Ich hatte gedacht, Mütter seien gegenüber den Fehlern und Schwächen ihrer Söhne blind und hielten sich für eine zweite Mutter Maria mit einem unfehlbaren, unbefleckten Kind.

Aber vielleicht täusche ich mich auch darin. Trotzdem setze ich meine Attacke fort.

»Ihr fürchtet Euch davor, ihn anzuprangern. Ihr seid ein ... Feigling«, sage ich, aber das Wort kommt nicht so kraftvoll heraus, wie ich gehofft hatte.

»Ein Feigling?«, wiederholt sie nachdenklich. »Das ist möglich. Aber zeugt es nicht von Mut, einen Turm zu erklimmen und in den Tod zu springen? Wenn ich glauben könnte, Chiara sei auf diese Weise zu retten und Abramo zu Fall zu bringen, würde ich es womöglich tun.« Sie zuckt. »Aber nur womöglich.«

»Chiara würde es ganz sicher tun.«

»Das stimmt – aber ich bin nicht Chiara. Und selbst Chiara könnte durch ihr Opfer niemand anders retten. Akzeptiere es, Beatrice: Es hat keinen Sinn.«

»Warum denn nicht?«

Sie reibt sich die Stirn mit dem Handballen und krallt die Finger in die Haare. Sie lächelt bitter. »Weil die Menschen ihn bewundern.«

»Dann sagt es ihnen, sagt es den Menschen. Wenn sie die Wahrheit kennen, werden sie ihn nicht mehr bewundern.«

»Und wie würdest du das anstellen, Beatrice?«

»Ich weiß nicht. Schreibt eine Bekanntmachung. Lasst sie auf den Plätzen verlesen oder ...« Mehr fällt mir nicht ein.

Sie mustert mich. »Würdest du das wirklich tun? Wohl wissend, welchen Ruf er genießt? Würdest du durch die Straßen gehen und Pamphlete verteilen, in denen er beschuldigt wird? Was würde dann passieren? Kannst du dir das nicht vorstellen? Du hast Marias Bericht doch gehört.«

Ich denke an die Lämmer, ihre schmutzig weißen Umhänge, ihre gelben Zähne, ihre Selbstgerechtigkeit. Ich stelle mir vor, wie die Pamphlete umherfliegen, irgendwo auf den Straßen landen und zertreten werden. Und ich stelle mir mein eigenes Ende vor, ob es nun schnell oder langsam käme.

»Aber ...« Noch will ich meinen Plan nicht fallenlassen, denn er wäre gerecht. »Gibt es denn keinen bedeutenden Mann in der Stadt, den man überzeugen könnte? Ihr kennt sie doch, wisst, wem man trauen kann. Einen muss es doch gebe, der ...«

Sie schüttelt den Kopf. »Oh, Beatrice«, sagt sie beinahe verzweifelt, aber nicht unfreundlich. »Gegen Ende seines Lebens wollte dein Vater allen das Handwerk legen, deren Reichtum und Macht ihm zu groß waren. Im Rückblick war das kurzsichtig. Es hat viel Abneigung hervorgebracht.«

Sie seufzt und breitet die Hände auf dem Tisch vor ihr aus.

»Abramo behauptet, Gottvater habe ihn herbefohlen, aber den Feinden deines Vaters, den anderen Reichen, die sich herabgewürdigt fühlten, war er hochwillkommen. Vielleicht bedauern sie mittlerweile, wie weit Abramo gegangen ist – vielleicht aber auch nicht. Abramo hat die Stelleri entmachtet. Unser Name wird durch den Dreck gezogen. Dafür sind sie Abramo dankbar. Dafür erhöhen sie ihn, womöglich so weit, dass er den Stuhl des Pontifex in Sankt Peter einnehmen kann.«

»Er will nach Rom gehen?« Das geht mir alles zu schnell. »Aber er hasst Rom doch! Er bezeichnet es als heruntergekommen – die Hure Babylons, einen ...«

»... stinkenden Stall, eine Jauchegrube. Jaja, all das und mehr. Aber wenn man etwas beherrschen will, kann es zunächst hilfreich sein, es in Verruf zu bringen. Genau wie er es mit Chiara getan hat, mit dem ganzen Kloster. Weißt du, wie man unsere Stadt anderswo bezeichnet? In Sankt Peter, in der Lagunenregion, in Herculaneum?«

Ich schüttele den Kopf.

»Die Stadt der Frauen«, sagt sie. »Und das soll kein Kompliment sein. Du, Beatrice, kennst nur Chiara. Ihre Position, ihren Einfluss – wahrscheinlich hältst du es für normal. Aber ich versichere dir, dass es das nicht ist. Die Stadt ist voll von Männern – und Frauen –, die ihren Einfluss nur zu gern beseitigen würden. Sie halten ihn für falsch. Sündig. Gefährlich. Gegen den Willen Gottvaters. Ich brauche es wohl nicht noch weiter auszuführen, oder?«

Wieder schüttele ich den Kopf. Ich kenne die Texte. Man kann sie ja kaum übersehen. Ich weiß nur zu gut, was man von Frauen – angefangen bei Eva – hält.

Ortolana ist ganz still geworden, kaut an einem Daumennagel, reißt den Rand ab, zuckt zusammen und betrachtet das hervorquellende Blut, steckt den Daumen in den Mund. Das Folgende stößt sie vehement hervor: »Ich wünschte, dein Vater hätte nie von dieser verfluchten Mutter gehört. Ich wünschte, dieses verfluchte Buch läge am Grunde des Meers. Ich wünschte, es wäre niemals in deine Hände geraten.«

»Sagt so etwas nicht ...«

»Ich sage, was ich, verflucht noch eins, will. Du weißt ja nicht, was es mir angetan hat! Ich habe ständig Hunger. Ich höre die Mäuse in den Wänden umherkriechen. Ich sehe ihre Hinterlassenschaften auf dem Fußboden. Und ich ... Ich würde sie am liebsten essen. Die Sonne ist zu grell, der Brunnen zu weiß, und ich fühle mich ... ich weiß nicht, wie.«

»Aber Ihr solltet es sehen ... Sehen, was mit Euch geschehen ist. Es ... Ihr seht wunderbar aus. Das Bild. Es ist wunderschön.« Ich greife in meine Rocktasche und hole das Buch heraus, aber sie knallt beide Hände auf den Tisch.

»Schaff es fort!«

»Aber es hat Euch gerettet. Und es wird Chiara retten. Ganz bestimmt! Schaut es an, bitte!«, flehe ich sie an und halte ihr das Buch hin. »Habt keine Angst.«

»Ist es dir passiert?«

»Was soll mir passiert sein?«

»Hat es dich ... verändert?«

»Nein«, sage ich. »Das hat es nicht.«

»Dann sag mir nicht, dass ich keine Angst haben soll.«

Das Buch liegt zwischen uns auf dem Tisch. Ich erwarte, dass sie es fortstößt, aber sie schaut es nur an. Dann greift sie zögerlich danach. Sie schlägt den Einband auf. Ich mache einen Schritt auf sie zu und will ihr erklären, was dort zu sehen ist, aber sie hebt eine Hand. Mit dem rechten Zeigefinger folgt sie den Ranken, den Windungen und Wendungen der Buchstaben. Ich höre Geflüster und denke natürlich, dass es aus dem Buch kommt. Aber das stimmt nicht. Ortolana bewegt die Lippen.

Sie kann es lesen.

Sie kann es lesen.

Vor Neid darüber, dass ausgerechnet sie ausgerechnet dieses Wissen besitzt, entgeht mir, dass sie bereits die nächste Seite umblättert und die nächste. Wie versteinert starrt sie auf große Vögel, die über das Pergament kreisen. Sie schlägt die Zähne in einen Fingerknöchel.

»Was ist es?«, frage ich. »*Was?*«

»Du kannst es nicht lesen?« Sie lacht unbändig. »Du – du kannst es nicht lesen?«

»Nein!«, schreie ich. »Aber wie … Warum könnt Ihr es?«

»Weil, mein Kind … weil ich ihr gehöre. Weil sie … mich verändert hat.«

»Aber das ist …«

»Nicht, was du hören willst. Tut mir leid, Beatrice. Selbst dein Wissen hat Grenzen.«

Ich ignoriere ihre Stichelei und frage: »Was steht denn darin? Enthält es einen Schlüssel zu seiner Kraft, seiner Macht? Etwas, das wir benutzen können, das uns helfen kann? Was ist es? Was?«

»Nein, nein. Es geht nur um mich. Um alles, was ich nie ausgesprochen habe. Was ich nie sagen konnte. Wofür ich immer noch keine Worte habe. Es … Es geht um mich.«

»Um *Euch*? Ist das alles?«

Ihr Lachen wird hysterisch. »Ja, das ist alles. Aber das willst du nicht wahrhaben, was? Du willst noch einmal die Zehn Gebote.

Eine große Offenbarung aus der Hand der Mutter. Dann könntest du von deinem Berg herabsteigen und es allen verkünden ...«

»Nein«, sage ich. »Nein!« Aber sie hat natürlich recht. Genau das will ich.

»Du willst etwas Erhabenes, etwas Großartiges. Meinen Kummer willst du nicht, meinen Schmerz, meine Liebe ...«

»Aber es tut mir leid, dass mein Vater gestorben ist. Dass Ludo geflohen ist. Es tut mir leid!«

Ich will sie berühren, denn ich habe die Wahrheit gesagt. Aber sie weicht mir aus, und ich höre ein Geräusch wie Messerklingen, die über den Tisch gezogen werden. Ich schaue hin und sehe Kratzspuren. Sie beobachtet mich, die Hände unter dem Tisch. Tränen steigen ihr in die Augen und laufen schließlich über.

»Was ist denn?«, flüstere ich.

»Die Nacht, in der Bianca ihren Sohn geboren hat. Als du fort warst und ich ihn im Arm hielt, sind meine Hände so geworden.« Sie hebt sie an, und ich sehe lange, gebogene Klauen. Dann versteckt sie ihre Hände wieder. »Ich musste Bianca aufwecken. Er blutete am Rücken, wo ich ihn berührt hatte. Ich habe so getan, als sei es mein Blut. Meine Hände haben sich wieder zurückverwandelt, aber immer, wenn ich meinen Enkel anfassen will, passiert es wieder. Ich muss ihn dann schnell loslassen. Ich glaube, es ist eine Strafe. Ich glaube, die Mutter – sie straft mich. Weil ich meine Tochter nie in den Arm genommen habe. Gleich als sie die blutige Nabelschnur durchgeschnitten hatten, haben sie sie mir weggenommen. Nein ... nein, das stimmt nicht. Ich habe gesagt, dass sie sie wegnehmen sollen. ›Wollt Ihr sie denn nicht halten?‹, fragten sie. ›Nur kurz?‹ ›Nein‹, sagte ich. ›Nein.‹ Und so habe ich sie nie gehalten. Ich glaube, sie weiß es, und ich glaube, sie hasst mich deswegen.«

»Eure Tochter?« Ich bin verwirrt. Warum schaut sie mich so an? »Aber Ihr habt doch gar keine ...«

»Doch, Beatrice, das tue ich. Willst du wirklich wissen, was in deinem Buch steht? Nun, ich werde es dir sagen. Darin steht, wie ich mich fühle, seit ich dich verstoßen habe.«

Ihr Blick ist wild, aber sie hält ganz still. Dann wendet sie sich mit einem leisen Schrei ab. Ich wanke. Was soll ich sagen? Muss ich überhaupt etwas sagen?

»Warum? Warum habt Ihr …?«

Meine Schläfen pochen. Wörter taumeln in meinem Kopf durcheinander, verknoten sich, verbinden sich zu schwarzen, verschlungenen Fäden. Ich kann sie nicht sortieren. Ich kann nicht – vor Wut. Bin ich wütend? Ich lege die Hände an mein Gesicht, als könnten meine Finger meine Gedanken lesen und sie mir mitteilen. Nein, nein. Ich bin nicht wütend. Nur …

verletzt.

»Ich hatte keine Wahl«, sagt sie. »Ich bedaure es mit Leib und Seele, aber ich schwöre dir, ich hatte keine Wahl.«

Ich bekomme nur ein Wort heraus. »Wie?«

Wie ist einfacher als *warum*.

»Liebe«, sagt sie. »Liebe hat mich – und deinen Vater – zu einem Verhalten gezwungen, das ich heute nicht mehr verstehe. Ich verstehe es so wenig, dass ich mich kaum noch daran erinnern kann.« Sie spricht schnell, und ich ahne, dass ich eine Rede höre, die sie schon vor langer Zeit vorbereitet hat. »Ich war fast noch ein Kind. Wir kannten einander, haben aber nie miteinander gesprochen. Ich wusste, dass er für mich brannte, genau wie ich für ihn. Dann kam der Fasching. Mein Vater gestattete meinen Schwestern und mir, zuzuschauen. Ich war als Minerva verkleidet. Ich sah ihn auf der anderen Straßenseite. Ich tat so, als verirrte ich mich in der Menge. Wir fanden einander und … und dann kam die Pest, und zufällig – obwohl wir es als Schicksal betrachteten – schickten unsere Familien uns in dasselbe Tal in den Bergen. Dort oben herrschten andere Regeln. Wir gingen zusammen spazieren, arbeiteten zusammen und halfen bei der Ernte. Es war eine glückliche Zeit. Und an dem Abend, bevor er in die Stadt zurückkehren sollte … An diesem Abend vergaßen wir uns.

Ich wusste fast sofort, was geschehen war, und war verzweifelt. Ich gestand alles der Frau, bei der ich untergebracht war. Du kennst sie als Zia. Sie sagte, in der nächsten Stadt gäbe es Frauen, die mir helfen könnten. Ich ging hin, allein. Fünfzehn Meilen. Und da habe ich Chiara kennengelernt. Ich habe geweint und geweint, und sie sagte, ich solle es nicht so schwernehmen. Ich sei nicht das erste und nicht das letzte Mädchen, das in solche Schwierigkeiten gerät. Ich solle meinen Eltern schreiben, ich sei für sechs Monate von der Frauengemeinschaft aufgenommen worden, um den Armen und Bedürftigen zu dienen. Ich dachte, meine Eltern stimmten zu, weil Chiara eine Berühmtheit war, aber heute glaube ich, sie ahnten die Wahrheit und waren froh, dass ich eine Lösung gefunden hatte. Als die Geburt nahte, dachte ich, vielleicht würde ich bleiben. Ich liebte Chiara. Ich liebte all die Frauen um sie herum. Doch dann kam ein Brief von deinem Vater. Er hatte die Zustimmung seines Vaters errungen, und alles war arrangiert. Sobald ich meinen Dienst bei den Frauen beendet hätte, sollte ich heimkehren und ihn heiraten. Also reiste ich ab, als du ... als du geboren warst. Kehrte in die Stadt zurück, heiratete deinen Vater, und als so viel Zeit vergangen war, dass keiner mehr Fragen stellen würde, und Zia mir zudem versichert hatte, du seist ein hübsches Mädchen, holte ich dich heim.«

Ich fühle mich wie ausgehöhlt. »Hattest du ihm alles gesagt? Über mich?«

Sie nickt.

»Vor oder nach der Hochzeit?«

Sie meidet meinen Blick.

»Vorher oder nachher?«, hake ich nach.

»Nachher. Beatrice, ich ...«

Schritte kommen die breite Steintreppe herauf, und wir verstummen. Keine von uns wagt, sich zu bewegen. Ich glaube, wir beide wünschen, dass die herannahende Person irgendetwas zu erledigen hat, das uns nicht betrifft, dass sie weitergeht. Aber sie bleibt vor unserer Tür stehen.

Ein leises Klopfen.

»Darf ich eintreten?« Arcangelas Stimme.

»Einen Moment, bitte«, ruft Ortolana.

Ich schnappe mir das Buch und krieche hektisch über das Bett und verstecke mich in der Lücke zwischen ihm und der Wand. Ich bin noch dabei, meinen Atem zu regulieren, als ich Arcangela eintreten höre.

»Verzeiht«, sagt Ortolana und legt eine Decke über mich. »Ich räume nur schnell auf.«

»Ihr habt doch wohl nicht mehr im Bett gelegen?«

»Ich habe mich ein wenig ausgeruht. Ich habe Kopfschmerzen.«

»Hoffentlich nichts Ernstes? Ihr seht wirklich nicht gut aus.«

Ortolana geht nicht darauf ein, sondern fragt nur leise und müde: »Was wollt Ihr, Emilia?«

Emilia – nicht Arcangela. Knisterndes Schweigen. Wenn eine Frau zeigen möchte, dass sie von ihrer Berufung geradezu überwältigt ist, darf sie bei ihrem Gelübde einen neuen Namen annehmen. Emilia ist also Arcangelas Geburtsname, der Name, den sie ablegen wollte. Immer noch Schweigen. Wer wird als Erste sprechen? Plötzlich wird mir bei dem Gedanken, das hier könne sich über Stunden hinziehen, ganz übel.

»Es überrascht mich«, sagt Arcangela schließlich, »dass es Euch Freude macht, auf unsere Kindheit anzuspielen.«

»Wäre Euch ein Blick in die Zukunft lieber?« Ortolana klingt beinahe wieder wie sie selbst. »Mutter Oberin. War es das, was Ihr Euch vorgestellt habt, als wir in die Schlafkammer Eurer Mutter schlichen, um uns die Gesichter zu bemalen? Ich frage mich schon länger, ob Ihr Euch schon damals Eurer berühmten Berufung bewusst wart.«

»Ich war sehr erleichtert, als mein Vater mir endlich erlaubte, der Welt zu entsagen.«

»Ach, dann fühltet Ihr Euch also damals schon berufen. Ihr habt es gut verborgen. Wie habe ich Euch beneidet! Eure Haare – wie ein Wasserfall fielen sie bis auf Eure Knie. Und die raffinierten

Kleider, die Eure Mutter für Euch schneidern ließ. Und dann Euer Trick, Bänder so anzubringen, dass sie gewisse Körperpartien betonten. Ihr erinnert Euch gewiss. Als Ihr plötzlich hinter diesen Mauern verschwandet, im selben Monat, als ich geheiratet habe, habe ich mich gefragt, ob Ihr etwas angerichtet hattet. Aber dann wurde mir klar, dass Ihr nicht ertragen konntet, die zweite Wahl zu sein oder ...«

»Genug! Ihr vergesst Euch!«

»Womöglich habe ich mich geirrt. Dieses Kloster ist ein schöner Ort. Was sonst seid Ihr gewillt zu ...«

»Ich sagte: *Genug!* Ihr könnt es Euch nicht mehr leisten, solche Reden zu führen.«

»Welche Reden sollte ich denn führen? Unterwürfige, demütige, bescheidene? Bitte, Schwester Arcangela, sagt, warum ihr gekommen seid.« Es hört sich an, als setzte Ortolana sich an den Tisch.

»Die Deputierten des Tribunals«, beginnt Arcangela. »Sie haben lange mit Eurem Sohn gesprochen, und wenn ich es recht verstehe, war es ein höchst ... lehrreiches Gespräch. Er hatte viel zu sagen, aber manchmal soll er Mühe gehabt haben, seine Gedanken zu ordnen und sich verständlich auszudrücken. Dennoch hat er geholfen, ein Licht auf die verkommenen Beziehungen zwischen Eurer Familie und diesem Kloster zu werfen. Er hat bereits angedeutet, dass er beabsichtigt, den größten Teil seines Vermögens den Guten Hirten zu vermachen, um ihr gutes Werk zu fördern. Es hat ganz den Anschein, als hätte das Zusammensein mit Bruder Abramo ihm – wie so vielen anderen – geholfen, seine Moral und Spiritualität zu fördern.«

»Pferde, Alkohol, Würfelspiele – alles nur Scharaden? Verstehe. Und er brauchte Bruder Abramo, um ihn auf den rechten Weg zu führen.« Ortolana unterbricht sich. »Bravo, Emilia! Bravo!«

»Auch Ihr könnt den rechten Weg wählen, Ortolana. Ich bin gekommen, um Euch mit meinen bescheidenen Mitteln zu helfen, den ersten Schritt zu machen. Euer Sohn wünscht, Euch in der Residenz des Erzbischofs an seiner Seite zu haben, damit Ihr Euch dort darauf vorbereiten könnt, Buße zu tun. Bruder Abramo bereitet einen großen Tag der Reue vor, an dem fehlgeleitete Seelen ihre Sünden bekennen, ihre Mitbürger um Vergebung bitten und ihr Bekenntnis zu Gottvater erneuern können.«

»Um wen handelt es sich bei diesen fehlgeleiteten Seelen?«

»Euch, Euren Sohn und Chiara.«

»Und wenn man uns für nicht reumütig genug befindet?«

»Die Wut in der Stadt ist groß, kurz vor dem Siedepunkt. Gottesfürchtige Menschen lassen sich nicht ewig provozieren. Wir haben Glück, dass Abramo hier ist und die Rage im Zaum halten kann. Wer weiß, was sonst passiert wäre? Ich muss hinzufügen, dass Ihr ...«

»Ich weiß, ich weiß. Ich bin Witwe. Nach dem Gesetz ist Ludo mein Vormund, und seinem Willen könnt Ihr nicht zuwiderhandeln. Ich werde mich nicht widersetzen. Ich möchte diesem Mann keinen Grund geben, dieses heilige Haus weiter zu behelligen. Gebt mir einen Moment, mich zu sammeln, dann komme ich zum Empfang.«

»Tut mir leid, das geht nicht. Wir sollen sofort kommen. Die Deputierten haben schon zu lange gewartet.«

Ich höre, wie Ortolana sich die Stiefel anzieht und dann Umhang und Schal überwirft.

»Euer Sohn«, unterbricht Arcangela das Schweigen, »verlangt auch nach seiner Frau und seinem Sohn. Schwester Agatha sagt, sie seien noch zu schwach für den Weg. Ich bete für ihre baldige Erholung.«

Die Tür wird geöffnet und geschlossen. Schritte verhallen. Stille. Mir wird klar, dass ich mich in einem leeren Zimmer vor niemandem verstecke. Ich strecke meine schmerzenden Arme und Beine und befreie mich von der Decke. Ich schiebe das Bett ein Stück weiter und stehe auf. Dann eile ich ans offene Fenster und sehe die beiden Frauen ins Empfangszimmer gehen. Kurz darauf sehe ich Ortolana in der Ferne über die städtischen Felder gehen, umringt von Gardisten.

Einen Moment lang empfinde ich Mitleid für sie. Doch dann …
Wie konnte sie nur? Wie konnte sie *jahrelang* alles verheimlichen? Nun, sage ich mir, so viele Jahre waren es gar nicht. Sie hat dich so lange in den Bergen versteckt, wie es ihr nützte. Als ihr danach war, holte sie dich in die Stadt zurück – nur um dich wieder fortzuschicken, als ihr klar wurde, dass es ein Fehler gewesen war. Ich wünsche, sie hätte es mir nicht erzählt. Ich wünsche, ich wüsste von nichts. Aber ohne das Buch hätte sie es mir niemals erzählt – oder?

Hass wallt in mir auf. Ich schlage das Buch auf den Tisch, einmal, zwei Mal, drei Mal. Wenn seine ganze Weisheit darin besteht, verzichte ich gerne darauf. Umherwandernde Hexen, eine unwissende schmutzige Ziegenhirtin, eine egoistische alte Frau: Dieses Buch ist nichts weiter als ein schäbiger Augenzeuge, der uns lüstern nachgestellt und seine Seiten mit Furcht und Schrecken bekleckert hat. Kein Wunder, dass ihr Tempel zu Staub zerfällt, wenn das alles ist, was sie kann: Frauen in Bäume und Vögel verwandeln. Bestien aus uns machen. Als täten die Männer das nicht schon. Warum – *warum* – habe ich so viel riskiert, um das Buch zu beschützen, wenn es doch nichts – *nichts* – anderes kann, als mir mein Leid vor Augen zu führen? Ich hasse es. Ich verabscheue es. Ich will es aus dem Kopf bekommen. Ich will meine innere Ruhe zurück. Die Bibliothek. Die Schreibfeder. Gerade Linien.

Das Buch. Ich starre auf den Tisch. Berühre es. Verschiebe es.

Bist du darin? Wo steckst du?

Warum tust du mir das an?

Ich schlage mit der Faust darauf. Nehme es hoch und schüttle es. Dabei verrutschen Ortolanas Papiere. Blätter fliegen über den Fußboden. Eins ist ein Brief – an mich.

Liebe Beatrice,
ich habe hundert Mal versucht, diesen Brief zu schreiben, wusste aber nie, wo ich anfangen sollte. Hundert Mal habe ich Mutter Chiara gebeten, dir die Wahrheit zu sagen. Gewiss hätte sie die richtigen Worte gefunden. Aber sie sagte,

ich müsste es dir selbst erzählen. Jetzt ist sie eingesperrt, und ich fürchte, ich werde ihr folgen, deswegen muss ich sprechen, bevor es zu spät ist. Beatrice, ich bin

Meine Wut findet ein neues Ziel. Ich zerreiße den Brief in winzige Fetzen.

DAS LICHT
Gleich darauf

Ich stolpere die Treppe hinab, und als ich unten bin, weiß ich nicht recht, wohin ich gehen soll. Im nächsten Moment stoße ich beinahe mit einer Gehilfin Hildegards zusammen. Ich versuche, mich an ihr vorbeizudrücken, aber sie will mich offenbar aufhalten.

»Schwester Beatrice? Schwester Beatrice! Da *seid* Ihr ja.« Sie klingt verärgert. »Ich habe Euch schon *überall* gesucht.«

»Ich kann jetzt nicht reden. Ich muss ...«

Aber sie stellt sich mir in den Weg. »Habt Ihr es denn nicht gehört? Arcangela sagt, nach allem, was passiert ist, müssen wir einen Tag früher die Beichte ablegen.«

Ich verstehe. Zur Beichte gehen wir in der Reihenfolge unseres Alters, zuerst die Jüngste, zuletzt die Älteste – eine schon lange bestehende Regel, von der niemals abgewichen wird. Die Gehilfin ist die Dritte vor mir, also war sie wohl schon an der Reihe und soll mich in die Kapelle schicken. Ich schaue mich hilfesuchend um, und eine Mischung aus Schluckauf und hysterischem Lachen entfährt mir. Wie könnte ich jetzt in die Kapelle gehen? *Honora patrem tuum et matrem tuam.* Das Vierte Gebot. Aber wie – wie, um alles in der Welt – könnte ich jetzt noch meine Mutter ehren?

»Schwester Beatrice«, sagt die Gehilfin, hält mich am Ärmel fest und sieht mich argwöhnisch an. »Ich sollte Euch vielleicht sagen ... Das heißt ... Ihr solltet vielleicht wissen, dass ...«

»Theophila!« Eine Aufseherin kommt an uns vorbei. »Was trödelst du da herum? Hildegard wird sich schon fragen, wo du bleibst.«

Das Mädchen zuckt entschuldigend mit der Schulter und läuft schnell in Richtung unserer Felder. Die Aufseherin fordert sie nicht auf, anständig zu gehen – sie ist zu sehr damit beschäftigt, mir finstere Blicke zuzuwerfen. Ich ziehe eine Grimasse. Also gut, dann zur Beichte. Pater Michele, mein Leben lang habe ich eine Frau betrauert, die gar nicht tot ist. Pater Michele, mein Leben lang habe ich die eine Frau gehasst, die ich am meisten lieben sollte. Was soll der arme Mann damit anfangen?

Ich lasse mich auf einen Hocker vor der Kapelle fallen, neben Prudenzia, die immer vor mir an der Reihe ist. Sie versucht, mich zu ignorieren, und schaut stur geradeaus, die Hände im Schoß gefaltet, kann aber nicht auf einen indignierten Seitenblick verzichten. Meine Abneigung gegen sie ist beinahe Balsam für meine Seele. Ich lehne mich an die Kapellenwand, strecke die Beine aus und stemme die Absätze auf die Erde.

»Ich gratuliere zur Ernennung«, sage ich. »Zögert nicht, mich zu fragen, wenn Ihr einen Rat braucht.«

Sie dreht sich ein winziges bisschen in meine Richtung.

»Verzeiht, wenn ich Euch störe«, sage ich. »Wahrscheinlich überlegt Ihr gerade, was Ihr beichten sollt. Das kann nicht so einfach sein, da Ihr so außerordentlich unsündig seid.« Ich schnippe mit den Fingern. »Ach doch, da fällt mir etwas ein. *Invidia*. Das bedeutet Neid.«

Ihr Kopf fährt zu mir herum. »Ich weiß, was es bedeutet«, zischt sie.

Ich beuge mich ein kleines Stück zu ihr. »›Ihre Lider waren mit Eisendraht vernäht, wie ungezähmte Falken.‹ Das ist Dante«, flüstere ich. »Der dreizehnte Gesang. Aber das wisst Ihr gewiss auch.«

Sie steht abrupt auf und entfernt sich ein paar Schritte.

»›Ihre Augen‹«, fahre ich fort, »›waren grausige Schlitze, und Reue über ihren Neid trieben Tränen hindurch.‹«

»Warum?«, sagt sie, und Tränen schimmern plötzlich in ihren Augen. »Warum seid Ihr immer so garstig zu mir? Was habe ich Euch je angetan? Ich versuche, hier zurechtzukommen, wie alle anderen auch. Ich versuche, nett und ... schwesterlich zu sein. Ich versuche es wirklich. Und seit wir Novizinnen waren, Ihr und ich, behandelt Ihr mich schlecht. Ihr seid arrogant und voller Hass, und ich hoffe, Ihr bekommt, was Ihr verdient.«

In diesem Moment kommt eine andere Frau von der Beichte aus meinem ersten Novizinnen-Schlafsaal um die Ecke der Kapelle. Sie wirft mir einen unterkühlten Blick zu und sagt zu Prudenzia: »Ihr sollt reinkommen, Schwester.« Und Prudenzia geht los, ohne mich noch einmal anzusehen.

Ich sitze da und denke nach. Bin ich wirklich so? Ich glaube nicht. Ich zähle die Gründe auf, warum ich Prudenzia nicht mag. Es müssen viele sein, nehme ich an. Ihre unaufrichtige Nettheit, ihre ewigen Schmeicheleien. Dann frage ich mich plötzlich, wann ich – vor gestern – Arcangela je zu reizen gewagt habe. Bevor ich mir diese Frage beantworten kann, setzt Tamara sich neben mich und murmelt einen Gruß.

»Schönen Morgen gehabt?«

Ich weiß nicht, was ich antworten soll, aber das ist gar nicht nötig. Tamara beugt sich zu mir und redet schnell.

»Die Rechtspfleger der Stadt haben uns auseinandergenommen. Sammeln Beweise. Verlangen Einblick in unser Rechnungswesen. Wollen alle Belege sehen. Und so weiter und so fort.« Sie sieht mich vielsagend an. »Habe gesehen, wie Eure Schwiegermutter abgeführt wurde.« Ich nicke und muss schlucken.

»Arcangela freut sich diebisch, die ...« Sie benutzt ein Schimpfwort, das, soviel ich weiß, sowohl *verkrüppeltes Ferkel* als auch *verschrumpelter Sack* bedeutet. Sie schaut auf die Kapellentür und schnaubt. »Ich habe Maria gesagt, dass ich ihm nichts, und zwar rein gar nichts, erzählen werde. Aber sie meint, nichts zu sagen ist gefährlicher als ein bisschen. Dass ein Hund mit leerem Magen gefährlicher ist als ein gut gefütterter. Wenn wir zu sehr dichtmachen, gräbt er nur noch tiefer und … Sie hat eine ganze Menge gesagt, aber der Punkt ist, dass hier ein Kampf stattfindet und sie keine Angst davor hat. Dass es auch andere gibt, die einen Kampf nicht scheuen. Sie sagt, es wird dem Pontifex und Silvia zwar nicht gefallen, aber wir können hier und jetzt nicht gewinnen, nicht auf uns alleingestellt, nicht solange die Stadt so ist, wie sie ist, und sie sagt, ich soll nicht noch mehr Ärger machen, als wir schon haben. Und sie sagt, das gilt auch für Euch.«

Sie wackelt mit dem Zeigefinger vor meiner Nase und imitiert meine verwirrte Miene.

»Was redet Ihr denn da?«, frage ich.

»Bringt ihn nicht noch mehr in Rage, das ist alles, in Ordnung?«

»Wen? Pater Michele?«

»Nein.«

»Den Diakon?«

»Nein, Beatrice, denkt doch einmal nach! Ihn. *Ihn.* Bruder Abramo.« Alarmiert schaue ich mich um.

Sie zeigt mit dem Daumen hinter sich. »Da drinnen. Diese …« – wieder ein Schimpfwort, dieses Mal ein noch rüderes – »… Arcangela hat ihn geholt, damit er sich unsere Beichten anhören kann.«

»Sie hat … was? Er ist …«

Mir fehlen die Worte, was man von Tamara nicht behaupten kann.

»Richtig. Mit Sondergenehmigung des Erzbischofs – weil gebeutelte Seelen einen versierten Beichtvater brauchen. Habt Ihr heute Morgen denn gar nichts mitbekommen? Die Kleinen heulen Rotz und Wasser. Nur Alfonsa schien mehr Spaß zu haben als je zuvor. Als hätte sie eine bis drei Mohnpfeifen geraucht.« Sie imitiert Alfonsas verzücktes Gesicht, was ich zu einem anderen Zeitpunkt wahrscheinlich ziemlich komisch gefunden hätte.

»Aber warum denn? Warum will er unsere Beichten hören? Er kann damit doch gar nichts angefangen. Das Beichtgeheimnis ist …«

»Oh, werdet erwachsen! Er wird alles benutzen, was Chiara in ein schlechtes Licht rückt. Er arbeitet an seiner Anklage, seiner *inquisizione*, seiner *denunciatio*, seinem ... wie auch immer die Guten Hirten es ausdrücken, wenn sie jemanden für die Schlachtbank auserkoren haben.« Sie dreht sich zur Kapelle um. »Pfui! Sie ist schon ziemlich lange da drinnen.«

Das stimmt. Wie oft habe ich hier schon gesessen, während Prudenzia Seelenforschung betrieb, und normalerweise brauchte sie dafür nicht lange. Zu beichten schien ihr nicht schwerer zu fallen, als sich nach dem Essen den Mund abzuwischen. Doch in diesem Moment kommt sie aus der Kapelle gelaufen und eilt davon, ohne sich umzuschauen.

Tamara versetzt meinem Hocker einen Tritt. »Beeilt Euch, Bea«, sagt sie. »Lasst ihn nicht warten. Augen zu und durch, ja?« Sie schüttelt mich ermutigend. »Los jetzt! Noch mehr Ärger können wir nicht gebrauchen.«

Ich gehe an der Mauer entlang zur Kapellentür und stoße sie auf. Sie knarrt. Ich trete ein, und die Tageswärme schwindet. Langsam gehe ich nach vorne. Nicht noch mehr Ärger. Habe ich vergessen, mich zu verbeugen, als ich die Kapelle betrat? Das Kreuz nicht geschlagen? Hat er es gesehen? Ich knie nieder und drücke die Stirn an das Gitter vor den Altarstufen. Ich stehe auf und führe die Fingerspitzen an meinen Kopf, mein Herz, beide Schultern. Erst dann drehe ich mich nach links, in Richtung nördlichem Querschiff, auf den Beichtstuhl zu.

Nach vorne hin ist er offen, sodass ich seine nackten Füße und die Konturen seiner Beine unter seinem Gewand sehen kann. Links und rechts befinden sich Holzpaneele, und er sitzt auf einem Stuhl mit hoher Rückenlehne, sodass ich weder seinen Oberkörper noch sein Gesicht sehen kann. Aus dem mir zugewandten Paneel, das als Trennwand zwischen uns dient, ist ein Loch ausgeschnitten worden. Unter dem Loch befindet sich ein Tritt, ein kleiner Sims, auf dem ich jetzt niederknie. Pater Michele riecht nach gebratenen Zwiebeln. Der Diakon nach süßer Limettenseife. Abramo nach seinem eigenen ungewaschenen Körper. Ich presse die Hände aneinander und schließe die Augen.

Seid mir gnädig, ich bitte Euch, denn ich bin eine Sünderin. Die Worte, die abgenutzten alten Worte steigen in mir auf, aber ich kann mich nicht dazu bringen, sie auszusprechen. Ich kann einfach nicht – nicht ihm gegenüber. In der daraus folgenden Stille wächst meine Überzeugung. Dann plötzlich spricht er.

»Was ist das, diese Stille? Wandelt Ihr bereits in Seiner Gnade?«

Bis zu diesem Moment dachte ich, seine Macht läge in seinem Auftreten, aber jetzt, da ich seine Stimme höre, ohne ihn sehen zu können, weiß ich, dass ich mich geirrt habe. Solange ich sein Gesicht sehen konnte, war er ein Mann, ein fehlbarer Mann. Jetzt, da er nur Stimme ist, scheint er mehr zu sein. Als *honigsüß* bezeichnen Dichter eine Stimme wie seine, und das trifft es genau, denn mich überkommt das ungewohnte Verlangen, mich in etwas Reichhaltiges, Süßes zu versenken. Ich denke an die Wespen, die im Hochsommer die von den Küchenmädchen aufgestellten Fallen umschwirren. Was für eine Art, zu sterben! Honig schwappt über dem Kopf zusammen, und man versinkt in allem, was man sich je gewünscht hat.

»Beatrice«, sagt er, und ich bin mit etwas konfrontiert, das – ich gestehe es – mich gleichermaßen erhöht und beängstigt, denn während der Beichte darf er mich eigentlich nicht beim Namen nennen. Indem er es tut, appelliert er an meine Eitelkeit, meinen Stolz. »Ihr seid so anders als Eure Schwestern.«

Der gleiche schreckliche Kitzel.

»Ich habe mit Schwester Arcangela über Euch gesprochen.«

Mir stockt der Atem.

»Beatrice, Ihr seid von der Sorte, die Gottes Sohn am meisten liebt. Einsam und ausgestoßen. Ungeliebt von ihren Mitmenschen. Mutterlos, vaterlos. Eine Verlorene.«

Der Kitzel ist vorbei. Mein Kopf sagt: nein, nein, *nein*, mein Herz: ja, ja, *ja*. Die unerträgliche Last all dessen, was an mir nicht liebenswert ist, liegt auf meiner Brust, nimmt mir den Atem und quält mich, als hätte ihm der Teufel ein Folterinstrument in die Hand gegeben.

»Beatrice«, fährt er fort, sanfter und näher. »Ihr solltet Euch nicht schämen, wenn es Euch bis dato nicht gelungen ist, das Wohlwollen Eurer irdischen Gefährtinnen zu gewinnen, denn es gibt nur ein Zeugnis, das zählt – das, was wir vor Gottvater selbst ablegen. Er schaut uns tief, tief ins Herz. Und ich frage mich, was findet er in Eurem?«

Dann schweigt er und lässt das Schweigen wuchern, während die Welt schrumpft. Der Schraubstock wird angezogen. Die gewölbte Decke, die hohen Fenster – verschwunden, alles verschwunden. Nur sein Atem und das Gewinsel meines Gewissens.

»Kommt schon, Beatrice. Ich kann nicht zulassen, dass Ihr diesen Weg weiter beschreitet. Schon vor langer Zeit habe ich mir geschworen, keine Frau in die Hölle gehen zu lassen, ohne mich ihr zu widmen, mit Körper und Seele, sie auf den rechten Weg zurückzuführen, sie zu retten. Auch Euch will ich retten, Beatrice.«

Endlich finde ich meine Stimme wieder. »So wie Ihr Chiaras Schwester gerettet habt?«

Ich höre ihn seufzen. »Oh, Beatrice!« Er klingt anders als erwartet. Nicht wütend, sondern bekümmert. »Das arme Mädchen hatte – verzeiht! – so viele Liebhaber. Als sie ein Kind empfangen hatte, war Chiara die Einzige, die sich darüber gewundert hat. Ich weiß nicht, warum sie mich beschuldigte, denn ich war der einzige Mann, der sich ihrer Schwester niemals auf diese Weise genähert hatte. Ich begehrte sie genauso wenig, wie ich Euch begehre, Beatrice. Dafür wusste ich schon damals nur zu gut, was die Begierde eines Mannes einer Frau antun kann. Ich wusste, was es meiner Mutter angetan hatte.«

Er verlagert sein Gewicht auf dem Stuhl hinter der Trennwand, und dann kommt seine Stimme aus etwas größerer Entfernung. Ich nehme an, dass er sich zurückgelehnt und den Kopf gehoben hat.

»Als kleiner Junge fand ich meine Mutter wunderschön. Ich habe sie geradezu angebetet. Als ich alt genug war, um zu fragen, wer mein Vater war, sagte sie, Gottes Sohn habe keinen weltlichen Vater gehabt, und doch sei er ein guter Junge gewesen, der seine Mutter liebte – wie ich sie. Doch als ich noch älter wurde, begriff ich, was sie war: eine Frau, die sich Liebhaber hielt. Liebhaber, die sie gut bezahlten. Liebhaber, deren Geld uns so zu leben erlaubte, wie wir es taten. Sie bezahlten für meine Bücher und Schuhe und tätschelten mir den Kopf, bevor sie die Treppe hinaufgingen. Als ich noch älter war, sagte ich ihr, dass es falsch war, was sie tat. Dass es noch nicht zu spät war, dass sie ihre Sünden bereuen sollte und Gottes Sohn ihr vergeben würde. Sie weigerte sich. Sagte, sie täte es für mich, und eines Tages würde ich es verstehen. Ich wurde wütend, und vor lauter Wut habe ich es unterlassen, sie mit Gottvater zu versöhnen, bevor es zu spät war. Sie war eine der Ersten, die der Pest in unserer Stadt zum Opfer fielen, und in ihrem schrecklichen Leiden, in der schwarzen, blutigen Auflösung ihres Körpers erkannte ich die Vorzeichen der Qualen, die sie nach dem Tod erleiden würde. Der Priester kam nicht – er konnte nicht zu allen kommen. Auf mich allein gestellt, versuchte ich, sie zur Beichte zu bewegen, zur Reue, sich wenigstens am Ende dem Herrn zu unterwerfen, aber sie weigerte sich. Sie sagte, sie hätte nichts falsch gemacht. Kurz nachdem sie gestorben war, fand Chiara mich an ihrer Seite. Chiara überredete mich, sie beerdigen zu lassen. Chiara überzeugte mich davon, dass meine Mutter, als sie schon nicht mehr sprechen konnte, Gottvater aus ihrem innersten Herzen heraus um Vergebung gebeten und so doch noch den Weg in sein Haus gefunden hatte.

»Doch, Beatrice«, seine Stimme kommt immer näher, »sie hat gelogen. Ich weiß, wo meine Mutter jetzt ist, und jeden Tag erleide ich dieselben Qualen wie sie. Ich liebe Frauen. Ihre Zartheit, ihre Sanftmut. Die Hölle ist nicht der rechte Ort für sie. Deswegen muss ich Euch beschützen: vor Euch selbst, vor der Welt und vor dem Zorn Gottvaters.«

Der Stille, die entsteht, habe ich nichts entgegenzusetzen. Meine Dummheit, mein Leichtsinn werden mir klar. Nein, sag es, wie es ist! Meine *Sünde*. Was habe ich bloß getan? Im Ernst und um der Wahrheit willen: Was habe ich getan?

Ich habe Arcangela davon sprechen gehört, in der höchsten Ekstase eines Gebets wisse sie manchmal, dass sie am Eingang zum Haus von Gottvater stehe und sogar schon die geschwungene Treppe sehe, die zu ihm führt. Manchmal höre sie dann Schritte und sieht eine schemenhafte Gestalt am Geländer. Dann wisse sie, dass Er sie hört, dass Er da ist. Wenn sie davon spricht, liegt ein Lächeln auf ihrem Gesicht, von dem ich mich oft frage, wie es sich wohl anfühlt. Aber wenn ich im Gebet versucht habe, den Weg zu diesem Ort zu finden, ist es mir nie gelungen.

Jetzt jedoch kann ich mir nur zu gut vorstellen, wie ich an der Schwelle vor dem Haus Gottvaters stehe. Das blendende Licht seiner Gnade strömt aus den oberen Fenstern, vor denen ich im Schatten stehe. Dieser Moment, so wird mir klar, ist ein perfider Gruß aus der Hölle: ein Blick auf alles, was ich hätte haben können – bevor sich die Falltür zu der Gruft darunter öffnet.

»Verzeiht, Beatrice.« Bruder Abramo kommt mir so nah, dass ich höre, wie er die Lippen öffnet und schließt. »Als wir in der Bibliothek miteinander sprachen, war ich wütend. Vielleicht habe ich Euch sogar Angst gemacht. Aber ich weiß, am meisten fürchtet Ihr den Weg, den Ihr beschritten habt – den Ihr immer noch beschreitet. Doch es gibt einen anderen, und der führt hinauf ins Licht.« In seiner Stimme liegen ein Lächeln und etwas Erhebendes. »Ich weiß, Ihr liebt Alighieri Dante. Vielleicht wisst Ihr nicht, dass ich ihn auch liebe. Denkt nur daran, wie er Virgil aus der Düsternis folgt. Erinnert Ihr Euch an die Verse? ›Wir trugen eine leichte Last, als wir versuchten, zum süßen Licht zurückzukehren. Wir stiegen hinauf, er zuerst, ich dahinter, bis ich über uns eine Öffnung sah.‹ Ich möchte, dass Ihr mir folgt, Beatrice. Ich möchte, dass Ihr wieder die Sterne seht.«

Ich sehe, dass das Buch seinen Weg in meine Hände gefunden hat. Ich umklammere es, um nicht so zu zittern. Langsam führe ich es zur Seite, nach links, wo er es eigentlich sehen müsste. Aber er nimmt es nicht.

Ich sage: »Hier. Hier ist es. Es ist Euer.«

Immer noch greift er nicht danach, sondern sagt: »Mir liegt nichts an dem Buch, Beatrice. An Euch liegt mir etwas. Sagt, seid Ihr bereit, mit mir zu Gottvater zurückzukehren? Wollt Ihr an meiner Seite in seinem Licht wandeln?«

Wörter kommen in mir hoch, wunderbare Wörter, Wörter, die allen Zweifeln ein Ende bereiten können. Ich möchte eine gute Frau sein, die einen Platz im Hause Gottvaters verdient, an seinem Tisch, an seiner Seite. Ich sehe sie vor mir, diese gute Frau. Ich könnte sie sein. Ich könnte in sie hineinkriechen, meinen Körper ganz dem ihren anpassen, bis ich unsere Herzen wie eines schlagen höre. Zusammen können wir aus den Niederungen heraufsteigen, aus der Düsternis, aus der Furcht, und zu Seinem Licht zurückkehren. Doch als ich den Mund öffne, um etwas zu sagen, höre ich das Buch flüstern, und das Geflüster ist laut und düster und steigt mir zu Kopf.

Ich schaue an mir hinab.

Ich sehe alles verschwommen.

Meine Hände ...

Ich sehe Hände, Hände über Händen, Hände, die das Buch halten, und jede Hand ist von schwarzen und silbernen Fäden überzogen.

Meine Sehfähigkeit ...

Sie bricht in tausend Stücke.

Ich unternehme einen letzten Versuch.

Hämmere an die Tür meines Herzens und bitte um Hilfe. Und zum ersten Mal höre ich eine Antwort. Zum ersten Mal kommt eine Stimme aus meinem Inneren, wo früher nichts als Leere und Staub war, aus einem kalten und verdunkelten Raum. Doch dann – endlich! – Licht unter der Tür und die Körperwärme von jemandem in diesem Raum. Und eine Stimme, die sagt:

»ER HÖRT NICHT ZU. ABER ICH TUE ES.«

Wo?
Wann?

⚭

Ich …

Ich bin …

Ich bin nicht …

Ich bin nicht ich selbst.

DIE WAND

Mitten in der Nacht

⚏

Ich liege auf der Seite, die Knie ans Kinn, die Schultern an die Ohren gezogen, die Fäuste an die Stirn gedrückt. Das Kinn tut mir weh, der Kopf, alles.

Ich starre auf einen Lichtpunkt und weiß nicht, was er bedeuten soll, ob ich meinen reglosen Körper in die Richtung schleppen oder mich nur noch tiefer ins Dunkel zurückziehen soll. Ich hebe den Kopf von dem Stein, auf dem er liegt, und das Licht wird zu einer kleinen Laterne in der dunklen Kapelle. Ich versuche, mich aufzusetzen, aber ich bin ganz taub, vollkommen erschöpft, und kann mich nur auf die Ellenbogen stützen. Verwirrt schaue ich mich um.

Die Kapelle ist menschenleer, und die Fenster sind fast schwarz. Mir wird klar, dass ich in einer Ecke des nördlichen Querschiffs liege, zwischen der Wand und dem Schrein der Grünen Maria. Ich schaue zu ihr auf. Neben meiner rechten Hand bebt in dem Gitter, das den Schrein umgibt, ein Spinnennetz – perfekt und unbewohnt – im Rhythmus eines unsichtbaren Luftzugs. Ich hebe die Hand und sehe, wie sich Silberfäden um meine Finger winden. Ich versuche, sie abzureißen, aber es werden immer mehr, immer mehr.

Es läuft mir kalt über den Rücken, und meine Knochen scheinen zu erzittern. Ich berühre mein Gesicht mit dem klebrigschmutzigen Gespinst. Der Rest der Welt scheint sehr laut und sehr weit entfernt zu sein. Eine Welle von Übelkeit schwappt über mich hinweg. Ich versuche aufzustehen, aber als ich auf die Knie komme, wird mir schwarz vor Augen, und ich breche zusammen.

Ich liege ganz still. Etwas tropft in der Krypta unter mir – Kerzenwachs oder mein eigener Atem. Draußen Schritte. Männerstimmen. Mal laut, mal leise. Irgendwie entnehme ich den Worten, dass diese Männer mich tagelang gesucht haben. Gesucht – und nicht gefunden. Wie Donnerhall höre ich das Tor zuschlagen.

Wie viel hat er gesehen? Ist es überhaupt etwas, das man sehen kann? Oder passiert diese ... Wandlung der Mutter außerhalb unserer Wahrnehmung – wie Gottvater Brot und Wein zu Leib und Blut seines Sohns wandelt?

Ich kann mich nur bruchstückhaft erinnern, und etwas in mir schreckt zurück, wenn ich versuche, das Ganze zusammenzusetzen. Ich weiß noch ... was weiß ich noch? Er hat geredet und geredet, und ich hatte Angst. Und ich wollte ihm gerade – nein, wo ist es? Nein, ich habe es ihm nicht gegeben. Ich habe es noch. Ich halte es in der Hand. Sie hat nicht zugelassen, dass ich es weggebe.

Ich will mich nicht bewegen, die Kapelle nicht verlassen, aber bald müssen meine Mitschwestern zum Nachtgebet kommen – und wenn sie es tun, gibt es hier nirgends ein Versteck für mich. Die Kapelle ist Gottvaters Haus auf Erden, und ich fühle mich hier nicht mehr sicher. Ich stelle mir vor, wie er durch seine Flure geht, mich sucht, Türen öffnet, sie wieder zuwirft, schreit und schreit, laut und mächtig, sodass die marmornen Flure von seiner Stimme widerhallen. Ich stelle mir vor, wie sein Sohn die Hand vom Kreuz über dem Altarraum reißt und auf mich herabzeigt.

»Da ist sie, da ist sie. Packe sie, Vater, packe sie.«

Mühsam komme ich auf die Füße und halte mich mit einer Hand an der Wand fest. Die Wand ist nass. Ich lasse sie los und starre auf meine Hand. Sie ist ganz weiß. Weiße Farbe – Kalkfarbe. Das verstehe ich nicht. Dann erkenne ich, dass die Vorhänge, mit denen die Seitenkapelle abgetrennt war, solange Diana hier gearbeitet hat, abgenommen worden sind. Ich sehe sie in einem unordentlichen Haufen in der Ecke liegen. Dann schaue ich auf – ihr Bild ist verschwunden. Der Boden zu meinen Füßen ist mit weißer Farbe bekleckert. Bruder Abramo muss die Kapelle durchsucht, das Bild gesehen und Diana gezwungen haben, es zu übertünchen.

Etwas regt sich in mir. Ich hebe eine Hand und zeichne einen Buchstaben nach, der sich im Weiß abzeichnet. Zwei senkrecht, zwei waagerecht, Schlaufen an den oberen Ecken. Ich trete zurück und bewundere den silbrigen Schimmer. Dann mache ich mich auf die Suche nach Diana.

Ich drücke mich an die Außenmauer der Kapelle und finde den Kirchplatz erschreckend groß. Im Mondschein wirkt die Statue auf dem Brunnen grimmig, und die Flöte, die der Hirtenjunge spielt, scheint aus Knochen zu sein. Die Säulen des Klosters liegen ein Stück entfernt und haben bei diesen Lichtverhältnissen etwas Gespenstisches. Die tief hängenden Zweige der Zeder sind ganz nah. Ich höre den Ruf einer Eule – eher ein krächzendes Geschrei als ein sanftes Uu-huu –, aber es macht mir keine Angst. Wir Schwestern sind Wesen des Tags und dringen in die Welt der Nacht nur im Vorübergehen ein, doch jetzt bin auch ich ein Wesen der Dunkelheit.

In diesem Moment steigt der volle Mond über den Berg und erhellt die Nacht. Unwillkürlich strecke ich die Arme nach ihm aus. Dabei fallen meine Ärmel über die Oberarme und entblößen meine Haut, die von schwarzen Venen durchzogen ist. Verwundert blicke ich auf ihre Verzweigungen und drehe die Arme in alle möglichen Richtungen, um das Muster besser betrachten zu können. Diese Bewegungen – und ich sehe es ganz genau – malen silberne Linien in die Nacht.

Das nächste Gebäude ist das Arbeitshaus, keine zweihundert Meter entfernt. Ich taste mich bis zur Nordmauer der Kapelle vor, und der größte Teil der Kapelle befindet sich zwischen mir und den Fenstern des Kapitelsaals, wo eine Aufseherin Wache hält. Bis zum Nachtgebet wird sie dort sitzen.

Schwester Nanina schläft, wie ich weiß, in einer Zelle, die zur Eingangshalle hinausgeht, und zwar bei nicht ganz geschlossener Tür. Dorthin kann ich also nicht. Ich wage mich deshalb über das kurze ungeschützte Stück zwischen Kapelle und Arbeitshaus. Mein Schatten jagt mir nach. Ich will an den hinteren Teil des Gebäudes, der kaum benutzt wird. Dann stehe ich da, mit dem Rücken zur Wand, und rede mir ein, dass mich niemand gesehen hat.

Im Sommer, wenn Gräser, Ranken und Klebkraut scheinbar über Nacht aufschießen, ist dieses Fleckchen Erde praktisch unpassierbar, aber Monate mit Regen und Schnee haben alles flach gemacht. Zu meiner Rechten liegen eine kleine Treppe und eine kleine Tür. Hierher kommt man, wenn man einen Moment für sich haben will. Von hier werde ich ins Gebäude gelangen.

Ich weiß, wo Dianas Zelle ist – ganz hinten im oberen Stockwerk. Gewiss wird sie tief und fest schlafen, aber genauso gewiss werde ich sie gleich wecken. Ich drücke die Tür, aber sie geht nicht auf. Ich stemme die Schulter dagegen. Vielleicht ist sie von Regen und Schnee aufgequollen und klemmt, vielleicht muss ich mich dagegenwerfen. Ich versuche es einmal, ein zweites und drittes Mal. Vielleicht wiege ich nicht genug, jedenfalls erreiche ich nichts. Ich trete zurück, reibe mir die Schulter und verfluche Arcangela. Es ist typisch für sie, dass sie unseren weltlichen Mitbewohnerinnen den Zutritt zu diesem Gebäude verbietet, und typisch auch, dass sie Riegel und Schlösser an den Türen anbringen ließ.

Und plötzlich bricht der Damm, der bis jetzt meine Angst zurückgehalten hat. Ich drücke die Finger auf die Lippen, damit sie aufhören zu zittern. Tränen steigen mir in Nase und Augen. Hoffnungslosigkeit schnürt mir den Hals zu. Was kann ich bloß tun? Wo gibt es in der ganzen weiten Welt einen Platz für mich? Ich stecke in der Falle. Ich kann nicht bleiben, und fort kann ich auch nicht. Ich habe nichts und niemanden und weiß nichts von der

Welt. Wut und Hilflosigkeit bekämpfen einander in mir wie zwei gereizte Hunde, schnappen nacheinander und knurren einander an. Warum bist du so wütend, wenn du doch nichts tun kannst? Warum tust du nichts, wenn es doch so viel gibt, was dich wütend macht? Ich kratze an der Wand. Ein Schluchzen steigt in mir hoch. Ich kratze stärker an der Wand.

Und dann ...

       Ich   klettere   gegen die Natur
viele   klebrige Hände   verschlungene Fäden
Luftgeschwindigkeit   Luft brüchig   bröckelnd
gebeugt   abwärts abwärts   aber nicht
                möglich

... befinde ich mich in einem mondhellen Zimmer. Eine Frau liegt bäuchlings auf einem Bett, und einen Moment lang ist mir, als schaute ich auf mich selbst, aber dann sehe ich, dass sie sich mit abgespreizten Armen und Beinen über die ganze Matratze ausbreitet. Ihre Decke liegt auf dem Fußboden. Ihr Unterkleid ist bis zu den Kniekehlen zerknittert. Ein Bein ragt merkwürdig angewinkelt in die Luft. Es ist Diana. Ich bin in ihrer Zelle. Ich bin ...

Ich betaste meine rauen Handflächen, meine eingerissenen Fingernägel. Versuchsweise bewege ich Arme und Beine und stelle fest, dass sie tun, was sie sollen. Ich löse die Zunge vom Gaumen und befeuchte die Lippen. Ich ... Ich bin ich selbst. Aber ich weiß, dass die Mutter mir geholfen hat. Sie hat mir geholfen, die Wand zu bezwingen.

Ich strecke die Hand aus und will den Teil Dianas berühren, der mir am nächsten ist, einen Ellenbogen. Aber sie muss wohl nicht so tief geschlafen haben, wie ich dachte, denn in diesem Moment schlägt sie die Augen auf und schießt in die Höhe. In der Dunkelheit sehe ich das Weiße ihrer Augen und ihre schnellen Lidschläge, als wollte sie die aus einem Albtraum stammende Kreatur neben ihr bannen.

»Diana«, flüstere ich. »Ich bin's, Diana.«

Doch nach meinem widernatürlichen Aufstieg bin ich noch lädiert und bringe nur ein trockenes Krächzen zustande, sodass sie zurückweicht. Ich strecke die Hand nach ihr aus, um ihr zu bedeuten, dass sie keine Angst haben soll. Aber – und ich hätte es wissen müssen – die ausgestreckte Hand einer nächtlichen Erscheinung bietet wenig Trost. Sie springt auf, aber nicht, um zur Tür zu gelangen und zu fliehen, sondern auf mich und drückt mich zu Boden. Ich will ihr sagen, dass ich es bin und kein Teufel, dass sie mich nicht zu würgen braucht. Doch stattdessen kommen aus meinem Mund nur die Worte des Buchs, ein undefinierbares Geflüster, stockend und rau.

»Beatrice?«, flüstert sie. »Beatrice?«

Ich nicke und bin plötzlich so erschöpft und ausgelaugt, dass ich zu nichts anderem fähig bin. Aber es genügt. Sie hebt mich hoch und legt mich aufs Bett, breitet eine Decke über meine Knie und gibt mir einen Becher Wasser. Ich trinke, und sie redet beruhigend auf mich ein, einen Arm um meine Schultern gelegt. Ich fühle mich in Sicherheit. Aber als sie aufsteht und zur Tür geht, weiß ich, dass sie sagen wird, es sei zu gefährlich für mich, hierzubleiben, dass ich gehen müsse. Ich will schon aus dem Bett steigen, aber ich habe mich geirrt. Sie kommt zurück und setzt sich wieder zu mir, dieses Mal vielleicht nicht ganz so nah.

»Nachts sichere ich meine Tür. Ein Holzkeil. Er liegt, wo er war. Wie seid Ihr hereingekommen, Beatrice?«

Ich halte den Becher fester und zeige aufs Fenster. Dabei hinterlässt mein Finger eine feine Silberspur.

»Aber ...« Sie braucht nicht mehr zu sagen. Das Fenster ist vom Mondlicht erhellt, aber klein, und ein eisernes Kreuz macht es noch kleiner. Es ist klein und liegt hoch über dem Fußboden. Sie holt Luft, um weiterzusprechen, aber sie kann nur herumstottern. Ach, denke ich, auch Ihr wisst nicht, wo anfangen.

»Er beschuldigt Euch ...«, sagt sie schließlich. »Er beschuldigt Euch der ... Er hat viel gesagt, viel, was ich ihm nicht abnehmen konnte. Er hat viel gesagt und noch mehr angedeutet. Zuerst habe ich alles für weit hergeholte Lügen gehalten. Ich dachte, er hätte sich Eurer bemächtigt und wollte Euch foltern, bis Ihr die gleichen Lügen verbreitet wie er. Aber Tamara sagte, sie sah Euch in die Kapelle gehen ... ohne wieder herauszukommen. Hat er Euch nicht festgenommen, Beatrice? Beatrice? Was hat er mit Euch gemacht? Wo wart Ihr?«

Ich halte mich am Bett fest, stemme die Füße auf den Fußboden. Lege mir zurecht, was ich sagen will, aber ich fürchte, alles, was ich sagen kann, klingt wie im Delirium, wie Hysterie, wie ein Albtraum. Also greife ich stattdessen in meine Röcke, hole das Buch heraus und lege es ihr auf den Schoß. Sie greift danach.

»Euer Buch?« Durch die Luft geht ein Hauch, nur ein Hauch. Dann ein Lachen. Es ist mir willkommen. Es ist das einzig Vertraute, während alles andere fremd ist. »Ja, natürlich.«

Stockend und leise erzähle ich ihr von der Kraft, die das Buch freisetzt. Und Diana, die Periphrasen hasst und Euphemismen verabscheut – allerdings hätte sie es als Umschweife und Umschreibungen bezeichnet –, hört aufmerksam zu. Dann komme ich zu meinem eigenen Anteil bei alledem. Ich versichere ihr, dass sie mir nicht glauben wird, nicht glauben kann, dass sie mich für verrückt halten wird, eine Lügnerin. Meine Stimme klingt ganz verzweifelt, bis Diana sagt:

»Ich glaube Euch.«

»Wirklich?« Ich nehme ihre Hand. »Wirklich?«

»Wenn Beatrice, die nüchterne, fantasielose Beatrice mir sagt, sie sei heraufgeklettert ...«

»Bitte nicht«, sage ich, lasse ihre Hand los und nehme mein Buch zurück. »Bitte verspottet mich nicht. Alles – nur das nicht! Sagt einfach, dass Ihr mir nicht glaubt, und dann ...«

»Aber ich glaube Euch. Das habe ich doch gesagt, und es stimmt. Schwester Nanina hat uns heute aus der Bibel vorgelesen. Das Ende. Wo Gottes Sohn aufersteht. Wo die Frauen, die drei Marien, vom Grab zurückkommen und den Männern, seinen Freunden, erzählen, was geschehen ist. Aber die Männer glauben ihnen nicht. Und doch ist es wahr. Und wenn Ihr sagt, so sei es gewesen, dann war es so. Die beiden Frauen wurden zu Brombeergestrüpp und getötet; das Mädchen wurde zu einem Kastanienbaum und konnte fliehen; Ortolana sind Flügel gewachsen und sie hat überlebt; und Ihr …«

Sie legt die Finger auf meinen Arm, und ich merke, dass sie mich aufmerksam mustert. Einen Moment lang vergesse ich, dass ich so viel Beachtung nicht mag, doch dann drehe ich mich weg.

»Zeigt es mir«, sagt sie. »Zeigt es mir.«

Ich gebe ihr das Buch zurück, sie nimmt es und geht damit zum Fenster, ins Mondlicht. Ich höre den Einband knistern, das Geflüster der Seiten, wie sie mit dem Finger darüber streicht. Es ist, als schaute meine Seele ihr über die Schulter, um das Wunderbare sehen zu können, das Diana sich anschaut. Sie – mehr als alle anderen – muss von den Bildern begeistert sein. Ihre Freiheit, wie sie über die Seiten tanzen, in die Ränder tauchen, sich über die Bindung in der Mitte erstrecken. Die Stacheln der Kastanie, die Flüchtigkeit der Federn, der Stich der Dornen. Und dann fällt mir ein, dass ich es nicht angeschaut habe, seit …

Ich stelle mich neben Diana. Der Schleier lüftet sich. Keine Grenzen mehr, keine Barrieren. Ich kann hören, sehen, fühlen, sein. Ich stolpere durch einen wegelosen Wald. Verstecke mich hinter einem verfallenden Ziegenstall. Umklammere den polierten Eichenstab eines Altargitters. Rufe, Gesichter, Hände, schmutzig-weiße Umhänge. Meine Knie werden weich, mein Herz setzt aus, mein Magen krampft sich vor Angst zusammen. Ich laufe, laufe, laufe. Ich stolpere, werde weitergezogen, schreie. Ich bin allein, verlassen, verloren. Meine Flügel streifen die Wolken, meine Äste greifen nach dem Himmel. Ich bin …

»Da seid Ihr ja«, sagt sie.

Ein Strich, eine Faser, ein dünner Faden wirbelt über die Seite, wirbelt und wirbelt – so fein, dass man kaum glaubt, was man da sieht. Und Buchstaben, kleine, perfekte Buchstaben. Und ich ... kann sie lesen. Aber ist *lesen* das richtige Wort? Ich habe diese Schrift nicht gelernt. Es ist eher so, als stünde ich am Zusammenfluss zweier Ströme – der eine sind die Buchstaben, der andere mein Denken –, und wo sie sich treffen, tosend und rauschend, in Strudeln und Wirbeln, an dieser Stelle entsteht mein Verständnis.

Abramo hat nicht recht. Das Buch flüstert nicht, verführt nicht. Es verspricht nichts. Stattdessen zeigt es mir, wie ich mich jahrelang versteckt habe. Den Schatten gesucht, weil ich mich unerwünscht, ungeliebt, unsichtbar gefühlt habe. Mich in Ecken gedrückt, auf Treppenabsätze geflüchtet, hoch oben, wo man mich nicht sehen konnte. Nach Wissen gelechzt, Wörter geschmiedet, versucht, mir ein Bild von der Welt zu machen, ohne je ein Teil davon sein zu wollen. Verstecken verstecken verstecken verstecken verstecken. Die Wörter winden sich über die Seite, durch meinen Kopf, bis sie im Nichts verschwinden, bis die Seite Ruhe gibt.

»Beatrice«, flüstert Diana und sieht mich an. »Die Buchstaben.« Sie zeigt auf die Seite. »Sind das richtige Wörter? Könnt Ihr sie lesen?«

Ich nicke. »Aber erst seit ...« Ich beuge mich vor und berühre die Stelle, wo ein silberner Faden über die Seite mäandert. »Erst seit sie erschienen sind.«

»Lies mir daraus vor. Das hier.« Mit den Fingern zeichnet sie Buchstaben nach, die sich spiralförmig winden.

Ich schüttele den Kopf.

»Nein?«

»Nein.«

»Warum nicht?«

»Weil ...«, flüstere ich und schaue statt auf Diana auf das Buch, auf ihre Finger. »Weil: Was da steht, bin ich, und ich möchte nicht ...« Ich mag nicht weitersprechen.

Sie stößt mir in die Seite. »Wie? Was heißt, das seid Ihr? Und wenn schon, das macht doch nichts.«

»Nicht jeder …« Ich ringe um Worte. »Nicht jeder fühlt sich so wohl in seiner Haut wie Ihr.«

Sie lacht auf, aber es klingt unglücklich. »Heute habe ich mich in meiner Haut nicht wohlgefühlt, das versichere ich Euch.«

»Ich habe es gesehen. Euer Bild. Es tut mir leid, so leid. War es …?«

»Schrecklich? Ja. Das Schlimmste ist, dass Arcangela mich gezwungen hat, es selbst zu vernichten. Sie stand die ganze Zeit hinter mir. Am liebsten hätte ich ihr meinen Pinsel um die Ohren gehauen, aber das ging nicht. Nicht, solange er und seine Leute überall herumschnüffeln. ›Eine grauenvolle Schmiererei.‹ Das waren ihre Worte. ›Eine schlichte weiße Wand ist viel passender und gefällt Gottvater viel besser.‹ Aber genau darum geht es doch, oder? All die Farben und die Schönheit der Welt – und für uns ist nur nichtssagendes, langweiliges Weiß angemessen.«

Sie wendet sich zum Fenster und schaut hinaus. Die Nacht ist weit fortgeschritten. Die Wächter dösen. Die Sterne versinken im Meer. Und selbst die Rastlosen finden Schlaf.

Diana sinkt zu Boden und streckt die Beine aus. »Ich hatte mit dem Kopf begonnen. Holofernes' Kopf. Wie er aus dem Korb hinaufstarrt, ein wunderbares, blutleeres, mondbeschienenes Grau. Er wurde richtig gut. Lebensecht. Jeder hätte ihn erkannt.«

»Ihn?«

»Bruder Abramo.«

»Aber Ihr habt ihn doch gewiss noch nie gesehen.«

»Nicht so. Aber ich habe die schlimmste Nacht meines Lebens mit ihm in Sankt Peter verbracht. Deswegen bin ich hier.«

Ich warte auf mehr, aber mehr will sie nicht sagen. Ich kann ihr Gesicht nicht gut sehen, es liegt an einer dunklen Stelle, die der Mondschein nicht erreicht. Ich knie mich zu ihr und warte. Aber sie spricht nicht weiter.

Dann beugt sie sich plötzlich vor und stößt mich mit einem Finger an. »Ihr wisst doch, warum ich Euch mag, Beatrice? Warum ich Euch zu mögen gelernt habe?«

Ich schüttele den Kopf. Der Gedanke, dass sie mich mag, obwohl ich glaubte, sie müsse mich hassen und für den Verlust des Bildes verantwortlich machen, füllt mich ganz und gar aus und verdrängt für den Moment alles andere.

»Alle«, sagt sie, »alle haben mich unentwegt gefragt, warum ich hergekommen bin. Was war passiert? Was hatte ich Schreckliches getan? Alle haben auf ihre eigene Art gefragt. Herumgeschnüffelt, um etwas Verwerfliches zu finden. Sogar Tamara. ›Was habt Ihr getan, Di? Los, sagt schon! Ich liebe deftige Geschichten.‹ Wenigstens hat sie nicht so getan, als sei sie um mein Seelenheil besorgt. Nur Ihr nicht. Ihr habt Euch für nichts als Eure Bibliothek interessiert, Eure Bücher. Das konnte ich verstehen. Und es gefiel mir.«

»Aber ich … wollte es gern wissen.«

»Ach ja?«

»Ja. Ich hatte nur nicht den Mut, Euch zu fragen.«

»Ihr könnt es jetzt tun, wenn Ihr mögt.«

»Also gut. Was ist passiert?«

Sie macht eine einladende Bewegung auf dem Boden neben ihr. »Setzt Euch. Ihr macht mich sonst ganz unruhig.«

Ich gehorche und setze mich zu ihr, den Rücken an die Wand gelehnt, die Beine ausgestreckt. Einen Moment lang sitzen wir ganz still so da. Draußen jaulen zwei Küchenkatzen einander an.

»Wisst Ihr, dass mein Vater auch Maler ist?«, fängt sie an. »Ein sehr schlechter. Das heißt: nein. So schlecht ist er gar nicht, aber mittelmäßig. Er wusste es, und es hat ihn innerlich zerfressen. Das war mir nicht klar. Jedenfalls zuerst nicht. Für mich war er Sonne, Mond und Sterne. Und er liebte mich und ließ mich in seinem Atelier spielen. Da hat er mir auch das Malen beigebracht. Er nahm Aufträge entgegen, und ich führte sie aus. Wir hatten viel zu tun. Immer mehr Aufträge, immer mehr Kunden. Und dann, letztes Jahr, etwa um diese Zeit, kam jemand Neues, ein sehr angesehener Mann. Ich sollte sein Privatgemach mit einem Wandfries bemalen. Das Thema sollte Atalanta sein.« Sie hatte geradeaus geschaut, aber jetzt dreht sie sich zu mir und flüstert direkt in mein

Ohr: »Natürlich fragt Ihr nicht, wer, zum Teufel, das ist. Und ich hatte mir abgewöhnt, meinen Vater um Rat zu fragen. Also fragte ich einen Buchhändler, den ich kannte.«
»Tomis?«
»Tomis. Er erzählte mir, was es mit Atalanta auf sich hat – mit dem Wettlauf und den goldenen Äpfeln –, und fragte, wessen Wand ich bemalen sollte. Als ich es ihm sagte, war er beunruhigt und empfahl mir, den Auftrag abzulehnen. Ich habe ihn ausgelacht und gesagt, ich sei doch keine schüchterne Jungfrau ...«
Ich beuge mich vor und schaue sie an. Ich kann nicht anders.
Sie kichert. »Da! Jetzt habe ich Euch schockiert.«
»Nein, habt Ihr nicht.«
»Ihr seid eine schlechte Lügnerin, Bea.«
»Ich dachte nur ...« Ich lehne mich wieder an die Wand. »Nun, ich ...«
Sie stößt mich leicht mit der Schulter an. »Keine Sorge. Ich habe alles gebeichtet und Absolution erhalten. Noch einmal könnte ich es ja ohnehin nicht tun. Oder etwa mit dem alten Poggio? Ich bitte Euch!«
Ich tue ihr den Gefallen und lache, wenn auch gekünstelt.
»Jedenfalls war ich nicht beunruhigt«, fährt sie fort. »Auch nicht, als der Mann immer öfter vorbeikam, um mich bei der Arbeit zu beobachten. Er war ein ... hochstehender Mann. Ein sehr hochstehender, und zwar in der Kirchenhierarchie. Generalvikar oder Kardinaldiakon – jedenfalls der, den die Guten Hirten zum Pontifex gemacht hätten, hätte Chiara nicht Papst Silvio unterstützt.
Ich fand es unangenehm, wie er hinter mir saß und mich beobachtete, aber ich dachte: Guckt doch, wenn Ihr unbedingt müsst. Hauptsächlich dachte ich aber an das Geld, das er mir bezahlen würde. Eines Tages stand er dann dichter hinter mir. So dicht.« Sie nimmt meine Hände, um den Abstand zu zeigen. »Dann zeigte er auf Atalanta und sagte: ›Ich habe immer vermutet, dass sie gefangen genommen werden *wollte*.‹ Ich sagte, das dächte ich nicht.

Darauf sagte er ... egal ... die üblichen Anzüglichkeiten und Anspielungen. Ein zweideutiger Witz auf Latein, den ich nicht verstand. Das Übliche halt, Ihr wisst schon.«
Ich schüttele den Kopf. »Nein, weiß ich nicht.«
»Ach so ... natürlich. Verzeiht. Aber seid froh. Es ist so ... so lästig. Ich wollte malen. Aber da stand dieser Mann hinter mir, lachte und redete, und ich konnte seinen Atem spüren. Einige Tage darauf zog er an den Bändern meines Malkittels und meinte, ich könnte wohl eine Pause vertragen ... etwas Apfelkuchen und einen Becher Vino Santo. Ich sagte: ›Verehrtester, Ihr habt das Gemälde gekauft, nicht den Maler.‹ Ich dachte, das würde ihn bremsen, aber er fand es nur komisch. Er war entzückt und wollte, dass ich ihn noch einmal so nenne. Er dachte, ich ... *flirte*.«
Sie macht ein verächtliches Geräusch.
»Er warf sich auf mich. Er war kein großer Mann. Ich überragte ihn um einen halben Kopf. Eingefallene Schultern, dicker Bauch. Aber auch kleine Männer können stark sein. Als mir klar wurde, dass ich ihn nicht abschütteln konnte, gab ich auf und ...« Sie setzt ein breites Grinsen auf. »Er war sich so sicher und dachte wahrscheinlich, seine Leidenschaft hätte meinen Widerstand gebrochen. Jedenfalls lächelte er und beugte sich vor, um mich zu küssen. Er steckte die rosa Zunge heraus – und ich biss hinein. Sofort ließ er von mir ab. Er war außer sich vor Wut und schrie: ›Luder, Hexe, Hure!‹ Das überraschte mich nicht, doch dann schrie er noch ein anderes Wort, eins, das mir neu war. *Morpha*. Er sagte es zwei, drei Mal und stach mit dem Finger auf mich ein, bevor seine Männer, ein halbes Dutzend Diakone, die Tür aufbrachen, die er verriegelt hatte, und ihn fortführten. Mir wurde klar, wie dumm ich gewesen war. Mehr als dumm. Ich wollte gehen und war schon an der Tür, aber zwei Gardisten schnappten mich und sperrten mich in ein kleines Zimmer. Ich dachte, es wäre mein Ende.«
»Aber Diana, habt Ihr ... Hat er ...«
»Mich verwandelt? Nein, *nein*. Ich hatte den Bastard nur gebissen. Ich musste lange warten. In dem Zimmer standen zwei Ho-

cker, mehr nicht. Kein Fenster. Kein Licht. Und dann kam er endlich – Abramo. Er lehnte seinen Hirtenstab an die Wand und stellte eine qualmende Lampe auf den Boden. Natürlich kannte ich seinen Namen nicht, aber ich erkannte sofort, dass er ein Guter Hirte war. Und das machte mir Angst. Ich war – bin – Manches, aber keine Ketzerin.

Ich spürte seinen Ekel. Er wand sich vor Abscheu. Er wusste alles über mich. Kannte mein ganzes Leben. Er sagte, ich hätte Pater Augusto verführt. Ich sagte, in diesem Fall sei es andersherum gewesen, und dieser Pater Augusto sei ein eitler Gockel, ein pompöser Lüstling. Er sagte, er sei Gottvaters geliebter Diener. Ich sagte, aus Erfahrung wisse ich, dass das eine das andere nicht ausschließt – aber das war das Letzte, was ich mutig sagen konnte.

Er fragte, ob ich es zu meiner Mission gemacht habe, unbescholtene Männer der Kirche in eine Falle zu locken. Was ich damit erreichen wolle, wer mich dazu angestiftet habe. Ob es Silvia sei. Was sie mir dafür gezahlt habe. Was sie bezwecke. War ich nicht mit Tomis befreundet? Wo war Tomis jetzt? Silvia habe ihn irgendwo hingeschickt, aber wo?

Ein großes schwarzes Loch öffnete sich vor mir, und ich bekam große Angst. Er wusste es, und es war genau das, was er wollte. Er hat weder geflucht noch die Stimme gehoben. Er hat mich auch nicht angerührt, kam nicht einmal in meine Nähe, aber es fühlte sich an, als fasste er mich überall an, als seien seine Finger sogar in mir. Mit einem Pater Augusto kann ich umgehen. Mit Männern wie ihm hatte ich es zu tun, seit ich zwölf war. Aber Abramo – ich wusste nicht, wie ich ihn aufhalten sollte.«

Einen Moment lang schweigt sie. Dann: »Später kamen noch andere Männer. Alles Gute Hirten. Sie hatten Metallkisten dabei, in denen sich merkwürdige Gegenstände befanden. Kleine Stücke von Wandteppichen. Pappige alte Kekse. Gewundene Gräser. Und alle waren mit merkwürdigen Buchstaben markiert – den gleichen wie in Eurem Buch, Beatrice. Damals hatte ich so etwas noch nie gesehen. Sie hielten mir alles vor die Nase und fragten, was es sei.

Was dieses sei, was jenes. Wenn ich es ihnen sagen könne, ließen sie mich frei. Ich sagte, ich hätte keine Ahnung. Dass ich kaum lesen könne, was in Sankt Peter veröffentlicht wird – aber das machte alles nur schlimmer.

Sie fingen an, mir zu drohen. Schreckliche Dinge. Sie sprachen eine Drohung aus, brachen ab, beobachteten mich, sprachen die nächste Drohung aus, brachen ab, beobachteten mich. Ich weiß nicht, wie lange das so ging. Es müssen Stunden gewesen sein.

Später, viel später klopfte es an die Tür, ein kurzes, leises Klopfen. Sie schauten einander an. Ich sah, dass sie nicht öffnen wollten. Dann klopfte es wieder. Einer fragte, wer da sei, und eine Stimme sagte: ›Ich.‹ Das war alles, aber sie öffneten die Tür, und ich sah eine Frau. Der Korridor war nicht ganz dunkel, also wusste ich, dass der Morgen graute und die Männer die ganze Nacht bei mir gewesen waren. Die Frau kam herein und schob die Kapuze zurück. An ihren Armen klimperten Armreifen. Sie sah aus, als käme sie direkt von einem rauschenden Fest. Ihre Wangen waren gerötet, ihre Augen mit schwarzen Strichen umrandet. Ihr Gesicht war mit Bleipaste gebleicht. Ich sah das Medaillon auf ihrer Brust: eine Wölfin mit Zitzen zum Stillen. Es war Silvia.«

»Sie selbst?«

»Sie selbst. Die Tochter des Pontifex.«

Ich schnappe nach Luft. »Oh!«

»Ja, oh! Nie war ich froher, eine bestimmte Person zu sehen. Wie sie da in der Tür stand, konnte keiner der Männer sie ansehen. Sie ... leuchtete. Großartig. Nicht jung, nicht alt. Aber sie hat diese ... diese Kraft. Wie Chiara – obwohl ich nicht glaube, dass Chiara je ein Kleid getragen hat, bei dem man sieben Finger breit ihrer Brust sehen konnte.

Abramo saß auf einem Hocker vor mir. Sie beugte sich über ihn und sagte: ›Legt Ihr einer jungen Frau schon wieder Worte in den Mund?‹ Er rührte sich nicht, sogar sein Blick war vollkommen unbewegt. Sie richtete sich wieder auf. ›Danke, die Herren‹, sagte sie. ›Ich übernehme jetzt.‹ Abramo widersprach, alle widersprachen, zitierten Gesetze und göttliche Gebote. Aber sie fegte alles vom Tisch.

Sie nahm mich bei der Hand, wie ein kleines Kind, und führte mich in eine wartende Kutsche. Als ich darin saß, brach ich zusammen. Schluchzte wie ein Kind. Sie hielt mich fest. Ihr Duft war wunderbar. Sie gab mir ein seidenes Taschentuch – purpurrot, wie ihr Kleid – und sagte, ich hätte mir eine Menge Ärger eingehandelt. Ich sagte danke, aber das hätte ich schon selbst gemerkt. Sie zog eine Augenbraue hoch, aber ich redete weiter. Fragte, was eine *Morpha* ist und warum die Guten Hirten unbedingt wollten, dass ich eine sei.

›Ich hoffe, das findet Ihr bald selbst heraus‹, sagte sie. Mehr wollte sie nicht sagen. Für mich reiche es, zu wissen, dass ich die Guten Hirten gegen mich aufgebracht hatte und dass sie weiter hinter mir her sein würden. Ich solle mich verstecken, sie wisse auch den rechten Platz dafür. Ich sagte, niemals würde ich ins Kloster gehen. Sie zuckte mit den Schultern und sagte, ich wisse ja, wo ich sie finden könne, falls ich meine Meinung änderte. Natürlich hatte sie recht. Drei Tage später klopften sie an meine Tür, und wenn meine Mutter sie nicht in ein Gespräch verwickelte hätte … Ich mag gar nicht darüber nachdenken.

Schließlich hat Silvia mich hierher gebracht. Bevor sie wieder ging, nahm sie Chiara beiseite und sprach mit ihr unter vier Augen. Ich sollte es nicht mitbekommen, aber ich hörte es doch. Allerdings wusste ich nicht, was es bedeutete. Trotzdem hat es mich beinahe zu Tode erschreckt.«

»Was habt Ihr denn gehört?«

»»Die Räder drehen sich. Sie erstarkt.‹«

In dem Moment ertönt die Glocke zum Nachtgebet. Diana stöhnt auf – unschicklich laut –, und ich sage, sie solle leise sein.

»Ist schon in Ordnung«, flüstert sie in mein Ohr. »Manchmal beklage ich mich noch viel lauter.« Damit springt sie auf die Füße, tastet nach ihrem Umhang, der unordentlich auf dem Boden liegt, und stopft sich die Haare planlos unter die Haube. Sie reicht zu mir herunter und zieht mich hoch, schubst mich in Richtung Bett und legt eine Decke über mich. Ich höre die Tür aufgehen, Diana murmelt ihren Mitschwestern einen Gruß zu, zwei oder drei grüßen zurück. Eine Aufseherin ruft die Treppe hinauf: »Gottes Sohn liebt Frauen, die *leise* zum Gebet gehen.«

Die Schritte verhallen, ich entspanne mich und sinke in die Matratze. Trotz allem – oder gerade deswegen? – ist es ein wunderbares Gefühl, zu liegen und auszuruhen. Diana scheint drei Decken im Bett zu haben, alle weicher und duftender als meine eine. Ich kuschele mich in die ungewohnte Wärme, ziehe die Knie an, drücke mir das Buch an den Bauch, fahre mit den Fingern über den Buchrücken, drücke die Daumen an seine Ecken, spüre die Buchstaben an der Haut. Vielleicht, denke ich, vielleicht schließe ich kurz die Augen, bis sie zurückkehrt.

Die Räder drehen sich. Sie erstarkt.

So oder so ähnlich lauteten die letzten Worte in Tomis' Brief an meinen Vater.

Ich konzentriere mich auf diese Worte.

Und dann schlafe ich natürlich ein.

Traumloser, nötiger Schlaf.

Offenbar graut schon der Morgen, als ich aufwache. Vor dem Fenster ein Himmel voller wolkiger Perlen. Lärmende Vögel kehren zu den Gewässern unterhalb der Stadt zurück. Nach den vierzig Fastentagen werden Männer mit Netzen, Hunden und Säcken dort hingehen, und danach gibt es Vogelragout. Ich mag Vogelragout mit den vielen kleinen Knochen nicht. Kühle Luft vom Fenster streicht über mein Gesicht. Ich zittere. Blinzele. Reibe mir die Augen. Lockere die Lippen. Setze mich auf.

Diana sitzt auf dem Fußboden und beobachtet mich. Sie hat eine Decke vom Bett genommen und um ihre Schultern gelegt. Ich fange an, mich zu entschuldigen, aber sie bringt mich mit einer Geste zum Schweigen. Sie steht auf und fragt tonlos: »Habt Ihr Hunger?«

Ich nicke. Ich habe sogar großen Hunger. Sie kommt mir näher, tastet nach etwas unter dem Bett und zieht eine eingewickelte Honigwaffel hervor. Ich erkenne den Schriftzug des Herstellers von den Fastenzeiten meine Kindheit und mache große Augen.

Diana lächelt, setzt sich neben mich und flüstert: »Von Laura und Giulia. Mein Honorar. Ich habe eine schnelle Zeichnung von ihren Gesichtern gemacht. Laura war ganz begeistert, konnte die Augen gar nicht von sich abwenden. Sagte, sie würde es ihrem Verlobten geben – sobald sie einen hätte. Giulia sagte, sie würde ihres behalten. Gewiss werde sie es gern betrachten, wenn sie später in ihrer Zelle säße und älter und hässlicher sei als Galilea.«

Ich höre nur halb zu – die Waffel schmeckt so gut und ist so süß –, aber als ich das höre, verschlucke ich mich an den Krümeln, die ich mir von den Fingern lecke.

»Giulia will *Nonne* werden?«

»Ja, sie ist gern hier.«

»Aber will sie denn keinen Ehemann, keine Familie?«

»Wollt Ihr das denn?«

»Nein, aber ...«

»Wenn Ihr das nicht wollt, warum sollte sie es?« Sie beugt sich vor, wischt mir mit dem Daumen einen Fleck von der Wange. »Sie sagt, als ihre älteste Schwester das sechste Kind bekommen hatte, mussten sie sie zunähen.« Ich wende den Blick ab, als ich sehe, dass sie auf ihre weiblichen Körperteile zeigt. »Es bestand die Gefahr, dass ihre Innereien sonst aus ihr herausfallen. Ich kann sie verstehen. Lieber bleibe ich hier, als so etwas zu erleben.«

»Aber Ihr ... Ihr hasst es hier.«

Sie schüttelt den Kopf. »Nein. Zuerst vielleicht. Jetzt – nein, wirklich nicht. Ich hatte beschlossen, alles Mögliche zu hassen. Die Glocke. Die Mauern. Doch dann erlebte ich, wie Chiara alle willkommen hieß und keinen beschämte. Ich sah, dass kein Mann unser Holz hackt oder unser Geld verwaltet.« Ich habe die Waffel aufgegessen, und sie gibt mir noch eine. »Ich habe gehört, wie Maria einen Ehekontrakt erklärte und welche Rechte eine Witwe hat. Tamara hat mir unsere Darlehensverträge gezeigt. Fast der Hälfte aller Frauen der Stadt haben wir Geld geliehen. Ich habe gesehen, wie Prudenzia – da braucht Ihr gar nicht zu stöhnen! – den Mädchen das Lesen und Schreiben beibringt, ein bisschen Geschichte und Rechnen. Und Ihr – ich habe gesehen, dass es Euch erlaubt war, so ernsthaft zu arbeiten wie ein Gelehrter. Es ist also ein guter Ort.« Sie nimmt meine Hand. »Und deswegen will Abramo ihn vernichten, Beatrice. Er sieht einen Zusammenhang zwischen Chiara, Silvia, der Mutter und dem Buch. Nach dem, was gestern in der Kapelle passiert ist, ist er wie – wie heißt der Höllenhund noch mal? – hinter uns her und will uns die Kehlen zuschnüren, uns würgen, würgen, würgen.«

»Cerberus«, flüstere ich.

»Was?«

»Der Höllenhund. Er heißt Cerberus.«

Immer noch hält sie meine schmerzende Hand, die sie bei jedem *würgen* fest gedrückt hat, aber jetzt lässt sie mich los. Mit einem Finger berührt sie die Venen in meinem Handgelenk.

»Was?«, frage ich.

»Wenn ich Euch schneide, blutet Ihr dann Tinte?«

Ich muss lächeln, und sie lächelt zurück.

»Als Ihr geschlafen habt, habe ich nachgedacht, Beatrice. Für einen Tag, vielleicht eine Woche können wir Euch verstecken, aber früher oder später entdeckt Euch eine Aufseherin ... und dann ...«

»Ab in den Kerker, wie Chiara.«

»Oder Schlimmeres. Wir müssen Euch hier rausschaffen. Heute Nacht. Und ich glaube, ich weiß, wie.«

DER FLUSS
Donnerstagabend

Diana wiederholt ihre Anweisungen zum hundertsten Mal, während ich mir den Umhang anziehe, Haare und Gesicht bedecke, das Buch in Öltuch wickle und wieder in meine Tasche stecke. Sie öffnet die Tür einen Spalt breit und prüft, ob jemand im Korridor ist. Zusammen gehen wir die Hintertreppe hinunter, und sie zieht den neuen Riegel von der Tür. Wieder versichert sie mir, dass niemand zu sehen ist.

»Viel Glück«, sagt sie. »Die Treppe zum Waschhaus.«

»Ich weiß.«

»Timofea wartet schon.«

»Ich *weiß*.«

Und bevor ich ihr danken oder fragen kann, was danach passiert oder ob ich sie wiedersehen werde oder auch nur eins der tausend Dinge, die mir plötzlich durch den Kopf gehen, umarmt sie mich, schiebt mich durch die Tür und schließt sie schnell hinter mir. Ich eile an der hinteren Mauer des Arbeitshauses entlang, und es tut gut, mich zu bewegen, nachdem ich mich einen ganzen Tag lang zusammengekauert und erschrocken von jedem Geräusch versteckt habe, dankbar nur für das Glockenläuten, das das Voranschreiten der Zeit markierte.

Wo das Gebäude endet, spähe ich vorsichtig nach rechts. Alle versammeln sich in der einsetzenden Dunkelheit auf dem Kirchplatz. Mit etwas Abstand zu den anderen stehen, die Hauben tief ins Gesicht gezogen, die Umhänge makellos, die Laternen in ihren Händen noch unangezündet, die Mitschwestern, die Schwester Arcangela für die nächtliche Prozession ausgewählt hat. Bald wird Poggio bei Sonnenuntergang das Tor öffnen und die Prozession sich in Richtung der städtischen Felder in Bewegung setzen.

Aber ich werde nicht einmal in die Nähe des Tors gehen. Ich werde – wie Diana es ausdrückte – wie die Grüne Maria fortschwimmen.

Als sie mir ihren Plan zum ersten Mal erklärte, fand ich großen Gefallen an etwas so Konspirativem – *conspiro* bedeutet *ich atme mit dir*. Unsere Kräfte zu bündeln, war ein wunderbares Gefühl. Doch jetzt verzweifle ich an der Enormität dieses Unternehmens und bin den Tränen nahe. Für Diana und vielleicht auch Tamara ist es eine Eskapade, die beiden sind mutiger und stärker als ich. Für mich nicht.

Ich sehe Poggio aufs Tor zugehen und ermahne mich, aufmerksam und bereit zu sein. Schnell lege ich die Strecke zurück, erst hinter den Lagerräumen, über denen meine Bibliothek liegt, dann an unseren Zellen vorbei, dann am Schulzimmer. Schließlich umrunde ich das Gästehaus und eile auf den Fluss zu.

Hier habe ich ein Stück weit keine Deckung, aber ich habe mein Gesicht bedeckt, und Diana hat gesagt, falls mich jemand sähe, würde man annehmen, dass ich die Latrine aufsuche und so in Eile sei, weil ich die Toröffnung nicht verpassen wolle. Trotzdem fürchte ich, jede Sekunde entdeckt zu werden, aber als ich an zwei Gehilfinnen von Felicitas vorbeikomme, die in die andere Richtung eilen, murmeln sie nur: »Gesegnet sei die Nachtprozession, Schwester.« Dann eilen sie weiter, ohne sich nach mir umzusehen.

An den Latrinen angekommen, laufe ich die Treppe zum Waschhaus hinunter, wo sich die überdachten und an drei Seiten ummauerten Waschzuber und Holzstapel befinden. Vom höher gelegenen Kirchplatz aus hat man hier keinen Einblick, aber meine Gegenwart würde Aufmerksamkeit erregen, falls jemand hier vorbeikäme. Glücklicherweise können Timofeas Schützlinge um diese Zeit nicht hier sein.

Ich könnte an den Fingern einer Hand abzählen, wie oft ich in all den Jahren hier war, und wenn, war hier immer viel Betrieb – lodernde Feuer, Flusswasser, das ins Waschhaus herein- und wieder hinausgeschleust wird, Waschfrauen, die mit Holzstangen und Laugeneimern hantierten. Ihr Geschwätz und Gelächter versetzt Arcangela immer wieder in Rage, und jedes Mal überlegt sie, ob sie die Treppe hinabsteigen und die Frauen zurechtweisen soll, aber wenn sie es tatsächlich einmal tut, findet sie natürlich nur fleißige Arbeiterinnen vor, die leise vor sich hin summen.

Jetzt ist hier alles blitzsauber und still.

Nein, nicht ganz still.

In der Ferne höre ich die Nachtwächter der Stadt ihre Gongs schlagen, um die Bettler, Trunkenbolde und Schuljungen aus den Straßen zu vertreiben. Es ist fast Zeit.

Doch wo ist Timofea?

Ich ducke mich zwischen zwei Waschzuber, warte und durchlebe alles, was einen umtreibt, wenn einem etwas Notwendiges, aber Gefürchtetes bevorsteht – Enttäuschung, Erleichterung, Dankbarkeit, Mutlosigkeit. In Vorbereitung meiner Flucht hat Diana immer wieder betont, dass der Fluss nach der Schneeschmelze ganz ruhig dahinfließt, aber was ich jetzt sehe, ist nicht der gemächliche Strom, in dem wir letzten Sommer die Grüne Maria auf ihren Weg geschickt haben. Die Strömung kommt mir recht flott vor, er scheint auch viel Wasser zu führen und tief zu sein, ganz abgesehen von der Kälte.

Ich bin so in meine angstvollen Gedanken versunken und der Fluss ist so laut, dass ich Timofea nicht bemerkt habe, die mir jetzt von hinten auf die Schulter fasst. Vor Schreck schreie ich auf. Dann sehe ich ihr rundliches, ermutigendes Gesicht.

»Gut, Beatrice, gut«, sagt sie, reibt mir die Arme, um mir etwas von ihrer Wärme abzugeben, denn ich zittere bereits bei dem Gedanken an das kalte Flusswasser.

»Kommt«, sagt sie. »Los geht's, los geht's. Keine Zeit. Wir wollen keine Zeit verschwenden.« Sie redet und redet, ein Wort fließt ins andere, und obwohl jedes einzelne etwas bedeutet, ergibt alles zusammen eine beruhigende, ermutigende Beschwörung.

Sie führt mich den Rest der Treppe hinunter, die im Fluss endet. Dann setzt sie mich auf eine Stufe und holt, was mein Fluchtfahrzeug sein soll: ein Floß aus Waschbrettern. Sie merkt mir meine Angst an, denn sie wedelt mit dem Zeigefinger vor meinen Augen und sagt:

»Also wirklich, meine Liebe. In über zwanzig Jahren habe ich kein einziges Floß verloren. Ich weiß, wann der Fluss sicher ist und wann nicht. Wenn man das Floß zur falschen Zeit losschickt, dreht es sich, kippt um und versinkt schneller als ein Sünder auf dem Weg zur Hölle. Ihr aber werdet sicher sein, Ihr werdet sehen.«

Dann wiederholt sie alles, was Diana schon gesagt hat – hinter den Klostermauern eine Flussbiegung nach links, eine Strecke parallel zum letzten Bergsporn, wo der Damm vor den städtischen Feldern rechterhand Sichtschutz bietet, nach knapp einer Viertelmeile wieder eine Biegung mit Flachwasser, wo die ärmeren Frauen der Gegend ihren Hausrat reinigen.

»Dort fischt Euch eine Freundin heraus«, sagt Timofea. »Sie hat zwei Lampen bei sich und bringt Euch sicher zu Giulias Haus, wo ...«

»*Giulia?*«

»Jaja. Sie hat ihre Mutter überredet, Euch aus der Stadt zu schaffen.«

»Ihre *Mutter?*«

»Jaja. Eine große Dame. Als Mädchen war sie selbst bei uns. Beinahe so klug wie ihre Tochter. Noch ungeschickter als Ihr mit dem Wischmopp.«

Sie will mich zum Lachen bringen, aber ich kann nicht, sondern muss unentwegt auf den Fluss starren.

»Habt Ihr wirklich noch kein Floß verloren?«, frage ich, und sie fordert mich zwei Mal auf, meine Frage zu wiederholen, bevor sie mein Gepiepse über dem rauschenden Wasser verstehen kann. Dann spendet sie mir ihren Segen und sagt, sie hätte nicht gedacht, dass ich so ein Angsthase bin.

»Ich verspreche, dass es sicher ist«, sagt sie, setzt das Floß aufs Wasser und hält es fest. Ich sehe, dass sie es nicht zum ersten Mal tut. Sie klopft mir auf den Rücken und wünscht mir Glück. Dann sieht sie mich überrascht an, als ich nicht gleich losfahre.

»Habt Ihr schon einmal ...«, frage ich und wage nicht, weiterzusprechen.

Sie antwortet nicht, zwinkert mir nur zu, legt verschmitzt einen Finger an die Nase, und ich frage mich, was ich sonst alles nicht weiß.

Ich setze mich, aber als ich meine Beine auf dem Floß ausstrecke, wackelt es. Ich denke, Timofea hat gescherzt, als sie mir Mut zu machen versuchte. Kein Mensch kann das schaffen. Ich will mich weigern, diesen Wahnsinn mitzumachen. Doch dann denke ich an Abramos kalte Finger und Dianas Gesicht, als sie mir von der Nacht mit ihm in Sankt Peter erzählte.

Getrieben von Angst und keineswegs ermutigt lege ich mich so ungeschickt bäuchlings auf das Floß, dass das Wasser um mich herum aufspritzt. Ich greife in die Spalten zwischen den Waschbrettern und spüre, dass Timofea etwas Sackleinen um meinen Körper stopft. Ich höre sie etwas Unverständliches sagen, gewiss etwas Ermutigendes, bevor sie die Leinen löst und – das Herz klopft mir bis zum Hals – das Floß mit einem Tritt in den Fluss stößt.

Zuerst bin ich ungeheuer erleichtert, dass ich nicht sofort untergehe und versinke, aber dieses Gefühl ist nicht von Dauer. Unter den Klostermauern nimmt die Strömung zu, und das Floß schnellt in übertunnelte Dunkelheit. Der Fluss wird schmaler, Wasserstrudel drehen das Floß quer, und ich stoße an Tunnelwände, kalt und glitschig. Mit den Händen paddelnd bringe ich das Floß wieder auf Kurs. Das Zwielicht am Ende des Tunnels kommt schnell näher. Ich hebe den Kopf ein wenig an und sehe Gestalten, die ich zuerst für die ersten Mitschwestern halte, die aus dem Tor treten, doch dann entpuppen sie sich als drei Männer mit langen schwarzen Umhängen.

Ich greife nach der Tunnelwand – das Ende des Tunnels und damit das Ende meiner Deckung liegen nur zwanzig Schritte entfernt –, aber alles, was passiert, ist, dass mir die Fingernägel an Mauerwerk und Schleim einreißen. Der Impuls, ins Wasser zu tauchen und mich damit allen Blicken zu entziehen, ist beinahe überwältigend, aber ein Rest Verstand sagt mir, dass ich mich lieber am Floß festhalten sollte. Auf dem Weg aus dem Tunnel mache ich mich ganz flach, kneife die Augen zu und erwarte jeden Moment laute Rufe, weil ich entdeckt worden bin – aber nichts passiert. Also schlage ich die Augen wieder auf, hebe das Kinn an, sehe die Flussbiegung und die Landzunge, die mein Hafen sein soll.

Niemand wartet auf mich, und ich beginne eine erhitzte Debatte mit mir selbst. Soll ich das Floß zurücklassen und allein an Land gehen? Bald ist es dafür zu spät, denn dann liegt die Flussbiegung hinter mir und ich fahre mitten durch die Stadt. Ich kann mich nicht entscheiden und werde ganz konfus. Ich weiß nicht, wie tief der Fluss hier ist. Ich weiß nur, wie sehr ich mich davor fürchte, in Wasser zu stehen, das mir über den Kopf reicht …

Ein Knirschen. Das Flussbett! Das Floß hat sich auf eine unsichtbare Sandbank geschoben. Unbändige Freude, aber ich kann das Floß nicht zum Stehen bringen. Das Wasser schnellt über die Untiefen, und ich drohe den Halt zu verlieren. Irgendwie komme ich auf die Füße, der Fluss schnappt nach meinen Röcken, und ich sehe das Floß, das jetzt – von meinem Gewicht befreit – immer schneller flussab fährt.

Die Strömung normalisiert sich, ich gewinne wieder mehr Kontrolle, gratuliere mir zum Überleben eines Kampfes mit Naturgewalten und muss daran denken, wie Aeneas' Schiff an den Gestaden der Dido zerschellte. Obwohl … Als ich einem Zweig nachschaue, der über die Sandbank hüpft und trudelt, muss ich zugeben, dass ich die Gefahr vor Angst überschätzt habe.

Dann werde ich von einer Frau abgelenkt, die mir aus der Dunkelheit unter dem Damm zuwinkt. Es muss Timofeas Freundin sein. Ich stapfe ans Ufer, und sie gestikuliert, damit ich mich ducke. Das Wasser umspült zwar noch meine Waden, aber ich lasse mich auf Hände und Knie nieder und krieche weiter. Sie zieht mich an eine Stelle, an der Flutwellen den Uferdamm ausgehöhlt haben, führt einen Finger an die Lippen und zeigt mit der anderen Hand hinter sich, als lauerten dort Feinde.

»Was ist da los?«, frage ich, so leise ich kann, und ziehe den durchnässten Stoff zur Seite, mit dem ich mein Gesicht bedeckt hatte. Die Frau packt mein Handgelenk, macht eine Kopfbewegung nach hinten, und ich verstehe ihre Warnung, dass selbst Geflüster zu laut ist. Über uns höre ich Männerstimmen. Sie sind zu weit entfernt, um zu verstehen, was sie sagen, und doch viel zu nah.

Die Frau legt den Mund an mein Ohr und haucht: »Stadtwache. Sie haben die Felder geräumt und ziehen ab.«

Dann erkenne ich, dass Timofeas Freundin nicht die einfache Frau ist, die ich erwartet hatte, sondern Ortolana.

»Was macht Ihr hier?«, frage ich leise.

»Sch! Wonach sieht es denn aus? Dich aus dem Fluss fischen.«

Ich reiße mich los und fühle mich hintergangen und manipuliert – wie ein Kind.

Aber sie beachtet mich gar nicht, sondern reckt den Hals und versucht, über den Uferdamm zu schauen. Zu unserer Linken befindet sich ein rutschiger Pfad mit hineingeschnittenen Stufen. Ortolana geht ein Stück darauf entlang, wahrscheinlich, um die städtischen Felder zu überblicken. Ich warte gebückt. Mir ist klar, was sie riskiert. Ich weiß auch, dass ich dankbar sein sollte, aber ich bin es nicht. Stattdessen fühle ich mich wie damals, wenn sie mich ausschimpfte und mein Spiel mit Ludo abbrach. Dann kommt sie zurück.

»Die Wachen sind fort«, flüstert sie und hockt sich neben mich. »Das Tor ist offen. Deine Mitschwestern müssen gleich herauskommen. Wir müssen warten, bis ...«

»Ich dachte, er hätte Euch eingesperrt, genau wie Chiara.«

»Dein Mitgefühl ist ja überwältigend. Ich *war* eingesperrt, aber nicht mit ihr. Dein Bruder war so reumütig, dass uns beiden der Kerker erspart blieb. Er wird in der Residenz des Erzbischofs festgehalten, ich war in einem Nebenzimmer – bis ich freikam.«

»Aber wie seid Ihr ... Ihr seid doch nicht ...« Bei der Vorstellung, sie könne die Metamorphose der Mutter nach Belieben vollziehen, wird mir noch schlechter als bei der Erkenntnis, dass sie die Schrift des Buchs lesen kann.

»Nein, nein.« In ihrer Stimme liegt ein Lächeln, als wüsste sie, was ich denke. »Es war ein prosaischerer Abgang. Abramo glaubt, ich verbringe die ganze Nacht im Gebet und bereite mich darauf vor, mich morgen früh auf der Piazza zu erniedrigen. Aber er hat das Pech, dass die Köchin des Erzbischofs eine Schwester unserer Benedetta ist. Sie, Bartolomea, hat sich eine Leiter des Gärtners geliehen, sie ans Dach der Vorratskammer gelehnt und ihren kleinsten Küchenjungen geschickt, um mich hinunterzuleiten – ein mutiger Bursche. Für Abramo sind Frauen Heilige oder Sünderinnen, aber er kann sich nicht vorstellen, dass wir über Dächer klettern oder uns flussabwärts flößen. Vor Sonnenaufgang wird er mich nicht vermissen, und bis dahin bin ich weit weg.«

»Ich komme nicht mit Euch.« Ich klinge infantil, und es ist wirklich absurd, aber ich kann nicht anders.

»O bitte, mach dich nicht lächerlich. Wo solltest du denn sonst hin?« Sie holt zwei Laternen mit geschlossener Klappe aus der Uferhöhle und reicht mir eine. »Beatrice?«

Ich nehme die Laterne entgegen und hasse es, wie hilflos Ortolana mich macht.

»Hör zu! Von den Feldern aus folgen wir der Via Santa Croce bis zur Basilika, dann nordwärts in Richtung Giulias Haus. Du wirst es erkennen, wenn du es siehst – über dem Eingang sind Engelsflügel eingemeißelt. Bleib immer zwanzig Schritte hinter mir.«

Zu unserer Rechten läutet die Glocke des Klosters, am anderen Ende der Stadt fällt eine andere, lautere Glocke mit ein. Wortlos bedecken wir unsere Gesichter, kriechen den Hang hinauf und halten Ausschau. Meine Mitschwestern kommen in Prozessionsformation durchs Klostertor. Mit feierlichem Ernst gleiten sie dahin, schlagen den Weg zu den Feldern ein und folgen schaukelndem Laternenschein – eine Flutwelle heiliger Anmut.

Der abnehmende Mond ist noch nicht aufgegangen, der Himmel ist wolkenverhangen. Meine Mitschwestern schauen in das Laternenlicht, sodass sie nicht bemerken, wie unsere dunklen Gestalten vom Fluss heraufkommen und sich ihrem Zug anschließen. Wir gehen etwa dreißig Schritte, ehe Ortolana die Klappe ihrer Laterne öffnet. Licht scheint durch deren Holzlamellen. Ich fixiere den Blick darauf und gehe weiter.

Die Spitze der Prozession erreicht jetzt die städtischen Felder und teilt sich; von hier an bahnt sich jede Frau ihren eigenen Heimweg. Sonst ist kein Mensch unterwegs, aber vor allen Häusern, Läden und Werkstätten leuchtet etwas – ein Kerzenstummel auf dem Fenstersims oder eine Feuerschale am Tor. Ich schaue mich um, fasziniert von der Stille und den einladenden Lichtern. Erst dann fällt mir ein, dass auch ich die Klappe meiner Laterne öffnen muss, und einen Moment lang bin ich geblendet und fürchte, dem falschen Umhang zu folgen. Doch nein, da ist sie. Ich erkenne sie an ihrer Laterne, die mit ihren Lamellen anders gebaut ist als die meiner Mitschwestern.

Auf dem Weg zur Basilika haben wir die breite Via Santa Croce halb durchschritten. An jeder größeren Kreuzung stehen grobe Kreuze auf improvisierten Altären und zeugen vom Glaubenseifer der Lämmer. Überall sehe ich Spuren der Gewalt – hier ein eingeschlagenes Schaufenster, dort eine verwüstete Werkstatt. In einer Seitenstraße, der Via dei Librai, nach der ich mich so oft gesehnt habe, hängen die Ladenschilder vieler Buchhändler. Doch die Abflussrinnen der hübschen Straße sind voller zerrissener Bücher, und ich begreife, dass auch andere leiden mussten – nicht nur ich.

Jetzt umrunden wir die Piazza, auf der vier Leuchtfeuer lodern und die Fassade der Basilika zuckend erhellen. Davor ist eine

Bühne errichtet worden: Abramos Beichtstuhl, auf die Sünder klettern müssen, um ihre Fehler vor einer hasserfüllten Menge zu bezeugen. Heute aber ist alles still. Nur das Knistern der Flammen kann ich hören.

Wir sind nach Norden abgebogen, und nur noch eine Frau mit Laterne befindet sich an der Spitze des Zugs. Wer immer sie ist – sie schaut sich ständig um, um herauszufinden, wer wir sind. Doch wer ist sie? Prudenzia vielleicht? Nein, ihr Vater ist Theologe, und diese Leute wohnen in der Nähe des Priesterseminars. Nanina kann es auch nicht sein, denn sie ist schlanker. Eine Aufseherin? Die nehmen an der Prozession für gewöhnlich nicht teil.

Bevor ich meine Antwort bekomme, überfallen mich Kindheitserinnerungen. Ich kenne diese Straßen! Wir sind in der Nähe meines Zuhauses. Und dann sehe ich rechts die Straße abzweigen, die zum Palazzo der Stelleri führt, aber an ihrem Ende ist nur noch ein großes schwarzes Loch. Ein Dutzend Häuser stehen nicht mehr. Der Wind frischt auf, ein kurzer Regenschauer, Dunkelheit, der Geruch von Verbranntem.

Ich drehe mich gerade rechtzeitig wieder nach vorne, um zu sehen, dass Ortolana ihre Lampe verdunkelt und verschwindet. Ich tue es ihr gleich und bewege mich langsam auf die Stelle zu, wo ich sie zuletzt gesehen habe. Meine Haut prickelt. Ortolana zieht mich in eine Art Schuppen oder Verkaufsstand. Ihr Mund an meinem Ohr: »Sind gleich da.«

Ich schaue die Straße entlang. An der Fassade eines großen Hauses lodern Fackeln in ihren eisernen Halterungen, über der Tür ein Relief von Flügeln. Unser Zufluchtsort, kaum zweihundert Schritte entfernt. Aber auf der Straße davor, noch weniger Schritte entfernt, ist die Frau, der wir gefolgt sind, stehen geblieben, mitten zwischen uns und unserer Rettung. Wenn ich aus unserem Versteck luge, sehe ich das Haus, und sie dreht ab, um es zu betreten. Seine Außenwände sind fensterlos, abweisend, aber die Fassade von etlichen Lampen erhellt. Ein Gitter geht im Torbogen auf, und eine zweite Person erscheint.

»Da bist du ja.«

»O Mama! Ihr sollt doch nicht auf die Straße kommen! Und bitte sprecht nicht so laut ...« Es ist Alfonsas Stimme, zweifellos. Und jetzt wird mir auch klar, wo wir sind. Das Gebäude ist der Kerker. Ortolana und ich stehen in einem Wächterhäuschen.

»Ist doch egal«, sagt Alfonsas Mutter, ohne die Stimme zu senken. »Draußen oder drinnen – ich werde doch wohl mein großes Mädchen begrüßen dürfen. Deine Schwestern haben eine Überraschung für dich vorbereitet. Hab etwas Geduld, gleich rufen sie uns hinein. Wie geht es dir, meine Kleine?«

»Mama, so viel ist passiert! Schwester Beatrice ist verschwunden, mitten in der Beichte. Ich habe gehört, wie Bruder Abramo Schwester Arcangela erzählte, dass sie *von Teufeln fortgetragen* wurde. Ist so etwas wirklich möglich, Mama? Ich will nicht fortgetragen werden, aber manchmal begehe ich große Sünden, und vorhin sind zwei Gestalten hinter mir gegangen, und ich hatte Angst, dass sie ...«

»Ruhig, Kind, ganz ruhig! Reg dich nicht so auf!«

»Schwester Beatrice ist doch nicht hier, oder, Mama? Meine Mitschwestern haben mir versichert, das mit den Teufeln stimmt nicht, sondern dass Bruder Abramo sie festgenommen hat.«

»Die kleine Stelleri? Nein, nur ...«

»Mutter Chiara? Ist sie hier?«

Eine Pause. Dann: »Ja.« Und dann in einem grimmigeren Ton: »Obwohl ich finde, dass der Kerl hinter Gitter gehört – nicht sie.«

»Nicht, Mama! Wie könnt Ihr so etwas sagen? Wir alle haben innig dafür gebetet, dass sie das Licht Gottvaters wiederfindet.«

»Das kannst du getrost Bruder Abramo überlassen. Er arbeitet seit Stunden daran.«

»Er ist hier?« Alfonsa muss japsen. »Ich hatte so ein Glück, dass ich gestern das heilige Sakrament von ihm selbst empfangen durfte, und noch nie habe ich mich Gottes Sohn näher gefühlt. Er ist wirklich ein ...«

Eine Handglocke klingelt.

»Lass uns lieber nicht darüber sprechen, was er ist und was nicht«, sagt Alfonsas Mutter. »Sie sind bereit.«

Zusammen gehen sie durch den Torbogen, und ein Trio piepsiger Stimmen stimmt ein Lied über den Himmlischen Bräutigam an, begleitet von einer heiseren Schalmei. Meine Nase zuckt. Die feuchte Nachtluft trägt den Duft von Puddingtörtchen durch die Straße.

»Endlich«, murmelt Ortolana. »Jetzt Beeilung. Giulia wird schon ganz unruhig sein.«

Sie macht ein Dutzend Schritte, bevor sie merkt, dass ich nicht mitgekommen bin. Sie kommt zurück, nimmt meinen Arm und will mich weiter durch die Straße ziehen.

»Mutig voran, Beatrice«, sagt sie. »Gleich hast du es geschafft.«

»Er ist da drinnen.«

»Ich weiß, Beatrice. Ich habe dasselbe gehört wie du.«

»Er ist bei ihr.«

»Beatrice …«

»Wir können sie nicht allein lassen.«

»Und was, glaubst du, können wir? Er ist in ihrer Zelle und …«

»Umso wichtiger, dass wir …«

»Beatrice, er ist nicht der einzige Mann da drinnen. Der Kerker hat Wächter, mindestens ein Dutzend.«

»Es ist eine besondere Nacht. Alle werden drinnen sein.«

»Nein, Beatrice, wir gehen nicht hinein.«

»Ich schon.«

»Das lasse ich nicht zu.«

»Ihr könnt mich nicht aufhalten«, sage ich und reiße mich von ihr los.

»Warte!«

»Nein.«

»Ich meine: Warte auf mich.«

»Ihr kommt mit?«

Sie schnaubt wütend. »Natürlich, Dummchen.«

Wir eilen durch den Torbogen, und für ein kurzes Stück sind wir hell beleuchtet, bevor wir in den Innenhof gelangen. Wir tasten uns nach rechts, ducken uns hinter ein Regenfass und erkunden das Terrain. In der Mitte des Innenhofs steht eine einsame Feuerschale, die wenig Licht verbreitet. Zu unserer Linken gedämpfte Stimmen, gelöstes Lachen. Licht scheint durch Türritzen. Ein Ständer für Schwerter, Stiefel vor der Tür. Es muss der Aufenthaltsraum der Wächter sein. Von rechts kommt unmelodischer Gesang, also ist dort die Wohnung von Alfonsas Familie. Wo die Küche liegt, können wir riechen. Ein Stück weiter verglühen Kohlen in der Schmiede von Alfonsas Vater. Wo sich die Zellen befinden, kann ich nur raten. Vielleicht an der hinteren Seite des Innenhofs.

»Was hast du jetzt vor?«, flüstert Ortolana.

Es ist eine ernst gemeinte Frage, kein Hohn.

»Wenn wir herausgefunden haben, wo Chiara ist, könnte eine von uns Abramo ablenken, und dann …« Ich breche ab und weiß nicht weiter. Es ist praktisch unmöglich. Ich will mich geschlagen geben, als der Gesang verstummt. Lauter Applaus. Ein Mann sagt: »Nein, nein. Setz dich an meinen Platz, Tochter. Ich muss schon sagen …«, zwei schmatzende Küsse, »es ist schön, dich wieder zu Hause zu haben. Und nun, Mano, wo bleiben deine wunderbaren Törtchen?«

»In der Küche. Sie kühlen noch ab, ihr Vielfraße.«

Eine Tür wird geöffnet. Wir sehen die Silhouette von Alfonsas Mutter, die Laterne ihrer Tochter in der Hand, dann schließt sie die Tür hinter sich. Sie kommt uns sehr nahe. Zehn Schritte, nicht mehr. Neben mir fängt Ortolana an zu summen. Ich packe sie am Arm, damit sie aufhört. Sie muss den Verstand verloren haben. Aber sie hört nicht auf. Die Frau hebt ihre Laterne an und kommt auf uns zu.

»Wer da?«, fragt sie leise. Ihr Lichtkegel erfasst uns. »Schwestern! Oh, Signora Stelleri!« Ich fürchte, sie schreit gleich los, läuft zu ihrem Gatten oder hämmert an die Tür des Wachzimmers, aber sie berührt nur Ortolanas Hand und sagt: »Es hat also funktioniert. Sie haben Euch frei bekommen. Da bin ich aber froh.«

»Danke, Emanuela, leider haben wir keine Zeit. Nur eine Frage: Wollt Ihr Mutter Chiara helfen?«

Schweigen. Dann: »Ja ... ja.«

»Wir müssen Abramo aus ihrer Zelle locken. Könnt Ihr das übernehmen?«

»Ja, aber wie?«, sagt sie zaghaft. »Ich könnte ihn zu unseren Törtchen einladen.«

»Ich weiß, wie«, flüstere ich. »Stellt Euch in die Mitte des Innenhofs, neben die Feuerschale, und dann schreit, wie Ihr noch nie im Leben geschrien habt. Sagt, Ihr hättet Dämonen gesehen, Teufel – eine gefiederte Harpye, ein vielbeiniges, behaartes Untier, einen Riesen, einen monströsen Riesen ... Höllengetier! Sie alle treiben ihr Unwesen in den Straßen. Das wird ihn mobilisieren.«

»Das stimmt«, sagt Ortolana. »Perfekt. Schafft Ihr das, Manu?«

»Ja, ja ...«, sagt sie.

Ortolana nimmt ihren Arm. »Gibt es einen anderen Ausgang als den Torbogen?«

»Ja, durch die Schmiede.« Sie zeigt in die Richtung. »Es gibt eine Tür zur Straße.«

»Abgeriegelt?«

»Nein. Nur zwei Riegel auf dieser Seite. Ich gehe dann ...« Schnell entfernt sie sich und macht so viel Krach, wie sie kann.

»Manuella, Weib! Wo bleibt Ihr?« Ihr Gatte steht an der offenen Wohnungstür. Er ist groß und stark, trägt einen Vollbart und blinzelt in die Dunkelheit. »Unsere Mädels haben Hunger!«

»Komme schon«, ruft sie. »Habt ihr auf dem Tisch Platz gemacht? Nein, habt ihr noch nicht!«

Er schlägt sich an die Stirn und geht wieder hinein.

Emanuela kehrt aus der Dunkelheit zurück und wirft mir etwas Schweres in die Hände. »Werkzeug«, flüstert sie. »Für ihre Ketten. Sie sitzt in einer der oberen Zellen. Die zweite von der hinteren Ecke aus. Ihr werdet seine Lampe sehen. Beeilt Euch. Ihr habt nicht viel Zeit bis zum Nachtgeläut.« Laut sagt sie: »Also dann, wer hat Hunger?« Dann kehrt sie zu ihrer Familie zurück, die Törtchen auf einem Tablett vor sich her tragend.

So schnell wir uns trauen, tasten wir uns rechts herum im Innenhof entlang: an der Küche und der Schmiede vorbei. An der Ecke bleiben wir einen Augenblick stehen, und ein paar Tropfen fallen uns von der Abflussrinne auf den Kopf. Ein säuerlicher Gestank steigt auf – Exkremente, Fäulnis. Wir müssen vor einem Schacht stehen, der Luft und Licht zu den Gefangenen in der Tiefe leitet.

Chiaras Zelle kann ich jetzt deutlich erkennen, ein kleines vergittertes Fenster, aus dem ein schwacher orangefarbener Lichtschein kommt. Dann und wann schiebt sich etwas vor das Licht. Abramo, nehme ich an, der auf und ab geht. Ich zwinge mich, ruhiger und leiser zu atmen, und dann kann ich sogar seine Stimme hören, seinen tiefen, rhythmischen Singsang.

Während wir dastehen und warten, taste ich nach dem Buch. Ich habe mich an seine Stimme gewöhnt, ob sie kaum hörbar flüstert oder brüllt, aber heute ist sie stumm geblieben – bis zu diesem Moment. Jetzt kann ich sie hören. Sie grummelt und brummt, als erwachte ein sehr großes Wesen.

Emanuelas Schreie gellen durch die Nacht.

Sie macht ihre Sache gut. Sie schreit und schreit und wirbelt umher, und als sie Luft holt, um die nächste Salve loszulassen, geht die Zellentür klirrend auf. Ortolana greift nach meiner Hand. Unser Plan funktioniert! Abramo kommt heraus.

»Was gibt es? Was geht da vor?«

Emanuela läuft auf ihn zu, so schnell sie kann. Ich sehe das schwarze Loch ihres Munds, ihre dunklen Augenhöhlen, ihre wedelnden Hände – das Ebenbild einer Frau, die von einer überirdischen Macht besessen ist. Sie packt seinen Arm, gräbt den Kopf in seiner Schulter und schreit heraus, dass sie dem Himmel für

Abramos Gegenwart dankt. Dann zerrt sie ihn in Richtung Torbogen und schluchzt: »Ich habe sie gesehen! Oh, oh, oh! Sie angefleht, mich zu verschonen. Das Böse, das Böse! Rettet uns, Bruder, rettet uns!«

Inzwischen huschen wir schnell zur offenen Zellentür.

Auf den Anblick, der sich uns bietet, bin ich nicht vorbereitet. Ich dachte, Chiara würde aussehen wie immer, aber die tagelange Isolation und Demütigung haben ihr zugesetzt und sie wirkt klein und schwach. Ich will es nicht wahrhaben, aber es ist so. Ihr Gesicht wird von Abramos Lampe angeleuchtet, und ich sehe, dass sie versucht, sich die Anspannung nicht anmerken zu lassen, zu lächeln und uns auf die gewohnte Weise zu begrüßen, als wären wir die Angeketteten, nicht sie.

Im Gegensatz zu mir hat Ortolana ihre fünf Sinne beisammen. Sie nimmt mir den Bolzenschneider ab und eilt an die Rückwand, wo die Kette an einer Strebe festgemacht ist. Ich höre sie schnauben, dann ein metallener Klang. Mit dem nächsten Schnauben spaltet sie Chiaras Handfesseln. Ich erhole mich von meinem Schreck und gehe schnell auf Chiara zu, um ihre Hand zu nehmen und zu sagen, dass wir uns aus dem Staub machen müssen, aber in meiner Eile stolpere ich über etwas, einen Spalt im steinernen Fußboden, und falle ihr beinahe vor die Füße.

Draußen im Innenhof schreit jetzt auch Alfonsa: »Ich sehe sie! Ich sehe sie! Da, da, in der Dunkelheit!« Ihre verängstigten Schwestern weinen und schluchzen. Ihre Mutter wehklagt immer noch wie eine Besessene. Die Stimmen der Wächter kommen hinzu, das Getrampel ihrer Stiefel. Ein unbeschreiblicher Lärm.

Ortolana geht zur Tür und späht nach draußen. Dann kommt sie zurück und streckt eine Hand aus. »Kommt, Mutter Chiara, das ist unsere Chance. Wir können aus der Stadt fliehen. Aber …«, Besorgnis schleicht sich in ihre Stimme, »seid Ihr verletzt? Könnt Ihr aufstehen?«

»Nein, meine Liebe.« Chiara lächelt reuevoll. »Ich fürchte, das kann ich nicht.«

»Hat er Euch wehgetan? Hat er gewagt, Euch zu ...«

»Nein, nein. Ihr meint es gut und seid sehr mutig, aber es gibt nur einen Ort, wohin ich gehe, und das ist mein Kloster.«

Ich nehme ihre Hand und versuche, sie hochzuziehen. »Bitte«, sage ich. »Bitte! Morgen wird er Euch zwingen, eine öffentliche Beichte abzulegen.«

»Das hat er mir gesagt.« Sie kichert, als hätte ich sie erheitert. »Ich muss auf eine Bühne klettern. Die Menschen werden sich die Kehlen aus dem Leib brüllen, Dinge nach mir werfen. Ich werde es überleben, Beatrice.«

»Aber dabei wird es nicht bleiben«, sagt Ortolana, die jetzt neben ihr steht. »Wenn er Euch nur kleinkriegen kann, wenn er Euch körperlichen Schaden zufügen darf, wird er es tun. Das wisst Ihr. Er wird sich von der Kurie eine Genehmigung zur Folter holen. Dann wird er Euren Körper bearbeiten, bis Ihr sagt, was er hören will.«

»Mein Körper! Jahre- und jahrelang habe ich ihn ignoriert, gehasst und ihm Schmerzen zugefügt – alles zum Lobe des Herrn. Nein, meine Lieben, er kann mir nichts antun, was ich mir nicht schon längst selbst angetan habe.« Sie nimmt unsere Hände. »Lasst mich Euch sagen, wie sehr ich mich freue, Euch zusammen zu sehen.«

»Mutter Chiara.« Ortolana weint beinahe vor Enttäuschung. »Steht auf, bitte!«

»Ich kann nicht.«

»Ihr könnt. Ihr müsst.«

»Nein, ich *kann nicht*. Die Mutter will, dass ich bleibe.«

Der Spalt im Fußboden. Ich lasse ihre Hand los. Eine Wurzel, dick wie ein Arm, verschwindet im Fußboden, und der Stein darum herum reißt auf. Chiara bleibt auf ihrem Stuhl sitzen, die Füße unter ihrem Gewand versteckt.

Chiara lächelt. »Ich kann nicht kämpfen und ich werde mich nicht verstecken, also muss ich leiden. Was immer kommen mag – ich werde es aushalten. Geht jetzt, bevor es zu spät ist.«

Plötzlich springt Ortolana auf und tritt die Lampe um. »Sie kommen.«

»Chiara«, keuche ich, »wir müssen …«

»Zu spät«, sagt sie.

Ortolana zieht mich aus der Tür. Wir ducken uns in eine Ecke des Innenhofs und sehen schwarze Gestalten in Chiaras Zelle laufen.

»Die Laterne ist aus«, ruft ein Mann.

»Wo ist sie? Wo ist sie?«, brüllt Abramo.

»Ich bin hier, Tonio, keine Sorge«, ruft Chiara. »Obwohl …«

Ich höre Metall auf dem Fußboden rasseln. »Meine Ketten sind zerbrochen. Ich habe um Hilfe gebetet. Jemand hat mich erhört. Wer das wohl war?«

»Ruhe!«, brüllt Abramo.

Dann das Klatschen von Schlägen – Körperteile gegen Körperteile.

Abramo atmet schwer. Dann Chiaras beinahe beiläufige Stimme: »Was sagte der Sohn Gottes über die andere Wange? Genieße es, Tonio. Mehr habe ich Euch nicht zu bieten.«

DIE KRYPTA
Mitten in der Nacht

Ohne Vorwarnung greifen plötzlich Finger aus dem gepflasterten Innenhof nach meinem Knöchel. Ich schnappe nach Luft, schreie beinahe auf und ziehe meinen Fuß heraus.

»Wer da?« Eine unterirdische Stimme. Jetzt schreie ich tatsächlich leise auf, drücke mich an die Mauer und kann mich vor Angst nicht bewegen. »Wer da?« Wieder diese Stimme – aber dieses Mal erkenne ich sie.

Tomis! Es ist Tomis.

Ich gehe auf die Knie, krieche über den Boden und finde ein Gitterrost, einen ummauerten, bedeckten Schacht. Unsere Finger berühren sich, aber seine Haut, seine Nägel sind anders als sonst. Rissig und verkrustet, geschwollen und heiß. Meine Zweifel schwinden. Chiara hat recht. Er ist furchtbar misshandelt worden.

»Tomis«, hauche ich. »Was hat er ...«

»Beatrice?«, flüstert er. »Oh, Beatrice! Wie ...? Bitte, im Namen der Mutter, helft mir! Bitte, Beatrice, helft mir!«

Ich will etwas sagen, dass wir es versuchen wollen und uns etwas einfallen lassen, aber Ortolana zieht mich beinahe wütend auf die Füße.

»Wartet«, fange ich an, aber sie legt mir eine Hand auf den Mund, packt mich am Kinn und dreht meinen Kopf zum Torbogen. Dort wimmelt es von dunklen Gestalten, alles Männern. Der Wagemut dieser Nacht verlässt mich, und ich stehe nur noch zitternd und verwirrt da, auch noch, als die Nachtglocke ertönt.

Unsanft zieht Ortolana mich mit, durch die Schmiede und hinaus auf eine düstere enge Straße. Ich bin vollkommen desorientiert und habe keine Ahnung, in welche Richtung wir gehen müssen – aber Ortolana weiß Bescheid. Ohne meine Hand loszulassen, läuft sie los. Ich versuche, mit ihr Schritt zu halten, aber meine Beine sind wie Blei, das Kopfsteinpflaster unwegsam. Meine Sandalen rutschen aus. Ich stolpere und falle hin. Sie zieht mich wieder hoch.

»Wie weit noch?«, keuche ich.

»Gleich die nächste ...«

Vor uns plötzlich zwei schaukelnde Laternen an langen Stangen. Männer. Wir schliddern und bleiben stehen, biegen in eine noch kleinere, dunklere Gasse ein, die uns seitlich und von oben beinahe ganz umschließt. Keuchend bleiben wir stehen und drücken uns mit dem Rücken an eine schleimige Mauer. Mein Gesichtstuch ist verrutscht. Mit zitternden Fingern binde ich es wieder fest. Die Laternen ziehen vorbei, kehren zurück, verharren am Eingang der Gasse.

»Liebe Schwestern.« Stimmen. »Fürchtet Euch nicht!« Männer kommen auf uns zu. Man hat uns gesehen. Ich kann nicht verstehen, was sie sagen, meine Ohren rauschen vor Angst. Aber Ortolana beginnt zu sprechen. Immer noch hält sie mich bei der Hand. Sie bezeichnet die Männer als Retter, als Samariter, und nach und nach begreife ich, dass sie von Giulias Haus kommen, um uns zu finden und zu helfen.

Wir gehen weiter, rennen nicht mehr, schreiten aber zügig voran, flankiert von den Männern, geleitet von ihren Laternen. Mein Atem normalisiert sich, und ich schaue die Männer verstohlen an. Wieder keimt Hoffnung in mir auf. Sie sehen wie Hausdiener aus, ein gepflegter rundlicher Haushofmeister, ein bartloser Laufbursche, ein drahtiger Stallknecht, ein Schreiber, der ein Bein nachzieht. Wir biegen links ab, dann rechts, wieder links – und dann steht es da, das Haus, das wir gesucht haben. Es ist nicht mehr weit, sage ich mir, nicht mehr weit.

Aber dann erscheinen in einer Kreuzung zwischen uns und unserem Zufluchtsort Lichter. Unsere Begleiter verlangsamen ihre Schritte. *Schneller, schneller, schneller*, beschwöre ich sie stumm. Die Lichter kommen näher, ein Dutzend Männer, alle in schmutzigweißen Umhängen, mit Fackeln, Hirtenstäben und Knüppeln. Einer tritt vor und stellt sich uns in den Weg. Er ist groß, hat buschige Augenbrauen und eine gebrochene Nase.

»Seid gegrüßt, Brüder«, sagt er. »Es ist verboten, durch die Straßen zu gehen.«

»Du gehst ja auch durch die Straßen, Kumpel«, schnaubt der Stallknecht, aber so leise, dass der andere es nicht hören kann.

Der Haushofmeister sagt höflich: »Diese Schwestern hier wurden von den Unruhen aufgeschreckt und baten um Hilfe. Natürlich war es uns eine Ehre, sie zu …«

»Schon gut«, sagt der große Mann. »Erspart mir Eure Aufgeschrecktheit und Eure Ehre. Macht, dass Ihr nach Hause kommt, und poliert Eure Töpfe. Wir übernehmen die Schwestern.«

»Sind sie hier draußen denn sicher? Unsere Herrin kann sie aufnehmen, bis sich die Lage beruhigt hat«, versucht unser tapferer Freund es noch einmal.

»Ich sagte …«, drohend kommt der Große weiter auf uns zu, »… wir übernehmen sie.«

»Mit welchem Recht?«, fragt unser Freund, zieht sich aber bereits zurück.

»Was wollt Ihr, hä? Wollt Ihr die Frauen für Euch haben? Gefallen sie Euch? Was seid Ihr für ein Schwein!« Der Mann lacht, zufrieden mit sich, und versetzt dem Haushofmeister einen Stoß – spielerisch, aber drohend zugleich. »Nein, dafür seid Ihr nicht der Typ.« Er dreht sich zu seinen Mitbrüdern um, um zu sehen, ob sie ihn auch so geistreich finden wie er sich selbst. Doch als er sich wieder zu uns umdreht, wirkt er gar nicht mehr belustigt. »Seid Ihr immer noch da?«, sagt er und hebt seinen Hirtenstab an.

Ich schließe die Augen, bevor er zuschlägt, aber ich höre es, jeden einzelnen Schlag. Als ich wieder hinzuschauen wage, liegt der Haushofmeister am Boden, stöhnt und blutet aus dem Mund. Dann steht er mühsam auf. Er und seine Freunde ergreifen die Flucht. Ich kann es ihnen nicht verdenken. Ich wünschte, auch ich könnte entkommen.

Der Große kommt näher. Er verbeugt sich tief, und mir dreht sich der Magen um. Er schlägt ein Kreuz, küsst seine Fingerspitzen und sagt: »Dunkle Mächte treiben in dieser Nacht ihr Unwesen. Der heilige Bruder will, dass wir Euch heilige Schwestern in Sicherheit bringen. Diese Schlange – verzeiht meine Ausdrucksweise –, die Ihr Mutter Oberin nennt, braut etwas Teuflisches zusammen. Seid gute Mädchen und folgt uns.«

Natürlich können wir uns nicht weigern.

Die Männer begleiten uns zum Kloster zurück und sammeln unterwegs noch andere Mitschwestern ein. Wir lassen die Straßen der Stadt hinter uns, und als wir die Felder erreichen, sind mehr als zwanzig Schwestern beisammen. Ich hoffe, dass die Menge uns ein wenig Sicherheit verschafft. Inzwischen laufen Jugendliche neben uns her, rufen uns Anzügliches und Verächtliches zu und werden nur frecher, wenn die Lämmer sie zurechtweisen.

Wie sehen wir unter unseren Roben aus? Würde uns eine Behandlung mit ihren *bastoni*, ihren *pipi* – ach, so viele Wörter für ein und dasselbe! – nicht guttun? Wissen wir eigentlich, was sie mit Chiara tun wollen, mit den Stelleri-Frauen, der ehrenwerten Silvia? Mit jeder verfluchten Hure, die nicht weiß, was sich gehört? Wir lassen alles mit ersticktem Schweigen über uns ergehen, drängen uns enger zusammen, voller Angst davor, die Burschen könnten ihren Worten Taten folgen lassen.

Vor uns wird das Tor geöffnet, und zwei vertraute Gestalten – Hildegard und Poggio – zeichnen sich vor dem orangefarbenen Schein der Feuerschalen ab. Wir alle beschleunigen unsere Schritte, Ortolana und ich genau wie alle anderen. Doch dann erscheint eine andere Silhouette – Arcangela. Im Feuerschein sehe ich, dass sie etwas in der Hand hält: ein Blatt Papier. Ihre Liste, ihre kostbare Liste. Sie wird vergleichen, wer darauf steht und wer hereinkommt. Eine Katastrophe: die Lämmer, die johlenden Burschen und Schwester Arcangela. Es gibt keine Flucht nach vorn, keine zurück.

Meine Mitschwestern rennen jetzt beinahe, wie verschreckte Küken laufen sie in ihrem Stall. Ich schlängele mich nach hinten, bis ich die Vorletzte bin. Ortolana ist kurz hinter mir. Ich bin drauf und dran, wegzulaufen, aber sie hält mich an der Schulter fest und flüstert: »Ruhig, ganz ruhig!«

Hildegard ist ein paar Schritte vors Tor getreten, als wollte sie ihre Mitschwestern mit ihrem massigen Körper schützen, und die Burschen verlagern ihr Interesse auf sie. Womit, fragen sie, hat sie Gottvater so erzürnt, dass er sie mit so einem Gesicht bestraft hat? Ist sie ein fratzenhafter Wasserspeier, der von der Kapelle abgebrochen ist? Sie schnalzen mit den Zungen und schwingen anzüglich die Hüften. Dabei ächzen, stöhnen und grunzen sie. Ich bin mir sicher, dass unsere unerschrockene Hildegard sie ihrerseits beschimpfen wird, aber sie bleibt ganz ruhig, und das macht mir nur noch mehr Angst.

Arcangela hat angefangen, meine Mitschwestern durchs Tor zu scheuchen, so schnell sie registrieren kann, wer sie sind, aber als Alfonsa an der Reihe ist, kommt alles ins Stocken. Das Mädchen wirft sich an Arcangela, brabbelt etwas von Dämonen, Teufeln, Monstern, und Arcangela kann sie weder zum Schweigen noch zum Weitergehen bewegen. Meine Angst wird unerträglich und möglicherweise entfährt mir ein erstickter Schrei, denn die Frau vor mir dreht sich um, nimmt meine Hand und sagt: »Vertraut auf Gottvater, Schwester. Dieser Albtraum wird bald enden.«

Ich erkenne Prudenzias Stimme und entziehe ihr erschrocken meine Hand – ein Fehler, denn jetzt fühle ich mich noch verlassener.

»Ich bin's, Prudenzia«, sagt sie, kommt näher und zieht ihr Gesichtstuch zur Seite. Ich atme schwer, zu schnell und zu tief. Sie nimmt meinen Kopf zwischen die Hände und sagt: »Ihr erstickt ja, Schwester. Lasst mich ...«

Ich schlage ihre Hände weg und stoße Prudenzia mit so viel Kraft fort, dass ich selbst ins Stolpern komme und auf Alfonsa falle. Sie schreit auf: »Das Monster! Es greift mich an!«

Prudenzia hat sich schnell gesammelt, kommt auf mich zu, reißt mir das Gesichtstuch ab und packt meinen Arm. »Es ist Beatrice!«, ruft sie laut. »Schwester Beatrice ist zurück!« Doch im nächsten Moment schreit sie auf und lässt mich los. Jemand – meine Mutter! – hat sie gerammt und zu Boden geworfen.

Arcangela kommt herbeigesprungen. »Aufhören! Aufhören!« Dann erkennt sie, mit wem sie es zu tun hat, und ruft: »Die Witwe Stelleri! Schnell! Ergreift sie!« Jemand hinterm Tor tritt die Feuerschale um – ob versehentlich oder absichtlich.

In der plötzlichen Dunkelheit höre ich meine Mutter rufen: »Lauf, Kind! Lauf!« Und das tue ich. Ich ducke mich zur Seite, auf eine Nische hinter dem Tor zu. Unter meinen Füßen die nun verstreut herumliegenden glühenden Kohlen, sodass ich schreien möchte, aber ich beherrsche mich und drücke mich in all dem Geschrei und Durcheinander nach ganz hinten im Pulk meiner Mitschwestern.

Von dort sehe ich die Lämmer durchs Tor kommen. Zwei stürzen sich auf Ortolana, aber sie kämpft, windet sich, beißt und tritt um sich. Ich wünsche, sie würde sich losreißen, dass ihr Flügel wachsen und sie sich mit mächtigen Schwingen in Sicherheit bringen kann. Aber ein Hirtenstab landet schwer auf ihrem Kopf, und sie bewegt sich nicht mehr. »Nein!«, schreie ich auf, aber meine Stimme geht im Geschrei meiner Mitschwestern unter. Hilflos muss ich zuschauen, wie Ortolana weggetragen wird. Sie ist festgenommen, ich bin vorübergehend sicher. Aber ich habe keine Zeit für Trauer oder Dankbarkeit.

Die Lämmer vertreiben die johlende Menge, drängen mit ihren Fackeln jetzt selbst ans Tor und verlangen Zutritt. »Die Stelleri *bastarda*!«, rufen sie. »Sie war hier! Sie ist ins Kloster geflohen.«

Arcangela versucht, sie aufzuhalten, spricht in der Dunkelheit von Übergriffen, Unschicklichkeit – aber die Lämmer beachten sie nicht. Sie zieht sich zurück, bittet die Männer, Bruder Abramo herbeizurufen, den Erzbischof, irgendjemanden, der Gottvater zu Recht repräsentiert. Der große, bärtige Mann betrachtet sie schon seit einer Weile ganz lüstern. Jetzt lacht er und sagt: »Wir sind also nicht gut genug für Euch, was?«

Doch nun schreitet Hildegard ein. Sie zieht Arcangela hinter sich und sagt zu den Männern: »Ihr habt die heilige Schwester gehört. Es ist spät und dunkel. Ihr kommt hier nicht herein.«

Das gefällt ihm nicht. Er tritt vor, aber Hildegard weicht nicht zurück. Er will um sie herumgehen, doch sie folgt seinen Bewegungen. Ich kann sein ungläubiges, ungehaltenes Gesicht sehen. Er hebt den Hirtenstab, aber sie weicht immer noch nicht zurück. Sie steht mit dem Rücken zu uns und scheint immer größer und massiger zu werden. Sie lässt die Schultern sinken und schwingt die Arme. Beugt die Knie. Dann schnellt ihr rechter Arm vor. Etwas leuchtet im Fackelschein auf – unverwechselbar, unvergesslich. Der Glanz fünf gebogener Klauen.

Der Mann heult auf, lässt den Hirtenstab fallen, fasst sich ans Gesicht und taumelt rückwärts, bis er mit seinen Mitbrüdern zusammenstößt. In diesem Durcheinander – der Mann brüllt vor Schmerz, die anderen fragen, was, zum Teufel, diese verhunzte Gestalt vorhat – bündeln meine Mitschwestern ihre Kräfte und hieven das Tor zu. Ich höre den Riegel einrasten. Ich löse mich ein Stück weit aus der Menge und halte nach Diana, Tamara, Timofea, irgendeiner Freundin Ausschau, die immer noch bereit ist, mich zu verstecken.

Aber schon erteilt Arcangela den Befehl, in der Kapelle Schutz zu suchen, und alle beeilen sich, ihr zu gehorchen. Einen Moment lang erwäge ich, mich aus dem Gedränge meiner Mitschwestern zu befreien, aber ich fürchte, dann entdeckt zu werden. Als wir die Kapelle betreten, fegt ein Regenschauer über die städtischen Felder, und der damit einhergehende Wind bläst unsere einzige

Kerze aus. Laut beklagen meine Mitschwestern die plötzliche Dunkelheit und das Gedrängel derjenigen, die noch in die Kapelle strömen. Tamara ruft, dass sie zur Küche laufen und Licht holen will, aber in der Zwischenzeit mögen sich alle doch bitte, bitte beruhigen.

Ich befreie mich aus dem Gewühl, trete zur Seite und drücke mich an die Wand. War die Rückwand nicht immer die dunkelste Stelle? Nein. Es gibt hier eine noch dunklere.

Fieberhaft taste ich mich an den kalten Steinen zum gemauerten Torbogen vor und kann den Atem der Krypta unter mir bereits spüren. Dort erwartet mich Dunkelheit, tiefe, undurchdringliche Dunkelheit.

Ich bitte die Mutter:

>Führe
>
>>mich
>>
>>>hinunter.

Eine Weile lang kann ich nicht klar denken. Dunkelheit und Lärm ist alles, was ich wahrnehme. Doch langsam wird mir bewusst, dass Finger meine Schläfen, meine Wangen, meine Lippen abtasten. Ich fürchte, ihr Motiv könnte Hunger sein, Bosheit. Ich beiße hinein und spüre den Schmerz. Es ist mein Schmerz, es sind meine Schmerzen. Ich bin ich.

An das erste Mal, als ich mich verwandelt habe, habe ich fast keine Erinnerung. An das zweite Mal, als ich in Dianas Zimmer aufgestiegen bin, habe ich vage Erinnerungen. Jetzt, beim dritten Mal, ist mir mehr bewusst. Ein enormer Schlund tat sich auf, enorme Türme wuchsen neben mir in die Höhe. Enorme Winde zerrten an meinen Armen und Beinen, und die Erde donnerte und bebte. Ich habe Taue um mich gewickelt, um nicht fortgetragen zu werden, bis ich einen Klippenrand erreichte und in einen Abgrund starrte. Dann ging es abwärts, abwärts, abwärts ...

Dahin, wo ich jetzt bin.

Ich bin verloren. Verloren in der Dunkelheit der Krypta, während über mir ein Sturm tobt. Regen prasselt und gurgelt. Scharniere rasseln. Klinken knallen. Böse Geräusche. Näher und bedrohlicher ist mir aber das Wehklagen meiner Mitschwestern. Verängstigte Frauen, ein Frühlingssturm und ein spitzes *Klack-klack-klack* – meine Zähne, die heftiger denn je klappern. Ich zittere am ganzen Körper. Flusswasser, kalte nächtliche Straßen, Angstschweiß ...

Verzweifelt klammere ich mich an die Vergangenheit, zwinge mich, zurückzudenken, taste mich langsam Schritt für Schritt zurück. Ich habe versucht, das Kloster zu verlassen. Das habe ich doch, oder? Ja, ich wollte fliehen. Das Buch in Sicherheit bringen. Chiara retten. Und damit uns alle. Aber ich habe versagt. Natürlich habe ich versagt. Ich wusste es schon, als ich mich auf den Weg machte. Ich wusste es – oder? Ich wusste, dass es nichts war, das ich – Schwester Beatrice, die Bibliotheksschwester – schaffen konnte. Alles, was dabei herauskam, war, dass ich meine Mitschwestern in die Sache verwickelt habe, genauso wie eine Spinne hilflose Fliegen in ihr Netz lockt. Ganz egoistisch habe ich dieses Netz gewebt, meinen Ehrgeiz die Oberhand gewinnen lassen, meine Wünsche. Und sie – sie müssen es jetzt büßen.

Was soll ich jetzt tun? Was *kann* ich jetzt tun?

Als Persephone aus dem Sonnenlicht verschwand, von Hades gezwungen, bei ihm in der Unterwelt zu leben, hat Demeter so lange die Erde verwüstet, bis diese ihre Tochter wieder ausspuckte. Ich weiß – ja, ich weiß jetzt –, was meine Mutter für mich zu tun bereit ist. Wenn sie kann. Aber sie kann nicht mehr. Sie ist angekettet, des bin ich mir gewiss, und ihr wird großes Leid angetan. Und ich bin allein. Niemand wird kommen, um mich zu retten. Ich werde hier unten sterben ...

Oder nicht. Die Steine sind feucht. Winziges Getier kriecht umher. Wenn ich mich darauf einlasse, könnte ich auf die Jagd gehen – essen, trinken. Aber wieder muss ich an Persephone denken – die

Granatapfelkerne, die sie in der Unterwelt aß und die in ihren Zähnen stecken blieben, sie dazu verdammten, die Hälfte jedes Jahrs dort unten zu leben. Davor habe ich Angst. Ich fürchte, für immer hierbleiben zu müssen. Für immer und ewig von Angst beherrscht zu bleiben – nichts als Haut und Knochen. Zu dem zu werden, was ich bin. Ein Wesen, das sich versteckt und ungesehen umherschleicht. Aber ich fühle mich getrieben. Ich spüre es. Ich werde weich, gebe nach ...

Das Buch. Schlag das Buch auf! Du wirst ihre Stimme hören. Die Stimmen aller, die es beherrschen. Die deiner Mutter, die Chiaras ...

Mit steifen Fingern wickele ich das Öltuch ab, und das Buch fällt mir in den Schoß. Es ist in klebrige Fäden gewickelt. Ich wische sie fort, aber sie verdichten sich und dringen in meine Haare ein, meine Nase, meine Augen. Ich will sie abreißen, aber es werden immer mehr. Ich kämpfe, schwitze, nehme meine ganze Kraft zusammen und – reiße das Buch auf. Hunderte winziger Partikel fliegen aus den Seiten, setzen sich auf meine Hände, kriechen in meinen Ärmeln hoch, meinen Hals hinab. Schrecklich, ganz schrecklich – und doch ...

Ich höre Chiaras Stimme. Einen Herzschlag lang jubiliere ich innerlich, doch ... nein. Sie sucht die Schuld bei sich. Kauert am Boden. Rührt und regt sich nicht. Sie ist verzweifelt und hat Schmerzen. Große Schmerzen. Sie sucht die Schuld bei sich. Nein, schreie ich, Ihr habt nichts Falsches getan! Nicht Ihr! Dann verschwimmt ihre Stimme mit der meiner Mutter. Sie trägt eine Kapuze, hat Wunden, ist angekettet. Auch sie sucht die Schuld bei sich. Nein, rufe ich, nein! Ihr habt getan, was Ihr tun musstet! Ihr habt keine Schuld! Nein! Ich schluchze, weine, ihretwegen, meinetwegen, wegen mutterloser Jahre, wegen der Toten, wegen allem, ihretwegen, meinetwegen, ihretwegen.

Dann über mir großer Lärm. Das Geräusch von Wind, der in eine offene Tür weht, dann schlägt die Tür krachend zu. Wütende Schritte den ganzen Mittelgang der Kapelle entlang.

»Wo ist sie? Wo ist sie?« Abramos Stimme, verzerrt vor Bosheit. »Zwei Frauen habe ich. Wo ist die dritte?« Drohungen. Übel und ungeheuerlich. »Wo ist sie? Gebt sie heraus, sonst ...«

Unbändige, manische Freude durchflutet mich. Ich kann sie retten. Ich! Ich kann mich ihm ausliefern. Ich kann ihm geben, was er will. Mich und das Buch. Das Buch und mich. Alles, was sein Herz begehrt. Ich rufe:

Nehmt es! Nehmt mich!

Jedenfalls will ich das sagen, aber ich habe keine Stimme mehr. Nur das Buch hat eine, und die spricht lauter und lauter. Es ist das Einzige, was bleibt.

DAS GEWAND
Freitag

⚭

Mein Verstand und meine Sinne werden wieder eins. Ich befinde mich in einem kleinen, sehr hellen Zimmer. Das Spital. Ich bin im Spital. Rechts von mir die Tür. In dem Bett links von mir liegt jemand und schläft. Ich kann das Gesicht nicht sehen, aber die Haare – Diana. Vor unseren Betten hat jemand die Fensterläden geöffnet. Ich sehe Vögel fliegen, Schwalben vielleicht oder ein Mauersegler, jedenfalls eine Art, die einfach nur vor lauter Lebensfreude fliegt. Einen Moment lang fühle ich mich erleichtert, denn ich bin nicht mehr in der Krypta, doch gleich darauf packt mich wieder die Angst. Was ist passiert? Ich versuche, mich aufzusetzen, aber mir wird schwindelig, und ich lege mich wieder hin. Ich fasse mir an den Kopf, er ist bandagiert. Dann eine Stimme jenseits der Tür.

»Alles ist bereit. Sie ist aufgewacht.« Seine Stimme.

»Nein, Bruder.« Arcangelas. »Man hat ihr eine zweite Dosis gegeben, damit sie nicht wieder einen Anfall bekommt.«

»Nun gut. Dann treffen wir uns um zwölf.«

»Bruder Abramo?«, ruft sie.

»Ja? Macht schnell. Ich bin in Eile.«

»Warum darf Mutter Chiara …« Arcangela verstummt und schnappt nach Luft.

»Ihr stellt meine Anweisungen infrage?« Dann höre ich lange nichts, bis er sagt: »Gottvater hat Euch mit großer Schönheit geschlagen, nicht wahr? Ich weiß, wie sehr Euch daran liegt, sie zu verbergen. Ihr rasiert Euch den Kopf, nehmt ständig ab und schindet Euren Körper. Ihr glaubt, ganz bescheiden daherzukommen, aber mich könnt Ihr nicht täuschen.« Offenbar will sie etwas erwidern, denn er fährt sie an: »Ruhe! Ihr stellt Euren Gehorsam zur Schau wie andere Frauen ihre Pelze. Es gibt unscheinbare Vögel, aber die Männchen tanzen trotzdem für sie. Soll ich für Euch tanzen? Hopp-hopp, hopp-hopp. Soll ich meine Flügel ausbreiten und für Euch tanzen?«

»Habt Erbarmen.« Arcangela klingt gekränkt. Sie sagt noch ein paar Worte, spricht aber so leise, dass ich sie nicht verstehen kann. Dann: »Ihr seht mich, wie ich bin.«

»Ach ja?« Abramo klingt jetzt milder.

»Euer Blick ist unbestechlich.« Sie spricht jetzt etwas lauter. »Keiner sonst hat einen so klaren Blick.«

Das folgende Schweigen kann ich nicht deuten, aber es ekelt mich an.

»Am Mittag dann«, sagt er. »Adieu.«

Ich schließe die Augen und erwarte, dass unsere Tür aufgeht und Arcangela hereinkommt, aber nichts passiert. Ich nehme jedoch an, dass sie noch vor der Tür steht, und höre ein Geräusch, als schlüge jemand an die Wand, zwei Mal, drei Mal. Dann Schritte, die sich schnell entfernen.

Wieder versuche ich, mich aufzusetzen. Dieses Mal geht es besser. Ich stelle fest, dass ich ein sauberes Unterkleid trage. Ein Unterkleid, keine Röcke. Keine Röcke – keine Taschen. O nein, mein Buch! Ich taste die Decken ab. Nichts. Ich schlage um mich, will die Decken abwerfen und aufstehen, aber plötzlich beugt sich Diana aus ihrem Bett zu mir herüber und will mich wieder auf die Matratze drücken. Sie nimmt meine Schultern und drückt mich fest an sich.

»Es ist weg, Bea. Weg.«

»Nein, nein!« Ich schlage die Hände vors Gesicht und drücke die Fingerspitzen an meine Schläfen. Ich schäme mich. Aber warum? Ich sollte doch eher wütend oder verzweifelt sein. Warum dann Scham?

»Es tut mir so leid«, sagt sie. »Ich weiß, wie sehr Ihr ...«

Vehement schüttele ich den Kopf. »Nein, das tut Ihr nicht!«

»Es tut mir leid«, wiederholt sie.

»Was ist denn passiert?«, frage ich. »Warum bin ich ...«

»Agatha sagt, ich darf nur hierbleiben, wenn ich Euch nicht aufrege.«

»Das ist doch Unsinn! Was ist passiert?«

Mühsam hieve ich mich hoch, bis ich ganz außer Atem bin. Diana schaut mich nicht mehr an, sondern zur Tür, wo Agatha steht und uns beobachtet, ein Tablett mit einer Schüssel in der Hand. Ich wappne mich für ihren Tadel.

»Kräutertee«, sagt sie, kommt auf mich zu und gibt Diana das Tablett. »Achtet darauf, dass sie ihn austrinkt.« Sie tritt an mein Bett, fühlt meine Stirn, mein Handgelenk und schaut mir in die Augen. »Tut Euch das nicht an, Beatrice. Es nutzt nichts. Er hat schon genug angerichtet.« Sie legt mir kurz die Hand auf den Kopf. »Ihr wart letzte Nacht vollkommen weggetreten. Ich dachte schon, ich würde Euch verlieren, so wie die Frauen, aber glücklicherweise war das nicht der Fall. Dafür bin ich dankbar.«

»Wem?«, frage ich.

»Es reicht«, sagt sie und schüttelt den Kopf. Sie reicht mir die Schüssel. Sie riecht grün, nach Kräutern – gut. Ich puste darauf und beobachte die kleinen Wellen auf dem Tee, bevor ich ein paar Schluck trinke. Agatha nickt und sagt zu Diana: »Keine Aufregung, das meine ich ernst.« Dann geht sie.

»Sie ist furchtbar wütend«, sagt Diana und schaut zu, wie ich trinke. »Die Mädchen wollen nichts trinken. Sie sagen, die Liebe für Gottes Sohn fülle sie so komplett aus, dass sie für nichts anderes Platz haben. Alfonsa ist vor dem Morgengrauen eingetroffen. Prudenzia sagt, sie hat sie in der Kapelle gefunden, wo sie wirres Zeug vor sich hin brabbelte, mit blutigen Händen, beide in der Mitte durchlöchert. Niemand weiß, wie sie das gemacht hat. Sie sagt, sie hat von Gottes Sohn geträumt, von Hämmern und Nägeln. Arcangela sagte, es sei ein Zeichen dafür, dass Gottvater ihr verzeiht, und als Agatha das hörte, war sie drauf und dran, Arcangela zu schlagen.«

»Sollt Ihr deswegen auf mich aufpassen – weil sie wütend ist?« Diana grinst. »Nein! Alle anderen haben zu viel Angst.«
»Angst? Wovor? Vor mir?«
Sie nickt.
»Aber Ihr nicht?«
»Nun ja ...«
»Was ist passiert?«
Im Schneidersitz setzt sie sich auf mein Bett. »Wo soll ich anfangen? Als Ihr das Kloster verlassen habt? Ich fand es schon schlimm genug, in der Dunkelheit herumzustehen und mit den anderen das Nachtgebet zu sprechen. Ich sehnte die Glocke herbei, die Gewissheit, dass Ihr wohlbehalten entkommen seid. Doch dann ertönte stattdessen ein Alarmsignal.« Sie hält kurz inne. »Ich dachte, die Lämmer versuchten, ins Kloster einzubrechen, und das wäre ...« Sie spricht den Gedanken nicht aus. »Ich habe gesehen, was sie mit Ortolana machten, und wusste, dass sie auch hinter Euch her waren, aber ich konnte nichts tun.« Sie sieht mich an. »Und dann, in der Kapelle ... die Mädchen, die hinten standen, sagten, sie hörten merkwürdige Geräusche.« Ich senke den Kopf in die Hände. »Ich dachte, sie wären bloß ... Ihr wisst schon ... in Ekstase. Arcangela sagte zu ihnen, es sei nur das schlechte Gewissen, das sie plage. Sie sollten lieber an Gottes Sohn denken. Aber dann konnten es bald alle hören. Es war das Buch, nicht wahr, Bea?«

Sie will meine Hände von meinem Gesicht ziehen, aber ich lasse es nicht zu.

»Was ist passiert?«, frage ich noch einmal. »Bitte erzählt es mir!«

»Also ... Er tauchte auf. Brach so gewaltsam durch die Tür, dass ich mich fragte, was er vorhatte. Ich bin mir immer noch nicht sicher, ob er bei Sinnen war. Aber als er merkte, dass alle ihn anstarrten, als sei er der Erlöser, wurde aus seiner fürchterlichen Wut im Nu Euphorie. Er rief nach seinen Männern – auf der Suche nach Euch müssen sie überall im Kloster herumgeschlichen sein. Er zeigte auf den Eingang zur Krypta, und einer brach sie mit einem Vorschlaghammer auf. Der Mann rief: ›Wartet, Bruder, ich hole Euch eine Lampe.‹ Aber Abramo sagte, das Licht Gottvaters sei alles, was er brauche. Dann stürmte er nach unten. Erinnert Ihr Euch?«

Ich schüttele den Kopf.

»Wir standen alle da, keiner sagte etwas. Dann kam er wieder herauf, mit Euch in seinen ...«

Ich stöhne.

»Soll ich aufhören?«

»Nein.« Ich muss schlucken. »Erzählt mir alles.«

»Er trug euch, ganz vorsichtig, beinahe zärtlich. Als hätte er Euch von den Toten erweckt. Eure Haut war zerfetzt, Euer Gesicht ganz grau. Von Euren Augen war nur das Weiße zu sehen. Euer Körper hinterließ große Wirbel von Staub und Schatten. Es war, als sei da etwas, das Euch nicht loslassen wollte. Alle schrien durcheinander, sammelten sich unter dem Kreuz und flehten Gottes Sohn um Erlösung an. Abramos Männer bemühten sich um Haltung und Männlichkeit, aber sie waren genauso erschrocken wie wir. Abramo selbst blickte auf Euch mit ... Liebe hinab, mit seiner ganzen strahlenden Liebe. Er ging auf die Knie und zog Euch auf seinen Schoß. Dann umarmte er Euch und strich Euch über die Haare. Er berührte die Stelle an Eurem Kopf, aus der es blutete. Euer Kopf hing kraftlos herunter. Ihr wart ... weit, weit weg. Er ... verzeiht, aber ... er küsste Euch auf die Stirn, auf die Finger ... fuhr mit der Hand über Euren ganzen ...«

»Mein Buch!«

»Ja. Ich konnte sehen, wie er es berührte. Es hatte sich in Euren Röcken verheddert. Seine Augen leuchteten auf, und er nahm es an sich. Steckte es unter sein Gewand. ›Schnell‹, sagte er, und ich schwöre, dass ihm Tränen über die Wangen liefen. ›Bringt ihr schnell ein Gewand, ein gutes. Steckt ihr einen Ring an den Finger und zieht ihr …«"

»Sandalen an«, vollende ich den Satz.

»Ihr erinnert Euch?«

»Nein.« Ich nehme die Hände vom Gesicht. »Es sind die Worte von Gottes Sohn. Sie war verloren« – ich schließe die Augen – »und wurde wiedergefunden.«

Wir schweigen. Tränen laufen mir über die Wangen, und ich weiß nicht recht, warum.

Doch, ich weiß es.

Dianas Mitgefühl, ihre Bedachtheit. Wie Kerzen, die mir zeigen, wie düster alles andere ist. Sie holt Luft, als wollte sie etwas sagen, tut es aber nicht und atmet wieder aus.

Dann nach einer Weile: »Alle sagen, es ist Exorzismus. Ein Wunder. Er hat uns erzählt, der Teufel hätte Chiaras Seele gestohlen, Ortolanas auch, sodass sie selbst schon wie Teufel aussähen, aber er hätte sie in Sicherheit gebracht, und mit dem Segen Gottvaters werde er sie nach und nach erlösen. Ihr dagegen … Euch hat er bereits gerettet. Es ist der Beweis für seine … Ich weiß nicht … Rechtschaffenheit? Macht? Er sagt, Ihr hättet keine Schuld. Ihr wart besessen. Aber er hat Euch in Gottes Schoß zurückgeführt.«

»Eine Lüge! Er lügt!« Etwas Besseres fällt mir nicht ein. Nur noch: »Ich war es nicht … Er hat nicht …«

»Es ist besser so. Die Menschen werden es verstehen.« Ich verstehe, dass sie mich auf diese Sichtweise einschwören will. »Es ergibt einen Sinn. Sie werden Euch vergeben. Bitte lasst Euch darauf ein. Bitte!«

»Ihr glaubt ihm doch nicht etwa? Bitte sagt, dass Ihr es nicht tut!«

»Ihr … Ihr habt Euch ja nicht gesehen. Vielleicht … ist es besser so.«

»Wie könnt Ihr nur?«

»Wie könnte ich nicht, Beatrice? Ganz im Ernst! Er ist … wie ein Rattenfänger, der die getöteten Tiere an seinen Karren hängt –

zum Beweis seines Könnens. Chiara und Ortolana ... Sie müssen ... Ihr wisst schon, sich verwandelt haben. Er hält sie gefangen und kann sie nicht freilassen. Keiner soll sie sehen. Er kann sie nicht vorzeigen und sagen: Schaut, was ich vollbracht habe. Aber Ihr, Bea, Euch kann er vorzeigen.«

Mir wird kalt und ganz übel. Ich werde berühmt als die junge Frau, die von Bruder Abramo gerettet worden ist. Die dumme Bibliotheksschwester, die auf ein böses Buch hereingefallen ist. Eine Lektion für andere dumme Mädchen. Es ist so demütigend! Soll das etwa mein Schicksal sein? Ich schwanke. Diana richtet mich auf und legt einen Arm um mich. Ich lege meinen Kopf auf ihre Schulter. So sitzen wir eine Weile einfach nur da. Ich wusste gar nicht, dass ich so lange und so wohlig stillhalten kann. Es gibt so Vieles, was ich nicht wusste.

Gleichzeitig sehen wir sie durchs Fenster. Arcangela kommt auf das Hospital zu, ein Bündel in den Händen. Im ersten Moment denke ich, sie trägt Biancas Kind, aber als sie näher kommt, erkenne ich, dass es Kleider sind. Schwester Agatha öffnet die Tür.

»Schnell, Diana! Arcangela ist ...«

»Ich weiß. Ich habe sie gesehen.« Diana sieht mich an. »Hört zu, Bea! Ich soll Euch sagen, dass es eine Feier geben soll, wegen Eurer Erlösung. Heute. Jetzt gleich. Wir sollen Gottvater danken. Auch Ihr. Bitte, Bea, bitte seid vorsichtig. Sonst können wir alle ...«

»Schon gut«, sage ich. »Ich verstehe.« Und das stimmt. Ich verstehe es wirklich.

Arcangela kommt herein und scheint überrascht zu sein, dass ich sitze. Vielleicht auch erleichtert. Kurz angebunden schickt sie Diana und Agatha aus dem Zimmer. Gönnerhaft präsentiert sie die Kleider. Unterkleid, Röcke, Umhang. Als ich mich nicht rege, kommt sie näher und legt die Sachen aufs Bett. Alles ist sauber. Mehr als sauber – es scheint neu zu sein, neu gewebt, neu genäht. Seit Jahren habe ich nichts Neues getragen. Ich hebe das Bündel an. Fleisch und Wein für den verlorenen Sohn. Für die verlorene Tochter Wolle und Lavendel.

»Er hat Euch gerettet«, sagt sie. »Er hat uns alle gerettet.«

Ich schaue sie an und frage mich, ob sie das wirklich glaubt. Am liebsten würde ich sie bei der Hand nehmen und ihr zuflüstern: Kommt schon, Schwester, stellen wir uns nicht länger dumm, wir wissen doch beide, was er in Wahrheit ist. Aber das tue ich nicht. Ich sage nichts, während sie mir begeistert erzählt, dass die bedeutendsten Männer der Stadt um zwölf Uhr kommen würden, um unser aller Reuebezeugungen beizuwohnen. Und dass zum Beweis unserer Buße alles verbrannt werde, was uns von Gottvater entfernt habe – alles, jedes noch so kleine Ding.

»Chiara hat uns erlaubt, weltliche Dinge zu besitzen, Erinnerungsstücke aus dem Leben vor unserem Gelübde. Es ist unsere Gelegenheit, uns zu reinigen. Und Ihr, Schwester Beatrice, Ihr bekommt Gelegenheit, Bruder Abramo zu danken ...«

Unwillkürlich mache ich ein verächtliches Geräusch.

»Euch ist Gnade widerfahren, Beatrice. Er war Euch gnädig. Erkennt das an, Beatrice!«

Ich schiebe die Kleider von mir.

»Beatrice ...«

»Sagt, Schwester Arcangela, was werft *Ihr* ins Feuer?«

Mahnend hebt sie einen Finger. »Das geht nur mich und ...«

»Bruder Abramo?«

»... Gottvater etwas an!« Verärgert richtet sie den Finger auf mich. »Ihr habt genug angerichtet, Beatrice. Mehr als genug. Wenn Ihr meint, jetzt sei die rechte Zeit für dumme, mutwillige ...«

»Was werdet Ihr ins Feuer werfen? Sagt es mir, dann tue ich, was Ihr verlangt.«

Ihre Fingerknöchel sind weiß. Sie hält etwas in der Hand. Sie dreht die Hand um und öffnet sie. Ein schlafender Säugling, aus Alabaster geschnitzt. Sie schließt die Hand wieder. Ich schaue zu ihr auf. Sie ist blasser als sonst.

Sie sagt nur noch: »Zieht Euch an.«

DER LAPPEN
Gleich darauf

Zusammen mit Schwester Arcangela gehe ich vom Spital auf den Kirchplatz zu. Sie ist größer als ich, macht größere Schritte, und ich habe Mühe, mitzuhalten. Alle paar Schritte schaut sie mich von der Seite an, als wollte sie sich vergewissern, dass ich noch da bin. Sonst schaut sie geradeaus, das Kinn angehoben, den Unterkiefer vorgeschoben. Es ist ein klarer, kalter Tag mit starkem Wind. Die Sonne tut meinen Augen weh.

Der Kirchplatz öffnet sich vor mir, und gleich sehe ich ihn – den Aufbau seines Fegefeuers für unseren weltlichen Besitz. Es brennt auf der freien Fläche zwischen Kapelle und Tor, eine große Pyramide von Holzbrettern. Über einer quadratischen Basis nimmt es an Höhe zu und überragt beinahe unsere Mauern. Plattformen sind auf mehreren Ebenen errichtet worden und erstrecken sich über die ganze Breite des Holzhaufens. Rund um die untere Ebene liegen Strohsäcke, Reisigbündel, kleine Zweige und Äste, in der Mitte große, grob behauene Stücke von Baumstämmen.

»Da«, sagt Arcangela und zeigt auf eine glimmende Feuerschale in der Nähe der Holzpyramide. »Wartet da.«

Ich gehorche, während sie auf die Kapelle zugeht, wo meine Mitschwestern bereits versammelt sind, wie ich annehme. Das Tor steht weit offen. Davor versammelt sich unser Publikum. Abramos Lämmer stehen ganz hinten und versuchen, respektabel zu erscheinen. Vor ihnen viele schwarz gekleidete Männer, mit Silberketten um den Hals – die Würdenträger und Oberen der Stadt. Ganz vorne, umstanden von weniger hochrangigen Kirchenmännern der Erzbischof höchstselbst. Rein äußerlich hätte ich ihn ohne seine goldbestickte Mitra vielleicht nicht erkannt, aber die Art, wie er die Hände über dem ausladenden Bauch verschränkt, würde mir immer und überall auffallen.

Er besucht uns einmal im Jahr, zu Mariä Geburt, und verabreicht das Abendmahl mit zarten Fingern, die nach Mandelöl riechen. Anschließend geht er mit Chiara über den Kirchplatz, die Finger verschränkt wie jetzt, prustet vor Anstrengung und lässt sich über spirituelle Dinge aus, während er unauffällig unsere hübschesten Mädchen beäugt. Bevor er sich verabschiedet, schenken wir ihm einen bebänderten Korb mit den ersten von Papst Silvios Äpfeln, vermischt mit unseren eigenen, unserem Zehn entsprechend. Meist lächelt er mild, aber heute zupft er an seinem Doppelkinn und betrachtet sorgenvoll seine beringten Finger. Wahrscheinlich fragt er sich, wann der Pöbel auch an seine Tür klopft.

Die Lämmer bilden eine Gasse, durch die Abramo auf den Erzbischof zugeht, um ihm wie ein verlegener Gastgeber, der seine Gäste vernachlässigt hat, eine Hand auf den Rücken zu legen. Er fängt an zu reden, zeigt auf den Holzhaufen, dann auf die Bibliothek. Der Erzbischof nickt. Ab und an scheint er etwas zu sagen, ohne Abramo aber ernsthaft zu unterbrechen. Jaja, verstehe … nein, das ist ja fürchterlich … ach, du liebe Zeit … das war mir nicht bekannt. Dann zeigt Abramo auf mich, und der Erzbischof mustert mich streng. Ah ja, der uneheliche Stelleri-Spross, das dumme Ding. Nicht bewegen, sage ich mir, keine Miene verziehen! Du hältst das aus. Das kannst du.

Die Glocken der Stadt läuten zum Mittag. Das ist das Signal für Arcangela und meine Mitschwestern, im Gänsemarsch aus der Kapelle zu kommen. Sie gehen langsam und singen dabei. Ihre Gesichter sind bedeckt, sodass ich nur raten kann, wer wer ist, aber als sie an mir vorbeikommen, sehe ich, dass jede etwas in den Händen hält:

Stapel von Briefen
Silberketten mit Medaillons
Korallenketten
gravierte Löffel
kleine Ringe aus Elfenbein
Nadelkästchen
hübsche Taschentücher
besondere Steine
geschnitzte Tiere
in Zinn gefasste Haarbürsten
bemalte Schachteln
Schals, die vor Jahren nach zu Hause rochen
Alles nur Kleinigkeiten, aber ich nehme an, dass jede einzelne Welten bedeutet.

Als Letzte kommt die unverwechselbare Hildegard an mir vorbei. Sie hält nichts in den Händen und grummelt: »Ich habe ihnen heute Morgen gesagt: Wenn sie unbedingt ein Feuer machen wollen, baue ich es auf. Nein, nein, sagten sie. Wir bauen es selbst. Die haben ja keine Ahnung! Die großen Scheite da unten – Grünholz! Noch nicht ausgetrocknet. Die können nicht brennen.«

Arcangela gibt mir ein Zeichen, dass ich mich meinen Mitschwestern anschließen solle. Sie erreichen die Pyramide, wo sie all ihre Schätze auf die Plattformen legen müssen. Als ich dort ankomme, sehe ich, dass ich bereits erwartet werde. Ganz weit oben, beinahe außer Reichweite, liegen meine Bücher – meine und Sophias Bücher – in einem unordentlichen Haufen auf einer Plattform. Ich erkenne sie. Alle. Es sind meine besten Freunde. Aber auch das, sage ich mir, kann ich ertragen. Doch dann entdecke ich etwas … etwas rot leuchtendes … und gerate aus der Fassung. Ohne nachzudenken, gehe ich auf die Pyramide zu. Ich habe keine Ahnung, was ich tun will, wenn ich mein Buch an mich genommen habe, aber ich kann nicht … darf nicht …

Bevor ich nahe genug bin, halten kräftige Arme mich zurück. Ich wehre mich, aber es nützt nichts. Hildegard hat mich fest im Griff.

»Das Buch«, japse ich. »Ihr versteht nicht. Ich muss …«

Sie zieht mich zur Seite, sodass die Männer vorm Tor mich nicht sehen können, während meine Mitschwestern uns mit ängstlichen Blicken immer näher kommen. Hildegard verstärkt ihren Griff und flüstert mir ernst ins Ohr: »Ich verstehe Euch ja. Ihr fragt Euch, ob alles vorbei ist, wenn das Buch verbrennt. Aber nichts ist vorbei, Beatrice. Was ist schon ein Buch? Haut eines toten Tiers. Lasst es brennen.«

»Nein, nein!«

»Jedes Jahr brenne ich meine Felder ab. Ist dann alles vorbei? Nein, die Mohnblumen kommen alle wieder.« Sie lockert ihren Griff, und ich versuche wieder, mich loszureißen. »Beatrice!« Sie schüttelt mich und brummt: »Ihr hört nicht zu. Lasst ab von Eurer … wie heißt das Wort? … Eurer Eitelkeit. Was soll schon sein? Ihr hattet etwas Wertvolles von der Mutter? Meint Ihr, es war das einzig Wertvolle, das sie Euch geben kann? Meint Ihr, Ihr seid die Einzige? Dass Ihr etwas Besonderes seid? Alles … hört Ihr? Alles, was Eure Schwestern jetzt dem Feuer übergeben … jedes noch so kleine Ding enthält etwas von ihrer Macht – ob die Schwestern es wissen oder nicht.«

Ich höre auf, mich zu wehren, und starre sie an.

Doch bevor ich etwas sagen kann, ist Arcangela bei uns. »Was geht hier vor? Beatrice, Ihr …«

»Alles in Ordnung«, sage ich. »Ihr könnt mich loslassen, Hildegard. Alles in Ordnung.«

Und irgendwie ist es das wirklich.

Hildegard lässt mich los, und zusammen wollen wir uns gerade zu unseren Mitschwestern gesellen, die jetzt in sicherem Abstand zum Feuer stehen, als Arcangela Hildegard zurückhält. »Schwester«, sagt sie süßlich. »Ich habe gar nicht gesehen, was Ihr Gottvater opfert. Was ist es?«

»Mein Opfer?«, schnaubt Hildegard. »Soll ich etwa meine Samen verbrennen, mein Werkzeug? Ich besitze nichts, was ich Eurem albernen Feuer übergeben könnte.«

Arcangela zeigt auf das zerfetzte Tuch um ihren Hals. »Das da. Ihr besitzt diesen Lappen.«

»Wenn es bloß ein Lappen ist – warum muss er dann verbrannt werden?«

»Wenn es bloß ein Lappen ist«, erwidert Arcangela, »warum wollt Ihr ihn dann nicht verbrennen?«

»Euch entgeht nichts«, sagt Hildegard, zieht sich das Tuch vom Hals und schüttelt es aus. »Kein besonderer Anblick, was? Aber Ihr habt recht, auf Eure grausame Weise. Es ist wertvoll.«

Der *Lappen*, erkenne ich zum ersten Mal, ist grün bestickt. Einige Fäden sind zerrissen, manche fehlen ganz, doch selbst an diesen Stellen sehe ich die Löcher, die eine Sticknadel hinterlassen haben. Es ist ein eckigeres Muster als die gewohnten und erinnert mich an die spitz zulaufenden Konturen von Bäumen in nördlichen Wäldern. Dann erkenne ich es: zwei Linien von oben nach unten, zwei von links nach rechts, an den oberen Ecken zwei Schlaufen. Hildegards Blick trifft meinen. Zwinkert sie mir zu? Dann knüllt sie das Tuch zusammen und wirft es hoch in die Pyramide.

»Nur eine Nadelarbeit, Schwester Bibliothekarin«, flüstert sie mir zu, als wir uns zu unseren Mitschwestern stellen. »Ich kann ein neues machen.« Sie tätschelt mir den Rücken, und ich habe das Gefühl, dass sie sich mit dieser Geste selbst Mut macht. »Ihre Buchstaben sind nicht für die Ewigkeit gemacht.«

Das Feuer wird vorbereitet. Demütig umstehen wir es in einer ordentlichen Reihe.

Abramo greift zu einem kräftigen Zweig, dessen Spitze mit Stoff umwickelt ist, und schreitet durch das Tor. Er taucht den Stoff in die Glut der Feuerschale und entzündet den Zweig. Brennende Stoffstreifen flattern im Wind. Abramo hält ihn sorglos, um alle wissen zu lassen, dass er weder Hitze noch Schmerzen fürchtet. Dann winkt er mich zu sich. Ich zucke zurück, werde aber von Händen meiner Mitschwestern nach vorne gedrückt. Ich falle hin und drücke den Kopf auf den Boden.

»Dumme Gans.« Eine Stimme in meinem Ohr. Diana. »Steht auf! Aufstehen! Er will, dass Ihr das Feuer entzündet.«

Ich schaue auf. Abramo steht vor mir, die Füße in den Boden gestemmt, die Flamme gen Himmel lodernd. Er reicht mir den Zweig hinab. Ich komme auf die Knie, auf die Füße. Eine Windböe treibt die Flamme in meine Richtung, und ich weiche zurück. Das Feuer ist jetzt zwischen uns. Die Luft zittert. Seine Gesichtszüge verschwimmen. Ich hebe die Hand, um den Zweig entgegenzunehmen. Ich sollte ihn ihm ins Gesicht schleudern, seine Haut brennen und reißen sehen, seine Locken sich kräuseln und versengen. Er lächelt einladend. Und weiß, was ich denke. Er weiß auch, dass mir alles egal ist. Ich nehme den Zweig, und er tritt beiseite.

Ich gehe auf die Pyramide zu und suche mein Buch. Da! Ich sehe es,
mein Buch
das Buch
ein Buch
wessen Buch?
ihr Buch
unser Buch.

Ich entzünde das Feuer.

Ein Knistern und Rauschen. Einige Mitschwestern schreien auf. Ein Feuerball. Der Reisig muss in Öl getränkt worden sein. Das Feuer springt von Plattform zu Plattform, rast dem Gipfel entgegen, um dort einen wilden Tanz aufzuführen. Ich taumele nach hinten, in Abramos Arme, der gleich zupackt und sagt:

»Hinschauen!«

Das Buch brennt bereits. Rot glühende Seiten, verschwindende Seiten. Noch sehe ich den Einband. Ich drehe mich zu Abramo um. Er sieht mich nicht an, aber er spannt die Finger an und sagt noch einmal:

»Hinschauen!«

Eine erneute Windböe facht die Flammen an, und als sie sich legt, ist das Buch Feuer und das Feuer ist das Buch, und dann verschwindet es und übrig ist nur Feuer. Abramo lässt mich los und sieht mich an.

»Ihr dachtet, es würde nicht brennen«, sagt er und lächelt.

»Wie Ihr selbst«, flüstere ich, aber ich glaube, er hört es nicht. Er hat sich bereits umgedreht und geht fort. Die Zeit, als er mich fürchtete – oder jemanden oder etwas in mir –, ist vorbei. Er schreitet durchs Tor, und seine Männer schließen es hinter ihm. Wir sind unter uns.

Wir brauchen nicht mehr zuzuschauen, aber wir tun es natürlich. Meine Mitschwestern gehen näher heran, stehen unter den knisternden Funken und starren auf die brennenden Plattformen, wo ihre Schätze vergehen, einer nach dem anderen, in Abramos tosendem Inferno. Schwarzer Rauch steigt auf und wickelt den Kapellenturm ein. Die großen Scheite in der Mitte fangen Feuer. Ihre grünen Sprossen zischen und spucken. Rauch steigt mir in die Augen, und ich kann nicht mehr richtig sehen. Mein Gesicht ist erhitzt. Frauen weinen, und ich weiß, dass sie nicht ihren Verlust beklagen, sondern das Nachlassen ihrer Angst feiern. Ich weiß es, weil ich selbst weine. Der große Gesang des Buchs ist verstummt. Es ist vorbei – das Schlimmste ist vorbei. Ich will mich gerade vom Feuer abwenden, eigentlich von allem, als ich plötzlich ihr Gesicht sehe –

Chiara.

Ihr Gesicht in den Flammen.

DER LEICHNAM
Samstag

Ich bin in meiner Zelle. Ich habe darum gebeten, hierher gebracht zu werden. Gestern. Hinterher. Agatha war dagegen und wollte mich bei sich im Spital behalten, aber Diana sagte: »Wozu, zum Teufel, ist das jetzt noch wichtig? Tut, was sie möchte.« Also bin ich jetzt zu Hause, oder fast.

Ich vermisse die Beatrice, die hier einmal gelebt hat, spät nachts wissenshungrig über ein Buch gebeugt, tief in Gedanken versunken, deren Welt gerade einmal so groß war wie der winzige Lichtkegel einer heimlich brennenden Kerze. Ich vermisse sie, aber gleichzeitig möchte ich sie anschreien: »Mach die Augen auf! Mach endlich die Augen auf!« Sie kann mich nicht hören, sondern blättert eine Seite nach der anderen um, kaut an ihren Fingernägeln und ist vollkommen auf Dinge konzentriert, an die ich mich kaum erinnern kann.

In der letzten Nacht habe ich von den Eiskammern unter dem Haus meines Vaters geträumt, jenen tropfenden Höhlen, die mit Bergen von Schnee gefüllt waren. In meinem Traum lag ich dort rücklings und nackt – welche Glückseligkeit! –, doch dann begann mein brennend heißer Körper das Eis zu schmelzen, bis es knackte und aufriss und ich in die Tiefe fiel. Ich fiel und fiel, und dann wachte ich auf.

Auch jetzt bin ich wach. Meine Hände und Füße sind bandagiert. Der Schmerz ist – Schmerz. Man hat mich tapfer genannt.

Ich habe es gehört, das Geflüster vor meiner Tür. Diana nannte mich nicht tapfer. Sie nannte mich eine *Närrin, hirnlos* und noch so allerlei, aber ich weiß, dass auch all diese Worte *tapfer* bedeuteten. Ich bin aber nicht tapfer. Ich bin schuldig. Bis aufs Fleisch verbrannt und aufgeweicht von Schuldgefühlen.

Ich habe sie herausgezogen – ihren Leichnam. Mehr konnte ich nicht ausrichten. Die anderen konnten es nicht verstehen. Woher ist sie plötzlich gekommen? Sie war doch vorher nicht da, sonst hätten wir sie doch gesehen. Aber ich verstehe es. Ich wünschte, es wäre nicht so, aber ich verstehe es wirklich. Der frisch gefällte Baum am Boden des Feuers – das war sie. Abramo hatte sie gefällt und da hingelegt, damit wir sie brennen sehen. Aber sobald das Buch zu Rauch und Asche wurde, hat sie sich zurückverwandelt in sie selbst … ihr Gesicht …

Gott weiß, dass ich es zuerst für eine Vision hielt, geboren aus Hoffnung, aber schon bald musste ich mich korrigieren. Es war keine Vision. Es war *Chiara*, wie sie leibte und lebte. Auch die anderen hatten sie gesehen. Sie schrien und baten flehentlich darum, dass sie leben möge, rangen die Hände und streckten sie nach ihr aus – vergeblich, alles vergeblich. Sie sackte in sich zusammen. Bewegte sich nicht mehr. Einen Schrei hörten wir, einen fürchterlichen Schrei. Dieser Schrei raubte mir die Sinne und vertrieb meine Angst. Ich sprang in die Flammen.

Ich erinnere mich daran, wie ich über ihr kauerte – später, als ich sie aus den Flammen gezogen hatte. Ich packte ihre Schultern und schüttelte sie, flehte sie an, die Augen aufzuschlagen, zu atmen, zu leben. Derweil versuchten meine Mitschwestern, mich von ihr wegzuziehen, und sie wurden ruppig, als ich mich wehrte. Laut protestierend drehte ich mich zu ihnen um und sah erst dann, dass sie dabei waren, mit ihren Unterröcken die Flammen zu ersticken, die um meinen Rücken loderten. Ich verspürte keinen Schmerz – noch nicht.

Ich hob Chiaras Arm und musste feststellen, dass ihr Gewand mit ihrem Fleisch verbacken war. Ich wollte ihr die Hand küssen, aber sie war verbrannt, ihre Finger miteinander verschmolzen.

Dann betrachtete ich sie im Ganzen und sah, dass ihr Körper aufhörte, wo die Beine herauswachsen sollten. Ich dachte: Ach, verstehe, sie hat keine Beine mehr, deswegen konnte ich sie nicht aufrichten. Und dann musste ich würgen, nicht vor Grauen über ihren Anblick, sondern aus Ekel vor mir selbst, weil ich einen so klaren Gedanken fassen konnte.

Diana war neben mir und hielt mich, als ich umzufallen drohte. Ich sah zu ihr auf, während sie auf Chiara hinabblickte. Ihre Augen waren voller unvergossener Tränen, sie bleckte die Zähne, ihre Nasenflügel bebten. Ich weiß auch noch, dass ihr ganzer Körper bebte, als steckte ein wildes Tier in ihr, das auszubrechen versuchte. Einige Mitschwestern stürzten sich auf Chiaras Leichnam, klammerten sich daran, schluchzten und heulten, während andere wie erstarrt dastanden und Abstand hielten. Hildegard und Maria, Chiaras engste und älteste Freundinnen – am liebsten würde ich vergessen, wie sie in diesem Moment aussahen. Überhaupt alles würde ich am liebsten vergessen.

Vor meiner Tür flüstern meine Mitschwestern immer noch miteinander. Sie erzählen einander, dass Chiara sich weigerte, seine Lügen zu bestätigen, dass er sie in einem Wutanfall ermordet und nach seiner Tat beschlossen hatte, sie auf diese Weise zu entsorgen. Das ist ein guter Teil der Wahrheit. Aber ist die Wahrheit teilbar? Ich verfüge über mehr davon. Ich weiß, dass auf der letzten Seite meines Buchs, gerade bevor sie verbrannt war, eine wunderbare Zeder abgebildet gewesen war.

Ich schließe die Augen, um sie mir vorzustellen. Ein kräftiger Stamm, der sich teilt und himmelwärts strebt, bevor ein Dutzend tanzender Zweige ein grünes Dach bilden. Ich versuche, sie abzutasten. Die raue Rinde. Die kratzigen Nadeln. Die Kühle darunter. Rund um den Baum müssen Wörter geschwebt sein, und ich bin froh, dass ich sie niemals lesen werde. Ich möchte gar nicht wissen, wie sehr sie leiden musste. Ich will ihre Zweifel, ihren Schmerz, ihre Angst nicht kennen. Lieber denke ich an sie, wie sie früher war – gigantisch, unangreifbar, überragend.

Agatha kommt, um meine Verbände zu wechseln und eine Salbe aufzutragen, die faulig süß riecht. Ihre Hände sind kühl. Sie verabreicht mir eine Tinktur, die meine Schmerzen lindern soll. Sie küsst mich auf die Stirn. Sie riecht nach Rauch und ich wende den Kopf ab. Sie sagt, ich soll nicht weinen. Ich sage, ich weine doch gar nicht, aber sie wischt mir wortlos eine Träne ab. Sie sagt, Chiara steht jetzt am Tor von Gottes Haus, wo sie gewiss willkommen sein wird. Ich versuche, ihr zu erklären, dass es vielleicht noch ein zweites Haus gibt, vor dem Chiara jetzt steht. Agatha hindert mich daran, weiterzusprechen und sagt, ich soll lieber schlafen. Ich widerspreche und sage, Gottvater hat Chiara nicht verdient. Es ist seine Schuld, dass sie tot ist. Wieder bringt Agatha mich zum Schweigen, dieses Mal nachdrücklicher. Sie sagt, sie gibt mir etwas gegen das Fieber, aber ich sage, ich spreche nicht im Fieberwahn, sondern sage die Wahrheit, und ich werde allen die Wahrheit sagen.

Die Tür geht auf. Es ist Arcangela, etliche Blätter Papier in der Hand. Sie sieht müde aus. Es muss ermüdend sein, das immer gleiche Lächeln vor sich her zu tragen. Ich frage mich, wie sie wohl aussieht, bevor sie dieses Lächeln aufsetzt.

»Schwester Agatha, seid Ihr mit der Behandlung fertig? Ich kann nicht länger warten.«

»Um die Wahrheit zu sagen …« Agatha kniet neben mir, eine Hand auf meiner Schulter. »Die arme Beatrice redet wirr. Die letzten Tage waren schwierig für sie. Ich denke, Ihr solltet ihr erlauben …«

»Hallo, Schwester Arcangela«, unterbreche ich sie. »Seid Ihr gekommen, um einer Sünderin die Füße zu waschen?« Ich zeige auf die Stelle, wo meine Füße aus der Decke ragen. »Ihr und Bruder Abramo könntet jeder einen übernehmen.« Ich muss unbändig lachen, ich kann nicht anders. Es fühlt sich gut an, zu gut, um damit aufzuhören. Über meinem Kopf tauschen die beiden Frauen einen Blick. Mit Mühe schlucke ich mein Lachen herunter. »Was gibt es, Schwester Arcangela? Oder sollte ich besser Mutter Arcangela sagen? Es kann ja nicht mehr lange dauern, bis er Eure Amtsübernahme bestätigt.«

»Seht Ihr, Schwester?«, sagt Agatha, steht auf und will Arcangela zur Tür führen. »Sie braucht Ruhe. Gewiss habt Ihr noch andere zu …«

»Ich sehe keineswegs«, sagt Arcangela. »Lasst uns allein, Schwester. Ich weiß, dass Ihr etwas Dringendes zu erledigen habt.« Beinahe schubst sie Agatha aus der Tür und schließt sie rasch hinter ihr. »Schwester Beatrice, ich bin gekommen, um Euch über Euer neues Kloster zu informieren.«

»Worüber?«

»Euer neues Kloster.«

»Ich werde fortgeschickt?« Ich hatte gedacht, schlimmer könne es nicht kommen.

»Wir alle. Der Erzbischof hat es so bestimmt. Wir werden auf verschiedene Klöster verteilt. Alles ist schon arrangiert. Morgen müssen wir gehen.«

»Morgen?«

»Warum denn nicht?«, sagt sie. »Armut, Keuschheit und Gehorsam sind doch unser einziger Besitz – und der ist einfach zu transportieren. Und leicht.«

»Morgen«, sage ich noch einmal. Und dann: »Weg von hier.«

»Beatrice«, sagt sie. »Ihr müsst mir glauben, dass ich das nicht wollte.«

»Ihr lügt«, sage ich. »Verräterin! Habt Ihr dem Erzbischof gesagt, was dieser Mann getan hat? Dass er Chiara verbrannt hat?«

»Das würde nichts …«

»Nützen? Was würde denn etwas nützen? Das, was Ihr tut? Das hier? Ihr beschwichtigt, besänftigt, fügt Euch und heißt alles gut. Glaubt Ihr, auf diese Weise würde alles gut? Immer noch? Immer noch fügt Ihr Euch seinem Willen?«

Sie hat so weit wie möglich von mir entfernt gestanden, aber jetzt kommt sie ein paar Schritte näher. Ich sehe Tränen in ihren Augen. Aber noch mehr.

»Was ich getan habe«, sagt sie und wischt sich die Tränen schnell ab, »habe ich für Euch alle getan, für uns alle. Um das Kloster zu beschützen. Ich habe gefürchtet, dass Chiaras Vorgehen uns alle vernichtet – und so ist es ja auch gekommen. Sie war so naiv, Beatrice, so wenig vertraut mit den Sitten der Städter, dem Wesen von Männern. Ihr Beharren auf Unabhängigkeit passt einfach nicht in unsere Zeit. Ich habe versucht, sie zu warnen. Keiner kann sagen, ich hätte es nicht versucht, aber sie hörte ja lieber auf die Küchenmädchen als auf mich.« Sie nickt, blinzelt und nimmt wieder ihre gewohnte Haltung an. »Es tut mir leid, Beatrice, wirklich leid, aber Ihr müsst einsehen, dass sie sich das selbst eingebrockt hat, ja, uns allen – und wir müssen es jetzt ausbaden.«

»Ist es das, was Ihr Euch selbst einredet?«, frage ich. »Dass Ihr tatsächlich glaubt, Ihr hättet alles richtig gemacht? Immer nur das Beste gewollt? In dem Fall danke ich Euch, Schwester Arcangela. Vielen, vielen Dank.« Das Lächeln, das ich aufgesetzt hatte, verrutscht. »Hinaus!«, sage ich. »Hinaus mit Euch!«

Es macht mir keine Freude, sie gehen zu sehen. Ich höre, dass sie das Nebenzimmer betritt, wo sie jetzt der blinden alten Schwester Galilea mitteilt, dass es wahr ist. Dass wir alle umziehen müssen. Und doch bin ich mir sicher, dass Arcangela, egal wohin sie geht, wieder die Oberhand gewinnen wird. Sie wird ihre Verbindung mit Chiara herunterspielen, mit diesem Kloster, mit uns allen. Aber Galilea und alle anderen, für die dieses Kloster ihr Leben ist, ihr Zuhause – wie sollen sie zurechtkommen?

Meine Schuld, die bisher in kurzer Entfernung herumgestreut ist, wie die Katzen um unsere Küche, schleicht sich langsam näher. Ich sehe vor mir, wie Chiara Schwester Felicitas tadelt, weil diese die Katzen mit Flüchen und schlecht gezielten Kochtöpfen verscheuchen will. Sie sagte, wir alle seien doch Kreaturen Gottvaters. Felicitas protestierte und führte zu ihrer Rechtfertigung an: »Aber liebe Mutter Chiara, sie sind auf den Milchpudding der Schwestern aus.« Chiara lachte und sagte: »Verstehe. Mir war nicht klar, wie weit sie gehen würden.« Dann griff sie nach einer Pfanne und warf sie geschickt auf einen heranschleichenden Kater.

Wenn sie unter der Zeder saß, sprangen ihr selbst die scheusten Katzen auf den Schoß, schnurrten und rollten sich zusammen. Unsere Novizinnen hielten das für einen Beweis ihrer Heiligkeit und versuchten, es ihr gleichzutun, nicht nur mit Katzen, sondern auch Tauben und Eidechsen – ohne Erfolg. Ich musste immer lachen, wenn ich das sah, denn ich kannte Chiaras Geheimnis. Ich hatte die Käsekrümel in ihrer Hand gesehen. Sie hatte meinen Blick gesehen, legte einen Finger an die Lippen und lächelte.

Ich höre jemanden über den Korridor rennen. Dieses Mal ist es Diana, die hereinkommt. »Wo ist sie? Wo ist sie?«

»Gegangen. Beruhigt Euch. Sie ist weg.«

Ich will ihr von Chiara und den Katzen erzählen. Ich will, dass sie sich still zu mir setzt, meine Hand hält, mich Bea nennt. Aber sie setzt sich nicht, sondern geht wie ein wildes Tier auf und ab, zischt und grollt.

»Wir dürfen ihn nicht damit durchkommen lassen«, sagt sie. »Es muss doch eine Möglichkeit geben! Wenn ich ihn das nächste Mal sehe, werde ich …« Sie wirft die Hände in die Luft. »Wie könnt Ihr so ruhig bleiben?« Sie will meinen Arm greifen, lässt es aber sein, als sie meinen Verband sieht. »Seid Ihr denn gar nicht wütend?«

»Nur weil ich nicht herumwüte, heißt es nicht, dass …«

»Ich wüte doch gar nicht herum!« Sie ballt die Fäuste. »Also gut. Ich wüte herum.«

»Vielleicht sollte ich das auch tun. Wahrscheinlich ist es eine gute Ablenkung«, sage ich. »So gut wie jede andere. Wir könnten mit Gebrüll den Berg hochlaufen und uns von einem Felsvorsprung stürzen.«

»Heute werdet Ihr wohl keine Berge hochlaufen.« Ich weiß, dass sie mich aufheitern will. Ich hasse es, wenn man mich aufheitern will.

»Ich bin nicht verrückt«, sage ich.

»Das habe ich auch nie behauptet.«

»Aber Ihr denkt es.«

Harsch sagt sie: »Seit wann wisst Ihr, was ich denke?«

»Ihr gebt mir die Schuld. Alle geben mir die Schuld.« Ich versuche aufzustehen. »Ich will sie sehen.«

»Macht Euch nicht lächerlich!«

»Ich gehe zu ihr. Sie liegt in der Kapelle, oder?« Ich habe die Füße über die Bettkante gehievt. Nun muss ich sie noch auf den Fußboden setzen, aber ich glaube nicht, dass ich ohne Hilfe stehen kann. »Ihr könnt mir helfen oder es sein lassen. Wie Ihr wollt.« Unsere Blicke treffen sich. »Bitte«, sage ich. »Bitte helft mir.«

Sie sieht mich noch einen Moment lang an, dann sagt sie: »Also gut.« Sie legt mir einen Arm um den Rücken, ich lege einen Arm über ihre Schulter, und zusammen hoppeln wir los – das heißt: Ich hoppele. Ich trete mit den Hacken auf, weil die nicht so stark verbrannt sind wie meine Zehen. Durch den Korridor, die Treppe hinunter und auf den Kirchplatz.

Ich hatte angenommen – alles andere war für mich undenkbar –, dass meine Mitschwestern unserem normalen Tagesablauf folgen, Arbeit und Gebet, Arbeit und Gebet. Doch ich habe mich getäuscht. Einzeln, zu zweit oder in kleinen Grüppchen frönen sie dem Nichtstun oder tun Verbotenes. Felicitas hat die Küchentür geöffnet, und Frauen gehen ein und aus, wie sie wollen. Auch die Tür des Schulzimmers steht offen, und die Novizinnen stehen vor dem Gebäude herum. Unsere weltlichen Mitbewohnerinnen haben die Bänke des Arbeitshauses herausgeholt, sitzen im Freien zusammen und unterhalten sich leise. Diana folgt meinem Blick.

»Sie werden alle rausgeworfen. Andere Klöster nehmen sie nicht auf.«

»Rausgeworfen? Wohin?«

»Auf die Straße.«

»Ihr auch?«

»Ich auch. Alle aus dem Arbeitshaus.«

»Aber wie wollt Ihr …«

»Zurechtkommen? Ich könnte mich an den Meistbietenden verkaufen. Oder auf allen vieren zu meinem Vater zurückkriechen. Ich weiß nicht, was schlimmer wäre.«

»Und Hildegard und Cateline?«

»Für sie gilt das Gleiche. Genau wie für alle, die kein Gelübde abgelegt haben.«

Wir stehen am Brunnen, der rundherum mit Asche beschmutzt ist. Nach dem ersten Schreck hatte Hildegard mich hochgehoben und hier eingetaucht. Ich schlug um mich und protestierte, aber sie hielt mich fest und schaufelte mit der freien Hand Wasser auf mich. Dabei redete sie unablässig. »Ich habe sie auch gesehen. Im Feuer. Ich habe sie so geliebt. Aber ich habe mich nicht gerührt. Ich konnte mich nicht bewegen. Mein Geist war schwach. Eurer war wach. Darüber bin ich froh. Wirklich froh.«

Aus dem grauen Himmel beginnt es zu nieseln. Ich schaue nach oben und denke, das Nass werde meinem brennend heißen Gesicht guttun, aber die feinen Tröpfchen stechen wie Nadeln.

Langsam gehen wir auf die Kapelle zu und kommen, wo gestern das Feuer gebrannt hat, an einem verkohlten Haufen vorbei. Ich kann nicht anders, ich muss hinschauen. Ich sehe große unverbrannte Scheite. Pergamentfetzen, die sich im Regen langsam auflösen. Ohne es zu merken, steuere ich offenbar darauf zu, denn Diana hält mich zurück und sagt: »Es ist fort. Du kannst es nicht mehr finden. Außerdem würdet Ihr Eure Bandagen beschmutzen, und das würde Agatha gar nicht gefallen. Lasst uns weitergehen.«

Bei dem Geruch von angebranntem Grünholz dreht sich mir der Magen um. Ich komme ins Stolpern.

»Bea!«

»Schon gut. Alles in Ordnung. Ich muss nur kurz stehen bleiben.«

»Kommt lieber weiter«, sagt sie. »Alle starren Euch an.«

»Wirklich? Das macht doch nichts.«

»Ihr macht ihnen Angst. Sie fürchten, Ihr könntet wieder anfangen zu toben.« Pause. »Werdet Ihr?«

»Nein«, sage ich. »Nein. Das ist vorbei. Alles ist vorbei.«

Zusammen betreten wir die Kapelle, und nach dem trüben Tageslicht umgibt uns der Schein vieler, vieler Kerzen. Der Duft von Weihrauch, Kalmus und getrockneten Sommerkräutern überdeckt auf diese Entfernung den Geruch des Todes. In Leinentücher gewickelt liegt sie auf einer Totenbahre vor dem Altar. Agatha und zwei ihrer Gehilfinnen stehen daneben. Natürlich – das war das Dringende, das Agatha zu erledigen hatte: Chiara zurechtzumachen, sodass wir von ihr Abschied nehmen können. Langsam gehen wir den Mittelgang hinunter und kommen vor ihr zum Stehen. Doch ich glaube nicht, dass ich sie anschauen kann, noch nicht. Stattdessen blicke ich zu Agatha. Ihr Gesichtsausdruck kommt mir seltsam vor – lebhaft, einladend, fröhlich. Dann legt Diana mir eine Hand auf die Schulter. »Schaut hin«, flüstert sie. »Schaut hin!«

Ich senke den Blick auf die Bahre und vor lauter Trauer sehe ich im ersten Moment nichts. Doch dann dringt etwas zu mir durch. Chiaras Gesicht! Es ist blass und geschunden, aber sonst gleicht sie in keiner Weise einer Toten. Ich strecke eine Hand aus, um ihre Wange zu berühren. Die Haut ist kalt. Ich beuge mich über sie, um sie zu küssen, dabei steigt mir ein angenehmer Duft in die Nase. Sonnengewärmte Erde, der Waldboden an einem Spätsommertag, etwas Altes, Dunkles, Kraftvolles. Mein Herz zieht sich zusammen.

»Ein Wunder«, hauche ich überwältigt.

Hinter uns treten nach und nach die anderen in die Kapelle. Ich sehe Maria, Felicitas und Hildegard. Cateline und Timofea. Paola, Tamara und Nanina. Marta rennt beinahe. Poggio humpelt. Prudenzia stützt und führt Galilea. Alle, weltliche Mitbewohnerinnen und Gehilfinnen, Schwestern und Novizinnen, kommen, um sich zu verabschieden. Ich trete zur Seite und beobachte, wie eine nach der anderen hinschaut, sieht – und begreift. Ein Leichnam, der nicht verwest. Das sicherste Zeichen für Gottes Gnade.

Als fast alle versammelt sind, kommt Arcangela schnell herein und verlangsamt ihre Schritte erst an den Altarstufen. Sie geht auf

Chiara zu, beugt sich über sie, zieht die Stirn in Falten, schaut hektisch hin und her und beißt sich mit ihren kleinen weißen Zähnen auf die Unterlippe. Mit bandagierten Händen kann ich sie schlecht packen, aber ich könnte sie mit ausgestrecktem Arm umhauen, egal wie weh mir das selbst tut. Doch dann fällt mir etwas ein, das Chiara zu sagen pflegte: Wir müssen nicht unbedingt der Spur des Karrens vor uns folgen. Es klingt wie eine Bauernregel, aber aus Chiaras Mund hatten selbst Bauernregeln etwas Neues, Überraschendes. Ich wende mich von Arcangela ab und lasse sie tun, was ihr Gewissen sie tun lässt. Ich gehe und nehme meinen Platz unter den Mitschwestern ein.

DAS KREUZ
Mitten in der Nacht

In dieser Nacht halten wir die Totenwache. Das heißt: Ich habe beschlossen, Totenwache zu halten, muss aber eingeschlafen sein. Als ich aufwache, kann ich mich nicht bewegen. Ich liege auf dem Fußboden. In meiner Verwirrung denke ich zuerst, ich sei noch in der Krypta, und fange an, um mich zu schlagen, aber dann merke ich, dass jemand mich in Decken gewickelt, in die Seitenkapelle gebracht und einen Umhang unter meinen Kopf gelegt hat. Ich befreie mich aus den Decken, greife zu den Gehstöcken, die Hildegard für mich gemacht hat, und humple in die eigentliche Kapelle.

Chiara liegt genauso da wie vorher, von Kerzen beschienen, aber meine Mitschwestern drängen aufgeregt durch die Tür ins Freie unter allerlei: »Wo?«, »Ich sehe nichts«, »Da! Seht Ihr es jetzt?«

Ich folge ihnen. Es regnet nicht mehr, die Luft ist klar und kalt. Alle schauen den Berg hinauf. Seine schwarzen Flanken zeichnen sich gegen den etwas helleren Nachthimmel ab. Dem hochstehenden Mond fehlt an der rechten Seite ein Stück, sodass nur die hellsten Sterne zu sehen sind. Dafür scheinen die Sterne im Berg zu stecken, scheinbar vom Himmel gefallen, etwas orangefarbener als ihre bleichen Cousinen weiter oben. Immer tiefer steigen sie herab, bis mein Verstand über meine Fantasie siegt und ich verstehe, dass es Fackeln sind.

Menschen, viele Menschen steigen den Berg hinunter. Wir fürchten, dass es Diebe sind. Oder randalierende junge Leute.

Vor allem aber fürchten wir, dass es Abramos Lämmer sind. Wir gehen in die Kapelle zurück und suchen Trost im sanften Kerzenlicht. Hildegard würde lieber aufs Feld gehen, um besser sehen zu können, was da auf uns zukommt. »O nein«, sagt Cateline, »tut das nicht!« Felicitas meint, Banditen würden sich nicht trauen, uns so offen anzugreifen. Tamara sagt, »es sind keine Banditen, es müssen die Lämmer sein, und sie wollen den Leichnam stehlen«. Marta hält dagegen, die Bergbewohnerinnen hätten ihnen niemals den Weg über die Höhle der Grünen Maria gezeigt. Außerdem hätten sie keinen Grund, nicht geradewegs durchs Tor einzudringen, fügt Maria hinzu. Sie wüssten, dass wir sie nicht aufhalten könnten.

Die Kapellentür steht noch offen, und eine dunkle Gestalt mit einem Lichterkranz kommt herein. Die sie als Erste sehen, erschrecken, doch dann entpuppt sich die Gestalt als Arcangela, der Lichterkranz als der Schein ihrer Aufseherinnenlaterne. Alles an ihr die befehlsgewohnte Aufseherin, die sie streng genommen nicht mehr ist.

»Schwestern, beruhigt Euch!«, sagt sie. »Solange unsere Brüder über uns wachen, sind wir nicht in Gefahr. Ich glaube, Bruder Abramo hat seine Anhänger angewiesen, die Nacht auf den städtischen Feldern zu verbringen, um sicherzustellen, dass uns in unserer letzten Nacht hier nichts passiert. Kehrt in Eure Zellen zurück. Ich gehe und sage ihnen Bescheid.«

»Kommt gar nicht infrage«, sagt Maria.

»Lasst die Kerle bloß draußen«, sagt Tamara.

Gewiss wären noch weitaus mehr Kommentare dieser Art gefallen, aber in diesem Moment rufen die Frauen, die der Tür am nächsten sind, wir sollten ruhig sein, sie glaubten, etwas zu hören, wir sollten schnell kommen. Und so eilen alle hinaus in die Nacht. Zuerst hören wir nichts als das leise Rauschen des Flusses und des Winds, doch dann erreicht uns ein Singen.

»Ganz klar«, sagt Arcangela. »Das sind junge Männer aus der Stadt, die sich um den Verstand getrunken haben. Ich gehe und hole unsere Brüder.« Und schon eilt sie aufs Tor zu, aber Hildegard holt sie ein und versperrt ihr den Weg.

»Es sind Frauenstimmen«, sagt Hildegard. »Hört Ihr das nicht? Frauenstimmen in der Nacht. Sie singen das Lied der Grünen Maria. Was könnte daran schlimm sein?«

»Wenn wir schon nicht in Gefahr sind, so sind sie es ganz gewiss. Wie kann man denn in Zeiten wie diesen des Nachts draußen herumlaufen? Geht mir bitte aus dem Weg.« Sie umrundet Hildegard und geht, so schnell sie kann, ohne Haltung zu verlieren, aufs Torhaus zu und weckt Poggio mit lauten Rufen.

Das Torhaus erhellt sich, als Poggio die Klappe seiner Laterne öffnet und ins Freie stolpert. »Herrje, meine Damen«, sagt er, hält seine Lampe hoch und blinzelt unentschlossen in unsere Richtung.

»Poggio«, sagt Arcangela, »Ihr müsst …«

Aber er hört ihr nicht zu. »Gute Güte«, sagt er. »Was ist denn das für ein Gesang?«

»Poggio, ich muss darauf bestehen, dass Ihr … Poggio … *Poggio!*« Sie wird immer lauter und kann offenbar nicht fassen, dass er sie beinahe zur Seite stößt, ihr den Rücken zukehrt und sich langsam in die Richtung bewegt, aus der der Gesang kommt. Noch einmal ruft sie: »Poggio!« Aber er macht nur eine wegwerfende Handbewegung über die Schulter.

»Dieses Lied …«, sagt er. »Meine Mama hat es mir und meinen Schwestern oft vorgesungen, wenn wir nicht schlafen konnten. Als Papa im Krieg war und wir nichts zu essen und kein Feuerholz hatten. Seitdem habe ich es nicht mehr gehört. Ich habe versucht, mich daran zu erinnern, aber es war fort, und ich hätte nicht gedacht, dass ich es noch einmal …« Plötzlich bricht er in Tränen aus, und mir wird zum ersten Mal klar, wie einsam er ist. Und während ich noch überlege, wie man ihn trösten könnte, sind Hildegard und Cateline schon bei ihm, nehmen jede einen seiner Arme und reden beruhigend auf ihn ein. Aber er weint und schluchzt nur umso mehr.

Erst jetzt frage ich mich, wo Diana ist. Diana! Ich habe sie nicht gesehen, seit ich aufgewacht bin. Ich schaue um mich und fange schon an, mir Sorgen zu machen, als plötzlich jemand über den Kirchplatz rennt – und da ist sie und kommt strauchelnd vor uns zum Stehen.

»Ah«, sagt sie. »Da seid Ihr ja alle. Aber warum weint er? Ach, egal. Ihr werdet es nie erraten ... aber Ihr hört es doch auch, oder? Ich war ... ich habe ...« Im Schein unserer Kerzen sehen wir, dass sie lächelt, strahlend lächelt. Sie wirkt geradezu euphorisch. »Die Städterinnen kommen. Sie kommen! Durch die Höhle und über unsere Felder, um sie zu ehren – Chiara. Ich bin vorausgeeilt. Sie müssen bald hier sein.« Sie geht zu Arcangela, die, wie ich jetzt erst sehe, langsam von uns abrückt, gewiss einem eigenen Vorhaben folgend. »Und Ihr ... Ihr werdet sie nicht aufhalten.«

Arcangela öffnet den Mund, wie um etwas zu sagen, und ich frage mich schon, was sie vorhat, als sie ihn wieder schließt, ohne zu sprechen. Stattdessen unternimmt sie ein erstaunliches Täuschungsmanöver. Sie wirft ihre Laterne zu Boden und macht eine Bewegung, als wolle sie zum Tor laufen, um Diana zu verleiten, sie dorthin zu verfolgen, aber dann schlägt sie einen Haken und läuft flink auf unsere Glocke zu – deren Läuten die Wache haltenden Lämmer alarmieren würde. Sie ist schnell, und sie hat das Überraschungsmoment auf ihrer Seite. Und ein einziger Glockenschlag würde genügen, um die Männer herbeizurufen.

Diana sprintet ihr nach und greift nach dem wehenden Umhang, der ihr aber entgleitet. Sie stolpert und fällt hin. Diejenigen meiner Mitschwestern, die über die Voraussetzungen verfügen, Arcangela aufzuhalten, sind zu weit von ihr entfernt, und so bin ich es plötzlich, die ihr nachsetzt. Sie ist so entschlossen, ihr Ziel zu erreichen, dass sie mich nicht bemerkt, bis ich mit ihr zusammenstoße, sie zu Fall bringe und auf ihr lande. Schimpfend schlägt sie auf meinen Kopf ein, meine bandagierten Hände können sie nicht daran hindern. Plötzlich ist Diana da und zieht sie fort. Auch Tamara ist zur Stelle und tritt ihr gegen die Beine. Es herrscht ein fürchterliches Durcheinander, und ich habe große Schmerzen – meine Füße! –, aber dann ganz plötzlich, im nächsten Moment kämpfen wir schon nicht mehr gegen Arcangela an, sondern ...

... gegen einen Schwan, der sich aufrichtet, fauchend, wild mit den Flügeln schlagend, und der dann läuft, läuft und sich schließlich in die Lüfte erhebt. Langsam verlieren sich seine vergeblichen Schreie.

Über uns hängt die Glocke schweigend im Mondlicht, und meine Mitschwestern wandeln auf dem schmalen Pfad zwischen Sehen und Glauben.

Tamara stößt einen Pfiff aus. »Dann stimmt es also.«

»Hab ich doch gesagt«, sagt Diana.

Dann erreichen die ersten Stadtfrauen unseren Kirchplatz. Einige von ihnen erkenne ich – Benedetta, Emanuela –, aber die meisten sind mir fremd. Es sind viele. Einhundert, zweihundert, und es werden immer noch mehr. Und plötzlich kommt es mir wie die leichteste Übung der Welt vor, auf sie zuzugehen, sie zu begrüßen und ihnen zu sagen, dass Mutter Chiara schon auf sie wartet und dass wir uns über ihr Kommen sehr freuen. Ich wende mich zum Eingang der Kapelle, um die Frauen hinzuführen. Diana kommt zu mir und sagt: »Ihr und Eure vornehmen Manieren! Aber gelernt ist gelernt, was?« Ich sage, sie solle meinen verletzten Stolz nicht noch mehr beschädigen, und sie erwidert: »Ganz ruhig, Bea. Ich meine es ernst. Das war eine sehr schöne Begrüßung.«

Wir kommen nur langsam voran, weil mir die Füße nach dem jüngsten Geschehen stark schmerzen. Ich hoffe, dass mich die anderen überholen, aber dann genieße ich unser langsames, feierliches Voranschreiten. Die Kapelle füllt sich, und die Frauen nehmen ihren Gesang wieder auf, ohne dass jemand es gefordert hätte und ohne Dirigat. Ich höre zu und merke, wie mir das Herz leichter wird und es sich gleichzeitig weitet – wie bisher noch nie im Gebet. Ich atme tief, hebe den Blick und denke: Danke!

Plötzlich sehe ich Linien und Ornamente an der Kapellendecke tanzen. Ich schließe kurz die Augen, aber die Ornamente bleiben, wie innen auf meine Lider gedruckt. Erneut blinzle ich und die Ornamente verblassen, bis nichts davon übrig ist. Da war nichts, denke ich. Du bist überreizt und erschöpft. Es sind nur die Risse und Flecke, die vom Alter der Kapelle zeugen.

Das Lied endet, und es wird ganz still. Drei oder vier Frauen versuchen das Schweigen zu brechen und reden zeitgleich drauflos. Es folgt etwas zwangloses Gelächter. Und dann erhebt sich eine einzige Stimme. Sie erzählt, dass ihre Eltern sie mit ihrem reichen verwitweten Nachbarn verheiraten wollten, als sie vierzehn war. Jeder wusste, dass er ein gewalttätiger Kerl war, doch nur Chiara hatte sich für sie eingesetzt. Und obwohl sie nie herausgefunden hat, was sich zwischen Chiara und ihrem Vater abspielte, hatte er nachgegeben. Ein Jahr später heiratete die Frau dann einen Mann von neunundzwanzig Jahren, der sich über all die Jahre als treuer Gatte und guter Vater erwies.

»Sie hat mir das Leben gerettet«, sagt sie. »Als ich hörte, dass sie tot ist, wollte ich unbedingt kommen und ihr Respekt zollen. Ich habe meine Tochter mitgebracht und meine Nachbarinnen.« Stolz zeigt sie auf einige Frauen. »Gibt es überhaupt eine Frau in der Stadt, die keinen Grund hätte, Chiara dankbar zu sein? Als wir aber ans Kloster kamen, schickten uns die Lämmer fort. Also ...«, sie grinst ihre Freundinnen von der Seite an, »haben wir dieses kleine Abenteuer unternommen. Und es scheint, als hätten all die anderen guten Frauen hier dieselbe Idee gehabt.«

Als sie endet, erzählt eine andere Frau ihre Geschichte, dann die nächste und die nächste. Beglückt lausche ich all diesen Stimmen ungenannter Frauen, manche laut und selbstbewusst, andere leise und unsicher. Eine Geschichte reiht sich an die andere. Wenn eine schüchterne Frau ins Stocken kommt, ermutigen die anderen sie. »Sprecht weiter. Erzählt den guten Schwestern, was sie für Euch getan hat.« Auch die Lauten werden ermuntert. »Weiter, weiter! Wir haben diese Geschichte schon einmal, schon Hunderte Male gehört, aber dieses eine Mal hören sie wir uns noch mal an. Heute Nacht zum letzten Mal.«

Sie hat mir das Leben gerettet, hören wir immer wieder. *Sie hat mir mein Leben gegeben.*

Nach einer Weile denke ich, ich sollte das alles aufschreiben. Aber sofort wird mir klar, dass es dafür zu spät ist. Schon morgen werden wir das Kloster verlassen müssen, und schon morgen beschließt Abramo womöglich, dass es Ketzerei gleichkommt, Chiaras Namen auch nur zu nennen. Einige von uns werden weiter im Flüsterton über sie sprechen und an unser Kloster denken, aber andere werden auf unsere unbewohnten Häuser zeigen und sagen: »Wusstet Ihr, dass hier vor langer Zeit einmal boshafte Frauen gewohnt haben?« Vielleicht werden sie uns nicht einmal als Frauen bezeichnen, sondern ein anderes Wort benutzen, eines, das uns als Monster und Dämoninnen diffamiert. Dann werden sie erzählen, dass wir von einem mutigen Mann vertrieben wurden, dem die Stadt viel zu verdanken hat. Mir wird ganz elend zumute. Dieser schöne Moment – bald wird er vorbei sein. Wir müssen gehen und er darf bleiben. Denn sein ist das Reich und die Kraft und die Herrlichkeit – jetzt und immerdar.

Wieder hebe ich den Blick, dieses Mal vor Verzweiflung.

Wieder sehe ich die Risse in der Decke, und ich muss an das Wurzelgeflecht von Pflanzen denken, an die Adern unter meiner Haut. Je länger ich hinschaue, desto größer werden die Risse, und ich beginne zu fürchten, dass gleich das Dach einstürzt und uns alle zusammen mit Chiara unter sich begräbt. Auch die anderen zeigen jetzt nach oben und kommentieren das Geschehen laut. Es ist also keine Einbildung, alle sehen es. Warnrufe werden laut, während mir das Herz übergeht.

»Ihr seid gekommen«, sage ich laut. »Ihr seid gekommen.«

Aber ich bin – wie man sich vorstellen kann – allein mit meinem Hochgefühl. Meine Mitschwestern und unsere neuen Freundinnen drehen sich umher, die Blicke nach oben gerichtet, stolpern übereinander und werden jeden Moment aus der Kapelle stürmen. Ich kämpfe mich in die andere Richtung, gehe die Stufen zum Altar hinauf und rufe: »Schwestern und Freundinnen, hört mir zu! Ich versichere Euch, dass Ihr nichts zu befürchten habt.«

Zuerst bemerken sie mich nicht – ich bin ja auch nicht weiter bemerkenswert. Doch dann wendet sich mir eine nach der anderen zu. Tamara schreit aus vollem Hals: »Ruhe jetzt!« Diana steht an der Tür und redet auf die Furchtsamsten ein, dass sie bleiben mögen. Hildegard schlägt irgendwelche Dinge aneinander, dass es knallt, brüllt und zeigt auf mich. Schließlich habe ich die Aufmerksamkeit aller – ich! –, und mir wird beinahe schwindelig. Zum ersten Mal nehme ich die Gerüche der Frauen wahr, die der ungewaschenen und der zu gründlich gewaschenen, ob sie nach ihren rauchigen Küchen oder feiner Pomade riechen. Ich sehe Pelzmäntel, löchrige Kittel und das Weiße vieler furchtsamer Augen.

Zunächst bin ich so aufgeregt, dass ich von einem zum anderen springe und nur versuche, das Interesse der Frauen zu gewinnen. Wie könnte ich auch alles nachvollziehbar erklären? Das Buch … die Schrift … die Mutter … die biblischen Geschichten … unsere Geschichten … unser Leben … Dass er sie vernichten will. Dass wir uns selbst hassen sollen, weil wir sie lieben. Dass er sich für den Sieger hält. Dass man sie aber nicht vernichten kann. Dass man uns nicht vernichten kann. Niemals! Niemals!

Das alles ergibt wenig Sinn, aber die Frauen hören zu. Schon ganz außer Atem und heiser zeige ich auf Chiaras Leichnam.

»Sie war unsere Mutter hier auf Erden«, sage ich. »Wie ein Baum mit seinem Blätterdach hat sie uns allen Schutz geboten.«

Die Kapelle verdunkelt sich, aber nicht wie die Nacht, sondern wie ein Wald, und die Stille wird so tief, dass ich nicht mehr zu rufen brauche.

»Sie hat uns Schutz geboten, und als Abramo sie demütigen wollte, hatte eine andere Mutter, eine größere als sie, Mitleid mit ihr und erlöste sie, indem sie ihr ewige Ruhe in einer Zeder verschaffte. Er aber erkannte darin kein Wunder, sondern nur ein Hindernis für seine Ambitionen. Deswegen hat er sie gefällt und vor unseren Augen verbrannt. Aber die Mutter hat sie uns zurückgegeben, damit wir sie ehren und betrauern können. Nun will er uns vertreiben, aber ich sage: Wir lassen uns nicht vertreiben! Um Chiaras willen, um unser aller willen, um unserer Nachfolger willen müssen wir uns widersetzen. Dieses Kloster gehört uns. Unser Leben gehört uns.«

Hinter mir ... Warum schauen sie hinter mich? Ich drehe mich um, und meine Knie werden weich. Ich sinke zu Boden und schaue auf, mit offenem Mund und brennendem Herzen.

Das Kreuz aus stabiler Eiche wird knotig und krumm. Der Querbalken wird zu belaubten Zweigen, der vertikale Balken besteht jetzt aus zerfurchter Baumrinde. Die Fenster zerspringen, die Bodenfliesen brechen auf, denn der Baum wächst in den Himmel und verwurzelt sich in der Erde. Ranken winden sich um den Körper des Gekreuzigten. Die Stichwunde in seinem Leib wächst zu, seine Dornenkrone erblüht, und bevor er die Augen öffnet und mich anschaut, sehe ich, dass der Baum und er eins werden. Decke und Wände sind nicht mehr weiß, sondern überall stehen jetzt Buchstaben, dicke, deutliche, herausfordernde Buchstaben – ihre Buchstaben.

»Die Höhle!«, ruft eine Frau. »In den Bergen. Dort sind die gleichen Zeichen an den Wänden. Haben wir nicht immer gesagt, dass es die Geheimschrift der Grünen Maria ist?«

Ich dränge mich an den vielen Frauen vorbei zur Seitenkapelle, zur Statue der Grünen Maria. Ich nehme sie an mich und wundere mich über das, was ich jetzt in den Händen halte. Ihr Kopftuch ist nicht mehr aufgemalt, sondern aus Leinen, ein tiefgrünes Leinentuch. Irgendetwas sagt mir, dass ich es aufknüpfen sollte. Kurz darauf erblicke ich eine kluge alte Frau, die nach links schaut, ein mutiges junges Mädchen, das nach rechts schaut, und in der Mitte, den Blick nach vorne gerichtet, unsere Grüne Maria. Zahlreiche Hände strecken sich nach der Statue – ehrfürchtig und ein wenig ängstlich. Sie reichen sie nun von Hand zu Hand, diese andere Dreieinigkeit.

»Gebt sie endlich her!«, sagt Galilea und verscheucht ein paar Novizinnen mit ihrem Gehstock. »Ich wusste, dass sie kommen würde. Ich habe gehört, wie ihre Stimme immer lauter wurde. Ich habe gehofft, dass sie kommt, bevor meine Zeit um ist. Willkommen, willkommen! Ich freue mich so sehr.«

Der Baum ist zur Ruhe gekommen, und sein Wachstum gleicht jetzt dem jedes anderen Baums, nicht wahrnehmbar. Hildegard und Cateline stehen nebeneinander, betrachten ihn und beraten sich, um welche Baumart es sich wohl handelt. Keine ist sich sicher. Maria schaut an die Decke, und Tamara fragt sie, ob sie über die Reparaturkosten nachdenke. Maria sagt, sie solle den Mund halten.

Durch die geborstenen Fenster hinter dem Altar sehe ich den Morgen im Osten grauen und frage mich, was jetzt noch kommen mag. Aber meine Sorge zerstreut sich, denn Schwester Felicitas kennt die Antwort. »Meine Damen!«, ruft sie. »Wenn Ihr Euch bitte die Hände wascht, können wir frühstücken. Er wird bald kommen und ...«

»Und wir werden, verflucht noch eins, für ihn bereit sein«, ruft Hildegard dazwischen, und alle applaudieren.

Ich warte, bis die letzte die Kapelle verlassen hat, und klettere über die Baumwurzeln zu Chiaras Leichnam. »Es tut mir leid«, sage ich. »Ich wünschte, Ihr hättet nicht so leiden müssen. Und ich wünschte, Ihr hättet alles sehen können, was seither geschehen ist, und wüsstet, wie es uns jetzt geht.« Womit ich eigentlich meine, dass ich wünsche, sie sähe mich.

Ich küsse sie und mache mich auf, aber am Ende der Altarstufen stolpere ich über etwas. Es ist ein etwas mitgenommenes Buch. Unsere prunkvollste Bibelausgabe, die viel zu wertvoll ist, um darin zu blättern und zu lesen. Ich hebe sie auf. Der metallene Verschluss ist zu einem Efeugeflecht geworden. Blumen anstelle der Edelsteine schmücken den Einband. Und der Text? Ihr wisst ja genauso gut wie ich, wie die Bibel anfängt.

In principio, am Anfang.
Doch da steht nichts. Eine leere Seite.
Eine leere Seite.
Stellt Euch nur vor, was wir daraus machen könnten!

DER WALD
Sonntag

Wir schließen die Tür des Empfangs ab, verriegeln Poggios Tor, schleppen alles herbei, was wir tragen können – Fässer und Truhen, Bänke und Geräte. Wir legen nur eine kleine Pause ein, um etwas zu essen, als Schwester Felicitas darauf besteht. Einige Stadtfrauen nutzen die Gelegenheit, um sich fortzustehlen, und einige Mitschwestern, die sich dem, was vor uns liegt, nicht gewachsen fühlen, folgen ihnen. Ich kann es ihnen nicht verdenken, denn wir, die bleiben, haben genauso viel Angst wie sie, doch vielleicht ist unsere Verzweiflung größer.

Ich sage, *wir* schleppen herbei, *wir* tragen, aber natürlich kann ich keine schwere Arbeit verrichten – mit oder ohne bandagierten Händen. Stattdessen versuche ich, die Frühstücksschüsseln einzusammeln. Als Felicitas das sieht, fragt sie empört, was ich vorhabe – mit dem Geschirr herumhumpeln und alles kaputtmachen? Wenn ich mich nützlich machen wolle, sollte ich mich in die Küche setzen und den Küchenmädchen beim Abtrocknen helfen. Ich bin drauf und dran, sie zu fragen, welche Rolle es noch spiele, ob unsere Teller trocken, kaputt, schmutzig oder heil seien, aber dann wird mir klar, dass für manch eine ein Funken Hoffnung darin liegt, an alten Gewohnheiten festzuhalten.

Ich habe trotzdem Mitleid, als ich Alfonsa und Prudenzia sehe, die bis zu den Ellenbogen im Abwaschwasser stecken. Hildegard hat die Jungen und Starken unter den Küchenhilfen für ihre

Verteidigungsmaßnahmen rekrutiert. Aber mein Mitleid ist fehl am Platz, denn Alfonsa dreht sich zu mir um, schüttelt das schmutzige Abwaschwasser von den Händen und fragt:

»Ist es wahr, Schwester Beatrice? Wovon alle sprechen? Dass eine bedeutende Mutter unter uns weilt? Dass sie uns liebt, immer geliebt hat und lieben wird? Dass sie klug, freundlich und wunderschön ist und all unsere Schmerzen kennt?«

Ich will sagen, es sei kompliziert, will drumherum reden und ausweichen, aber wir haben nicht viel Zeit, und manchmal ist eine einfache Antwort die beste. Also lächle ich und sage: »Ja, es ist wahr.«

»Oh, ich liebe diese Mutter«, haucht sie, und schwirrt, das Lied der Frauen summend, davon.

Unabsichtlich treffen sich Prudenzias und mein Blick, bevor ich rasch wegschauen kann, verdreht sie die Augen und lächelt mich an. Und ich lächle zurück.

»Ihr seid geblieben«, sage ich.

»Sieht so aus«, erwidert sie. In das folgende Schweigen hinein will ich sie fragen, warum, oder vielleicht sogar sagen, dass ich mich darüber freue, aber dann spricht sie schon weiter. »Ich habe sie gesehen. Zusammen. In der Kapelle. In jener Nacht. Als er Euch gefunden hatte.«

»Wen habt Ihr gesehen?« Dabei weiß ich es natürlich. »Meint Ihr Schwester Arcangela und …«

Sie nickt. »Ja.«

»Ah«, sage ich.

»Sie lag auf dem Boden, mit dem Gesicht nach unten, die Arme ausgestreckt. Er stand über ihr. Ich kann es nicht beschwören, aber ich glaube, sie hat ihm die Füße geküsst. Ich bin gegangen. Seitdem konnte ich beide nie wieder so ansehen wie vorher.« Sie schüttelt den Kopf, als wollte sie die Erinnerung verscheuchen. »Ich möchte mich entschuldigen. Wegen der Bücher. Es war falsch, sie ins …«

Ich berühre ihren Arm und schüttle den Kopf. »Ist schon gut. Wirklich. Ich hätte dasselbe getan.«

»Danke.«

»Auch mir tut es leid ...«, fange ich an.

Aber in diesem Moment rufen die Novizinnen, die auf dem Beobachtungsposten über dem Empfangszimmer Wache halten: »Wir sehen ihn ... auf den Feldern ... er kommt!«

Prudenzia lässt eine Schüssel fallen, sie zerspringt, und beide laufen wir auf den Kirchplatz. Alle sind ganz still. Haben sie so viel Angst wie ich? Werden unsere Pläne, unser Beschluss in Rauch aufsteigen? Was haben wir uns bloß dabei gedacht?

Doch dann ruft eine stämmige Frau von einer der Leitern, die Hildegard an die Mauern lehnen lassen hat: »Der alte Pietro ist bei ihm. Was will er denn mit dem großen Knüppel? Soll der etwa von seinem undichten Schniedel ablenken? Wer, glaubt er, fällt darauf herein?«

Natürlich lachen alle. Wir lachen immer noch, als Bruder Abramo zusammen mit zwei Dutzend Gardisten und noch mehr Lämmern an unserem Tor ankommen und ruft: »Guten Morgen, Meister Poggio. Warum ist das Tor verschlossen? Hat man Euch nicht gesagt, dass wir um diese Zeit kommen würden? Die ehrenwerten Herren hier wollen die Schwestern zu ihren neuen Klöstern geleiten.«

Poggio steht hinter dem Tor und reibt sich – mit diebischer Freude, wie es scheint – die Hände. Wie einen Trichter legt er sie sich an den Mund und ruft, so laut er kann: »Bitte um Verzeihung, Eure Heiligkeit, aber das Tor steckt fest. Scheint so, als hätte die Hitze Eures verfluchten Feuers die Angeln aufgequollen.«

Abramo erwidert: »Dann öffnet die Empfangstür – und beeilt Euch! Wie ich höre, haben verirrte Schwestern letzte Nacht unsere guten Stadtfrauen innerhalb dieser Mauern zu sündigem Tun verleitet. Wir sind im Namen ihrer Gatten hier, um sie ihren Pflichten wieder zuzuführen.«

Poggio grinst breit, kneift Tamara in die Seite, die losbrüllt: »Hier klemmt das Schloss auch, wenn Ihr es genau wissen wollt, Ihr ... Ihr Haufen von Eselsscheiße.« Das aschgraue Gesicht

Abramos läuft purpurn an, und außer den am zartesten besaiteten Mitschwestern prusten alle los. Abramo zieht sich zurück, ehe er noch schlimmer beleidigt wird, aber trotz des Amüsements meiner Mitschwestern wissen wir alle, dass wir ihn nicht ewig aussperren können.

Die Frauen auf den Leitern berichten, dass er sich mit dem Hauptmann der Gardisten bespricht, und der befehligt den Angriff. Männer versuchen, das Tor gewaltsam zu öffnen und die Empfangstür einzuschlagen, aber beide halten stand. Sie lehnen Leitern an die Mauern, aber wer sie erklimmt, wird mit Felicitas' bestem erhitzten Olivenöl begossen. Ein Quartett wendiger Burschen wirft die Umhänge ab und versucht – angefeuert von ihren Freunden –, den Fluss hinaufzuschwimmen, aber Timofea schickt ihnen harzgetränkte Waschbretter entgegen. Daraufhin bemühen sie sich, an jener Stelle einzudringen, wo ein Berghang auf unsere Mauern trifft, aber dort steht dichtes Gebüsch, und Hildegard und Cateline erwarten sie schon, bewaffnet mit Pfeil und Bogen.

Dann passiert eine Zeit lang gar nichts, und während wir warten, versucht Felicitas, die das Fasten nur zu gerne bricht, uns zum Mittagessen zu überreden. Dann kommt Marta mit einem triumphierenden Bericht darüber, was sich während unserer Pause an der Höhle der Grünen Maria abgespielt hat, deren Bewachung sie übernommen hatte: »Die Männer haben sich zur Höhle runtergelassen, Taue um den Leib gebunden, an denen sie wieder hochklettern wollten. Ich habe mich aber hinter sie geschlichen und die Taue dort, wo sie festgemacht waren, wieder losgebunden. Ich bin ihnen dann nachgekrochen und konnte sie klagen und weinen hören. Sie flehten den Herrn an, sie zu retten. Ich habe in die Höhle gerufen, dass sie die Mutter darum bitten sollten, und wenn sie es höflich und bescheiden täten, würde ich sie vielleicht später herausholen. Andernfalls würde der Berg sie verschlucken.«

Als die Sonne gen Westen zieht und die Schatten länger werden, sehe ich vom Beobachtungsposten über dem Empfangszimmer, wie Abramo seine Männer ein Stück weit wegschickt. Dann setzt er sich allein in Bewegung und kommt aufs Tor zu. Er fängt an zu reden, eine Art Prolog, in dem er in blutigstem Rot und gnadenlosem Schwarz schildert, was mit uns passiert, wenn wir das Tor nicht bis Sonnenuntergang öffnen. Dann wird er noch drastischer und erklärt, wenn wir uns nicht beugen, wird man uns nicht so nachsichtig behandeln, wie man es gegenüber dem schwächeren Geschlecht vielleicht erwarten mag.

Er spricht von Einzelhaft und Bestrafungen nach den städtischen Gesetzen, um schließlich Verhöre und Prozesse heraufzubeschwören, die so schrecklich ausfallen werden wie nie zuvor. Er spricht von spitzen Krallen, die uns skalpieren, wilden Tieren, die nach unseren Beinen schnappen, von dem Geschrei, unter dem Dämonen Menschen bei lebendigem Leibe die Haut abziehen.

Dann dreht er sich um und geht zurück. Nach einem Dutzend Schritten aber macht er erneut kehrt, und Frauen, die bessere Augen haben als ich, schwören, dass sein Gesicht nass von Tränen ist. Jetzt spricht er zarte Worte der Reue und entschuldigt sich so leise, dass wir ihn kaum verstehen können. Er habe versagt, spricht er und fällt auf die Knie. Wir seien vom rechten Pfad abgewichen und hätten uns verführen lassen. Ein Teufel, sagt er, sei bei uns eingedrungen, wie eine Hyäne, und habe unsere Seelen gefressen. Er, Abramo, habe uns ungeschützt einem Wald überlassen, in dem es vor Wölfen nur so wimmelt. Die Schlange habe uns Verderbliches zugeflüstert, und er habe nichts unternommen, um uns taub zu machen.

»Verzeiht«, sagt er. »Verzeiht, meine Schwestern. Ich hätte Euch beschützen müssen.«

Er greift zu einem Dreschflegel, an dem ein Dutzend verknotete Fellstreifen und Ketten von einem brutalen Stock herabhängen. Er hält ihn hoch, damit alle ihn sehen können. Dann entblößt er seinen Oberkörper – blass, mit hervorstehenden Rippen, sein Rücken und seine Flanken sind von roten Striemen überzogen –, und er beginnt, sich auszupeitschen. Seine Haut reißt, alte Wunden brechen auf, Blut fließt. Wieder und wieder hebt er den Dreschflegel und schlägt auf sich ein.

»*Et livore eius sanati sumus*«, ruft er. Durch seine Wunden werden wir geheilt.

Mehr und mehr Frauen erklimmen die Leitern, um zuzuschauen. Mehr und mehr erklettern den Beobachtungsposten über dem Empfangszimmer. Vergeblich fordert Maria uns auf, ihn zu ignorieren, aber das fällt uns schwer, denn vielleicht wird auch uns die Strafe Gottes so oder so ähnlich ereilen.

Den ganzen Tag über haben die Gardisten das Stadtvolk ferngehalten, jetzt aber darf es näher kommen. Väter, Brüder, Ehegatten – alle fallen vor uns auf die Knie, die Arme im Gebet zum Himmel erhoben, flehen uns an, das Tor zu öffnen, herauszutreten, nach Hause zu kommen und uns bitte, bitte, bitte von der Sünde loszusagen, bevor es zu spät ist. Niemand ruft nach mir, also kann zumindest ich standhaft bleiben, aber um mich herum sehe ich viele betroffene Gesichter, und manche von ihnen blicken zu mir. Ich begreife, dass meine Freundinnen jemanden brauchen, der ihnen Vertrauen gibt. Jemand muss ihnen Grund zum Bleiben geben.

Da – ein lauter Schrei! Aus Richtung der Stadt fliegt ein riesiger Raubvogel mit mächtigen Schwingen auf uns zu. Im Tiefflug fegt er über Abramos Kopf, steigt in einer Kurve wieder auf, immer höher, legt die Flügel an und stürzt sich wieder auf Abramo hinab. Der versucht, ihn mit seinem Dreschflegel abzuwehren, aber der Vogel ergreift die Ketten mit seinen Krallen und entreißt Abramo den Prügel. Wieder steigt er in die Höhe, fliegt eine weite Kurve über den Fluss und lässt den Dreschflegel hineinfallen. Aus der Stelle, wo er ins Wasser gefallen ist, taucht ein großer weißer Schwan auf, fliegt auf Abramo zu, der wortlos und unbewaffnet dasteht. Weiße Flügel schlagen auf seinen Kopf ein, als trüge er eine weiße Federkrone. Er hebt die Hände, um sich zu schützen, packt für einen Moment den Schwanenhals, scheint Überhand zu gewinnen – aber der Raubvogel kehrt zurück, geht in den Sturzflug, und Abramo wirft sich flach zu Boden. Zischend und kreischend schnappen und picken die Vögel nach ihm, bevor sie sich wieder in die Lüfte erheben. Mit einem letzten Klagelaut fliegt der Schwan flussaufwärts, während der Raubvogel sich auf die Spitze unserer Zeder setzt.

Besonders diplomatisch ist es wahrscheinlich nicht von uns, aber wir brechen in einen lärmenden Applaus aus.

Ich schaue zu dem Raubvogel auf, der zusammengekauert und reglos dasitzt. Eine Frau sagt, sie sehe Fesseln an seinen Füßen, er müsse wohl einem reichen Mann gehört haben und entflogen sein. Mit einer Hand schütze ich die Augen gegen die Sonne und sehe genauer hin. Ich muss lächeln und genieße den Moment, denn ich weiß, dass er nicht von Dauer sein kann.

Tatsächlich kehrt Abramo im abnehmenden Licht zurück, und er hat offenbar den gesamten Bestand an Schwarzpulver dabei, den die Stadt besitzt und der von meinem Vater finanziert gewesen sein muss, und positioniert ihn vor unserem Tor. Ohrenbetäubende Explosionen treiben uns schon kurz darauf von den Leitern. Wir halten uns die Ohren zu und bedecken unsere Nasen wegen des Schwefelgestanks. Eine Wolke aus Nägeln und Splittern hängt über unserem Tor, das keines mehr ist.

Der Rauch verzieht sich, und dann sehen wir ihn – sein Gewand, seine Locken, die jetzt mit Asche bedeckt sind. Er breitet die Arme aus und lächelt triumphierend. Unser Tor ist gesprengt. Wir sind ein paar Hundert Frauen, aber die anderen sind mehr, und sie sind Männer.

So eng wir können, scharen wir uns um die Zeder. Ich weiß nicht, wessen Hand ich halte und wer die meine hält. Schwarz gekleidete Gardisten und weiß gekleidete Lämmer strömen durchs Tor herein. Vor uns stehen die wenigen Frauen, die es wagen, eine improvisierte Waffe zu erheben – Hildegard, ihre Gehilfinnen, Timofea und Tamara. Und obwohl sich Diana zu mir umdreht und mir ihr ermutigendstes Lächeln zuwirft, muss ich einsehen, dass unser Widerstand nichts nutzen wird.

Immer näher kommen sie, Leinen um die Schultern geschlungen, Keulen und Stöcke in den Händen. Mit bewundernswertem Gebrüll stürmt Hildegard los, und die anderen folgen ihr. Die Männer sind so überrascht, dass es fast so aussieht, als könnten wir uns behaupten. Aber sie fassen sich schnell und schlagen die Frauen nieder. Ich habe noch nie solche Gewalt gesehen, und nachdem der erste Schlag auf Hildegards Kopf niedergegangen ist, wende ich mich ab. Die Frauen um mich herum schreien und flehen die Männer an, aufzuhören, und auch unsere mutigen Freundinnen, die jetzt zurückgestolpert und -gekrochen kommen, bitten um Gnade.

Die Männer scharen sich für eine abschließende Besprechung um Abramo, und ich sehe ihn auf mich zeigen. Dann kommt auch schon ein Dutzend Männer auf mich zu und packt mich, aber Diana – aus deren Nase das Blut strömt – und Maria halten mich fest. Ich werde derart hin und her gezerrt, dass es wehtut, und ich schreie vor Schmerz, aber sie sind wild entschlossen und lassen nicht los.

Ein Mann schlägt Maria, sodass sie taumelt. Er schlägt noch einmal zu. Sie bricht zusammen. Und ich spüre, wie auch Dianas Griff sich löst, als die Männer mich fortziehen, hochheben und forttragen. Ich versuche, den Hals zu recken, um nach Diana und Maria zu sehen, ob sie noch stehen können, ob sie verletzt sind. Agatha kniet bei Maria, die stöhnt und Zähne ausspuckt. Diana versucht, mir zu folgen, und ringt vergeblich mit zwei rotgesichtigen Männern. Frauen schreien. Ein Vogel schreit. Ich schreie. Blut Tränen Himmel Lärm Zweige Grausamkeit Gesichter Stein Schmerz. Ich schreie und schreie. Schließlich schreie ich die Worte der sterbenden Frau heraus:

»*Mater noster!*«

Der Schrei wird von den Frauen übernommen.

»*Mater noster! Mater noster! Mater noster!*«

Ich schlage auf dem Boden auf. Die Männer haben mich fallen lassen. Einer stolpert über mich, rennt dann aber weiter. Alle rennen, schreien, flüchten sich zum Tor. Ich liege auf dem Bauch. Wovor auch immer sie fliehen, ist hinter mir. Ich rolle auf den Rücken und kann nicht glauben, was ich sehe. Meine Augen sind blutunterlaufen, meine Lider geschwollen und ...

Meine Mitschwestern sind fort.

Hinter mir liegt ein Wald, aber es scheint kein irdischer Wald zu sein – oder höchstens einer vom Anfang der Zeit, als das Land als solches erschaffen wurde. Eine Wüstenpalme, Eiben und Buchsbaum, Olivenbäume, Weiden und Birken, Kastanien und Bergeichen, einige erst Schösslinge, andere in voller Blüte, teils schwer mit Früchten behangen, manche davon aufgesprungen oder verschrumpelt. Ich rappele mich auf, gehe von Baum zu Baum und berühre ihre Rinden. Ich drücke das Gesicht an die Stämme und fasse an die tiefhängenden Zweige.

Ein Stück entfernt sehe ich Abramo vor dem dunkel werdenden Himmel von Mann zu Mann schreiten. Er flucht, nennt sie Verräter am Herrn und beschwört sie, mich gefangen zu nehmen und sich nicht einschüchtern zu lassen. Es sei der letzte Test für sie, die Abschlussprüfung. Visionen und Illusionen seien Teufelswerk. Der Teufel habe ihre Augen verhext. Es stünden doch nur schwache Frauen vor ihnen. Als ihm klar wird, dass er auf die Rücken fliehender Männer einschreit, greift er zu einem Schwert und schreit hasserfüllt: »Ich werde sie fällen! Ich werde sie fällen und euch werde ich dasselbe antun. Jeder Einzelnen. Ich bringe euch um. Ich bringe euch alle um.«

Er schlägt auf Baumstämme und Zweige ein. Brüllend und fluchend mit hässlich verzerrtem Mund. Er keucht wie ein Rasender. Dann sieht er mich. Er will etwas sagen, aber ich bin schneller, zeige hinter ihn und sage:

»Seht hin!«

Er wirbelt herum, und endlich packt ihn die Angst. Die Mutter, so scheint es, beschwört tatsächlich höllische Visionen herauf, aber es ist eine andere Hölle als jene, die Abramo uns immer wieder beschrieben hat. Keine Knüppel, keine Ketten, keine Brandmarkung, keine vielköpfigen Monster. Nur drei Frauen, die ganz bequem auf den unteren Zweigen unserer Zeder sitzen.

Ein junges Mädchen, traurig und dünn, hält sich den runden Bauch. Eine Frau mit langen dunklen Locken und einem wunderschönen Gesicht streckt die nackten, von eiternden Pestbeulen übersäten Arme und Beine von sich. Und da ist Chiara, blutig, gebrochen und verbrannt. Eine Schlange windet sich aus ihrem Mund und um ihren Hals, durch die verfilzten Haare seiner Mutter und um die Handgelenke des jungen Mädchens, dessen Leben er gestohlen hat.

Er weicht ein paar Schritte zurück, stößt an den Stamm einer großen Kiefer, die aufstöhnt und ihre Zweige schüttelt. Er beginnt zu rennen, aber die peitschenden Zweige einer Weide lassen ihn nicht vom Fleck kommen. Dann versucht er, sich zwischen den eng stehenden Birken hindurchzuquetschen. Doch er fällt hin, flucht und stöhnt, kriecht auf allen vieren weiter, während die Schlange ihm gemächlich folgt, indem sie sich von Ast zu Ast vorwärtsschlängelt.

Mit unartikuliertem Geheul kommt er auf die Füße und attackiert die Schlange mit seinem Schwert. Doch er erwischt sie nicht. Er versucht es wieder und wieder, bis sein Schwert so tief im Stamm einer Zeder stecken bleibt, dass er es nicht wieder herausziehen kann. Also verfolgt er die Schlange mit bloßen Händen und will sie zu Boden ziehen, aber sie windet sich höher und höher. Er macht Anstalten, den Baum zu erklimmen, aber ihm fehlt die Kraft. Er fällt auf den Waldboden, ballt die Fäuste und schlägt auf die Erde ein.

Die Schlange hält inne – und spricht.

Ein Zischeln, Röhren und Wispern – die Stimme des Buchs, die Stimme der vergangenen Mütter, von Wasser-, Wald- und Bergnymphen, Sphingen, Priesterinnen, Prophetinnen, es ist Mutter Chiaras Stimme, die Stimme all unserer Mütter und der Mutter Maria. Und diese Stimme – obwohl sie nichts anderes tut, als ihm zu erzählen, was passiert ist, was wirklich passiert ist – treibt ihn in den Wahnsinn.

»Ich werde es allen erzählen«, brüllt er. »Der ganzen Welt. Ich erzähle ihnen, was von Frauen wie Euch zu halten ist.«

Dann läuft er fort, und bevor ich vor Schmerzen und Erschöpfung einschlafe, denke ich noch: Ja, tut das!

DAS TOR
Einige Wochen später

Die Sonne brennt. Keine Wolke steht am Himmel. Tauben gurren den Frühling herbei. Hoch oben im strahlenden Blau steht fahl der alte Mond, aber hier unten sind überall junge Blätter zu sehen; hellgrün und winzig zittern sie in einer warmen Brise. Gras sprießt aus der Erde. Die grünen Tage kommen, die Tage des Wachstums.

Ich sitze unter der Zeder und beobachte die emsigen Vorbereitungen für das Laienspiel, mit dem wir die Auferstehung Gottes Sohns begehen. Dazu laden wir die jüngsten Kinder aus der Gegend zu einem Festmahl auf dem Kirchplatz ein. Cateline und Timofea sind schwer damit beschäftigt, alles zu organisieren, und nach dem, was ich, obwohl alles streng geheim ist, hier und da mitbekomme, werden wir Szenen aus Chiaras Leben zu sehen bekommen.

Ortolana betritt das Klostergelände durch das Empfangszimmer, kommt auf mich zu, und ich mache ihr neben mir Platz. Sie streicht mir über die Hand, schaut zum Himmel auf und sagt: »Ist das nicht der perfekte Tag?« Ich nicke. Das ist er wirklich, in vielerlei Hinsicht.

Die Neuigkeit verbreitet sich über die ganze Halbinsel. Bruder Abramo wird als derjenige geschmäht, der Mutter Chiara zu Tode gefoltert hat, der seine Missetaten auf barbarische Weise zu vertuschen versuchte, der ein Kloster angriff, damit seine Bosheit nicht publik würde, und der über sein brutales und unmenschliches Vorgehen den Verstand verlor.

So sollen wir es weitererzählen, hat Silvia uns gebeten. Und wir haben der Mutter dafür zu danken, dass sie uns keine Geringere als die Tochter des Papstes geschickt hat. Ohne sie wären wir verloren gewesen. Einen Tag nach den schrecklichen Ereignissen kam sie im Morgengrauen bei uns an, als alles noch nach Schwarzpulver stank und wir uns unter die Zeder geflüchtet hatten. Statt zu wehklagen, zu weinen oder uns tausend Fragen zu stellen, sagte sie, es sei vorbei, wir seien in Sicherheit.

Am selben Morgen ließ sie Gerichtsbarkeit und Gesetzeshüter aus der Stadt kommen, um ihnen das Ausmaß der Zerstörung zu zeigen. Ihr Vater, sagte sie ihnen, werde außer sich vor Wut geraten, wenn er erführe, was Mutter Chiara und ihren Töchtern angetan wurde. Die Männer hatten sie ausführlich befragt – Gerüchte machten natürlich die Runde –, aber sie hatte immer nur eins gesagt: dass Abramo in unsere Mauern eingedrungen sei und wir das Einzige getan hätten, was Ordensfrauen tun konnten, nämlich niederknien, die Augen schließen und zu Mutter Maria beten, die uns erhört habe.

»Was hätte ich denn sonst sagen sollen?«, fragte sie uns, denn viele von uns waren nicht glücklich über diese Version. »Etwa die Wahrheit? Die hätten sie nicht verstanden. Abramo spricht in seiner Zelle jetzt die Wahrheit, Wort für Wort, aber sie halten ihn für verrückt.« Sie blickte in unsere bedrückten Gesichter. »Früher oder später kommt die Wahrheit heraus, das verspreche ich Euch«, sagte sie mitfühlend. »Habt ein wenig Geduld.«

Danach reiste sie wieder ab.

Schon jetzt habe ich das Gefühl, dass uns das, was mit Chiara und uns geschehen ist, entgleitet und ins Reich der Staatskunst und kanonischen Rechtsprechung, der politischen und theologischen Spitzfindigkeiten abdriftet, denen keine von uns folgen kann. Päpstliche Abgesandte sind bereits auf dem Weg nach Norden, um sich in Albion für den Mord an seinen Vertretern in den Bergen zu entschuldigen. Wir haben auch gehört, dass Königin Ana dem Papst wertvolle Reliquien schenken will, aus dem größten Schatz ihres verstorbenen Gatten. Offenbar wollen sich die höchsten Gelehrten von Sankt Peter und Northwich an einem geheimen Ort treffen, wie mir Tomis erzählt – nun ein häufiger und gern gesehener Gast bei uns.

»καί ἄφες ἡμῖν τὰ ὀφειλήματα ἡμῶν«, sagte er, als er uns zum ersten Mal wieder besuchte – die Worte des Vaterunsers, mit denen um Vergebung gebeten wird. Er zeigte mir seine Hände, und ich konnte nicht hinschauen. »Es tut mir leid, dass ich nicht mutiger bin«, sagte er. »Als sie mir den ersten Fingernagel gezogen hatten, habe ich noch nichts gesagt, das schwöre ich, Beatrice. Ich habe nichts gesagt. Aber beim dritten ...«

»Ich hätte schon nach dem ersten geredet«, sagte ich.

»Chiara ...«, fing er an.

»Ich will es nicht wissen«, unterbrach ich ihn schnell. »Ich will nicht wissen, was er ihr angetan hat.«

»Nein«, sagte er. »Davon wollte ich nicht sprechen. Nur das: Als sie sich verwandelt hat, als ihre Äste die Mauern sprengten und der Himmel in meine Zelle drang ... Es war die Krönung meines Lebens.«

»Besser, als zu sehen, wie Silvia Abramo einsperren ließ?«

Er lachte. »Besser als das.«

Bei diesem Besuch erzählte er mir auch, dass er bei all seinen Reisen immer wieder beobachtet hatte, dass der Glaube an die Mutter lebendig geblieben sei, wie ein Same im Erdboden, der auf die Wärme des Frühlings warte. »Es waren lange, schwere Jahrhunderte für sie, Beatrice«, sagte er. »Aber jetzt ...«

»Kommen die Dinge ins Rollen?«

Er nickte. »Endlich!«

Tamara macht sich keine tiefschürfenden Gedanken über das Geschehene, nutzt aber jede Gelegenheit, um unseren Triumph erneut aufleben zu lassen. »Dass es ausgerechnet uns passiert ist! Ich bin ja so froh, dass ich mich nicht in einen Skorpion oder so verwandelt habe. Hätte ich auch zu einem Kamel werden können? Manchmal frage ich mich, wie das überhaupt geht.« Sie hat jede Menge Pläne und Ideen. »Unser Kloster wird einmal unanständig reich, Beatrice«, sagt sie immer wieder. »Silvia sagt, Chiara wird bald seliggesprochen. Ihr Papi kümmert sich darum. Wir werden uns vor Pilgern nicht retten können.«

Ich kann sie gerade sehen, drüben vor dem Kapitelsaal. Sie streitet mit Giulia, die tatsächlich zurückgekommen ist und sich überall unentbehrlich macht. Auch Bianca will bleiben, jetzt, da mein Bruder die Stadt verlassen hat. Ja, auch ihn habe ich wiedergesehen.

Unsicher und kleinlaut kam er ins Empfangszimmer. Er ist so zart gebaut wie unsere Mutter. Seine Haare sind dunkler geworden. Sein Blick huscht hin und her, wie ihrer, aber während sie nur aufmerksam ist, wirkt er wie ein Gejagter. Er konnte mir nicht in die Augen schauen.

»Ist es wahr?«, fragte er. »Ist sie ...«

»Nicht ganz sie selbst? Es ist wahr.«

»Darf ich sie sehen?«

Ich schüttelte den Kopf.

»Ich komme wieder«, sagte er. »Jetzt gehe ich erst mal fort. Mit einem Freund. Nach Übersee. Könntest du ... ihr das hier geben?« Er gab mir den roten Ring unseres Vaters. »Sag ihr Lebwohl von mir. Und Bianca.«

»Und dein Sohn?«

»Auch ihm.«

Wir alle wussten, wo Ortolana war. Im Morgengrauen oder bei Sonnenuntergang hörten wir sie manchmal rufen, sahen sie über unsere Zeder und das Kapellendach fliegen. Ich wusste nicht, was ich tun sollte, aber Bianca hatte eine Idee. Ungeniert stellte sie sich

Tag für Tag auf den Kirchplatz und rief gen Himmel: »Kommt herunter, kommt herunter! Tiberio braucht seine Großmutter. Kommt herunter, Dummerchen, kommt herunter!« Und eines Nachts tat sie es. Auf dem Weg zum Frühstück sahen wir sie auf der Bank sitzen. Sie erholte sich daraufhin schnell und bekam mit Silvias Hilfe einen Sitz in der Stadtregierung.

Wen hätten wir noch?

Arcangela ist zurückgekehrt. Gewissermaßen. Ihre Augen sind ganz schwarz geworden, und sie spricht nicht mehr, geht nur am Flussufer auf und ab, umrundet gelegentlich den Kirchplatz oder sucht die Kapelle auf. Sie scheint uns nicht zu kennen, aber fortgehen will sie auch nicht.

Und Hildegard. Sie ist der Fels in der Brandung, der sie immer war. Gerade hat sie mich angeschrien und wollte wissen, warum ich hier faul herumsitze, wo es doch genug Arbeit gebe.

Eine gute Frage. Was tue ich hier eigentlich? Ich hatte erwartet, dass ich wieder die Alte werde – zumindest mehr oder weniger. Ich bin in die Bibliothek gegangen, um mich in meinen Büchern zu verlieren, die Brandschäden zu begutachten und zu katalogisieren, was erhalten geblieben ist. Ich hatte erwartet, es würde sich anfühlen, als käme ich nach Hause. Stattdessen war da eine merkwürdige und unwillkommene Leere in mir.

Ich habe über die Evangelisten nachgedacht, die sich nach dem Tod von Gottes Sohn voller Trauer und unbändiger Freude hingesetzt und alles aufgeschrieben haben. *Das Buch Beatrice* flüsterte mir mein alter Freund, der Stolz, zu. Ich griff zu Papier und Feder. Doch statt zu schreiben, kritzelte ich nur Muster vor mich hin, Kreise und Figuren.

Vor einigen Tagen stand ich in der Kapelle und betrachtete die Buchstaben der Mutter, konnte sie aber nicht mehr lesen. Ihre Bedeutung ist mir durch die Finger geglitten, und ich habe nur rudimentäre Erinnerungen daran. Hinter mir hörte ich jemanden hereinkommen und freute mich, als ich sah, dass es Diana war. Lächelnd zeigte ich an die Wände und fragte sie, wann sie wieder mit Malen anfange.

Sie sah mich überrascht an. »Seid Ihr verrückt geworden? Ich gehe.«

»Aber ...« Es war wie ein Schlag ins Gesicht. »Ihr habt doch gesagt, es sei ein guter Ort.«

»Habe ich. Das ist er. Ich bleibe aber nicht hier, wenn ich nicht muss – und ich muss nicht mehr. Die Guten Hirten lecken ihre Wunden und halten sich bedeckt. Vielleicht noch eine ganze Weile lang. Vielleicht für immer. Jedenfalls bin ich jetzt vor ihnen sicher.« Und dann sagte sie: »Kommt mit!«

»Wohin?«

»Fort«, sagte sie und lachte. »Irgendwo hin. Egal, wo. Tomis ist nach Albion unterwegs, mit Briefen für Königin Ana. Vielleicht begleite ich ihn ...« Sie redete und redete, und ich lauschte, neidisch und ganz verzückt.

Ein Dutzend Mal habe ich meinen kargen Besitz in Sophias alten Rucksack gelegt, ihn ein Dutzend Mal wieder geleert und mir gesagt, dass es albern wäre. Heute Morgen habe ich wieder alles zusammengepackt. Ich habe den Rucksack jetzt bei mir, allerdings ist er unter der Bank versteckt.

Hinter mir höre ich das Tor aufgehen. Aufgeregte Kinderstimmen. Dann das näher kommende Gerumpel von Tomis' Karren. Ortolana schaut in die Richtung, aus der die Geräusche kommen.

»Sie fahren heute los?«

Ich nicke.

»Und hast du dich inzwischen entschieden?«

Ich schüttele den Kopf und bitte sie zum wiederholten Mal: »Sagt Ihr mir, was ich tun soll.«

»Das habe ich doch schon getan. Natürlich möchte ich, dass du bleibst, aber ...«

»Ihr meint, ich sollte gehen?«

Sie lächelt. »Ich meine, dass du es selbst entscheiden musst.«

In diesem Moment kommt Diana über den Kirchplatz gelaufen. Sie begrüßt Tomis, wirft ihren Rucksack auf seinen Karren und läuft weiter auf uns zu. Auf mich.

»Hallo, Ortolana«, sagt sie als Erstes. »Ein schöner Ring. Und danke für das hier ...« Sie klopft auf ihre Rocktasche, und ich höre Münzen klimpern. Dann wendet sie sich an mich. »Bist du bereit?«

Meine Mutter steht auf und geht ein paar Schritte zur Seite.

»Ich weiß nicht«, sage ich.

Ungeduldig zieht Diana die Stirn kraus. »Hört zu, Bea, du weißt doch, was du willst! Nur dass ...«

Sie berührt meine Hand, und plötzlich kommt mir das Unmögliche ganz einfach vor. Ich umarme meine Mutter, verspreche ihr, bald zurückzukommen, und sie sagt, das wisse sie. Ich verspreche, ihr zu schreiben, und sie erwidert, das rate sie mir auch. Ich nehme meinen Rucksack. Meine Mutter fragt, ob das alles sei, was ich mitnehme. Diana sagt, sie solle sich keine Sorgen machen. Dann gehen wir schnell los, ja wir rennen beinahe und springen auf Tomis' Karren.

Diana stößt mir in die Seite. »Winke zurück!«

Ich schaue nach hinten, und alle winken. Meine Mutter, meine Schwestern, meine Freundinnen.

Es ist also möglich. Zu gehen. Diese Mauern hinter mir zu lassen und winkend auf einem Karren zu stehen, während Poggio das Tor hinter uns schließt. Die Sonne geht auf, steigt höher und höher. Ich spüre das warme Holz des Karrens unter meinen Röcken. Die Sonne auf meinem Gesicht. Neben mir Diana im hellen Sonnenschein. Ich denke daran, wie lange ich dieses Licht fasziniert beobachtet habe, wie ich mich immer weiter aus dem Schatten gewagt habe, bis mir klar wurde, dass das Licht gar nicht so unerträglich ist.

DANKSAGUNG

Ich möchte Danke schön sagen:

Victoria Hobbs, meiner Agentin. Zwischen meinem zweiten Roman und diesem hier sind zwei unfertige Manuskripte auf meiner Festplatte verstaubt. Danke, dass Du – nachdrücklich, wie sonst? – gesagt hast, ich solle nicht aufgeben. Danke, dass Du mich mit Alex in Kontakt gebracht hast. Danke, dass Du eine kluge, aufgeschlossene und so gute Freundin bist.

Alex Clarke, meinem Herausgeber. Danke für die brillante Frage: »Könnte man einen feministischen Roman über das Voynich-Manuskript schreiben?« So ist es zu diesem Buch gekommen. Danke für Deinen Scharfsinn, Deine Genauigkeit und Deinen heroischen Mangel an Schwatzhaftigkeit. Danke für den Tipp, nicht an der Magie zu sparen.

Serena Arthur, meiner Lektorin. Du hast das Manuskript zum ersten Mal gesehen, als es ein verworrenes, verknotetes, verschlungenes Chaos war, lauter fallen gelassene Maschen und zahlreiche Löcher. Deinem Durchblick, Deiner Beharrlichkeit und Überzeugungskraft habe ich viel zu verdanken. Ich danke Dir auch für deine Hingabe zu den Figuren. Ich hatte immer das Gefühl, dass Du sie gegen mich verteidigst, und dafür sind sie (und ich) Dir ewig dankbar.

Jack Butler, Ella Gordon und Kate Stephenson von Wildfire. Ich hatte großes Glück, dass Euch dieses Buch anfangs und dann wieder am Ende unter die Adleraugen kam. Ihr habt mich losgeschickt und über die Ziellinie gebracht.

Rosie Margesson, Lucy Hall und Caitlin Raynor, dem fantastischen Marketing- und PR-Team von Wildfire. Danke, dass Ihr mich auf Twitter gelockt habt. Was ich all die Jahre verpasst habe …

Tara O'Sullivan, Schlussredakteurin. Danke für Deine unübertreffliche Arbeit. Du gehst mit einer beneidenswerten Mischung aus Sensibilität und Skrupellosigkeit zu Werke, und dieses Buch hat davon enorm profitiert.

Rachel Malig, Korrektorin. Bücher brauchen Adleraugen. Danke!

Tim Peters (TimPetersDesign.co.uk), Kartograph. Karten liebe ich beinahe so sehr wie Bücher. Danke, dass Du aus meiner lächerlichen Skizze etwas Brauchbares *und* Wunderschönes gemacht hast.

Hundertundeinem Autor. Dieses Buch stützt sich, wie so viele, auf die Arbeit unzähliger Autoren und Autorinnen. Ich danke den Somerset Bibliotheken im Allgemeinen und der Bibliothek der Bishops Lydeard Community im Besonderen. Ohne sie wäre ich gestrandet.